Gärten & Parks
in Baden-Württemberg

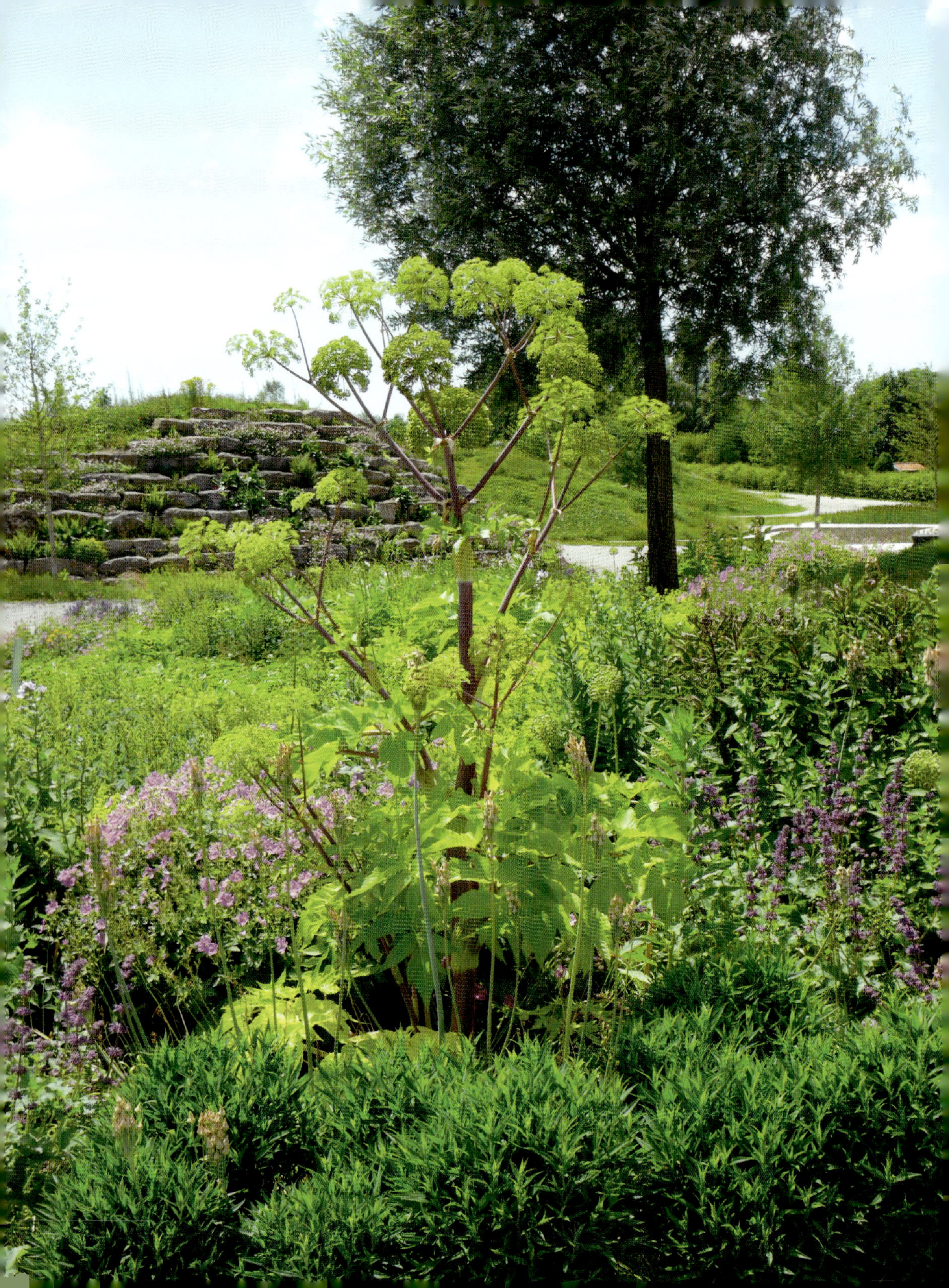

Brunhilde Bross-Burkhardt

Gärten & Parks

in Baden-Württemberg

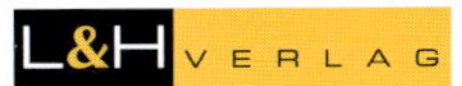

Inhalt

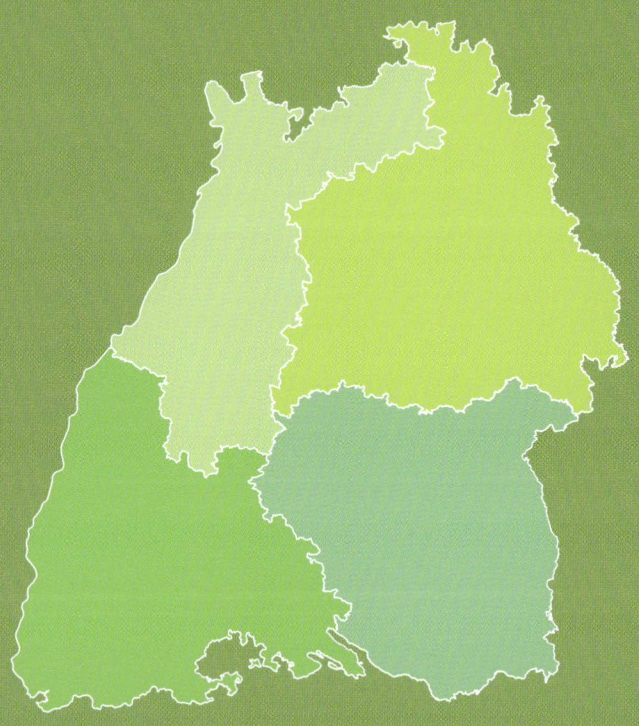

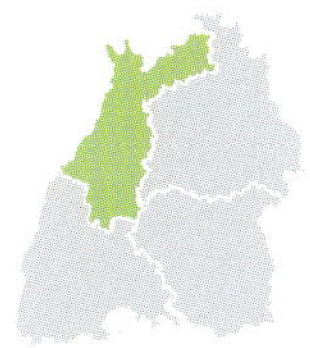

Regierungsbezirk Karlsruhe 10

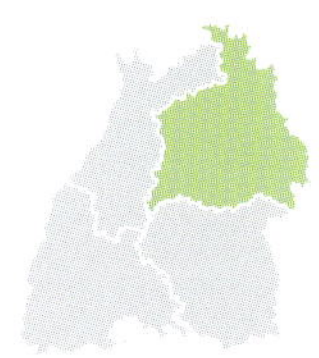

Regierungsbezirk Stuttgart 70

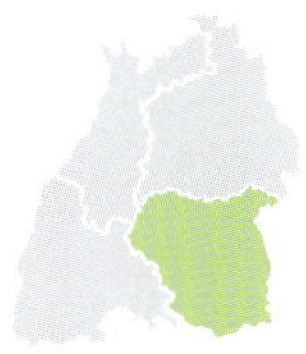

Regierungsbezirk Tübingen 158

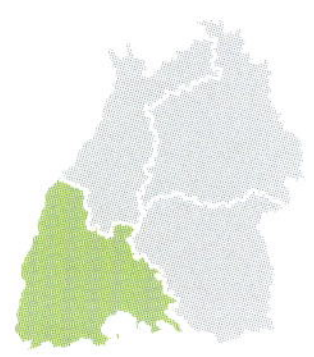

Regierungsbezirk Freiburg 192

Anhang

Vorwort

Botanik, Landschaften und Gärten beschäftigen mich mein ganzes Berufsleben lang. Für mich sind Gärten während des ganzen Jahres interessant, natürlich im Blütenschmuck, aber auch zur Zeit der Laubfärbung und nach dem Laubfall, wenn die architektonische Grundstruktur deutlicher als mit Vegetationskleid zutage tritt. Ich habe auch ein Augenmerk auf Gärten, die auf den ersten Blick schlicht aussehen und ihre Bedeutung erst bei genauem Hinschauen enthüllen – durch ihre landschaftliche Schönheit, durch formale Gestaltung oder durch künstlerische Ausstattung. Dabei denke ich beispielsweise an den Fürstlichen Park in Inzigkofen oder an die Friedrichsau in Ulm.

Bei meinen Erkundungen nähere ich mich den Gärten als neugierige Spaziergängerin. Ich schaue danach, wie die Gärten in die Umgebung eingebettet sind und welche Ausblicke in die Landschaft sie bieten. Es interessiert mich, ob es Sichtverbindungen zu anderen Gärten oder Gebäuden in der Umgebung gibt. Und ich wechsle gerne die Perspektive: Wie sind die Gärten aus der Ferne oder aus der Vogelperspektive wahrnehmbar?

Der Übersichtlichkeit halber habe ich die über 80 Garten-Reiseziele in Baden-Württemberg nach den vier Regierungsbezirken Stuttgart, Tübingen, Karlsruhe und Freiburg geordnet. Wegen deren historischen, geologischen und geographischen Besonderheiten präsentieren sich die Gartenlandschaften in den badischen und württembergischen Landesteilen sehr verschieden. Im Regierungsbezirk Karlsruhe gibt es beispielsweise besonders viele repräsentative barocke Schlossgärten.

Begeben Sie sich mit mir auf eine Reise durch die baden-württembergischen Gärten und lassen Sie sich von meiner Begeisterung dafür anstecken – für individuelle Gestaltungen, für die Vielfalt der Stile, für Pflanzenfülle und für Präsentation. Gärten aus allen Zeitphasen warten auf Entdeckung, also Renaissancegärten, Barockgärten, Landschaftsgärten, Jugendstilgärten und moderne Gartenanlagen, ebenso Botanische Gärten und Versuchsanlagen. Ich stelle dabei vor allem öffentlich zugängliche Gärten vor, mit der Überlegung, dass diese auch in Jahren und Jahrzehnten noch begeh- und betrachtbar sein werden. Die vielen sehr sehenswerten privaten Gärten im Bundesland aufzuspüren, überlasse ich der individuellen Entdeckerfreude. Ein paar Hinweise zum Entdecken weiterer Gärten finden Sie im Serviceteil am Ende des Buches.

Dr. Brunhilde Bross-Burkhardt, Langenburg

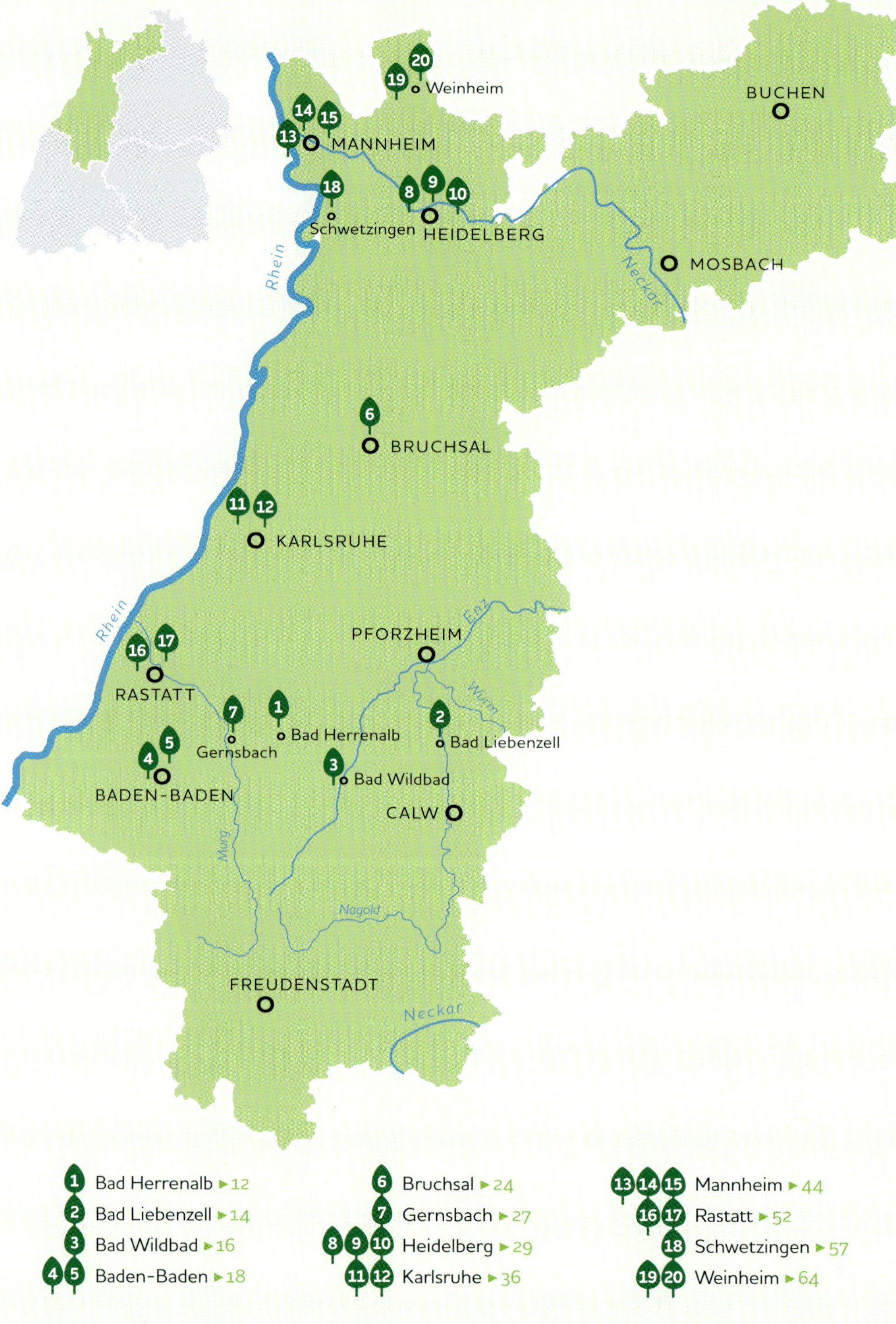
20
19
Weinheim
BUCHEN
14
15
13
MANNHEIM
18
8
9
10
Schwetzingen
HEIDELBERG
MOSBACH
Neckar
Rhein
6
BRUCHSAL
11
12
KARLSRUHE
Rhein
Enz
16
17
PFORZHEIM
RASTATT
Würm
7
1
2
Bad Herrenalb
Bad Liebenzell
5
4
Gernsbach
3
Bad Wildbad
BADEN-BADEN
CALW
Murg
Nagold
FREUDENSTADT
Neckar
1 Bad Herrenalb ▸ 12
2 Bad Liebenzell ▸ 14
3 Bad Wildbad ▸ 16
4 5 Baden-Baden ▸ 18
6 Bruchsal ▸ 24
7 Gernsbach ▸ 27
8 9 10 Heidelberg ▸ 29
11 12 Karlsruhe ▸ 36
13 14 15 Mannheim ▸ 44
16 17 Rastatt ▸ 52
18 Schwetzingen ▸ 57
19 20 Weinheim ▸ 64

Regierungsbezirk Karlsruhe

Wer sich gerne repräsentative Schlossgärten anschaut, sollte den Regierungsbezirk Karlsruhe als Reiseziel wählen, denn hier gibt es viele davon. Diese Häufung verwundert beim Blick in die Geschichte kaum: Auf kleiner Fläche residierten badische und pfälzische Adelsgeschlechter – Kurfürsten, Großherzöge und Fürstbischöfe – sehr prachtvoll. Bedeutende Schlossgärten von internationalem Rang – Bruchsal, Heidelberg, Karlsruhe, Rastatt, Schwetzingen – liegen dicht beieinander. Sie behielten und zeigen – wenigstens in Teilen – ihre barocke (französische) Grundstruktur. Einige sind teils auch als Englische Landschaftsgärten entwickelt worden. Der Hortus Palatinus in Heidelberg reicht bis in die Zeit der Renaissance zurück. Besonders ungewöhnlich sind die zirkelförmigen Schlossgartenanlagen in Schwetzingen und in Karlsruhe, deren architektonischer Entwurf nur aus der Luft zu überblicken ist.

Die Häufung solcher historischer Gärten auf engem Raum hängt wohl auch damit zusammen, dass sie in dem flachen Gelände der Rheinebene mit weniger Aufwand angelegt werden konnten als in hängigem Gelände. Zudem stand hier ausreichend Wasser für die Teiche und Wasserspiele zur Verfügung.

In der Region verdienen nicht nur die repräsentativen Schlossgärten Aufmerksamkeit, sondern die Vegetation allgemein ist besonders. Im klimatisch begünstigten Rheintal und an den Hängen des Odenwalds, des Kraichgaus und des Nordschwarzwalds beginnt der Frühling Tage oder gar Wochen früher als in anderen Teilen des Landes. Wärmeliebende Gehölze wie etwa Bitterorangen, Feigen, Kamelien und Palmen wachsen hier im Freien.

Der südliche Teil des Regierungsbezirks reicht bereits bis in den Schwarzwald mit ganz anderen Klimaverhältnissen und anderer Topographie. Hier findet sich in den Kurorten Baden-Baden, Bad Herrenalb, Bad Liebenzell und Bad Wildbad ein anderer Typus von Gärten.

Bad Herrenalb
Kurpark und Klosterviertel

Bad Herrenalb im Nordschwarzwald punktet mit Prädikaten wie »Heilklimatischer Kurort« und »Heilbad«. Das am Flüsschen Alb gelegene Städtchen war Schauplatz der baden-württembergischen Gartenschau 2017.

Der Besuch des Städtchens lohnt sich; schon bei der Fahrt von Ettlingen aus durch das sehr idyllische Albtal mit seinen Feuchtwiesen bekommt man einen schönen Landschaftseindruck. Wenn die vier säulenförmigen Falkensteinfelsen aus rotem Buntsandstein ins Blickfeld kommen, ist man fast da.

Der Kurpark mit seinem alten Baumbestand existierte schon vor dem Gartenschaujahr. Er wurde durch die Renaturierung des Flüsschens Alb aufgewertet. Dank gelungener Landschaftsarchitektur wurde er auf einer langen Strecke zugänglich und erlebbar gemacht – Besucher können auf langgestreckten Ufertreppen sitzen und die Beine ins Wasser hängen lassen oder sich auf Uferbänken sonnen.

Sehenswert ist das Klosterviertel. Neben der Klosterkirche sind Ruinen und Reste des ehemaligen, 1149 gegründeten Zisterzienserklosters zu bestaunen. Eine Besonderheit ist die spätromanische Vorhalle, als »Paradies« bezeichnet. Der Blick fällt unwillkürlich auf eine Kiefer, die direkt auf dem Mauerwerk über dem Portal sitzt und sich mit ihrem Wurzelwerk festhält. Im Gartenschaujahr wurde sie als »Wunderkiefer im Paradies« bezeichnet. Ein neu angelegter Klostergarten mit Kräutern in der Nachbarschaft der Kirche darf nicht fehlen.

Klosterbereich mit Wunderkiefer

KONTAKT

Kurpark: Dobler Straße 21
Klosterviertel: Im Kloster, Bad Herrenalb
www.badherrenalb.de
Frei zugänglich

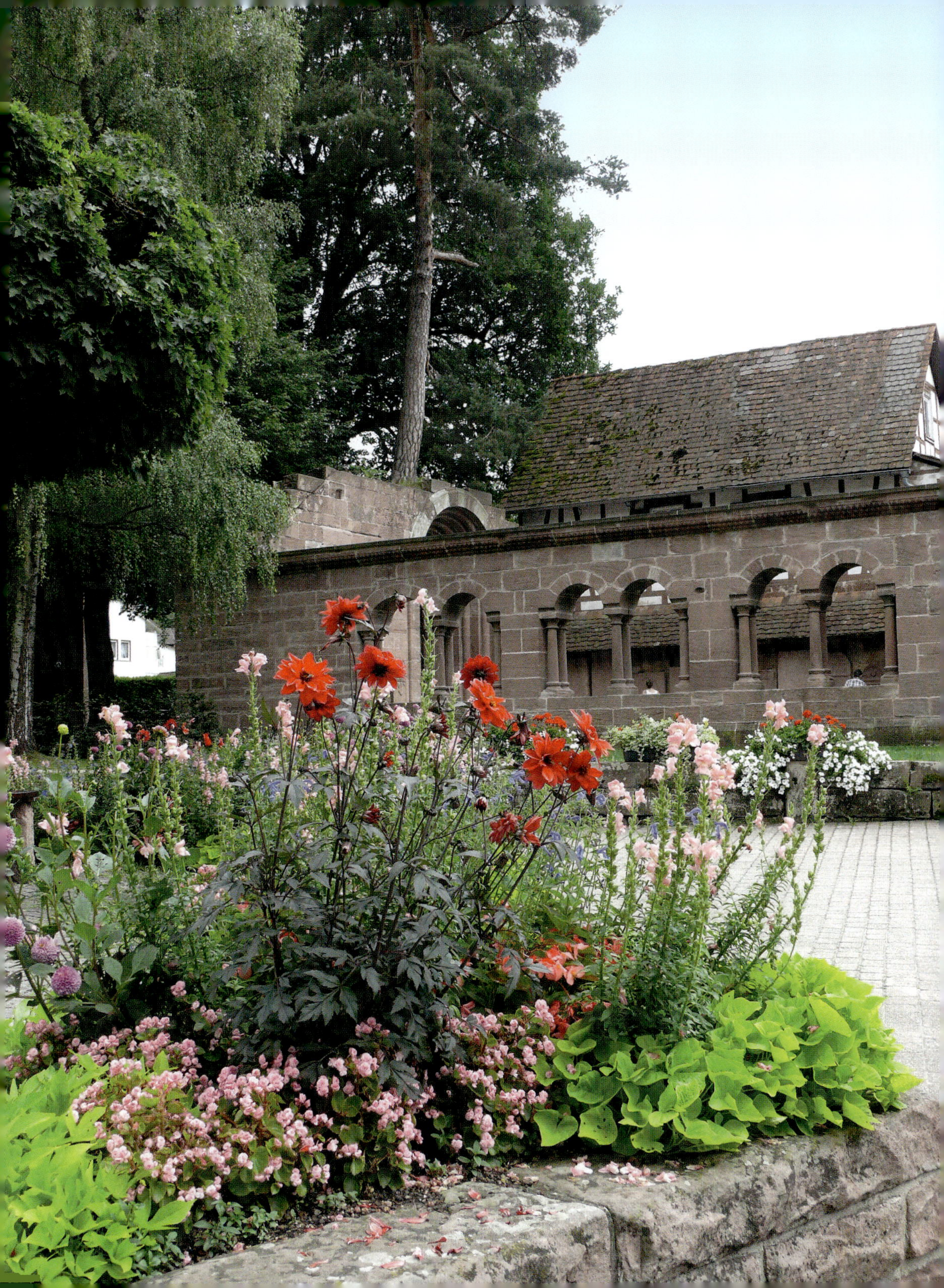

Bad Liebenzell
Kur- und Erlebnispark und SOPHI PARK

Bad Liebenzell liegt im Nordschwarzwald im Nagoldtal. Der Kurpark bietet umgeben von bewaldeten Hängen ruhige Kuratmosphäre.

In Bad Liebenzell fühlt man sich umgeben von Fichtenwald bereits wie im Schwarzwald. Bahnhof, Ortszentrum und Kurpark liegen dicht beieinander. Kurgäste kommen wegen der heilenden Thermalquellen hierher. Diese sind schon seit dem Mittelalter bekannt. Alles spielt sich entlang des Flüsschens Nagold ab, das aus dem Schwarzwald kommt. Konzertmuschel, Blumenbeete, See, Pavillon und Planetenlehrpfad sind schnell umrundet. Im Apothekergarten sind 150 Kräuterarten nach Indikationen geordnet aufgepflanzt. Zudem gibt es Gewürzkräuterbeete und Kräuter für bestimmte Anwendungen wie die Homöopathie.

Nachts taucht eine spezielle Beleuchtung Bäume und Wege in stimmungsvolles Licht. Dann schimmert die Fontäne im Kurparksee golden und Wasserstelen zeigen Farbe. Im Anschluss an den Kur- und Erlebnispark existiert seit 2017 der SOPHI Park. Die Initiative zur Parkanlage ging von der Stiftung SOPHI PARK aus, die sich der Förderung philosophisch-kultureller Werte verschrieben hat. SOPHI steht als Abkürzung für Soft Philosophy. Umgesetzt wurde ein neuartiges Parkkonzept, bei dem die hundert wichtigsten Weisheiten der großen Philosophen, Dichter und Denker präsentiert werden. Weisheiten von Sokrates, Aristoteles, Diogenes, Platon, Descartes, Hegel, Einstein, Nietzsche, Popper, Ernst Jünger und Hermann Hesse werden greifbar oder sinnlich wahrnehmbar dargestellt. Es sollen Gedanken geäußert, Impulse gegeben werden zu den wichtigsten Grundwerten der freien Zivilisation.

So entstand eine poetisch-philosophische Parklandschaft mit zehn Themenfeldern entsprechend der philosophischen Epochen. Darin eingebettet sind künstlerische Schau- und Staunobjekte, 100 in Acryl gefasste Weisheiten und originelle Leseinseln. Spezielle Spielgeräte sollen grundlegende physikalische Gesetze erlebbar machen.

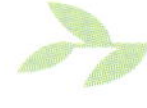

KONTAKT

Kur- und Erlebnispark: Kurhausdamm, 75378 Bad Liebenzell
www.bad-liebenzell.de
SOPHI PARK: Am Kurpark, 75378 Bad Liebenzell
www.sophipark.de
Frei zugänglich

Kurpark mit See und SOPHI PARK mit Acrylobjekten

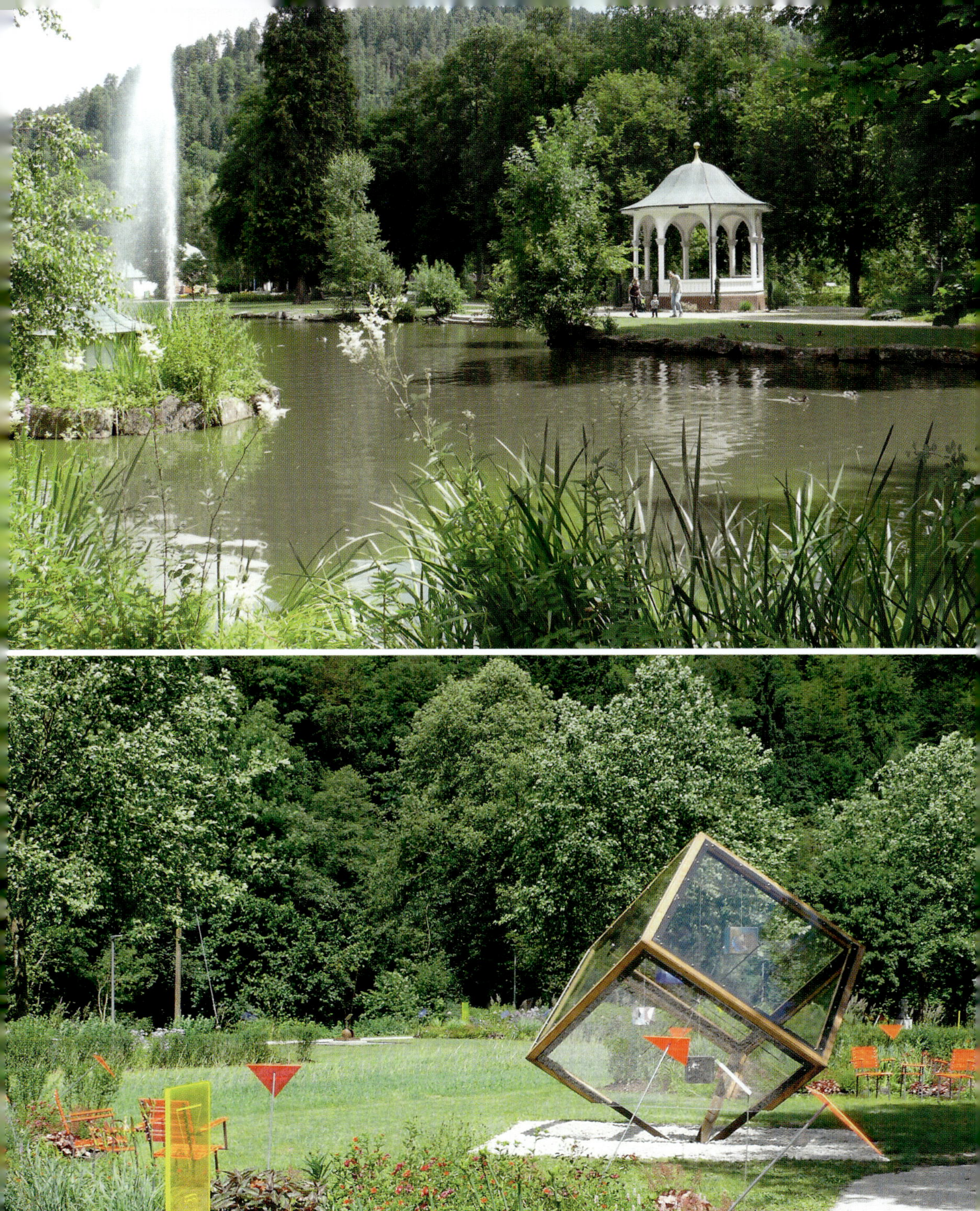

Bad Wildbad
Kurpark

Das Thermalbad Bad Wildbad war bereits im 15. Jahrhundert ein bedeutender Badeort. Und auch der Kurpark ist alt; seine Ursprünge reichen bis ins Jahr 1699 zurück. Da ließ Herzog Eberhard Ludwig von Württemberg eine Hainbuchenallee pflanzen.

Die Stadtverwaltung bewirbt ihn als einen der schönsten naturbelassenen (Kur-)Parks in Deutschland. Mit 35 Hektar Fläche und einem 15 km langen Wegenetz ist er auch einer der größten. Er erstreckt sich entlang der Enz, einem Nebenfluss des Neckars, und geht in die freie Landschaft über. In dem teils von Felsen und steilen Hängen begleiteten Tal ist es schattig-kühl.

Der Park lebt von seinen Naturschätzen, von dem Flüsschen Enz mit seinem frischen, klaren Wasser, dem felsigen Flussbett, dem alten Baumbestand. In Kombination mit den Mähwiesen wirkt das wie eine traditionell gepflegte Kulturlandschaft. Im Tal und entlang der zahlreichen Quellbäche auf dem Gelände wächst viel Mädesüß und Blutweiderich. Auf einer Wiese am Hang entdeckte ich neben Johanniskraut und Flockenblumen sogar Knabenkräuter. Ein Quellbach im hinteren Teil speist das Kneipp-Tretbecken mit belebendem, klarem Wasser. Im Schwanensee und in den Volieren daneben ziehen zwei schwarze Schwäne und anderes Wassergeflügel die Aufmerksamkeit auf sich.

Unverwechselbar wird der Park durch einige Bauwerke: den Maurischen Pavillon von 1875, die Englische Kirche und die historische Gartenhalle von 1900. Sie wirken wie Staffagebauten. Zur gebirgig anmutenden Topographie des Kurparks passt das Schweizer Haus. Buntes steuern Blumenbeete mit Saisonblumen und der Rosengarten bei.

Das Staatsbad Bad Wildbad ist unabhängig vom Kurpark wegen seiner bedeutenden Kurarchitektur des 19. und 20. Jahrhunderts eine Reise wert. Das Königliche Kurtheater mit seinem jährlich stattfindenden Rossinifestival und das Kurbad Palais Thermal locken Besucher an. Der Kurpark ist mit öffentlichen Verkehrsmitteln bestens zu erreichen: Die Endstation der Karlsruher Stadtbahnlinie S6 befindet sich direkt am Eingang zum Kurpark.

KONTAKT

Kuranlagenallee 4, 75323 Bad Wildbad, www.bad-wildbad.de
Frei zugänglich

Brücke mit Maurischem Tempel und Kurpark mit Rosarium

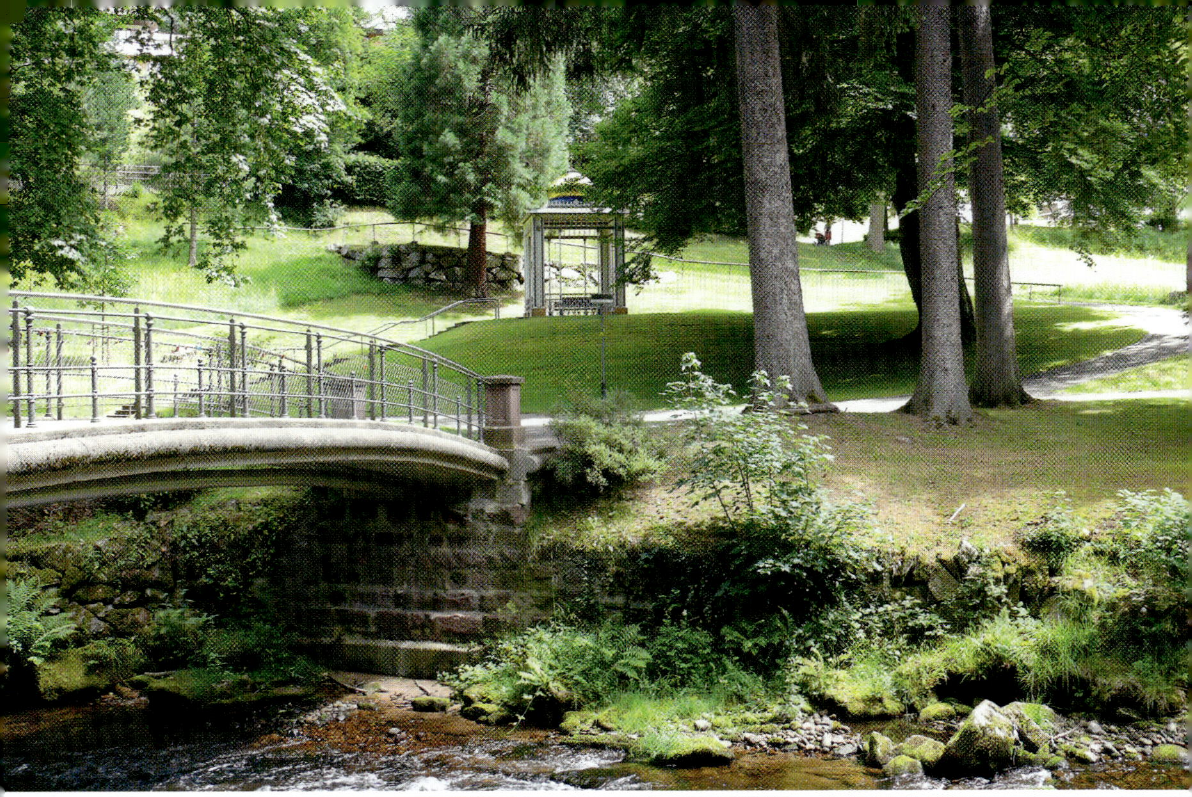

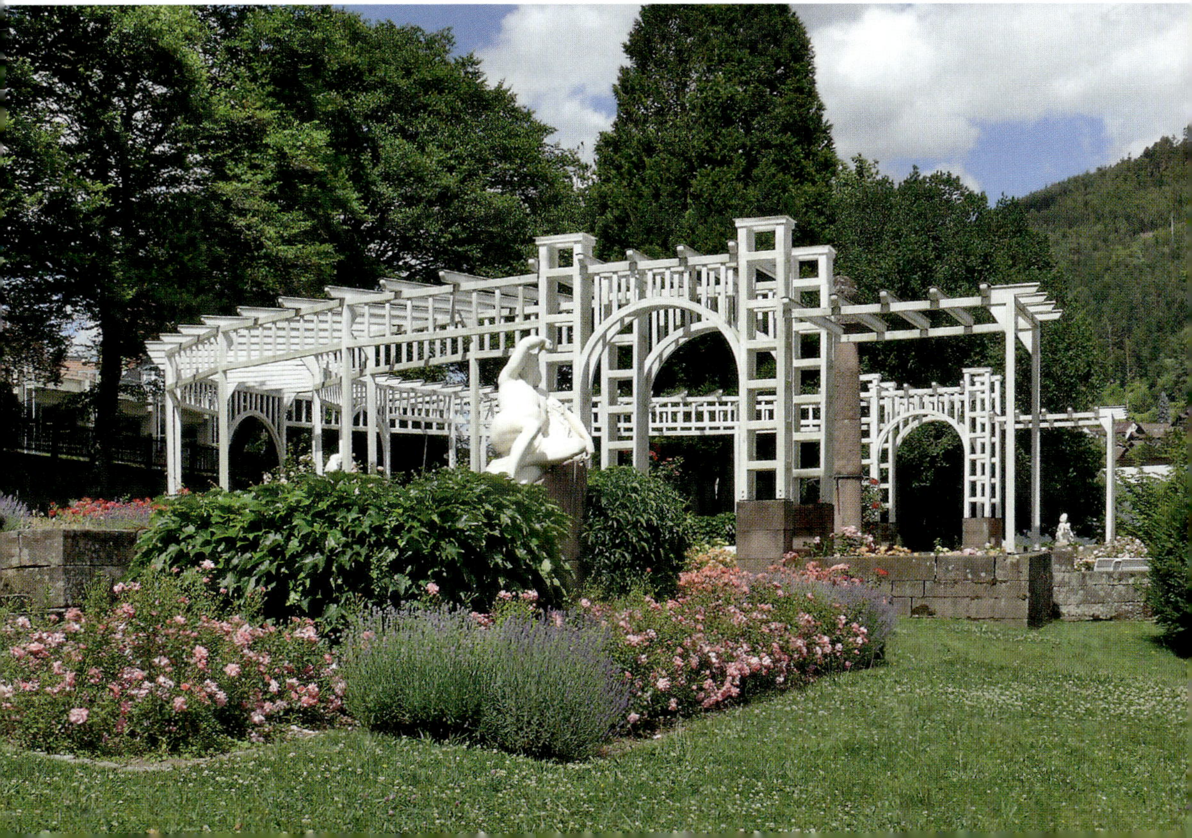

Baden-Baden

Gärten und Parks im Zentrum: Kurpark, Lichtentaler Allee, Gönneranlage

Der Gartenspaziergang durch Baden-Baden beginnt vor dem Kurhaus und führt immer entlang des Flüsschens Oos in Richtung Lichtental. Die alten Bäume des Kurparks und der Lichtentaler Allee weisen den Weg. Davon abzweigend befindet sich die berühmte Gönneranlage mit dem Rosengarten.

Ausgangspunkt der Gartenerkundung ist der Park vor dem Kurhaus mit architektonisch interessanter Konzertmuschel, 1912 nach Plänen von August Stürzenacker im Jugendstil erbaut. Das Theater liegt dicht daneben. Die Lichtentaler Allee erstreckt sich vom Theater aus in südliche und südöstliche Richtung zum ehemaligen Zisterzienserinnenkloster Lichtenthal; sie verläuft parallel zum Flüsschen Oos, das aus dem Schwarzwald klares Wasser bringt. An ihr aufgereiht liegen die Staatliche Kunsthalle, das Museum Frieder Burda, das Stadtmuseum.

Die Bezeichnung Allee trifft den Charakter der Anlage nicht ganz. Es ist eine langgestreckte Grünanlage, zu der auch eine Allee aus Lindenbäumen gehört. Ursprünglich führte eine Eichenallee von Baden-Baden zum Kloster Lichtenthal. 1850 ließ der Spielbankpächter Jacques Bénazet die Anlage in einen englischen Garten umgestalten. Besonders eindrucksvoll und farbenprächtig präsentiert sich der Garten zur Blütezeit der Rhododendren. Die gibt es reichlich in dieser Gartenanlage; die Bodenverhältnisse in Baden-Baden kommen offenbar den Ansprüchen der Rhododendren entgegen, die nur bei niedrigem Boden-pH-Wert gut gedeihen.

Gönneranlage mit Rosen und Brunnen

KONTAKT

Kurpark: Kaiserallee; Gönneranlage: Lichtentaler Allee, Baden-Baden
www.baden-baden.de
Kurpark und Lichtentaler Allee frei zugänglich;
Gönneranlage tagsüber frei zugänglich

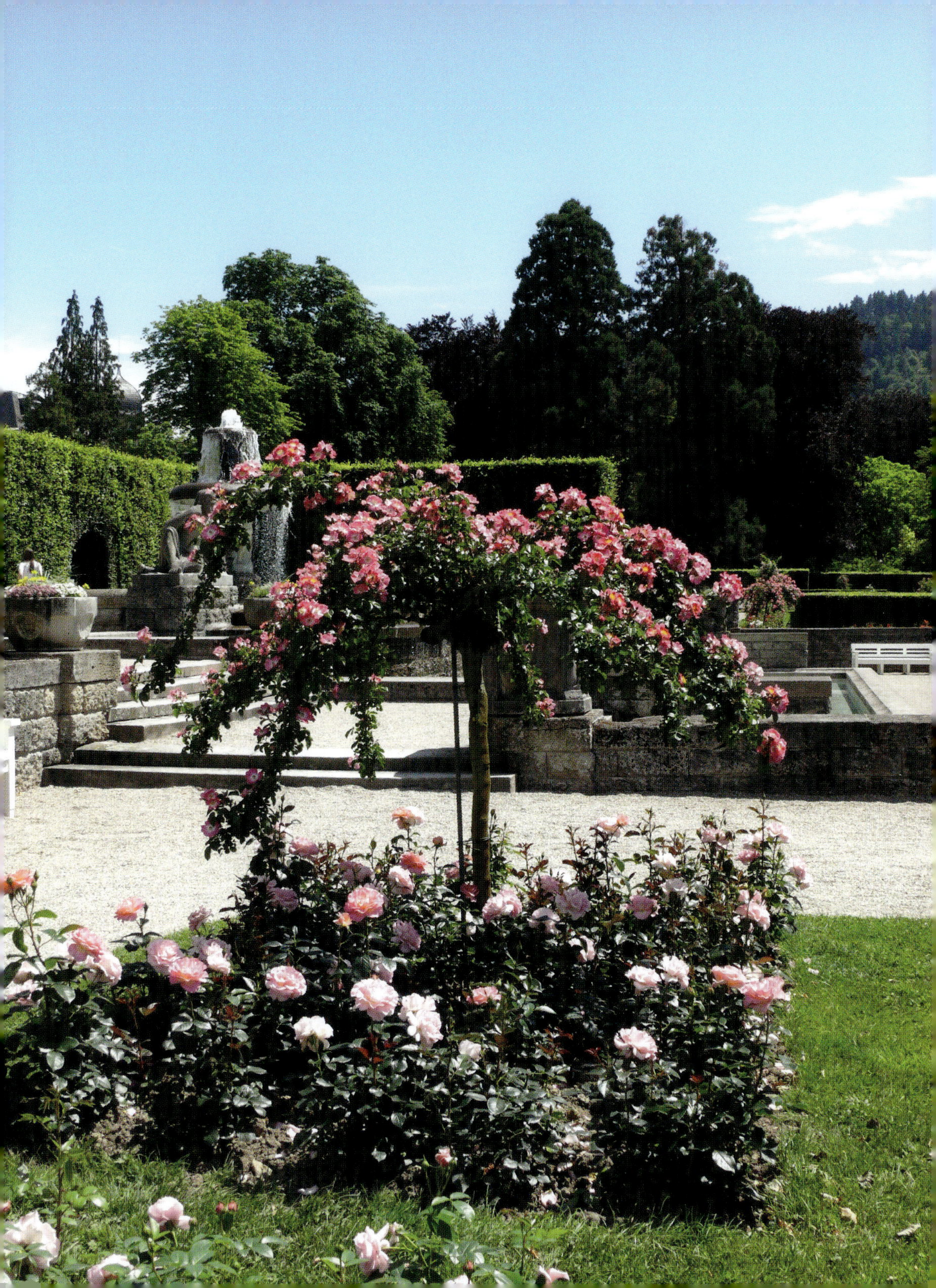

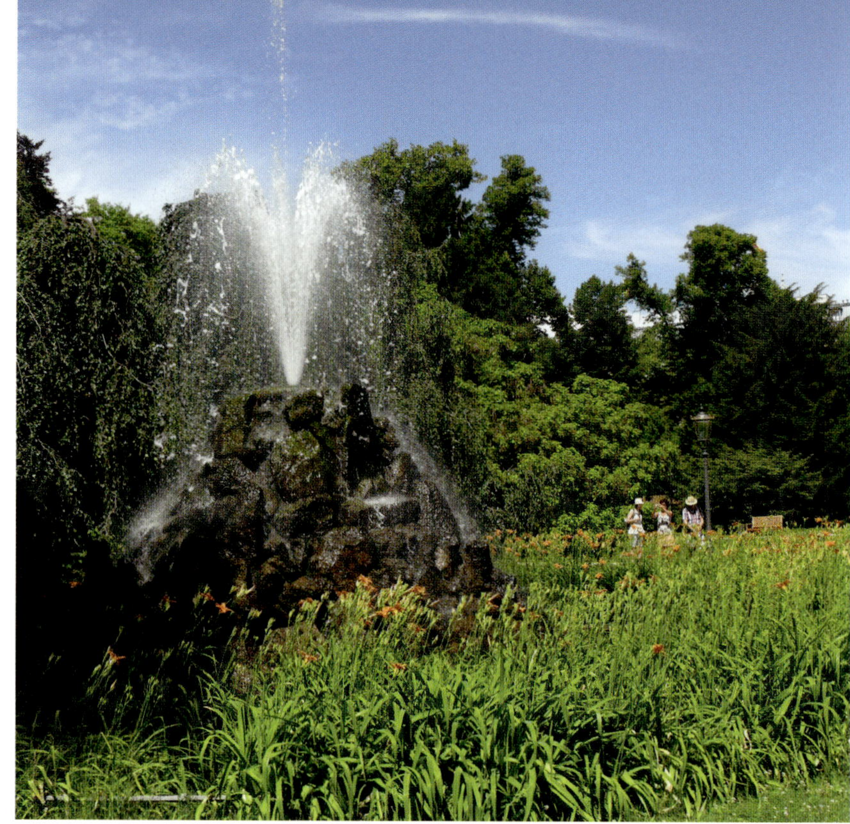

Fontäne in der Lichtentaler Allee mit Taglilienpflanzung

Die Parkanlage geht fast unmerklich in die angrenzenden Privatgärten über. Hier stehen sehr alte Bäume, umgeben von Sichtschutz gebenden immergrünen Gehölzen. Die Gärten sind bestens gepflegt. In der wohlhabenden Bäderstadt sorgen auch in den Privatgärten häufig Profis für den guten Schnitt.

Die Gönneranlage befindet sich schon etwas außerhalb der Innenstadt, wie ein Anhängsel an die Lichtentaler Allee. Über eine stilvolle Brücke mit gusseisernem Geländer, die Oos überspannend, betritt man sie. Es ist eine imposante architektonisch geprägte Gartenanlage aus der Epoche des Jugendstils. Rosen setzen den Akzent. Etwa 10.000 Rosenstöcke in 400 Sorten sind hier aufgepflanzt.

Der deutsch-amerikanische Kaffeekönig Hermann Sielcken stiftete die Anlage zu Ehren seiner Frau; benannt ist sie allerdings nach dem Baden-Badener Oberbürgermeister Albert Gönner. Der Karlsruher Keramiker und Architekt Max Laeuger plante die Anlage, die von 1909 bis 1912 gebaut wurde. Dem Reiz dieses gartenarchitektonischen Ensembles kann man sich kaum entziehen. Es verführt zum Flanieren und dazu, den Charme des Ortes auf stilvollen Möbeln sitzend auf sich einwirken zu lassen. In der symmetrischen Anlage spielt die Architektur die wesentliche Rolle. Formschnitthecken aus Hainbuchen gliedern sie in Garten-

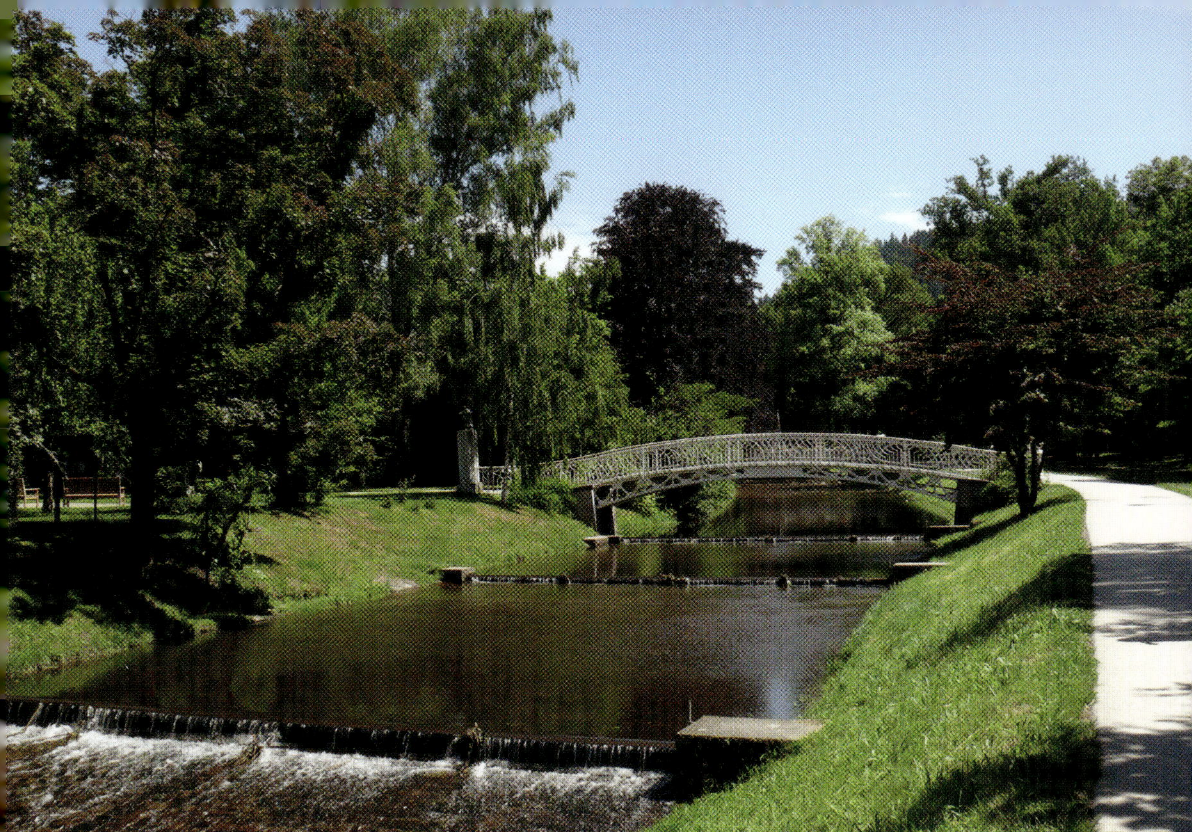

Ein kunstvoller schmiedeeiserner Fußgängersteg führt über die Oos zur Gönneranlage

zimmer. Rambler-Hochstämmchen der Sorten 'American Pillar' und 'Rosarium Uetersen' säumen Wege und betonen Ecken. Eine hohe Heckenwand aus Hainbuche bildet den Abschluss zu einer angrenzenden Wohnbebauung. Dieser Bereich liegt erhöht über dem Rest der Fläche. Die Hangstreifen vor den Pergolen sind mit Strauchrosen und Stauden lockerer bepflanzt.

Die Gönneranlage ist nicht mehr ganz in ihrer ursprünglichen Form erhalten. Teile wurden überbaut. Der hohe gartenkünstlerische Wert wurde erst spät erkannt und das noch Vorhandene gesichert.

Im weiteren Verlauf der Lichtentaler Allee gelangt man zum Dahliengarten an der Klosterwiese. Im Spätsommer leuchten die Blüten von 1.800 Dahlienstöcken. Sie werden nach Sorten getrennt in jeweils ellipsenförmigen Beeten präsentiert.

TIPP

Im Innenstadtbereich gibt es außer der Gönneranlage noch eine andere Jugendstilanlage, das sogenannte »Paradies«, ebenfalls geplant von Max Laeuger. Die Wasserkunstanlage wurde 1921 bis 1925 gebaut. Eine zentrale Wassertreppe nach dem Vorbild italienischer Renaissancegärten überwindet einen Höhenunterschied von 40 Metern und erstreckt sich über drei Straßenzüge.

5

Baden-Baden
Rosenneuheitengarten auf dem Beutig

Allen Rosenfreunden ist der Baden-Badener Rosenneuheitengarten ein Begriff: In jedem Jahr Ende Juni wird hier im Rahmen des Internationalen Rosenneuheiten-Wettbewerbs die »Goldene Rose von Baden-Baden« gekürt. Veranstalter des Wettbewerbs ist das Gartenamt der Stadt Baden-Baden.

Der Rosenneuheitengarten befindet sich etwas außerhalb der Innenstadt in Aussichtslage. Vom Kurhaus aus ist er gut zu Fuß zu erreichen. Die große Anzahl an Rankgerüsten mit Kletterrosen gibt dem Garten sein Gepräge. Hier geht es um die systematische, gebührende Präsentation jeder einzelnen Rosensorte. Drei gekieste, von Klettergerüsten gesäumte Wege erschließen das abfallende Gelände in Längsrichtung. Der mittlere Weg läuft auf eine Laube mit einer Steinfigur zu. Auch der mittlere der drei Querwege erstreckt sich zwischen Lauben. Auf den Rasenflächen zwischen den befestigten Erschließungswegen stehen die Prüfsorten, jeweils mehrere Exemplare einer Sorte in aus dem Rasen ausgestochenen Karrees. Die Anpflanzungen sind geordnet nach Bewertungsjahr, nach Rosengruppe und nach Farbe. Es gibt also Felder mit Rosen aus dem aktuellen Bewertungsjahr, aus dem Jahr zuvor und aus den beiden Folgejahren. Die in den Vorjahren prämierten schönsten Rosen bekommen einen Dauerplatz in den Randbereichen. In einem gesonderten Areal stehen die Strauchrosen.

Rosenfreunde aus der ganzen Welt kommen in diesen Garten, die meisten ausgerüstet mit Notizblock, Kamera oder Smartphone, um ihre persönlichen Favoriten festzuhalten und um die Schau zu dokumentieren.

KONTAKT

Moltkestraße 3, 76530 Baden-Baden
www.baden-baden.de
Eintritt saisonal gegen Gebühr

Der Rosenneuheitengarten ist auf hängigem Gelände angelegt

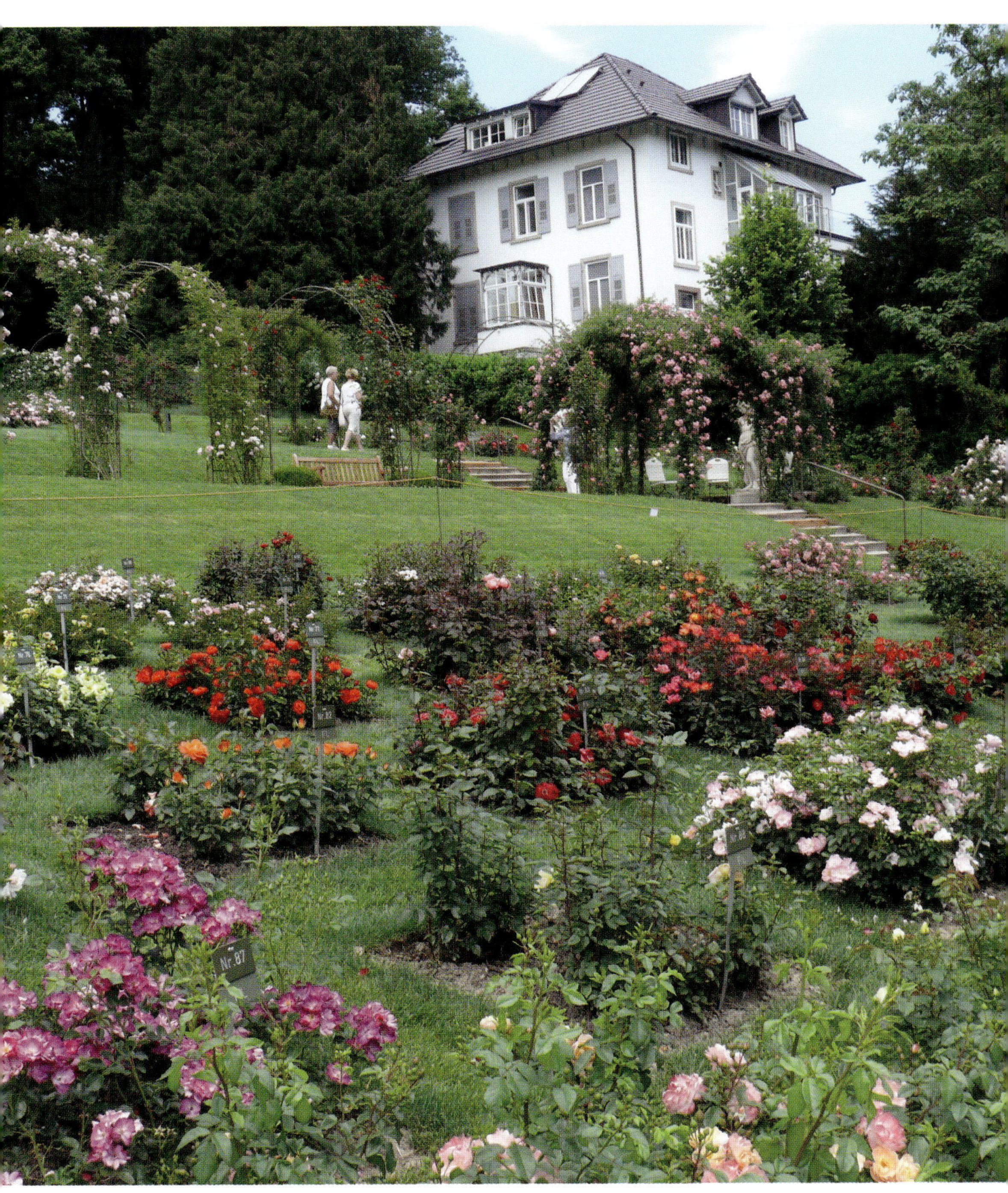
Nr 87

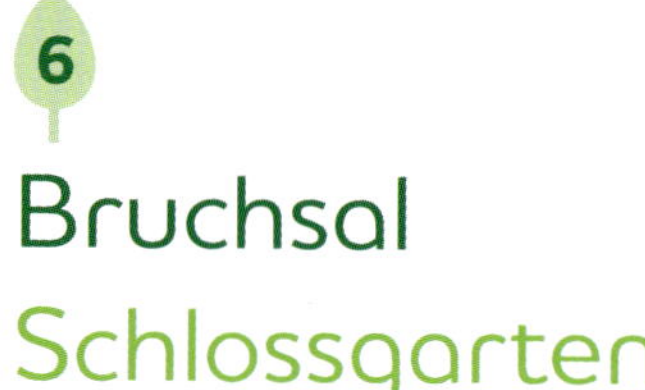

Bruchsal
Schlossgarten

Der Bruchsaler Schlossgarten ist eine elegante, schnörkellose Anlage mit barocker Grundstruktur und Elementen des Landschaftsgartens. Besonders eindrucksvoll ist die Gartenfassade des Schlosses mit dem davor liegenden Wasserbecken samt Fontäne.

Vom Schlossgarten Bruchsal hatte ich vor der Recherche für diesen Reiseführer einige Fotos und Luftbilder vor Augen, die eine planmäßige, sehr symmetrische Anlage mit über 50 Gebäuden zeigen. Wie so häufig, präsentiert sich ein Garten vor Ort mit der ihm eigenen Topographie doch noch einmal anders. In Bruchsal war ich überrascht, dass die Fläche doch nicht ganz eben ist, wie es auf Bildern zu sein scheint, sondern dass der Garten vom Schloss und der Schlossterrasse aus nach Westen leicht abfällt. Das liegt an der Lage des Schlossareals am Rand der Oberrheinischen Tiefebene im Übergang zur Hügellandschaft des Kraichgaus. Der sich in Ost-West-Richtung erstreckende Park setzte sich in früheren Zeiten noch weiter nach Westen fort, jenseits der heute die Flucht querenden Bahnlinie. Von diesen Schlossgartenteilen existieren Pläne; sie wurden jedoch nie vollständig verwirklicht. Die Sichtachse mit Alleebäumen ist indes noch heute vorhanden.

Symmetrie zieht sich durch die ganze barocke Anlage. Kastanienalleen begrenzen beidseits das Mittelstück des Parterres. Vier weiß gestrichene Hellebardenträger mit Goldschmuck halten Wache an der Balustrade vor dem Schloss. Weiter unten an der breiten Mittelachse stehen Replika von Jahreszeitenfiguren.

Symmetrie zeigt sich auch am unteren Ende des Parks bei den Wohngebäuden für Kammerdiener, Hofgärtner, Hofjäger und Hofkaplan und bei den beiden Rondellen: das eine ein Rosengarten mit umlaufender Pergola, die von Blauregen (Wisterien) bewachsen ist, das andere ein Kinderspielplatz. Naturhaft wirkt die Gartenpartie mit Felsen und Ententeich.

KONTAKT

Schloss Bruchsal, Schlossraum 4, 76646 Bruchsal
www.schloss-bruchsal.de
Frei zugänglich

Gartenfassade des Bruchsaler Schlosses

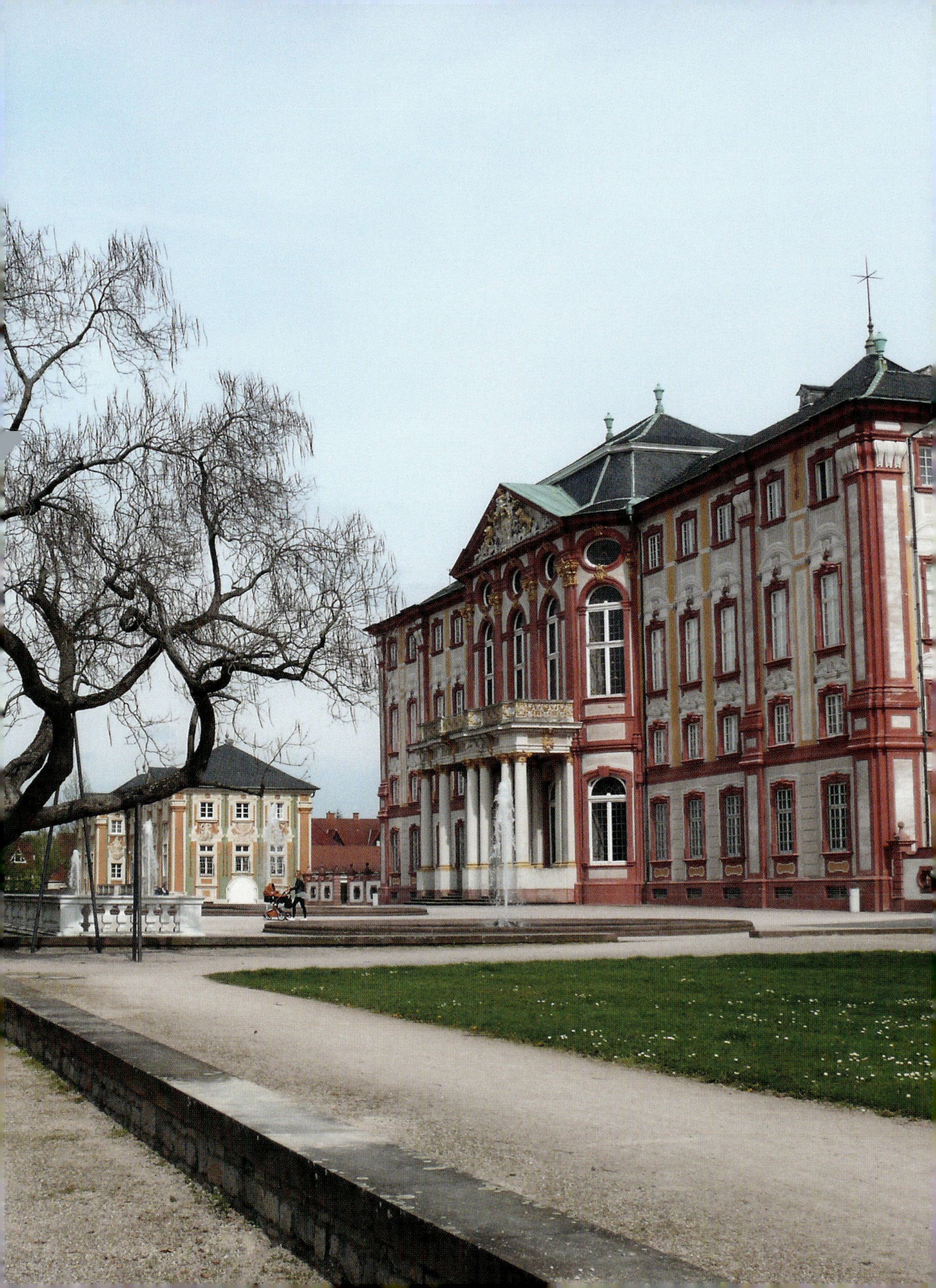

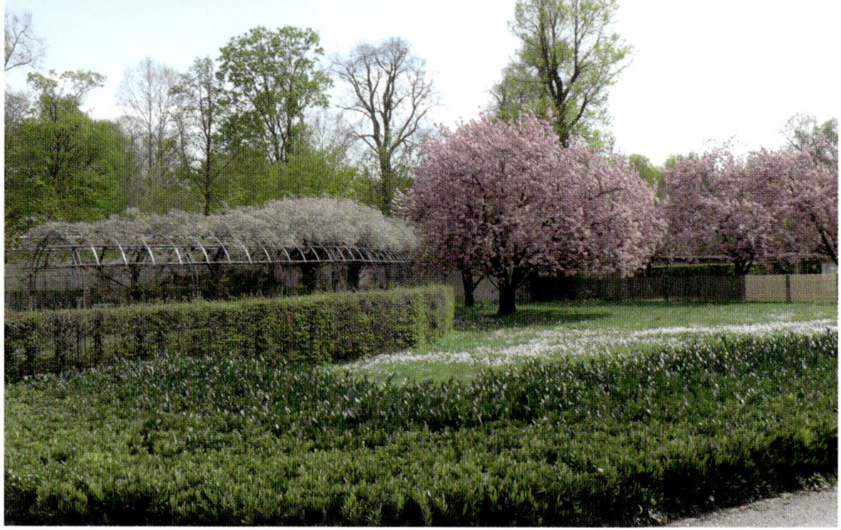

Unterer Schlossgartenbereich mit Rosengarten und Zierkirschen

Das Besondere an der Bruchsaler Schloss- und Gartenanlage ist das einzigartige Ensemble von Gebäuden einer fürstbischöflichen Hofhaltung. Fürstbischof Damian Hugo von Schönborn verlegte 1723 seine Residenz von Speyer nach Bruchsal. Mit dem Schlossbau beauftragte er Baumeister Balthasar Neumann, aus späterer Sicht einer der bedeutendsten Baumeister des Barock und Rokoko, berühmt vor allem durch die Würzburger Residenz. Der angrenzende »Obere Schlossgarten« wurde zur gleichen Zeit angelegt. Von Schönborns Nachfolger Fürstbischof Franz Christoph von Hutten ließ mehrere Räume im Stil des Rokoko ausbauen. Den Bruchsaler Schlossgarten muss man in Einheit mit der Architektur des Schlosses sehen: das beeindruckende Treppenhaus von Balthasar Neumann sowie Grotte, Marmorsaal und Gartensaal, der sich zum Schlossgarten öffnet.

Schloss Bruchsal ist im Besitz der Landes Baden-Württemberg; die Verwaltung der Schlösser und Gärten Baden-Württemberg hat hier ihren Sitz. Das Schloss selbst und die Außenanlagen strahlen nach fortlaufenden Restaurierungen und Renovierungen in neuem Glanz. Auf diese Tatsache muss man in Bruchsal besonders hinweisen, denn die Gebäude waren am Ende des Zweiten Weltkrieges fast vollständig zerbombt worden. Teils standen nur noch die Fassaden. In einer kleinen Ausstellung im Erdgeschoss des Schlosses ist die Zerstörung anhand von Bildern und Trümmern dokumentiert. Nach akribisch ausgeführter Rekonstruktion und aufwendiger Restaurierung strahlen nun sogar vergoldete Wasserspeier am Dach.

TIPP

Vom Schloss aus ist es nicht weit zum etwas oberhalb gelegenen Stadtgarten mit Belvedere, einem schlösschenartigen Gebäude mit Türmen und Aussichtsplattformen. Darüber wölben sich Baldachindächer im chinesischen Stil, was dem Gebäude ein eigenartiges Aussehen verleiht. Fürstbischof Franz Christoph von Hutten ließ es 1756 als Lustschlösschen erbauen. Es wurde später zu einem Schießhaus erweitert.

7

Gernsbach
Katz'scher Garten und Kurpark

Gernsbach liegt im Murgtal, nicht weit entfernt von Baden-Baden und Karlsruhe. Einst besaß die Stadt durch die Baumflößerei auf der Murg einige Bedeutung und Wohlstand. Der Bürgerstolz kommt in zwei kleinen Gartenanlagen zum Ausdruck. Einen Kurpark gibt es hier ebenfalls.

Vor allem der Katz'sche Garten ist bemerkenswert. Dieser kleine Barock- und Skulpturengarten hat den Charakter eines Hausgartens. Er liegt hinter hohen Mauern verborgen an der Straße, die vom Bahnhof in die Stadt führt. Man betritt ihn durch ein Eingangsportal aus der Zeit der Renaissance von 1549, das vom Haus einer Gernsbacher Murgschifferfamilie hierher transloziert wurde.

Die langjährige Besitzerin des Gartens, die 1952 verstorbene Johanna Katz, sammelte Steinmetzarbeiten und schmiedeeiserne Kunst- und Alltagsgegenstände aus der Renaissance- und Barockzeit und stellte sie im Garten auf. Zentrales Objekt ist der schmiedeeiserne Aufbau eines Ziehbrunnens aus der Barockzeit mit goldener Weltkugel. Er ruht auf einem Brunnenbassin aus Vulkantuffgestein. Zudem birgt der Garten einige botanische Raritäten. Bananenstauden wachsen auf Freilandbeeten neben Erdbeerbaum, Zwergpalme, Hanfpalme, Chilenischer Honigpalme und Seidenbaum. So bekommt der Garten einen mediterranen Charakter. Eine Treppe führt direkt zu einem Grünstreifen am Ufer der Murg, wo ein Feigenbaum steht.

Die Anfänge des Katz'schen Gartens reichen bis in den Anfang des 19. Jahrhunderts. Zur damaligen Zeit wurden die beiden Tulpen-Magnolien und die jetzt den halben Garten überspannende Sumpfzypresse gepflanzt. Das Teehaus kam im Jahr 1846 hinzu. Nach dem Tod von Johanna Katz 1952 veränderte sich der Garten und verfiel. Ein Arbeitskreis in Zusammenarbeit mit der Stadt Gernsbach restaurierte die Anlage. Seit 2001 ist sie in der jetzigen Form zugänglich und bildet einen idealen Rahmen für Empfänge und Fotoshootings.

KONTAKT

Bleichstraße 9, 76593 Gernsbach
www.katzscher-garten.de
Während der Saison frei zugänglich

Katz'scher Garten, oberer Bereich und Partie entlang der Murg

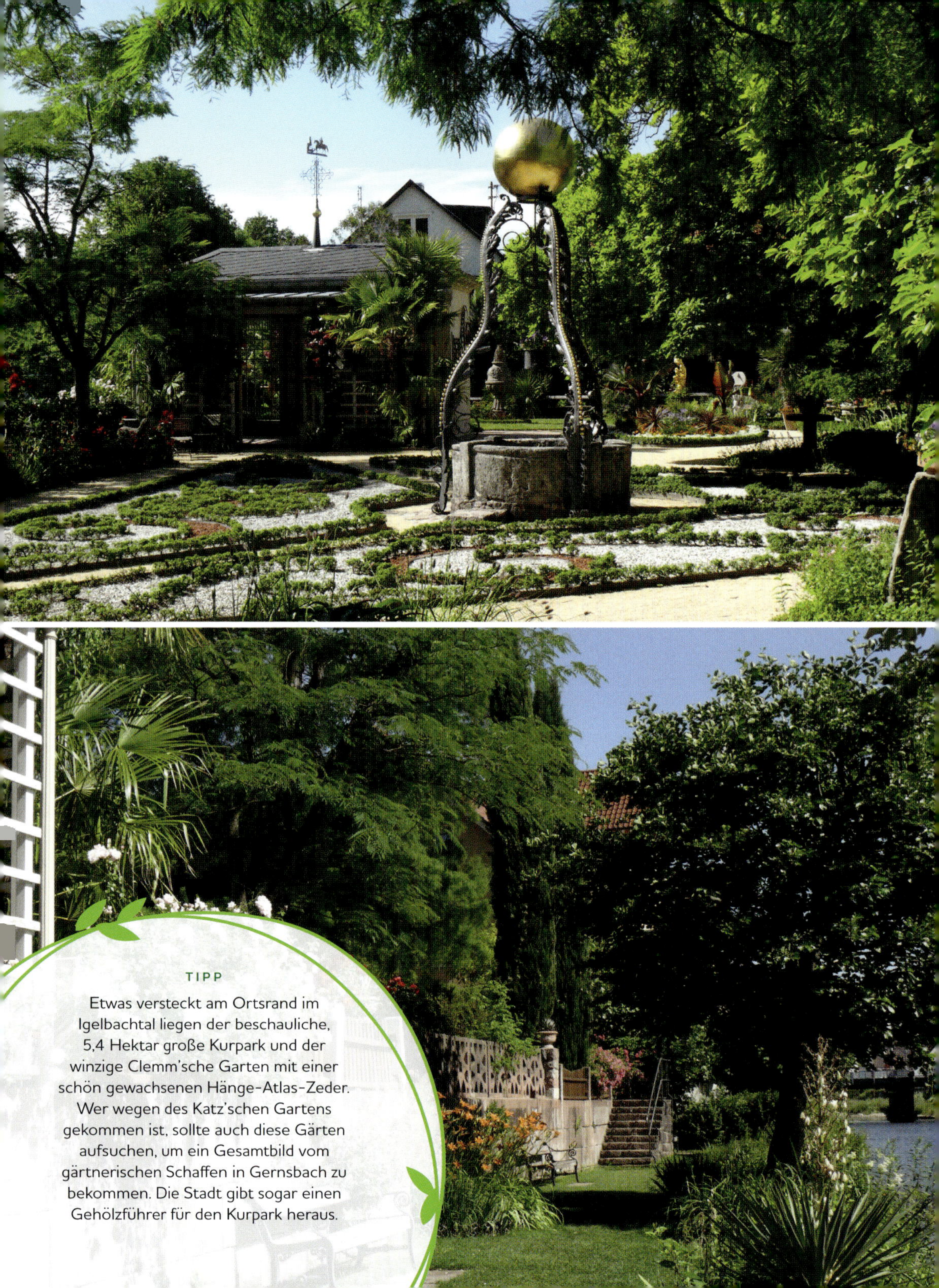

TIPP

Etwas versteckt am Ortsrand im Igelbachtal liegen der beschauliche, 5,4 Hektar große Kurpark und der winzige Clemm'sche Garten mit einer schön gewachsenen Hänge-Atlas-Zeder. Wer wegen des Katz'schen Gartens gekommen ist, sollte auch diese Gärten aufsuchen, um ein Gesamtbild vom gärtnerischen Schaffen in Gernsbach zu bekommen. Die Stadt gibt sogar einen Gehölzführer für den Kurpark heraus.

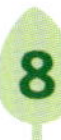

Heidelberg
Botanischer Garten

Der Heidelberger Botanische Garten liegt etwas versteckt inmitten des Universitätsgeländes auf dem Neuenheimer Feld. Gewächshäuser und Institutsgebäude ducken sich zwischen den Hochhäusern der Kliniken und Institute.

Trotz seiner Überschaubarkeit hat der Garten viel zu bieten; insgesamt sind etwa 10.000 Pflanzenarten in Kultur; etwa 90 Prozent davon in Gewächshäusern. Die Heidelberger Botaniker sammeln und zeigen vor allem Sukkulenten, Bromelien und Orchideen.

Der Heidelberger ist der drittälteste Botanische Garten Deutschlands, 1593 als Hortus Medicus gegründet. Nach oftmaligem Umzug wurde er am jetzigen Standort auf dem Neuenheimer Feld angelegt und 1915 eröffnet. Der Rundgang beginnt vielversprechend in einem Bambushain und führt vorbei an sieben Meter hohen Halmen des Zauber-Bambus *(Phyllostachys vivax* f. *aureocaulis)*. Der neu gestaltete Systemgarten vor dem großen Gewächshaus wurde 2006 eingeweiht. Er setzt sich aus viereckigen Beeten zusammen. Bei oberflächlichem Betrachten scheinen sie pfiffige Ideen zum Gestalten von Hausgärten zu bieten, beispielsweise mit Backsteinziegeln oder Schotter. Doch es steckt mehr dahinter. Hier wird botanisches Grundwissen vermittelt. Am Rande dieses Areals steht eine auffallende Hängende Blau-Zeder *(Cedrus atlantica* cv. *glauca pendula)*.

Nach Westen schließt sich das Arboretum mit einigen Besonderheiten an, gegliedert in Laubholz-Arboretum, Nadelwald-Arboretum und Buchenwald. Bei meinem Besuch notierte ich als Besonderheiten Farnblättrige Buche (*Fagus sylvatica* 'Asplenifolia'), Kaukasische Flügelnuss (*Pterocarya fraxinifolia*) und eine besondere Sorte der Gewöhnlichen Haselnuss (*Corylus avellana* cv. 'Heterophylla'), die mir schon im Stadtpark Lahr begegnet war.

KONTAKT

Ruprecht-Karls-Universität, Im Neuenheimer Feld 361, 69120 Heidelberg
http://botgart.cos.uni-heidelberg.de
Freiland frei zugänglich, Gewächshäuser zu Arbeitszeiten frei zugänglich

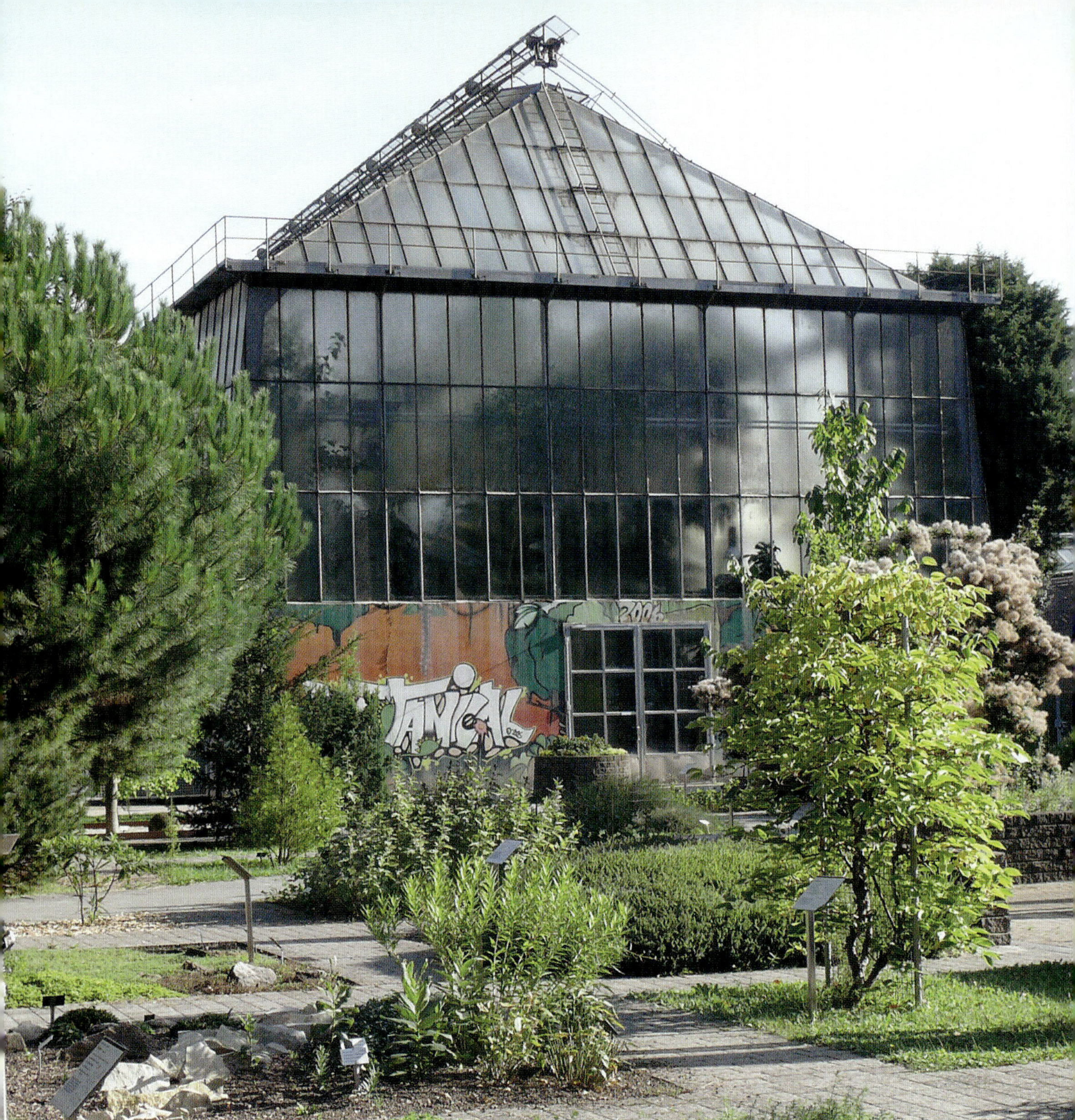

Botanischer Garten mit Gewächshaus

Die Freiflächen zeigen Pfingstrosen, ostasiatische Stauden und Gehölze, Heidevegetation, Binnendüne, Weinbergsflora, Alpinum. Besonders gut gefällt mir die Farnschlucht, mit ihrer Sammlung an mitteleuropäischen Farnarten, ergänzt durch schatten- und feuchtigkeitliebende Blütenpflanzen, wie beispielsweise Wald-Geißbart und Salomonssiegel.

9

Heidelberg
Hortus Palatinus

Das Heidelberger Schloss gilt als Inbegriff für Romantik und ist eines der meistbesuchten touristischen Ziele Deutschlands. Der dahinter liegende Garten, der »Hortus Palatinus«, ist wegen seiner Architektur und wegen der dahinterstehenden Geschichte ebenfalls bedeutsam. Er ist einer der wenigen in seiner Grundstruktur erhalten gebliebenen Renaissancegärten Deutschlands.

Der »Hortus Palatinus«, das bedeutet übersetzt »Pfälzer Garten«, ist ein unvollendeter Garten aus der Renaissancezeit. Ein großer Teil der architektonischen Grundstruktur blieb erhalten: vor allem die sehr hohen Stützmauern mit Grotten und Aufgängen, die Balustraden, Treppenanlagen und Brunnenbecken. Die Vegetation besteht lediglich aus Rasenflächen und alten Bäumen mit Unterwuchs. Es gibt kaum Blühendes.

Die Anlage ist schlicht, mit klaren Grundstrukturen, und von hohem kunsthistorischem Rang auch deswegen, weil von ihm sehr detailliert ausgearbeitete historische Pläne des berühmten Architekten Salomon de Caus sowie ein Kupferstich von Matthias Merian existieren. De Caus stand von 1614 bis 1620 in Diensten des Kurfürsten Friedrich von der Pfalz. De Caus setzte seine Pläne teilweise um. Einige Gartenteile und einige der Automaten für Wasserspiele in den Grotten der Stützmauer wurden nachweislich nie gebaut.

Die Anlage des Gartens war eine bautechnische Meisterleistung. Der Hortus Palatinus sollte einmal das achte Weltwunder werden – eine Zurschaustellung und Verherrlichung der Macht des Kurfürsten, der im Machtgefüge des europäischen Hochadels mitmischen wollte, auch adressiert an seine Frau Elisabeth Stuart und deren Eltern, das englische Königspaar. Um am Berghang die weiträumigen Terrassen schaffen zu können, wurde viel Erdreich aufgeschüttet.

KONTAKT

Schloss Heidelberg, Schlosshof 1, 69117 Heidelberg
www.schloss-heidelberg.de
Frei zugänglich
Mit Gastronomie

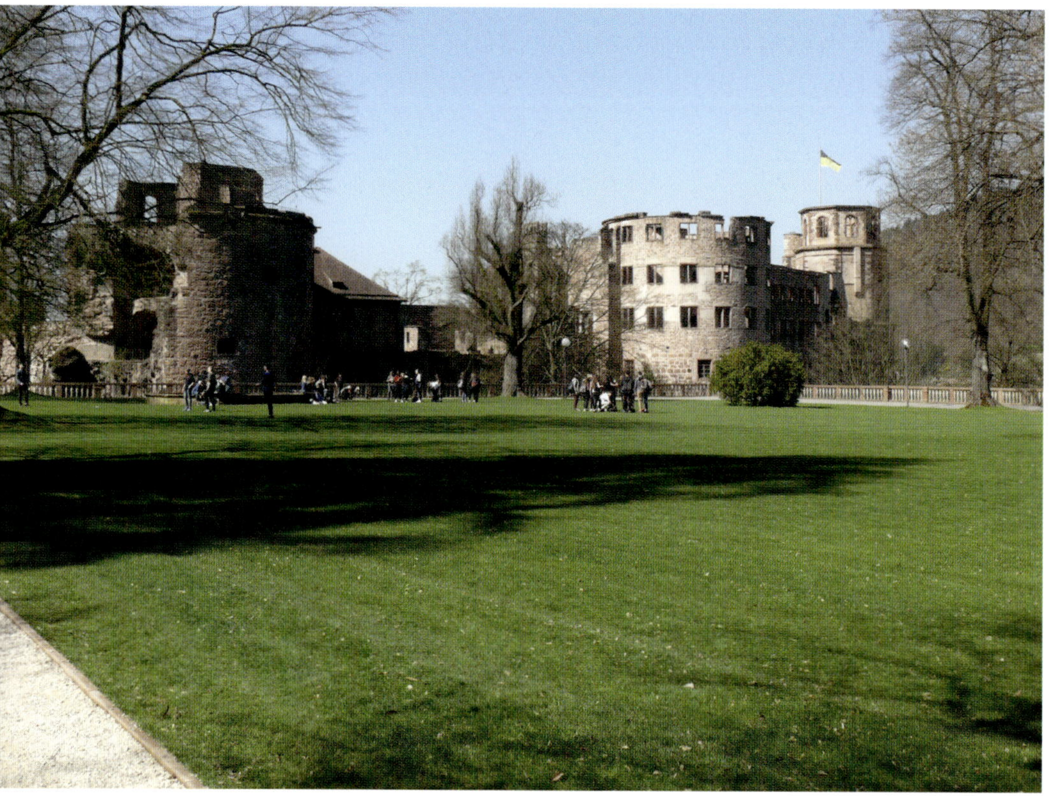

Hortus Palatinus mit Schloss

Bereits 1619 verlor das Heidelberger Schloss seine Bedeutung als Residenz, als der Kurfürst zum König von Böhmen gekrönt wurde. (Der Kurfürst ging wegen seiner kurzen Regentschaft als »Winterkönig« in die Geschichte ein. Im Dreißigjährigen Krieg verlor er das Königreich Böhmen und die Pfalz.) Die Bauarbeiten am Garten wurden eingestellt. In den Jahrhunderten danach wurde der Hortus Palatinus auf verschiedene Weise genutzt.

Zum Achten Weltwunder hat es der Hortus Palatinus nicht geschafft, aber es grenzt an ein Wunder, dass die Anlage in ihrer baulichen Form erhalten geblieben ist. Wer am Haupteingang das Gelände betritt, steuert direkt auf die rekonstruierte Großskulptur »Vater Rhein« zu.

Ein Schlendern durch den Hortus Palatinus gehört noch aus einem anderen Grund zum Pflichtprogramm einer Reise nach Heidelberg: die Terrassen bieten eine hervorragende Aussicht auf die Altstadt, den Neckar mit seinen Brücken und übers Rheintal bis zum Pfälzer Wald.

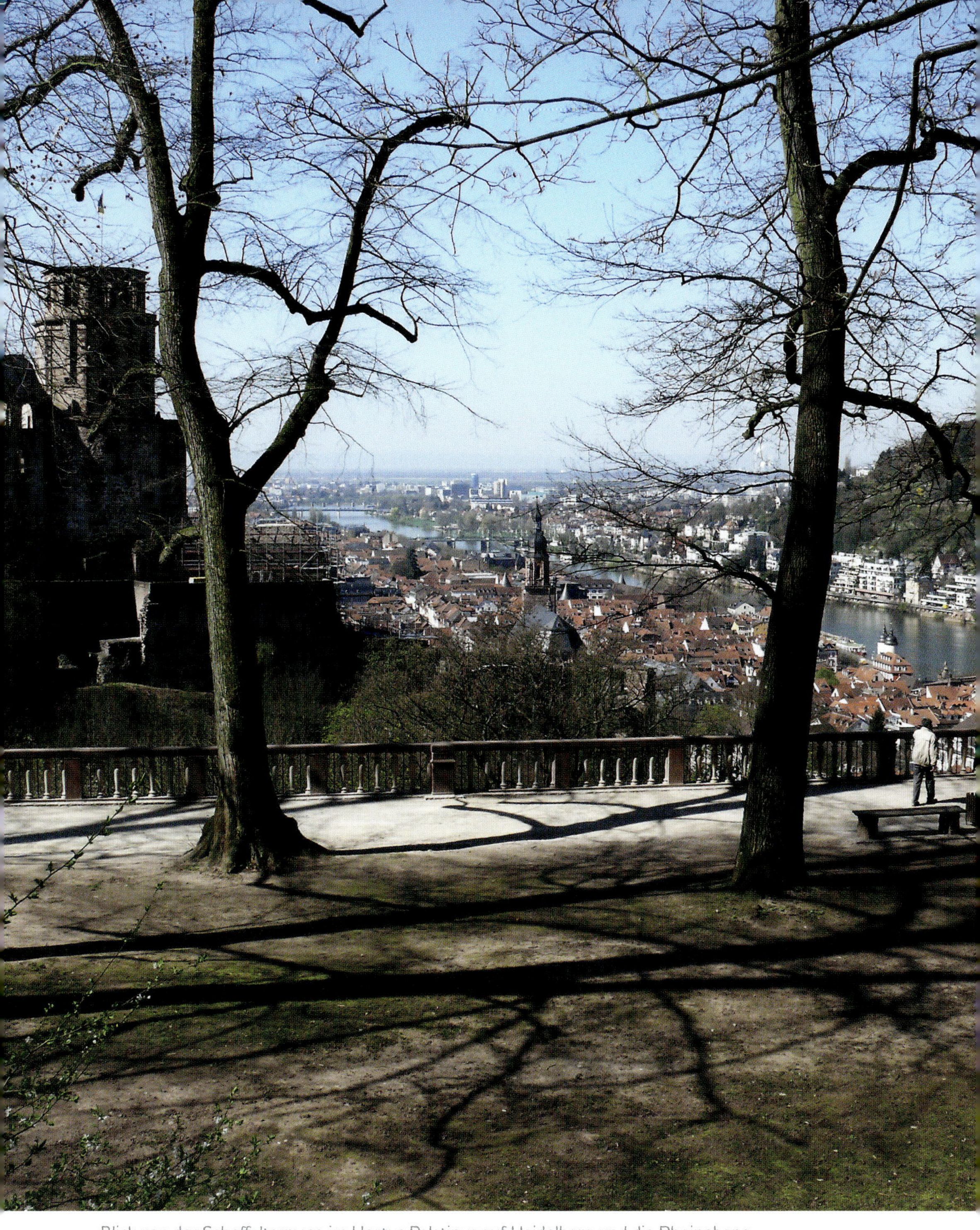

Blick von der Scheffelterrasse im Hortus Palatinus auf Heidelberg und die Rheinebene

10

Heidelberg
Philosophenweg mit Philosophengärtchen, Eichendorff-Anlage und Hölderlin-Anlage

Der Philosophenweg samt dem Gelände um ihn herum hat viele Qualitäten: Er ist Panoramaweg, Erinnerungsstätte, Klima-Insel, Biotop und Standort für subtropische Vegetation. Reichlich viele Gründe also, diesen Weg zu beschreiten.

Seinen Namen verdankt der Weg tatsächlich Philosophen, Dichtern und Denkern wie Hölderlin, Eichendorff, Scheffel und anderen, die sich Anfang des 19. Jahrhunderts in Heidelberg aufhielten und hier spazieren gingen. – Früher ein Weinbergsweg, heute eine geteerte Straße, vom Heidelberger Stadtteil Neuenheim her steil ansteigend, dann in den eben verlaufenden Halbhöhenweg übergehend. Ein anderer Zugang führt von der Altstadt über die Alte Brücke und über den Schlangenweg. Dieser windet sich wie eine Schlange zwischen Trockenmauern steil den Berg hinauf. Zum Erklimmen des aus Kopfsteinpflaster und Treppen bestehenden Weges muss man gut zu Fuß sein. Doch schon der Aufstieg, begleitet von den Mauern mit standorttypischer Vegetation, mit Zimbelkraut und Glaskraut, ist ein Erlebnis. Und wird belohnt durch einen Panoramablick auf Altstadt und Schloss mit Hortus Palatinus.

Der Philosophenweg führt vorbei an privaten und öffentlich zugänglichen Gärten mit Apfel- und Zwetschgenbäumen, aber auch mit Mandel-Bäumen, Weinreben, Kork-Eichen, Woll-Mispeln, Magnolien und Kamelien. Die Vegetation und Szenerie mutet an wie am Luganer See im Tessin. Die entlang des Wegs aufgereihten Philosophengärtchen, Eichendorff-Anlage und Hölderlin-Anlage sind gärtnerisch gestaltet, südländisch anmutend mit Palmen und Bitterorange.

KONTAKT

Philosophenweg, 69120 Heidelberg
Frei zugänglich

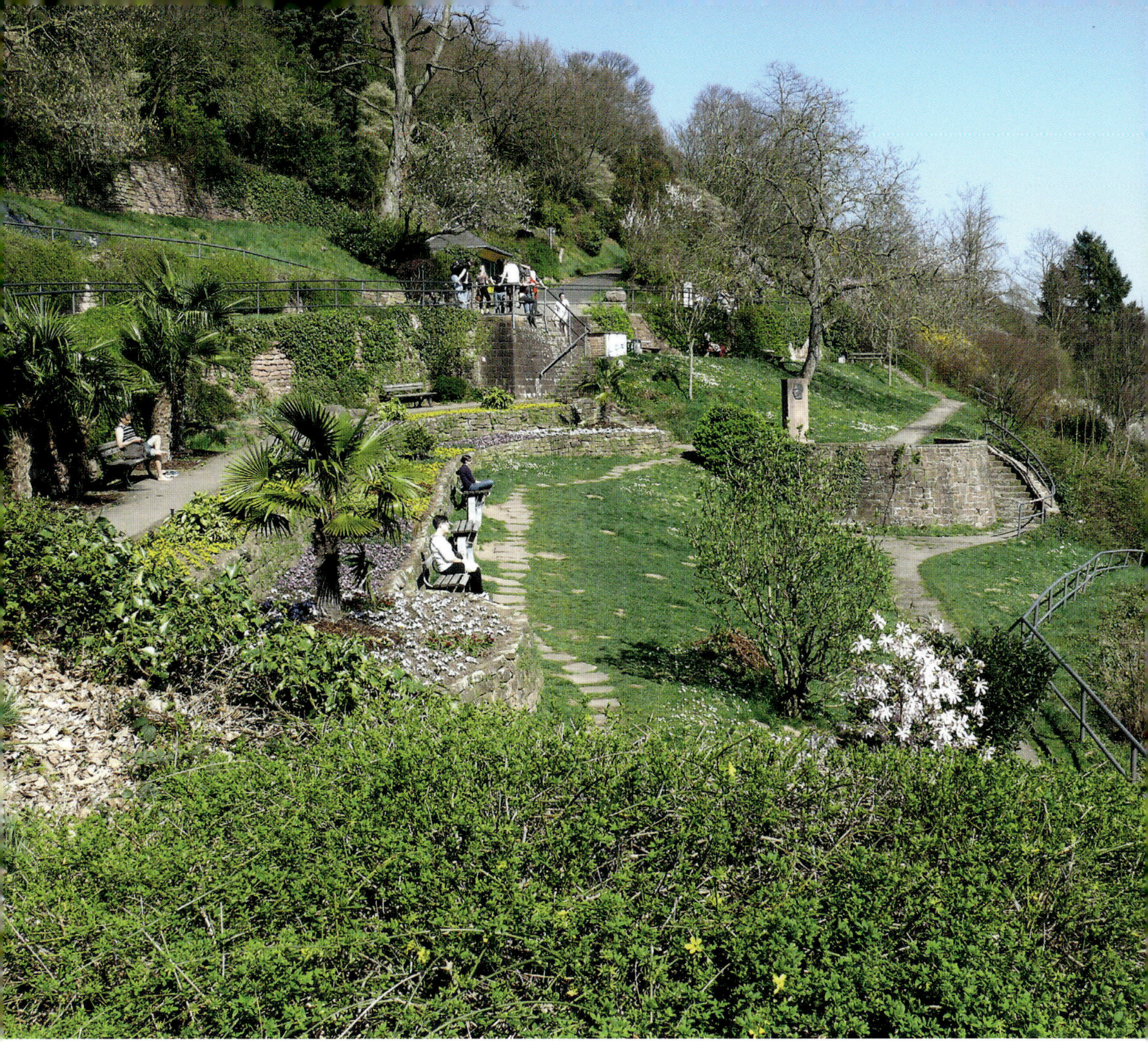

Philosophengärtchen mit mediterraner Flora

Bänke laden zum Sonnen ein. Heidelberg und speziell das Gelände um den Philosophenweg ist einer der wärmsten Orte Deutschlands, eine »Klima-Insel« mit einer um 1,5 °Celsius höheren Temperatur als im bereits relativ warmen Heidelberger Stadtgebiet. Bereits die Römer bauten in dieser warmen Lage Wein an. Ein Naturgartenbiotop des Naturschutzbund Deutschland speziell mit Bienenweidepflanzen befindet sich ebenfalls auf dem Areal.

TIPP

Noch besseren Weitblick übers Neckar- und Rheintal hat man vom 15 Meter hohen Bismarckturm in der Eichendorff-Anlage, oberhalb des Philosophengärtchens gelegen.

11

Karlsruhe

Gärten rund ums Schloss: Schlossplatz, Schlossgarten, Botanischer Garten, Fasanengarten

Die rund ums Karlsruher Schloss angelegten Gärten hängen zusammen, gehen ineinander über, und sind doch ganz verschieden mit jeweils eigener Geschichte und eigener Gestaltung: Schlossplatz im Süden, Alter Botanischer Garten mit Gewächshäusern im Westen, Landschaftspark im Norden, Fasanengarten im Osten.

Vor dem Schloss stehend lassen sich diese ineinander übergehenden Gartenbereiche zunächst gar nicht erfassen. Erst aus der Vogelperspektive betrachtet fügt sich alles zu einer Einheit. Um die richtige Perspektive einzunehmen, bestieg ich den Schlossturm und hatte so den Überblick über die zirkelförmige Anlage. Der Turm ist noch aus einem anderen Grund interessant, denn in seinem Sockel wurde 1715 der Grundstein für die Gründung von Karlsruhe gelegt. Nach dem Stadtgründer Markgraf Karl Wilhelm (1679 bis 1738) wurde der Ort »Carols Ruhe« genannt.

Vom Schlossturm aus erstrecken sich 32 Strahlen (so viele wie bei einer Kompassrose) in Form von Wegen, Alleen und Straßen in die ebene Umgebung. Wobei einige Strahlen erst außerhalb des Schlossgartens ihren Anfang nehmen und einige nicht mehr kenntlich sind. Von oben betrachtet zeigt sich deutlich, weshalb Karlsruhe auch den Beinamen Fächerstadt trägt.

KONTAKT

Schloss Karlsruhe, Schlossbezirk 10, 76131 Karlsruhe
www.karlsruhe-tourismus.de
Botanischer Garten, Hans-Thoma-Straße 6, 76131 Karlsruhe
www.botanischer-garten-karlsruhe.de
Frei zugänglich
Mit Gastronomie

Moderne Gartenarchitektur vor historischer Kulisse

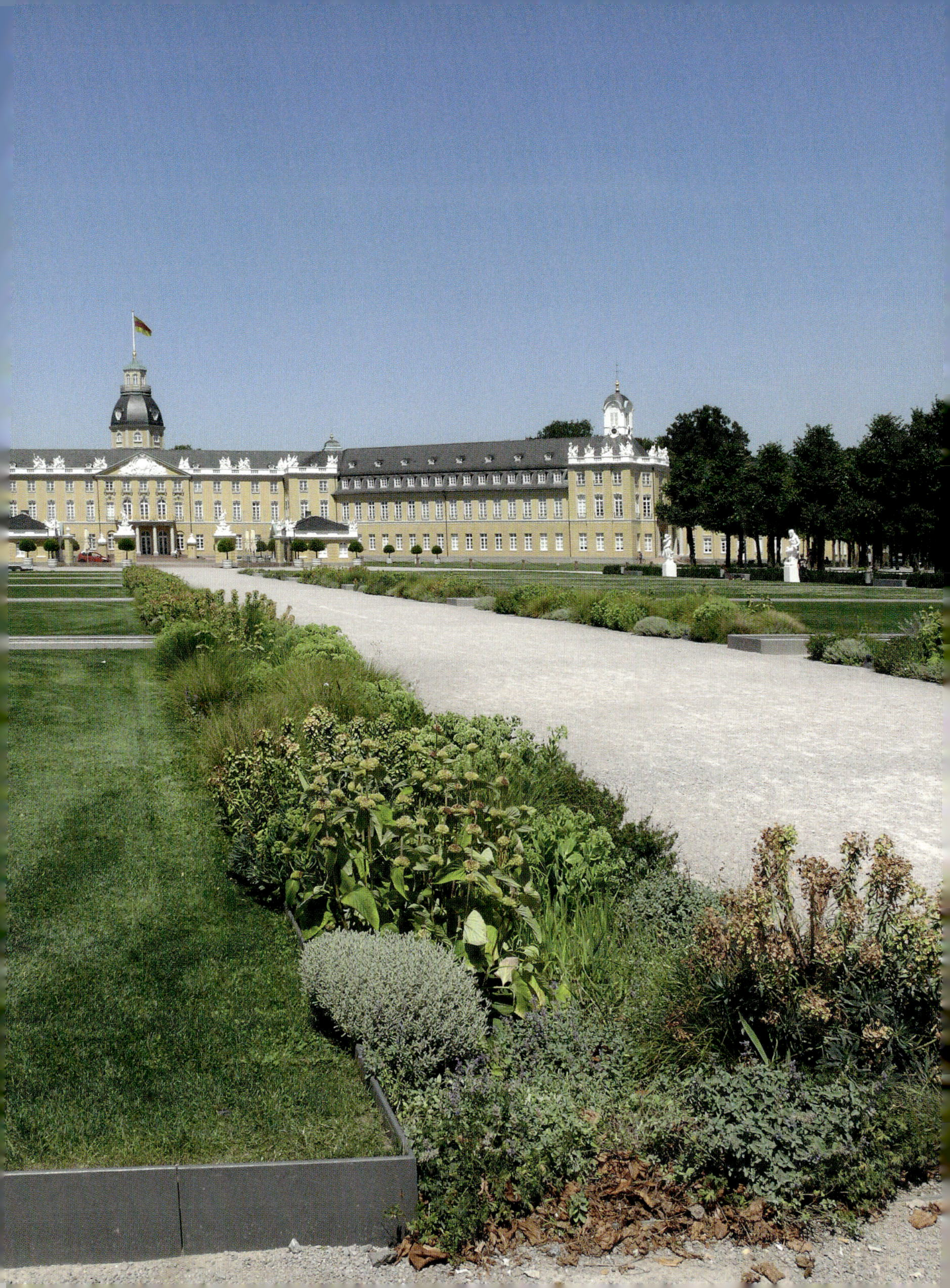

Schlossplatz

Besucher nähern sich dem Schloss normalerweise von Süden über den Schlossplatz. Auf dem weiträumigen Gelände ließ Stadtgründer Karl Wilhelm zunächst einen Botanischen Garten anlegen; in dem spielten Tulpen eine große Rolle. Wie andere Fürsten seiner Zeit war er der Tulpenleidenschaft verfallen. Legendär sind die »Tulpenmädchen«, die er zu Sängerinnen und Tänzerinnen ausbilden ließ. Der Platz vor dem Schloss ist repräsentativ gestaltet: Anders als bei anderen Schloss- und Gartenbauten aus der Barockzeit liegt in Karlsruhe der prachtvolle Gartenteil vor dem Schloss, der Stadt zugewandt. Der Enkel des Stadtgründers Karl Friedrich war ebenfalls beim Ausbau von Schloss und Gärten aktiv. Er ist in einem imposanten, 1844 enthüllten Großherzog-Karl-Friedrich-Denkmal aus schwarzem Marmor verewigt. In der rechten Hand hält der Markgraf die Urkunde von 1783 zur Aufhebung der Leibeigenschaft. Bei der jüngsten Umgestaltung des Platzes bekam das Denkmal ein Wasserbecken als Einfassung.

Auf dem Schlossvorplatz verbindet sich Historisches und Modernes. Der zentrale Teil wurde 2010/11 im Hinblick auf das 300-jährige Stadtjubiläum neu und modern gestaltet. Rechts und links der zum Schloss führenden Mittelachse wurden leicht erhöhte Rasenflächen angelegt, die von quer verlaufenden Wasserbändern unterbrochen sind. Wer genau hinschaut, erkennt, dass die Wasserbänder eine visuelle Verbindung zwischen den weiß gestrichenen Mythologischen Figuren am Rand dieser Parterrefläche herstellen. Der Bildhauer Ignaz Lengelacker hatte sie 1760 geschaffen. Jeweils seitlich der Rasenstücke verlaufen leicht erhöht mit Kirschlorbeer bepflanzte Randbeete. Mit etwas Abstand schließen sich auf beiden Seiten jeweils vier Reihen mit Kopflinden an.

In dem Areal des Schlossplatzes, das in der Gesamtanlage einen Viertelkreis einnimmt, befinden sich zudem beidseits die Najadenwäldchen mit altem Baumbestand, dem jeweiligen Najadenbrunnen, nach den Seiten hin wiederum begrenzt von Lindenreihen.

Alter Botanischer Garten

Markgraf Karl Friedrich (dessen Denkmal auf dem Schlossplatz steht) ließ ab 1808 westlich des Schlosses einen Botanischen Garten anlegen. Die Pflanzenschauhäuser von Heinrich Hübsch kamen ab 1853 hinzu. Einige eindrucksvolle Baumgestalten stehen auf dem Areal, beispielsweise ein bizarr gewachsener Hänge-Mammutbaum (*Sequoiadendron giganteum* 'Pendulum'). Die Bezeichnung »Botanischer Garten« für diese kleine Schauanlage, die von historischem Gewächshaus, Kunsthalle und Bundesverfassungsgericht eingerahmt ist, erweckt womöglich falsche Erwartungen. Der eigentliche Botanische Garten, wie man ihn als universitäre Einrichtung kennt, befindet sich an anderer Stelle in Karlsruhe, am Karlsruher Institut für Technologie (KIT).

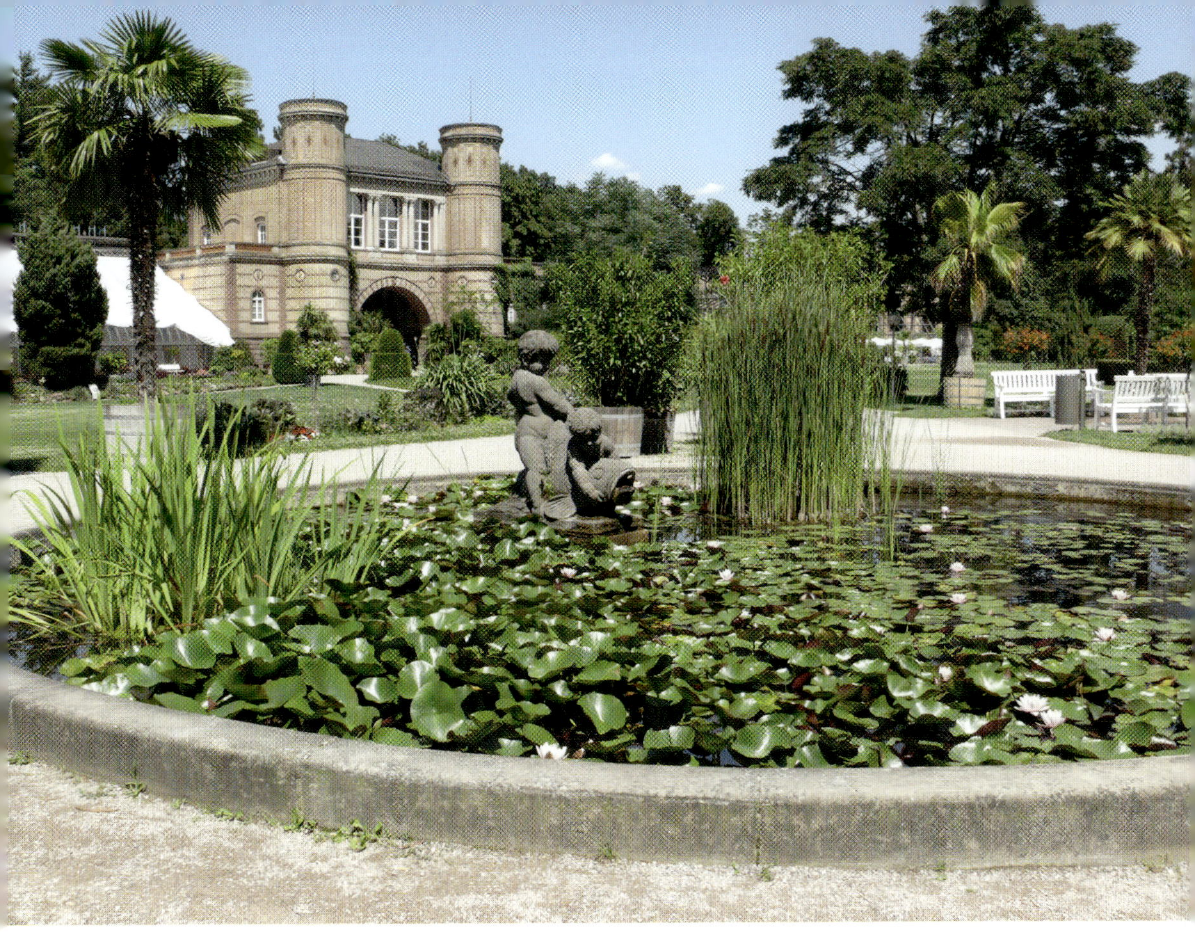

Alter Botanischer Garten

Schlossgarten

Die nördliche Hälfte der Kreisfläche um das Schloss zeigt sich ganz anders. Der ursprünglich barocke Schlossgarten wurde anlässlich der Bundesgartenschau 1967 in einen Landschaftspark englischen Stils umgestaltet. Ein raffiniertes gartengeschichtliches Gestaltungselement ist der als Zirkellinie verlaufende Aha-Graben am Übergang zum Hardtwald. Erst wenn man unmittelbar davor steht, sieht man hinter einer niedrigen Mauer die Eintiefung.

Alter Baumbestand, verschlungene Wege, der Schlossgartensee und einige Brunnen prägen diesen Gartenteil. Auffallend ist ein in den Boden eingelassener Strahl aus 1645 blauen Keramikfliesen, der sogenannte »Majolika-Strahl«, der im Jahr 2001 anlässlich des 100-jährigen Bestehens der Karlsruher Majolika-Manufaktur gesetzt wurde. Der Strahl markiert eine Achse, die zur ehemaligen Majolika-Fabrik führt. Auch das Denkmal des einst in Karlsruhe lebenden Dichters und Theologen Johann Peter Hebel steht im Park.

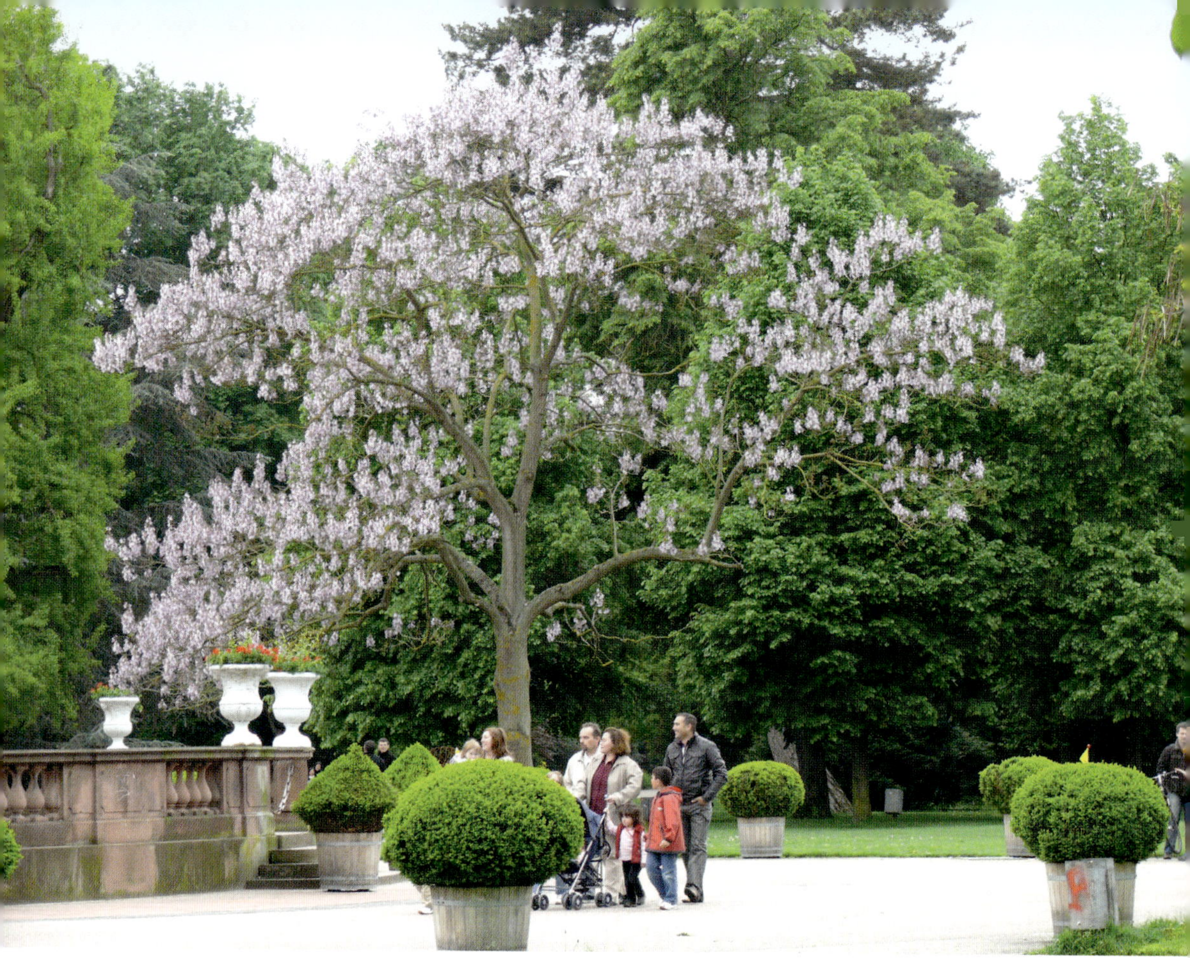

Schlosspark mit Blauglockenbaum

Der Schlossgarten ist durch geöffnete schmiedeeiserne Tore immer frei zugänglich, Radfahrer queren ihn. Die Bevölkerung und die Studenten der direkt angrenzenden Universitäten nutzen das Gelände als Freiluftquartier für vielerlei Aktivitäten.

Fasanengarten

An den Schlossgarten grenzt der Fasanengarten. Stadtgründer Markgraf Karl Wilhelm ließ ihn 1720 zur Aufzucht von Jagdgeflügel anlegen. Das schmucke Fasanenschlösschen und zwei Teehäuschen im chinesischen Stil machen den Reiz dieses Parkteils aus.

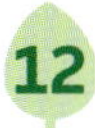

12 Karlsruhe
Zoologischer Stadtgarten

Der Zoologische Stadtgarten Karlsruhe ist ein richtiger Zoo und gleichzeitig eine Dauergartenschau auf historischem Gelände. Eine Attraktion vor allem für Familien mit Kindern.

Der Zoologische Stadtgarten liegt für Bahnfahrer verkehrsgünstig direkt gegenüber dem Hauptbahnhof. Der Eingang ist wegen seines prächtigen Eingangsportals nicht zu verfehlen. Der etwa 22 Hektar große Garten lässt sich in etwa zwei Stunden gut erkunden. Wie oft bei meinen Gartenerkundungen suche ich zunächst den Überblick übers Gelände. Den fand ich hier vom Hügel Lauterberg aus und blickte weit über den Garten hinaus über die Stadt und ins Rheintal. Einen richtigen Hügel hatte ich da nicht bestiegen, sondern eine künstliche, 40 Meter hohe Aufschüttung über einem Wasserhochbehälter, der von 1893 bis 1967 betrieben wurde – eine Karlsruher Besonderheit.

Der Zoologische Stadtgarten ist Parklandschaft und Zoo in einem – mit großen Freilandgehegen, mit Dickhäuterhaus, Raubtierhaus, Affenhaus, Giraffenhaus, Exotenhaus. Besucher kommen Elefanten und Flusspferden ganz nahe. Das ist für Kinder und Erwachsene gleichermaßen ein Erlebnis. Flamingos spazieren herum und jede Menge Wassergeflügel. Die vor etwa 150 Jahren gegründete Einrichtung ist einer der ältesten Zoos Deutschlands.

Andererseits ist der Zoologische Stadtgarten auch Gartenschaugelände. Der mitten in der Stadt liegende, sehr gut besuchte Garten präsentiert sich noch annähernd so, wie er zur Bundesgartenschau im Jahr 1967 umgestaltet worden ist. Um Schwanensee, Ludwigsee und Stadtgartensee gruppieren sich die zoologischen und gärtnerischen Anlagen. Erwähnenswert ist der teils alte Baumbestand mit weit über tausend Exemplaren. Viele Bäume sind beschildert. Neben den einheimischen Arten findet man hier auch Parkbäume wie den Blauglockenbaum, den Tulpenbaum und den Seidenbaum.

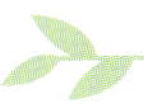

KONTAKT

Eingang Nord: Am Festplatz 9, Eingang Süd: beim Bahnhofplatz 4, 76137 Karlsruhe
www.karlsruhe.de
Eintritt gegen Gebühr

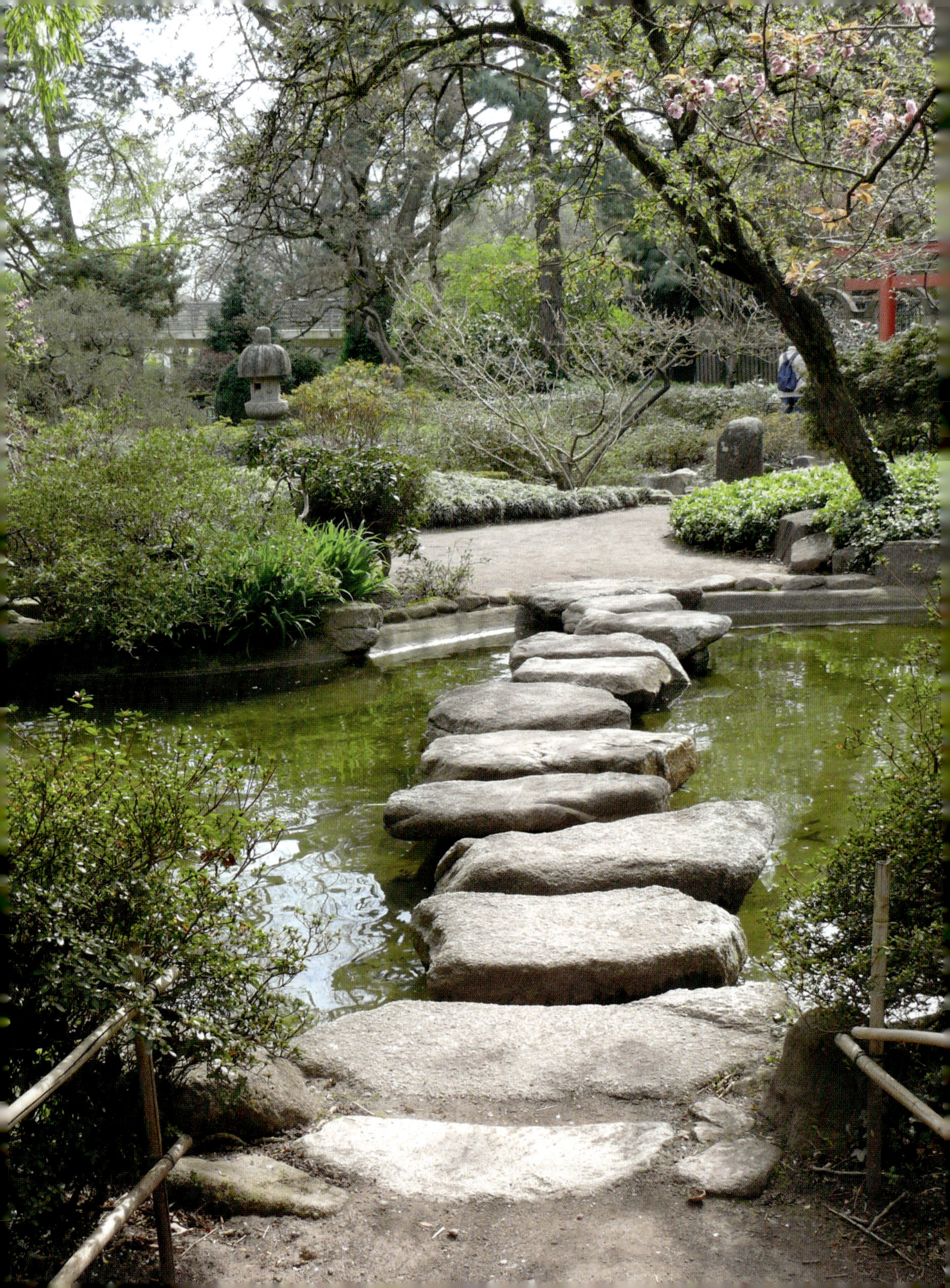

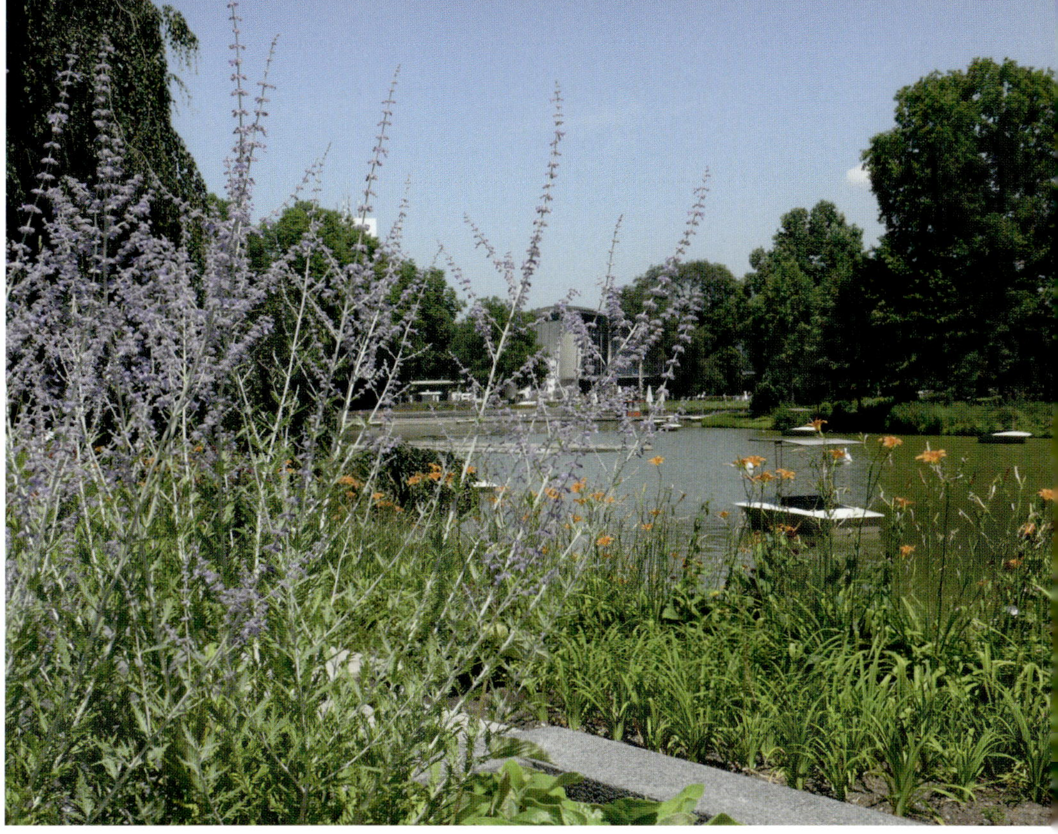

Kräuterbeet am Rand des Sees

Eine Attraktion ist der großzügig angelegte Rosengarten mit Beetrosen und Kletterrosen. Rosenstöcke sind mit Sortennamen versehen. Bei meinem Besuch im Juli nach der Hauptblüte zeigten sich einige Sorten noch reich blühend, beispielsweise die rot blühende Bodendeckerrose 'Sorrento' sowie die Beetrosen 'Jugendliebe' (dunkelrot) und 'Sarabande' (geranienrot).

Der Japangarten präsentiert sich besonders schön zur Blütezeit der Kamelien und der Zierkirschen. Der Heckengarten mit seiner architektonischen Gestaltung ist zu jeder Jahreszeit interessant. Kräuterfreunde haben im Duft- und Tastgarten viel zu entdecken. Die Kräuter auf den Hochbeeten sind bestens auch in Blindenschrift bezeichnet. Mir persönlich gefällt der artenreiche Waldstaudengarten mit seinem Skulpturenschmuck sehr gut. Die standortgerecht ausgewählten Schattenstauden breiten sich unter alten Bäumen aus. Gärtnerisch interessant ist die angrenzende Blumenzwiebelwiese mit seltenen Arten und Sorten, beispielsweise mit Märzenbecher und Schachbrettblume.

Vom Eingang Nord gelangt man zu Fuß – vorbei an Konzerthaus und Stadthalle – in etwa zehn Minuten zum Schlossplatz und zum Schlossgarten.

13

Mannheim
Herzogenriedpark

Der Herzogenriedpark jenseits des Neckars im Norden der Stadt ist im Gegensatz zum Luisenpark mit Aschenbahn, Tennisplätzen, Modellbootweiher und Multihalle auf Sport und Freizeitveranstaltungen ausgerichtet.

Baumalleen gliedern den Mittelteil des Parks. Vor allem das Rosarium mit 100.000 Rosenstöcken ist gärtnerisch interessant. Es ist mehr landschaftlich als formal angelegt. Auf Holzstegen und Kieswegen kommt man den blühenden Schönheiten ganz nahe. Auch der Bäuerliche Mustergarten im westlichen Teil des Geländes ist einen Besuch wert. Um den Quittenbaum im Zentrum sind die Beete mit Gemüse, Kräutern und Beerenobst gruppiert.

Wasser ist das große Thema in diesem Park. Besucher halten sich gerne am Rand des Fontänensees auf und lassen das beruhigende Grün der Bäume auf sich einwirken.

Das Wassertreten in der Kneipp-Anlage im Bambusgarten erfrischt an einem heißen Sommertag!

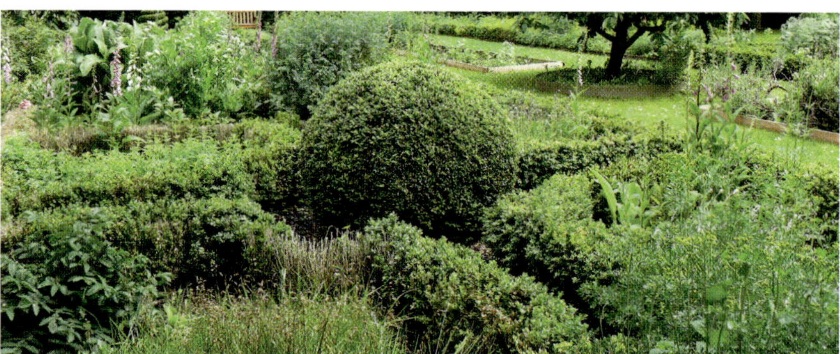

Bauerngarten im Herzogenriedpark

KONTAKT

Max-Joseph-Straße 64, 68169 Mannheim
www.herzogenriedpark.de
Eintritt gegen Gebühr
Mit Gastronomie

Idyllischer Platz im Herzogenriedpark

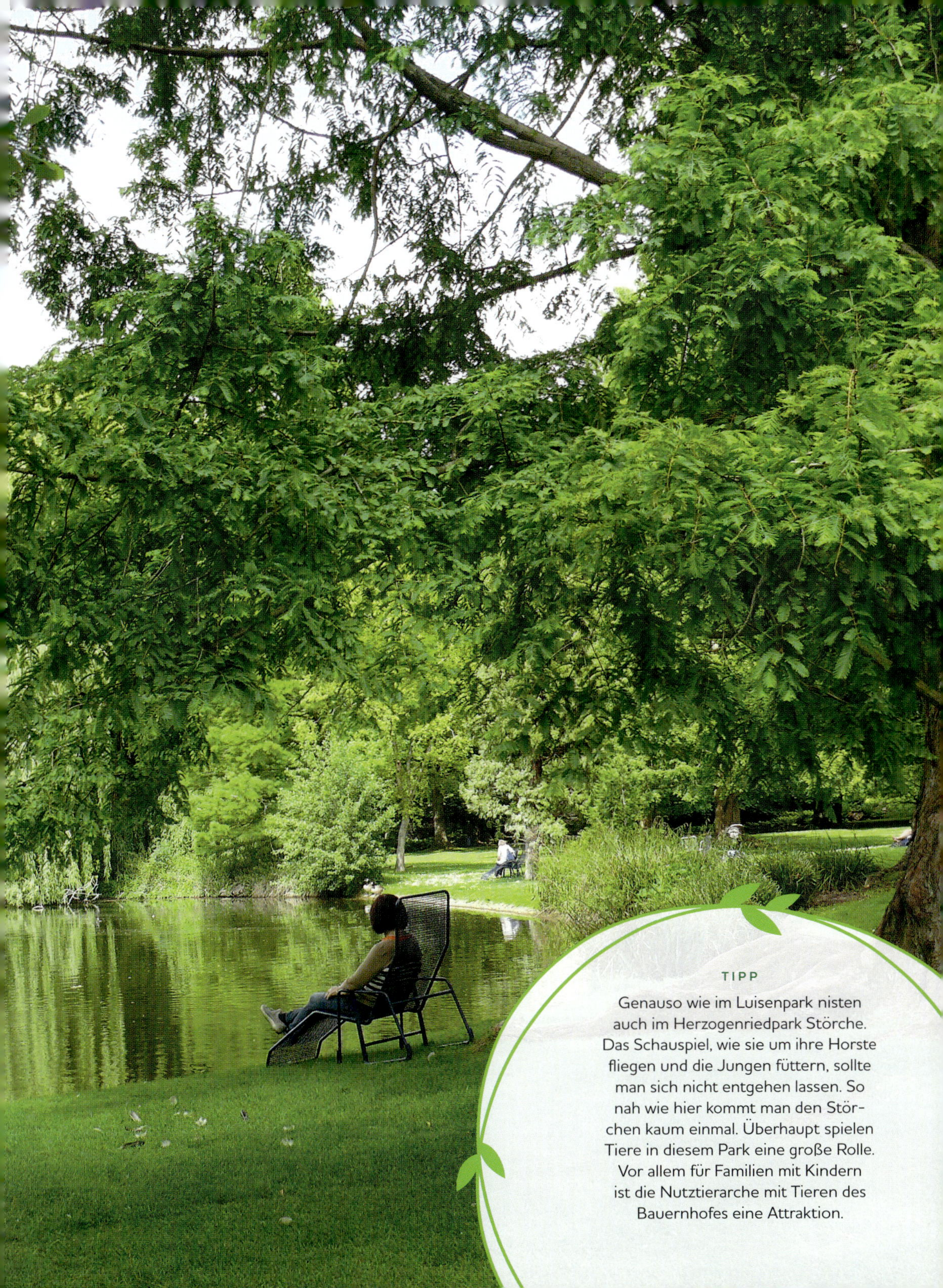

TIPP

Genauso wie im Luisenpark nisten auch im Herzogenriedpark Störche. Das Schauspiel, wie sie um ihre Horste fliegen und die Jungen füttern, sollte man sich nicht entgehen lassen. So nah wie hier kommt man den Störchen kaum einmal. Überhaupt spielen Tiere in diesem Park eine große Rolle. Vor allem für Familien mit Kindern ist die Nutztierarche mit Tieren des Bauernhofes eine Attraktion.

Mannheim
Jugendstilgartenanlage am Wasserturm

Der 60 Meter hohe, monumentale Wasserturm ist, abgesehen vom Fernmeldeturm, das Wahrzeichen der Stadt Mannheim. Er bildet eine Einheit mit der angrenzenden architektonischen Gartenanlage.

In der Jugendstilgartenanlage spielen architektonische Elemente, Wasserspiele und Bepflanzung spannungsreich zusammen. Der Plan für diese von 1899 bis 1903 gebaute halbkreisförmige Anlage stammt von dem Berliner Architekten Bruno Schmitz. Das Ensemble war einst repräsentativer Eingang zur »Internationalen Kunst- und großen Gartenbau-Ausstellung«. Darum herum führt die baumgesäumte Rondellstraße Friedrichsplatz.

Der besondere Raumeindruck kommt zustande, weil das Innere der Anlage zweieinhalb Meter tiefer als die umlaufende Straße liegt. In den Riesensenkgarten mit dem Teich im Zentrum gelangt man über vier Freitreppen. Halbkreisförmige Laubengänge, die mit Wildem Wein bewachsen sind, laden zum Begehen oder zum Ausruhen im Schatten ein. Über eine zwischen Freitreppen gebaute Kaskade ergießt sich das Wasser in das große zentrale Becken. Im Sommer sind die Wasserspiele und Fontänen im Teich beleuchtet. Jugendstil-Standleuchten geben dem Senkgarten besonderes Flair.

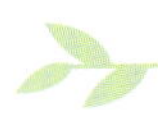

KONTAKT

Friedrichsplatz, 68161 Mannheim
www.visit-mannheim.de
Frei zugänglich

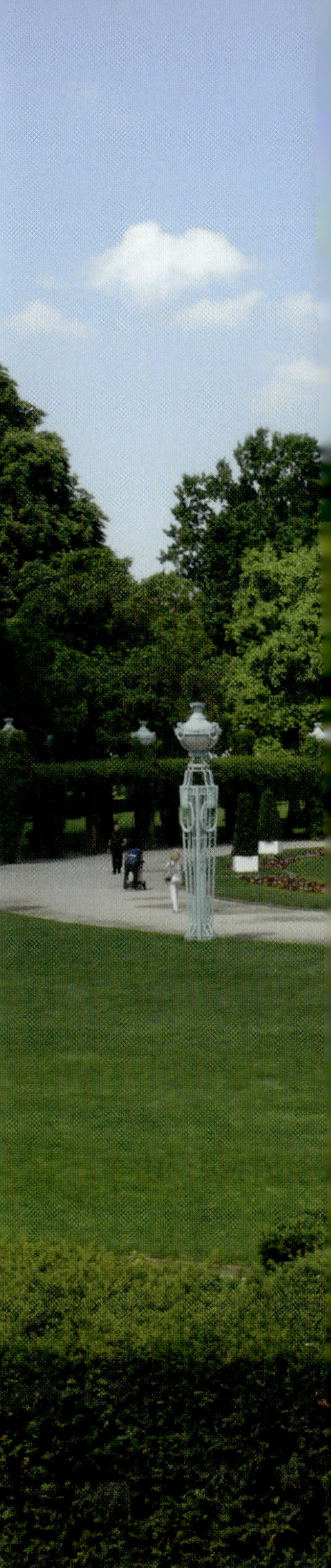

Jugendstilgartenanlage am Wasserturm

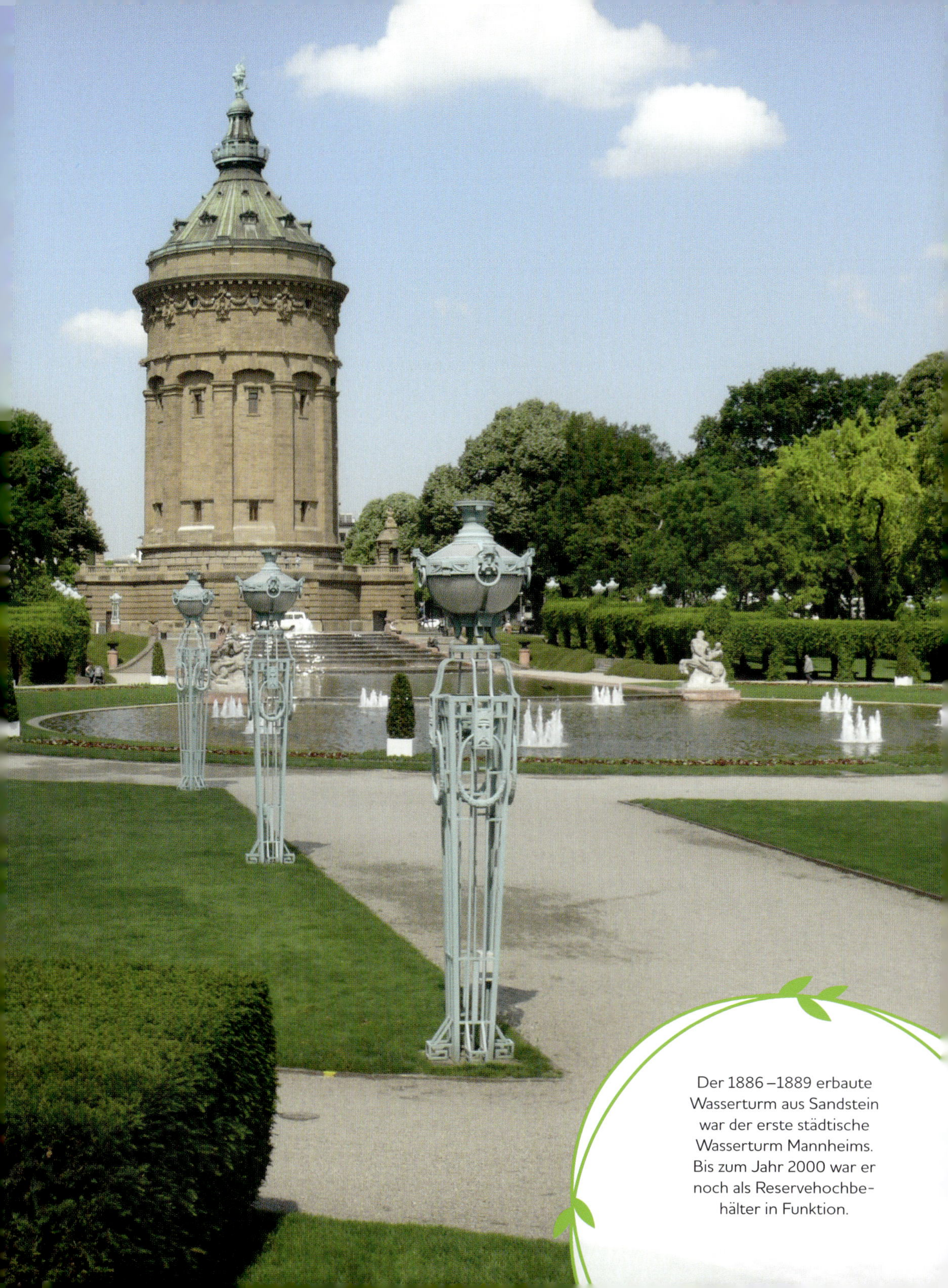

Der 1886–1889 erbaute Wasserturm aus Sandstein war der erste städtische Wasserturm Mannheims. Bis zum Jahr 2000 war er noch als Reservehochbehälter in Funktion.

15

Mannheim
Luisenpark

Die Stadt Mannheim bewirbt den Luisenpark als eine der schönsten Parkanlagen Europas. Eine Million Besucher kommen jährlich hierher. Mit seiner Fülle an Ausstellungsbeiträgen ist er für Pflanzenfreunde, für Erholungssuchende und für Familien mit Kindern attraktiv.

Genau genommen muss man zwischen dem Unteren und dem Oberen Luisenpark unterscheiden. Ab 1892 wurde der zehn Hektar große Untere Luisenpark gebaut. Heinrich Siesmayer, der auch den Palmengarten in Frankfurt am Main plante, entwarf ihn. Der Park ist nach der badischen Großherzogin Luise benannt, Tochter von Kaiser Wilhelm I. und Ehefrau von Friedrich I. von Baden, dem auch die Mainau gehörte (siehe auch Insel Mainau, Seite 219). Bereits 1897 wurde der Park um 20 Hektar erweitert. Zur Bundesgartenschau 1975 vergrößerte sich die Fläche auf 41 Hektar. Der Park blieb nach der Bundesgartenschau eingezäunt.

Im Zentrum des Parks befindet sich der Parksee oder Kutzerweiher. Er ist eigentlich mehr als ein Weiher; auf dem vielarmigen See bewegen sich Gondolettas, also seilgeführte Boote. Bei der Bootsfahrt ist man der Vogelwelt ganz nah und kann Pelikane, Flamingos, Entenvögel und jede Menge Störche beobachten! Über den ganzen Park verteilt gibt es Storchennester. Im Jahr 2017 wurden 61 Storch-Küken gezählt und beringt. Eine auf einer Voliere angebrachte Webcam gibt Einblick in ein Nest. Ein Tierpark mit Gehegen und Volieren für Pinguine, Eulen, Nasenbären und Spornschildkröten befindet sich zudem im Parkgelände. Ein Schaubauernhof gehört auch dazu.

Zum Erkunden des Parkgeländes muss man viel Zeit einplanen. Eine Attraktion reiht sich an die andere: Gleich im Eingangsbereich prangen die Schau-

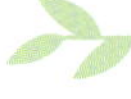

KONTAKT

Theodor-Heuss-Anlage 2, 68165 Mannheim
www.luisenpark.de
Unterer Luisenpark frei zugänglich,
Oberer Luisenpark (eigentlicher »Luisenpark«) gegen Gebühr
Mit Gastronomie

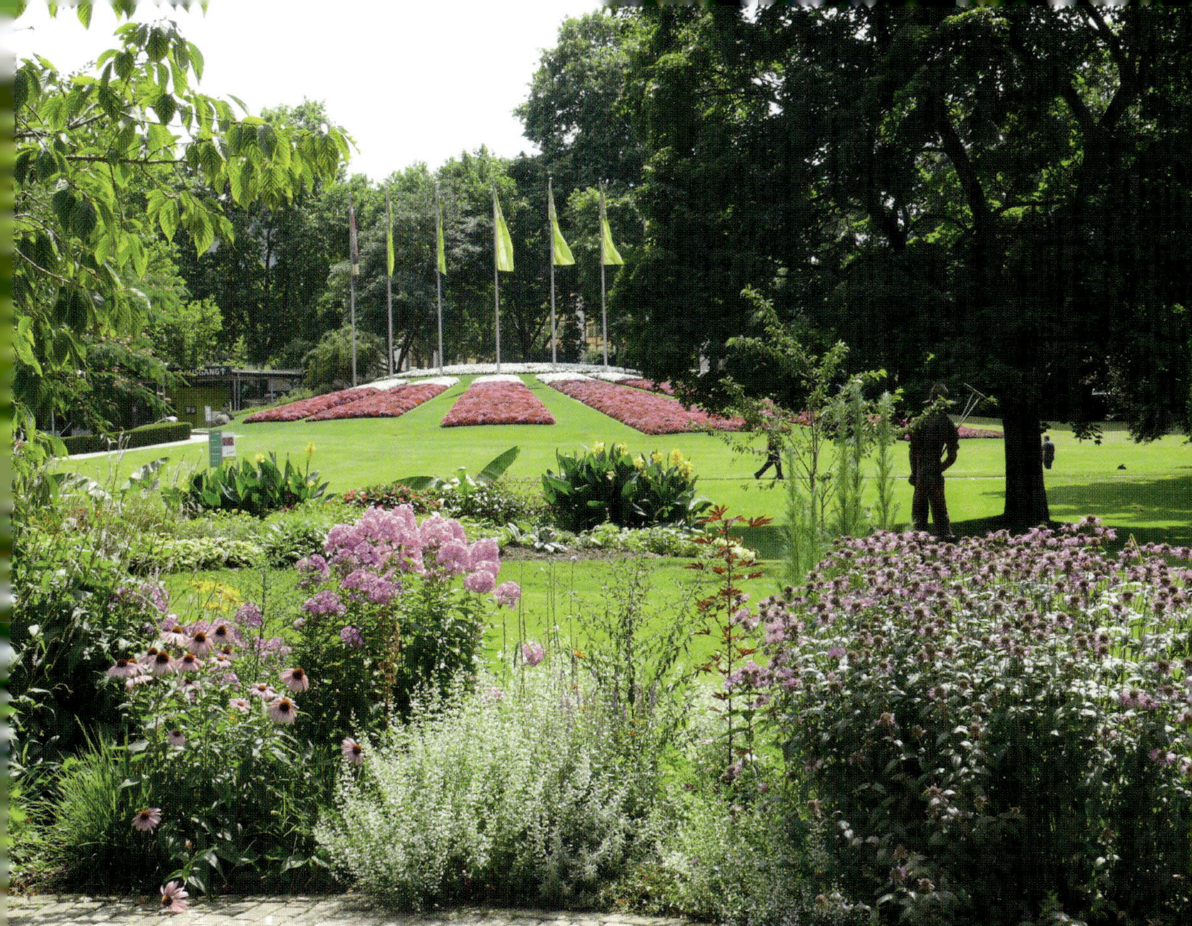

Staudenpflanzungen und Sommerblumenflor im Eingangsbereich des Luisenparks

beete mit Saisonblumen. Auf Tafeln sind die ausgepflanzten Arten benannt und beschrieben – Informationen, die Gartenbesitzer schätzen dürften. Wer die Zeit dafür hat, kann gleich das 2700 Quadratmeter große Pflanzenschauhaus mit über 350 Pflanzenarten ansteuern und stößt hier auch auf Terrarien, Aquarien, ein Schmetterlingshaus und vieles mehr.

Einmalig sind die Seerosenterrassen mit einer Sammlung von nicht frostharten Seerosen und anderen Wasserpflanzen, die in Körben im Wasser stehen.

Mein Rundgang führte mich an weiten Rasenflächen entlang zum Chinesischen Pavillon. In dessen Umgebung findet man Schatten und Ruhe, wozu auch das beruhigende Grün der Staudengräser und Gehölze beiträgt. Auch das daneben liegende Teehaus ist eingegrünt, passend bepflanzt mit Strauchpfingstrosen und anderen aus Ostasien stammenden Gewächsen.

Dann kommt man dem Weiher und den gelben Gondolettas wieder ganz nahe. Der Weg führt vorbei an Staudenbeeten mit Iris und Taglilien; es folgen

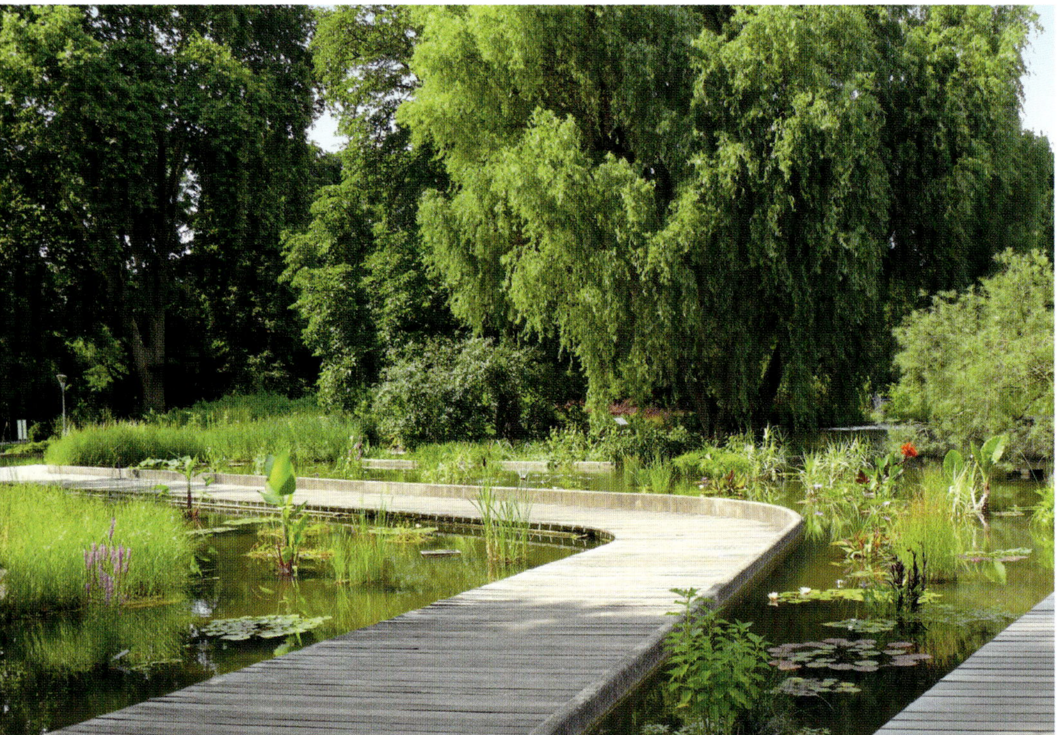

Seerosenterrassen im Luisenpark

Rhododendronhain, Heidegarten, Klanggarten, Hortensiensammlung und einige weitere. Die Gondolettastation passierend gelangt man auf die Südseite des Parksees mit seinen reichen Beständen an seltenen Ziergehölzen, darunter viele Ahornarten und -sorten, und einem Farngarten. Etwas zurückgesetzt vom Hauptareal befinden sich der Citrusgarten und der Heilpflanzengarten.

Für den Fall, dass man auf dem weitläufigen Luisenparkgelände die Orientierung verlieren sollte, hilft der Blick nach oben: Der 217,8 Meter hohe Fernmeldeturm mit Drehrestaurant am nördlichen Rand des Geländes weist immer den Weg. Er ist, nebenbei bemerkt, das höchste Gebäude Baden-Württembergs und einer der höchsten Fernmeldetürme Deutschlands. Beim Blick von oben dürfte einem das grüne Paradies zu Füßen ganz klein vorkommen.

Zur Beliebtheit des Luisenparks trägt sicher auch das Mobiliar in den Ruhezonen bei: blaue Stühle und Liegen, die jeder an einen selbst gewählten Platz tragen kann. Welch große Bedeutung die Mannheimer ihren Grünanlagen beimessen, zeigt sich darin, dass die Quadratestadt 2023 wieder Schauplatz einer Bundesgartenschau sein wird.

Im Chinesischen Garten

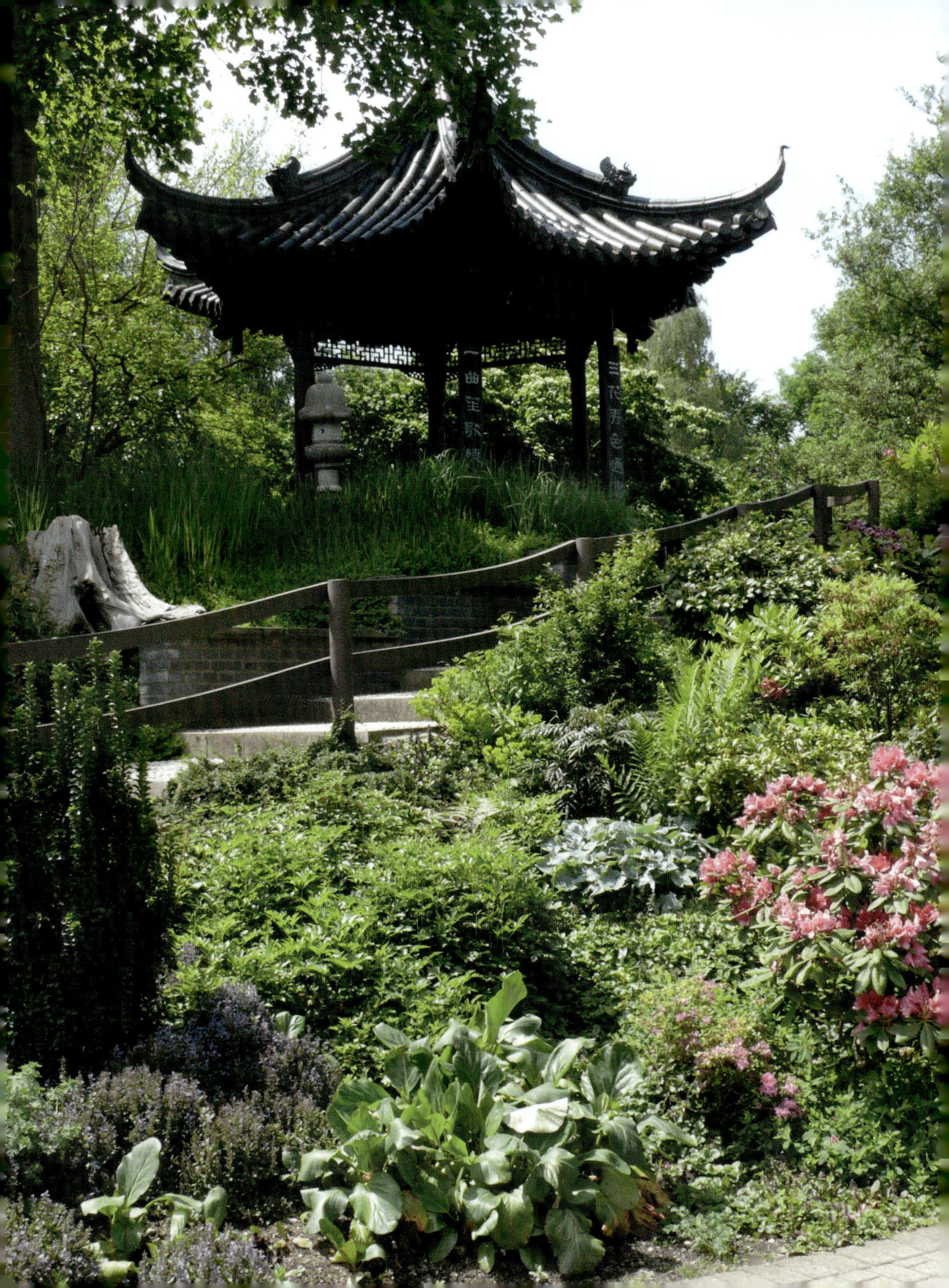

16

Rastatt

Schlossgarten und Pagodenburg

Der Rastatter Schlossgarten ist ein moderner Park, der sich vor historischen Gebäuden ausbreitet. Die sehr große Fläche ist in drei Teile gegliedert.

Schloss Rastatt ist die älteste Barockresidenz am Oberrhein. Markgraf Ludwig Wilhelm von Baden-Baden verlegte 1699 seinen Sitz nach Rastatt und ließ ab 1700 eine weitläufige Residenz planen und bauen. Die Anlage sollte Ausdruck des absolutistischen Machtanspruchs des Grafen sein, der siegreich Schlachten gegen die Türken geführt hatte, was ihm den Beinamen »Türkenlouis« eintrug. (Nach ihm ist eine bekannte Sorte des Orientalischen Mohns *[Papaver orientale]* benannt.)

Architekt des Rastatter Schlosses war der italienische Hofbaumeister Domenico Egidio Rossi. An den Hofbaumeister erinnert noch das sogenannte Rossi-Tor am Übergang vom Schlossgarten zum Stadtareal. Man stelle sich vor, dass zu jener Zeit, als das Rastatter Schloss gebaut wurde, die räumlich ganz nahe heutige Großstadt Karlsruhe noch gar nicht existierte. Die Stadt wurde erst einige Jahre später, 1715, gegründet.

Schloss, Park und Stadtanlage Rastatts wurden exakt in die Landschaft eingeplant. Rastatt liegt auf der Achse zwischen Ettlingen im Nordosten und Fort Louis (im Elsass) im Südwesten. Die Pläne für den weitläufigen barocken Schlossgarten wurden allerdings nie vollständig umgesetzt. Der Markgraf starb kurz nach Fertigstellung seiner Residenz. Seine Witwe Sibylla Augusta vollendete bis 1727 den Ausbau. Sie richtete ihre Bautätigkeit jedoch hauptsächlich auf die Errichtung von Schloss und Park Favorite (siehe Seite 56), wenige Kilometer südöstlich des Residenzschlosses. Sie stand übrigens in freundschaftlichem Austausch mit Fürstbischof Damian von Schönborn, der zur gleichen Zeit Schloss Bruchsal als seine Residenz bauen ließ. Nach dem Aussterben der männlichen Linie der Markgrafen von Baden-Baden fiel die Herrschaft an Baden-Durlach.

KONTAKT

Residenzschloss Rastatt, Herrenstraße 18 – 20, 76437 Rastatt
www.schloss-rastatt.de
Frei zugänglich

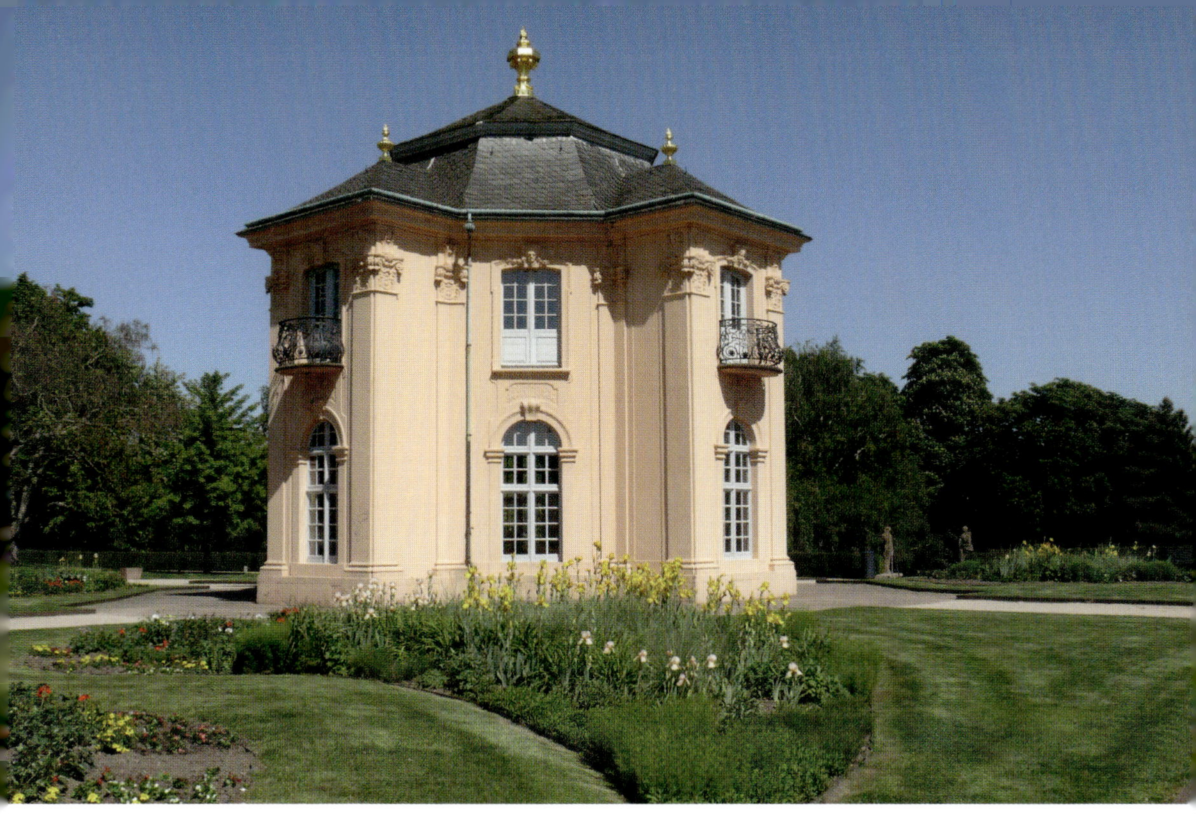

Die Pagodenburganlage liegt etwas abseits vom Schlossgarten

Der Rastatter Schlossgarten, wie er sich heute präsentiert, ist also keine historische Anlage, allenfalls in Teilen. Er wurde mehrfach verändert und gliedert sich heute dreiteilig mit Fontänenbecken vor dem Schloss, dem mittleren, modern gestalteten Teil mit barockem Anklang und einem landschaftlichen Teil. Für gärtnerisch interessierte Besucher ist der mittlere Teil mit seinen Gartenzimmern interessant. Der schwedische Gartenarchitekt Gunnar Martinsson gestaltete ihn in den 1980er-Jahren. Eingerahmt von Hainbuchenhecken sind hier formal angelegte Bereiche mit Alten Rosen und Lavendel, mit Zierkirschen und Zier-Salbei, dazu mit Blauregen (Wisterien) umschlungene Laubengänge. So sind auf der weiten Fläche des Schlossgartenareals überschaubare Rückzugsräume entstanden. Der dritte Bereich des Parkareals wird vom achteckigen Seerosenbecken dominiert.

Unweit von Schloss und Schlossgarten befindet sich die Pagodenburganlage oberhalb des Flüsschens Murg (siehe auch Gernsbach, Seite 29). Ursprünglich war dies der Lustgarten um das Lustschlösschen Pagodenburg. Das 1722 von Michael Ludwig Rohrer erbaute Schlösschen ist eine Kopie der Pagodenburg im Nymphenburger Park in München. Die Bevölkerung nutzt diesen kleinen Park und weiß sich für Erinnerungsfotos vor dem golden verzierten Schlösschen mit bunten Blumenbeeten in Szene zu setzen.

17

Rastatt
Schlosspark Favorite

Der Schlosspark Favorite ist ein herausragendes Beispiel für einen Landschaftsgarten im englischen Stil. Einige Gartenteile aus der Ursprungsphase des Parks im französischen Stil blieben erhalten.

Schloss und Schlosspark Favorite liegen fünf Kilometer südöstlich von Rastatt im Stadtteil Förch am Rande der weiten Rheinebene. Der Park geht fast unmerklich in die umgebende Auenlandschaft über. Markgräfin Sibylla Augusta von Baden-Baden, die Witwe des Markgrafen Ludwig Wilhelm von Baden-Baden, ließ Schloss und Garten von 1710 bis 1730 erbauen. Das Schloss wird wegen seiner wertvollen Porzellansammlung auch als Porzellanschloss bezeichnet. Es birgt daneben auch Wandverkleidungen, Einlegearbeiten sowie Mobiliar.

Nach dem Tod der Markgräfin bzw. nach dem Aussterben der männlichen Linie des Hauses wurde die aufwändig gestaltete barocke Gartenanlage nicht mehr weiter gepflegt. Erst der Karlsruher Hofgärtner Johann Michael Schweyckert (1754–1806) wandelte ab 1788 große Teile des Parks in einen englischen Landschaftspark um. Aus der Barockzeit blieb die Eremitage (1719) erhalten, ein kleines, sechseckiges Bauwerk, in das sich die Gräfin zur Besinnung zurückzog. Erhalten blieb auch ein rechteckiger Fischteich.

Im Schlosspark Favorite sind Schloss und Gebäude ideal in das umgebende Gelände eingepasst. Auf der Gartenseite des Schlosses gibt es interessante Sichtachsen, die den Blick des Betrachters zwischen Alleen und Baumgruppen in die umgebende parkartige Auenlandschaft mit eigenwilligen Baumgestalten der Weiden und alten Obstgehölzen leiten. Dass Wassergräben und der Krebsbach das Gelände abgrenzen, merkt man erst, wenn man direkt davor steht. Kastanienalleen begrenzen die Parkanlage im Nordosten und im Südwesten.

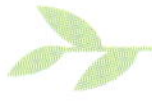

KONTAKT

Schloss Favorite, Am Schloss Favorite 5, 76437 Rastatt-Förch
www.schloss-favorite.de
Frei zugänglich
Mit Gastronomie

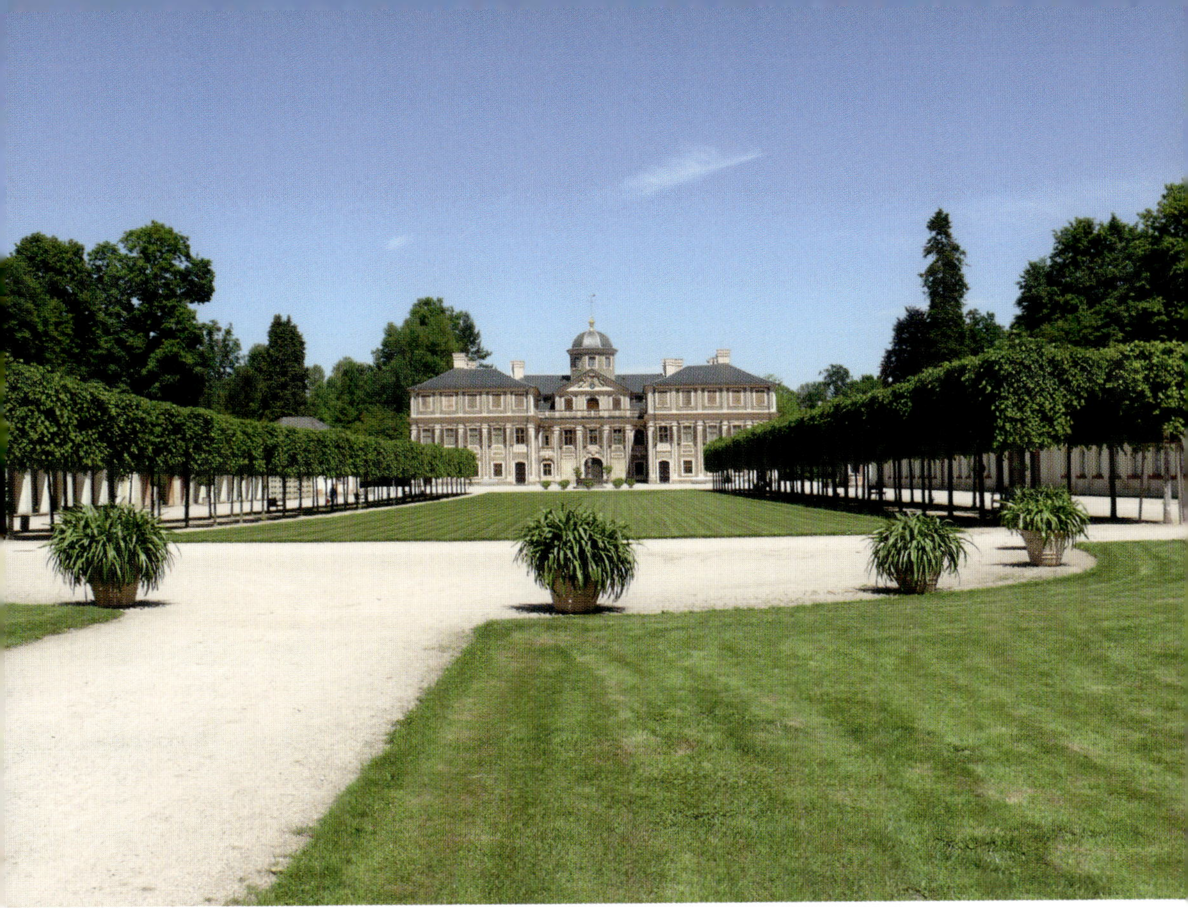

Barocke Gestaltung vor Schloss Favorite

Das Areal vor dem Schloss zwischen den langgestreckten Orangeriegebäuden ist formal gestaltet. Ursprünglich nahm ein Wasserbassin den mittleren Teil des Geländes ein. Heute ist es nur noch eine als Viereck eingetiefte Rasenfläche. Lindenalleen begrenzen es. Unmittelbar vor dem Schloss befindet sich ein Sandsteinbrunnen mit einer Säule, die eine Kopfskulptur der Markgräfin trägt.

Bemerkenswert ist der Favoritepark auch wegen seiner Sammlung an Gehölzen. Hier stehen prächtige Einzelexemplare von einheimischen und fremdländischen Bäumen. Bei meinem Besuch fielen mir neben den üblichen Parkgehölzen besonders das ungewöhnlich große Sortiment an Eichen- und Buchen-Arten auf, u. a. Rot-Eiche *(Quercus rubra)*, Spanische Eiche *(Quercus × hispanica)*, Sumpf-Eiche *(Quercus palustris)*, Ungarische Eiche *(Quercus frainetto)*, Zerr-Eiche *(Quercus cerris)*, Farnblättrige Buche *(Fagus sylvatica* 'Asplenifolia') und Buntblättrige Buche *(Fagus sylvatica* f. *purpurea tricolor)*. Dendrologisch Interessierte können die Gehölze anhand eines Geländeplanes identifizieren. Die Einzelbäume sind beschildert.

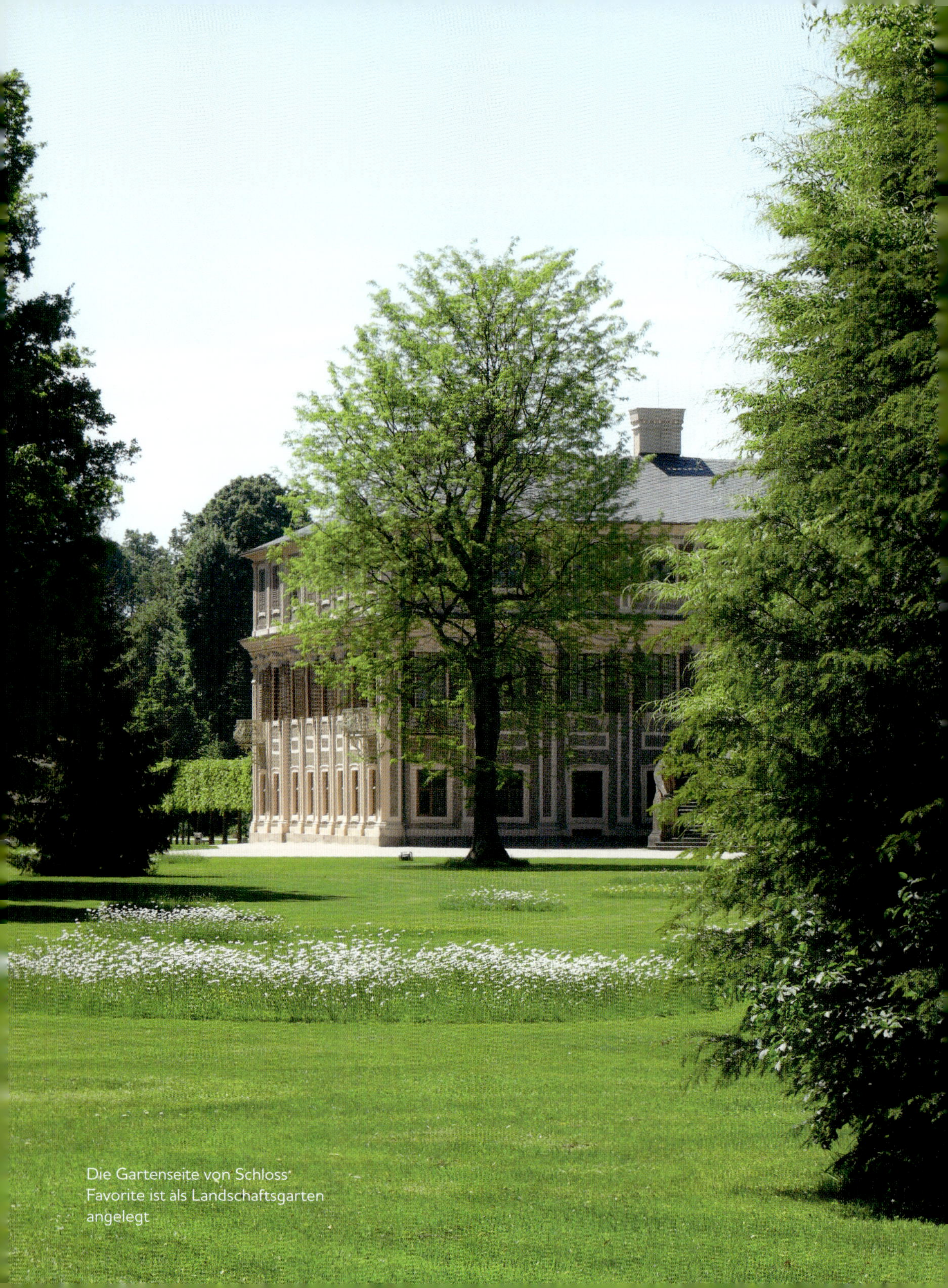

Die Gartenseite von Schloss Favorite ist als Landschaftsgarten angelegt

18

Schwetzingen
Schlossgarten

Der Schwetzinger Schlossgarten steht bei einer Baden-Württemberg-Reise auf dem Pflichtprogramm von Kulturinteressierten. Er ist das Highlight der historischen Gärten im Bundesland und von internationalem Rang.

Zum Ergehen und Erkunden dieses großflächigen Gartendenkmals mit vielen Bereichen sollte man viel Zeit einplanen, da weite Wege zu gehen und viele Parkteile zu betrachten sind. In Schwetzingen verbindet sich barocker bzw. französischer mit englischem Gestaltungsstil. Wesentliches Element ist das kreisrunde Parterre hinter dem Schloss. Zum Vergleich: In Karlsruhe ist der Schlossturm das Zentrum der kreisrunden Anlage.

Schwetzingen war Sommerresidenz des Kurfürsten Carl Theodor von der Pfalz (1724–1799), der in Mannheim residierte. Als Karl II. war er ab 30. Dezember 1777 auch Kurfürst von Bayern und residierte danach in München.

Kurze Geschichte des Schlossgartenbaus

Ausgehend vom Schloss und den beiden Zirkelbauten, die zunächst Orangerien waren, wurde der Schlossgarten geplant. Hofgärtner Johann Ludwig Petri plante den barocken Teil. Er ergänzte das Halbrund der beiden Zirkelhäuser durch zwei Laubengänge zum vollen Kreis. Sein ursprünglicher, weitere Geländeteile umfassender, aufwändiger Plan wurde jedoch nur in Teilen ausgeführt; die Arbeiten kamen zum Erliegen. 1762 übernahm der lothringische Architekt Nicolas de Pigage (1723–1796) die Bauleitung. Er änderte den Plan ab, verlängerte die Boskettzone und plante ein sich über die ganze Breite des Parks erstreckendes Bassin als Abschluss des Parterres auf der Westseite.

Zudem entwarf er die 171 Meter lange Orangerie mit Orangeriegarten und das sich daran anschließende Naturtheater mit dem Apollotempel nördlich der

KONTAKT

Schloss Schwetzingen, Schloss Mittelbau, 68723 Schwetzingen
www.schloss-schwetzingen.de
Eintritt gegen Gebühr

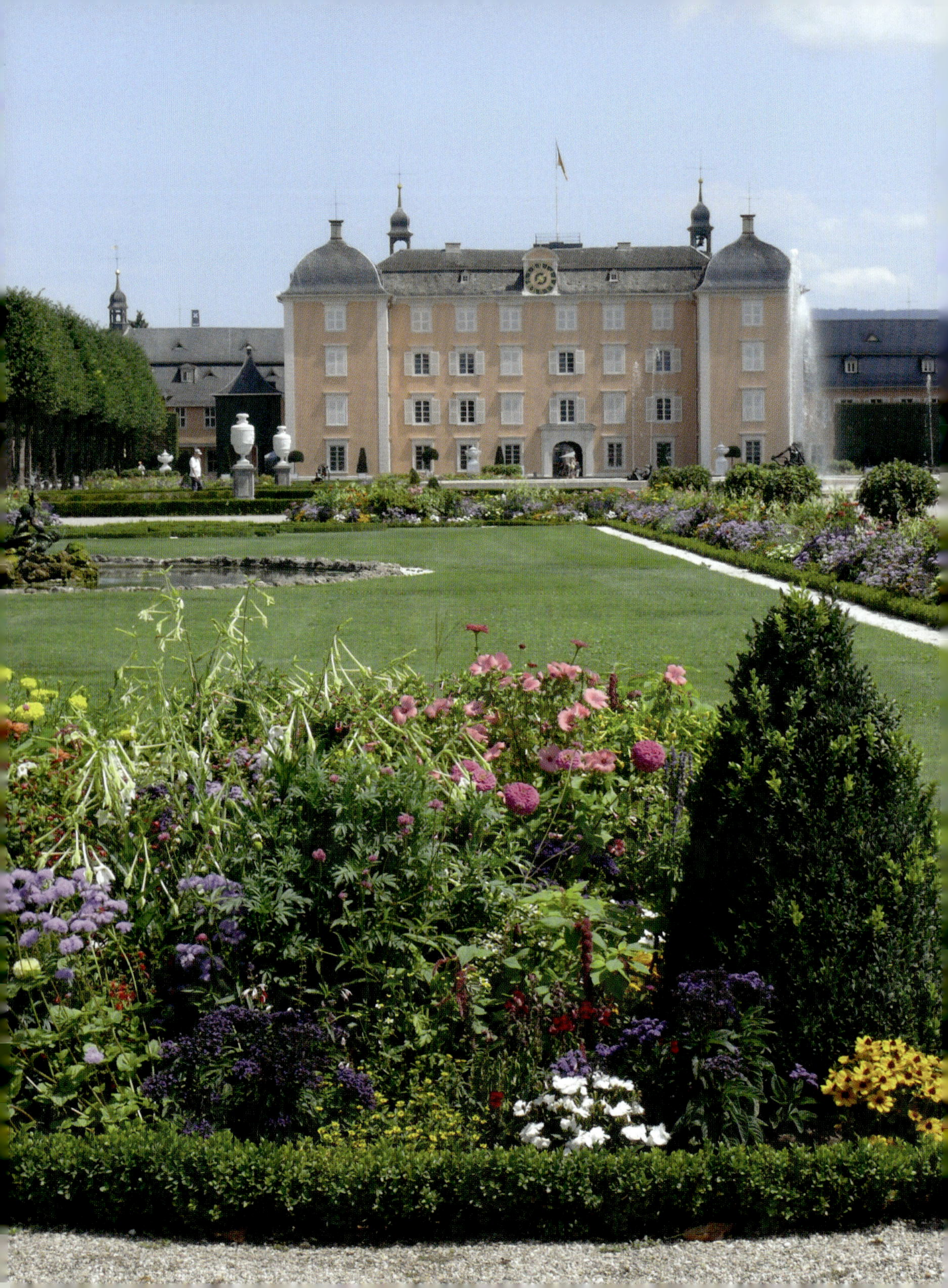

zentralen Achse. Alle Arbeiten zogen sich lange hin. Mit dem Türkischen Garten südlich der zentralen Achse wurde 1774 begonnen. Die Moschee wurde 1795 vollendet.

Carl Theodor wollte mit der Zeit gehen und schließlich auch den englischen Gestaltungsstil in den Schlossgarten einbringen. Er schickte den jungen Friedrich Ludwig von Sckell (1750–1823), Sohn eines Schwetzinger Hofgärtners, nach England und ließ ihn dort den neuen Gestaltungsstil studieren. Jener setzte sein neues Wissen 1777 erstmals mit der Gestaltung des Arborium Theodoricum, eines Arboretums, um. Auch die westlichen Parkteile im englischen Stil plante Sckell. Der Bau der Ruine des Merkurtempels (fertig gestellt 1792) bildete den Abschluss der Bautätigkeiten. Danach wurde der Garten aus Kostengründen nur noch erhalten. (Gartenhistoriker dürfte interessieren, dass von Sckell von Carl Theodors Nachfolger in München zum Bayerischen Hofgartenintendanten ernannt wurde. Er plante den Schlosspark Nymphenburg.) Nach seinem Weggang wurde Johann Michael Zeyher (1770–1843) Gartendirektor in Schwetzingen. In der Folgezeit waren verschiedene Institutionen für den Schlossgarten zuständig. Die Anlagen wurden unterschiedlich genutzt; die Grundstrukturen blieben jedoch erhalten. Ab 1970 begann die Staatliche Verwaltung, den Schlossgarten nach einem Parkpflegewerk wieder herzurichten. Der heutige Zustand des Schlossgartens ähnelt dem originalen.

Kreisparterre

Die Kreisform des Parterres kann man beim Begehen des Parks nur erahnen. Richtig sichtbar ist sie nur aus der Luft. Es ist ein komplizierter Entwurf. Besucher nehmen zunächst vor allem die Hauptachse vom Schloss bis an das Ende des Parks wahr. Lindenalleen begrenzen die Kreisform seitlich. Die Querachse wird ebenfalls von Lindenalleen gebildet.

Das Mittelparterre nehmen Rasenflächen mit Ovalbassins und Rahmenrabatten ein. An den Schmalseiten laufen sie in schneckenförmigen Voluten aus. Zwischen diesen Voluten sind die Broderien eingelassen. Das sind stickmusterartige Ornamente aus niedrigen Buchshecken mit farbig gekiesten Zwischenräumen. Diese Gestaltung stammt noch aus der ersten Bauphase unter Planung von Johann Ludwig Petri. Sie sind um das zentrale Brunnenbecken angeordnet und betonen so die Mitte des Gartens.

Die Mittelachse geht über den Hirschbrunnen weiter zum abgrenzenden Querbassin, dem Großen Weiher, gesäumt von Skulpturen der Flussgötter Rhein und Donau, und weiter in die freie Landschaft der Rheinebene.

Die angrenzenden Boskette plante Nicolas de Pigage in der zweiten Hälfte der 1760er-Jahre. Es handelt sich dabei um kleine Wäldchen, in denen die Wege und Räume von hohen Heckenwänden gesäumt sind. Die Gehölze werden in ihrer Wuchshöhe auf 10 bis 13 Meter gehalten. Wer sich in diese Boskette hineinwagt,

Parterre auf der Gartenseite von Schloss Schwetzingen

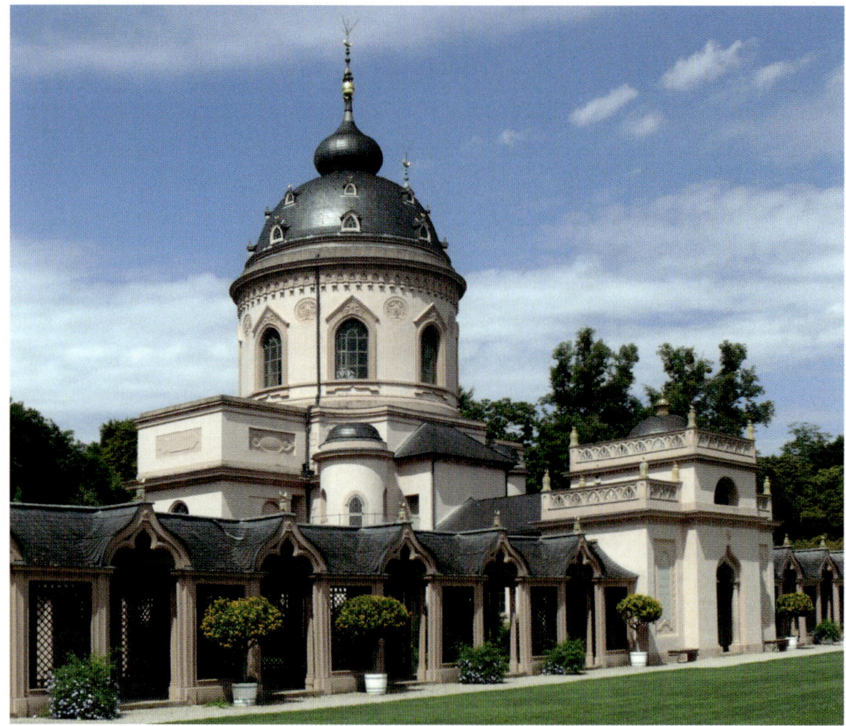

In Schwetzingen ist eine besonders prächtige »Gartenmoschee« zu bewundern

wird fast wie in einem Labyrinth auf geraden und geschlungenen Pfaden hindurchgeleitet. Es öffnen sich immer wieder neue Sichtachsen und Blickpunkte. Die gesamte Boskettzone ist nach außen von einer erhöht angelegten Promenierallee mit Rosskastanien umschlossen.

In den daran angrenzenden Gartenbereichen gibt es hinter hohen Bäumen weitere Bauwerke zu entdecken: auf der Nordseite Orangerie, Apollotempel, Badhaus und Römisches Aquädukt; auf der Südseite Moschee und Merkurtempel.

Moschee

Dieses Bauwerk diente nie religiösen Zwecken: Es ist reines Gestaltungselement, meisterlich in Szene gesetzt. Der Faszination der Spiegelung im Moscheeweiher kann man sich kaum entziehen. Die Moschee besteht aus einem kreuzgangartigen Wandelgang im Osten und einem von zwei Minaretten flankierten Zentralbau im

Apollotempel von der Rückseite und Orangerieparterre

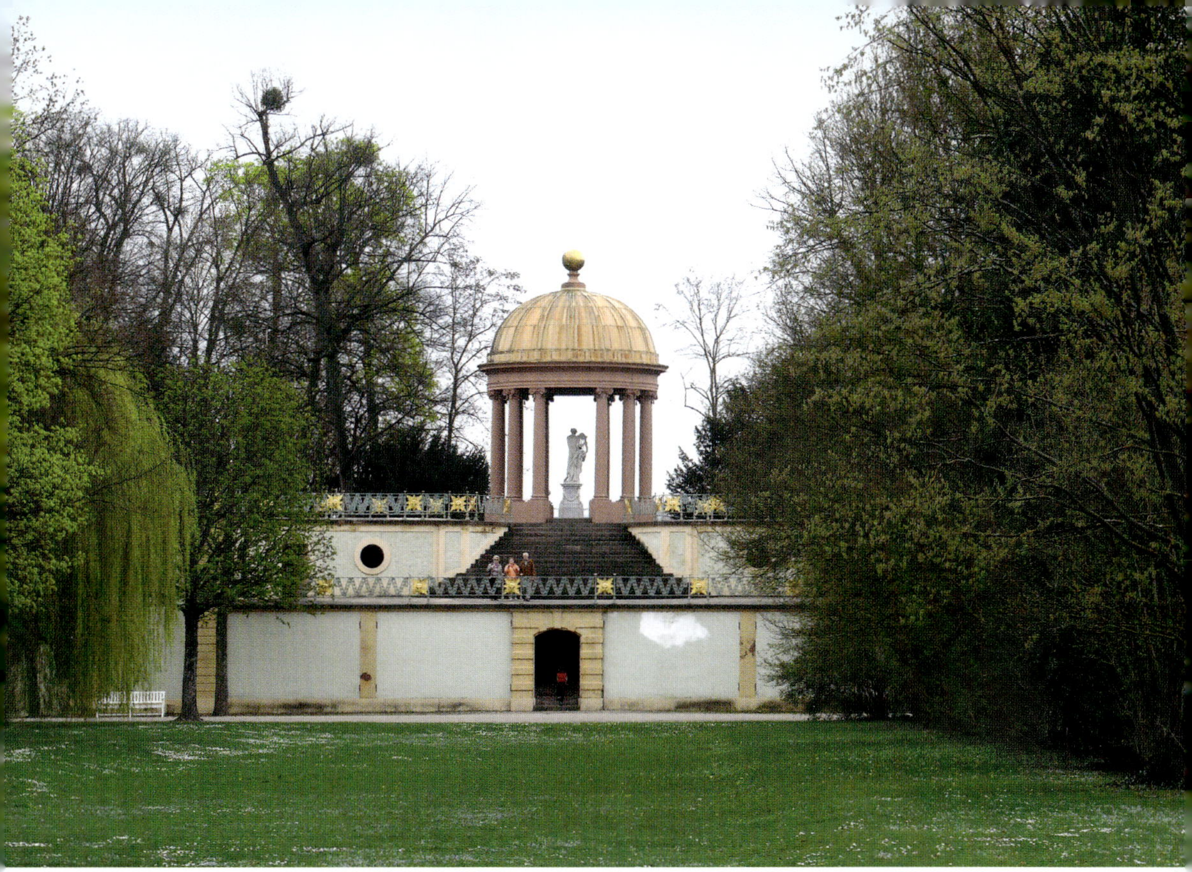

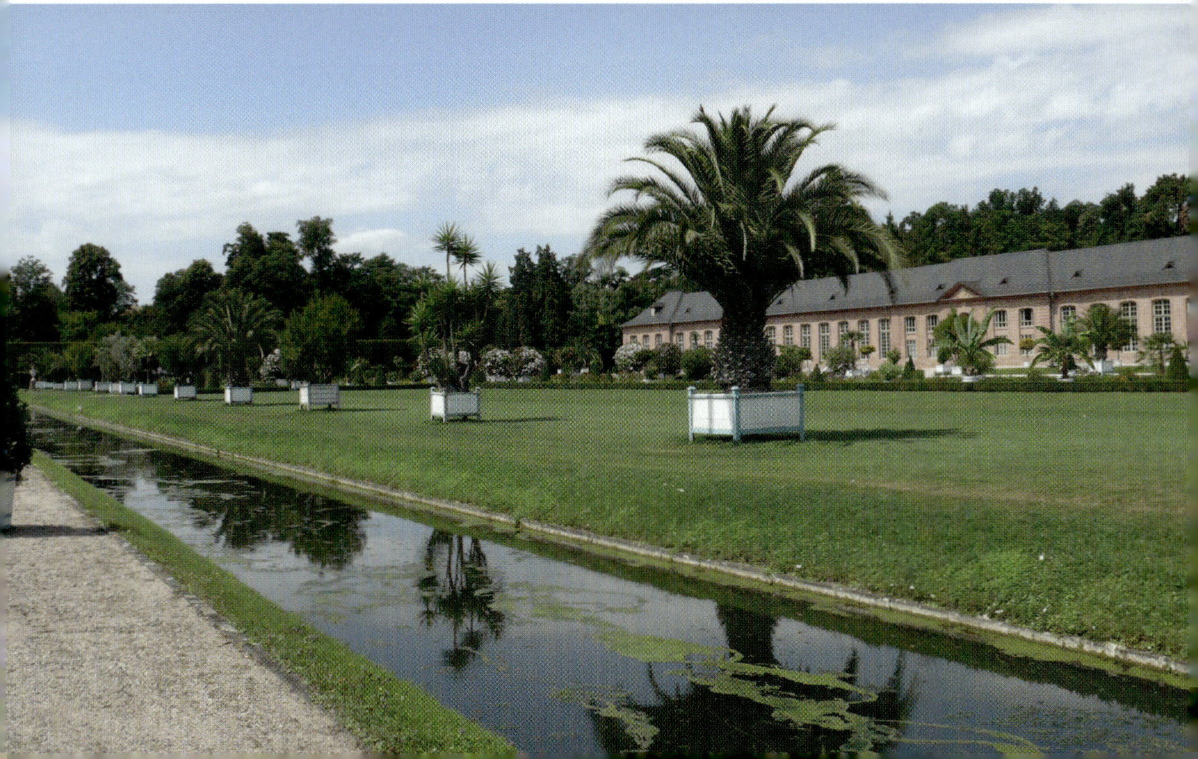

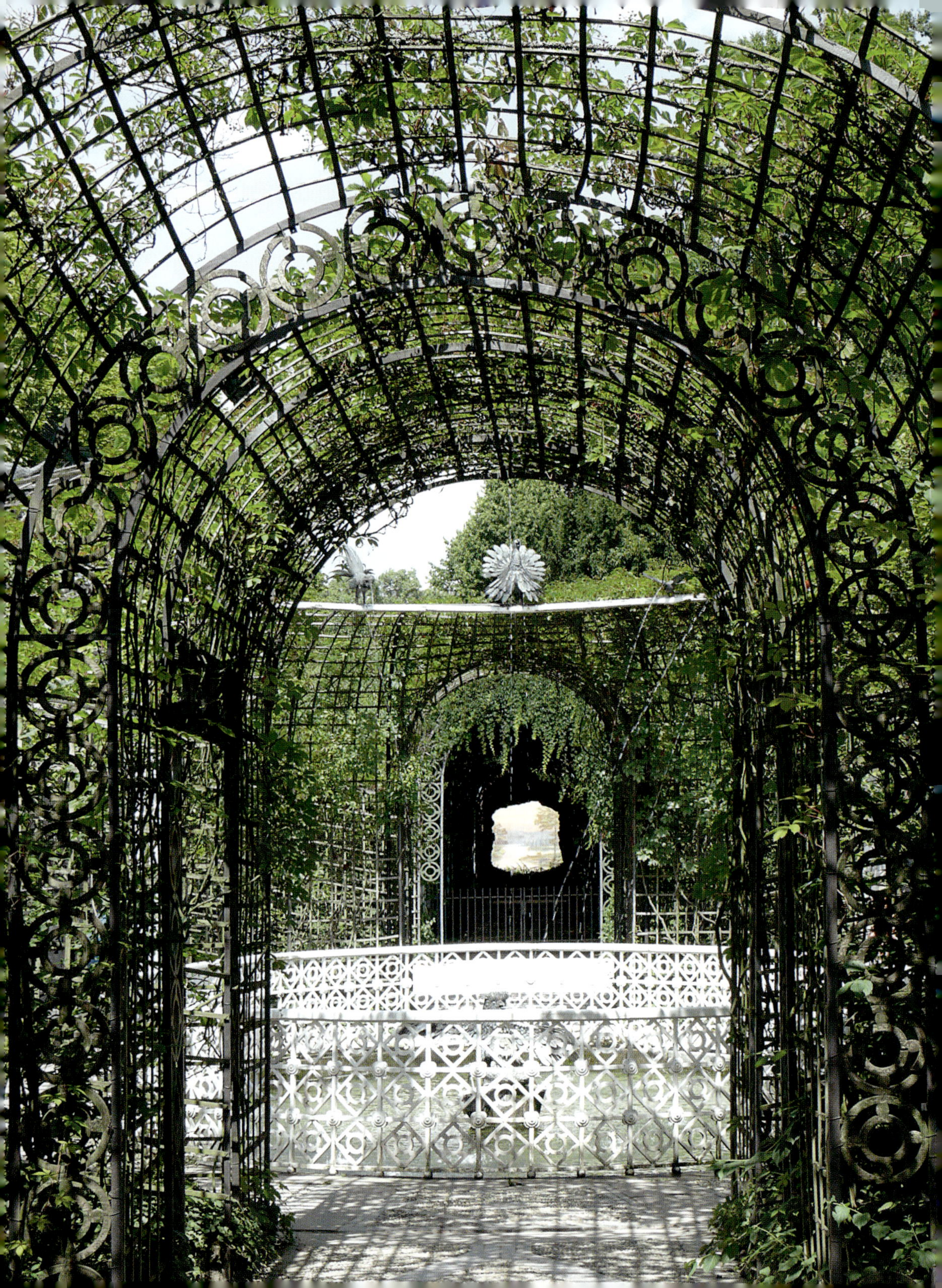

Westen. Alles ist reich mit Ornamenten verziert. Ein von Schlängelwegen durchzogener »Türkischer Garten« mit exotischen Gewächsen umgibt die Moschee.

Die Schwetzinger Moschee ist Zeuge der großen Begeisterung im ausgehenden 18. Jahrhundert für die asiatische und die arabische Welt. Andernorts gab es auch Gartenmoscheen; doch diese ist schon wegen ihrer Größe einzigartig und sie blieb als einzige aus jener Zeit erhalten. Sie ist als keiner Religion zuzuordnender Kultbau zu verstehen, der zum Nachdenken anregen soll. Diese Absicht unterstreichen auch Inschriftentafeln in arabischer und deutscher Sprache.

Badhaus und Badhausgarten

Dieser Gartenteil wurde von Nicolas de Pigage 1768 bis 1775 erbaut. Das Badhaus ist ein kleines Lustschlösschen. Daran grenzt ein architektonischer Garten an – eine ganz besondere Anlage, die mit der Perspektive spielt. Der Blick richtet sich über die ovale Brunnenanlage mit Wasser speienden Vögeln auf das Perspektiv, ein Landschaftsgemälde, das einen Blick in die Ferne vortäuscht. Ein nach innen offener Laubengang und filigranes Lattenwerk (Treillagen) umschließen alles. Das Begehen dieses Gartenteils an einem sonnigen Tag mit dem Spiel von Licht und Schatten macht richtig Spaß. Der Gesamteindruck ist wichtig, aber auch die Details, beispielsweise dass die Vögel das Wasser in Richtung auf den Uhu in der Brunnenmitte speien. Diese Szene illustriert eine Fabel des Dichters Äsop, wonach der Uhu der einzige Vogel ist, der seinesgleichen tötet. Einige Vogelarten, darunter ein Hahn, ein Kakadu, ein Auerhahn, haben sich versammelt, um dem Uhu ihre Missachtung kundzutun. Echte Vögel in Volieren ergänzen die Szenerie.

Der Schwetzinger Schlosspark muss als ein Aushängeschild für die baden-württembergische Gartenkultur immer bestens gepflegt aussehen. Der Pflegeaufwand ist hoch, auch weil die vielen Formschnittgehölze – Buchs, Eiben, Hainbuchen, Linden – in Form gehalten werden müssen. Im Boskettgarten und in den Alleen müssen die Gärtner Gestelle und Hebebühnen aufbauen, um in die höheren Regionen der Gehölze zu reichen. Pflegeaufwändig sind auch die Buchshecken. Das Schwetzinger Gartenpersonal hat also viel zu tun. Die Gestaltungsprinzipien im Schlossgarten setzen sich im Ortsbild von Schwetzingen fort: auf dem Schlossplatz und entlang der Carl-Theodor-Straße, die direkt zum Schloss führt, stehen in Form geschnittene Lindenbäume.

Der Schwetzinger Schlossgarten ist eine der Schlossgartenanlagen, die man von ferne nicht sieht und aus der man kaum herausschauen kann. Beim Begehen bleibt man irgendwie im Inneren gefangen; der Garten selbst kam mir wie ein Labyrinth vor, da es nur wenige Landmarken außerhalb des Gartens gibt, die man fokussieren kann.

Badhausgarten mit Perspektiv und wasserspeienden Vögeln

19

Weinheim
Schau- und Sichtungsgarten Hermannshof

Der Schau- und Sichtungsgarten Hermannshof steht ebenfalls auf dem Pflichtprogramm bei der Gartentour durch Baden-Württemberg. Gartenfreunde, die sich für Stauden und Ziergehölze interessieren, bekommen hier sehr viel geboten.

Im Frühjahr sind auf dem Hermannshof große Sortimente an Tulpen, Strauchpfingstrosen, Blumen-Hartriegeln zu bewundern. Vor allem wegen seiner Blauregen (Wisterien) ist der Hermannshof weithin bekannt – alte, knorrige Gestalten, die sich jedes Jahr Ende April mit blauen Blütentrauben schmücken. Unter dem Wisterien-Laubengang mag man gerne wandeln und rasten und an den Blüten, denen ein eigenartiger, herber Duft entströmt, schnuppern – mit besonders langtraubigen *Wisteria japonica* 'Macrobotris' im Rücken und dem Vorhang der später blühenden *Wisteria chinensis* zur Parkfläche hin.

Ein etwas verschobenes Zentrum der weiten Parkfläche ist die Senke mit einem Teich. Die Villa und das Gärtnerhaus stehen am Rand. Dahinter sind die beiden Landmarken von Weinheim, Burg Windeck und die Wachenburg, immer im Bild. Von dem Aussichtspunkt auf der Burg Windeck wiederum erkennt man die Parkanlage leicht an den hochgewachsenen Bäumen, vor allem an dem auffälligen Bergmammutbaum neben der Villa. Er wurde 1888 gepflanzt und hat einen Stammumfang von über acht Metern.

Im Frühjahr zeigt sich den Besuchern ein pointillistisch anmutendes Bild mit Tulpen in allen Farbvarianten. Seltene Wildtulpen sind auf einem Hügel aufgepflanzt. Alle Pflanzen sind gut beschildert. Zeitgleich blühende Ziergehölze bilden den Hintergrund für die Tulpenschönheiten. Vor allem der große Judasbaum *(Cercis)* vor dem Gärtnerhaus fällt auf.

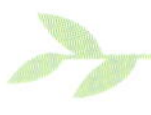

KONTAKT

Babostraße 5, 69469 Weinheim an der Bergstraße
www.sichtungsgarten-hermannshof.de
Tagsüber frei zugänglich

Blauregen-Laubengang und Szenerie um den Teich am Tiefpunkt der Anlage

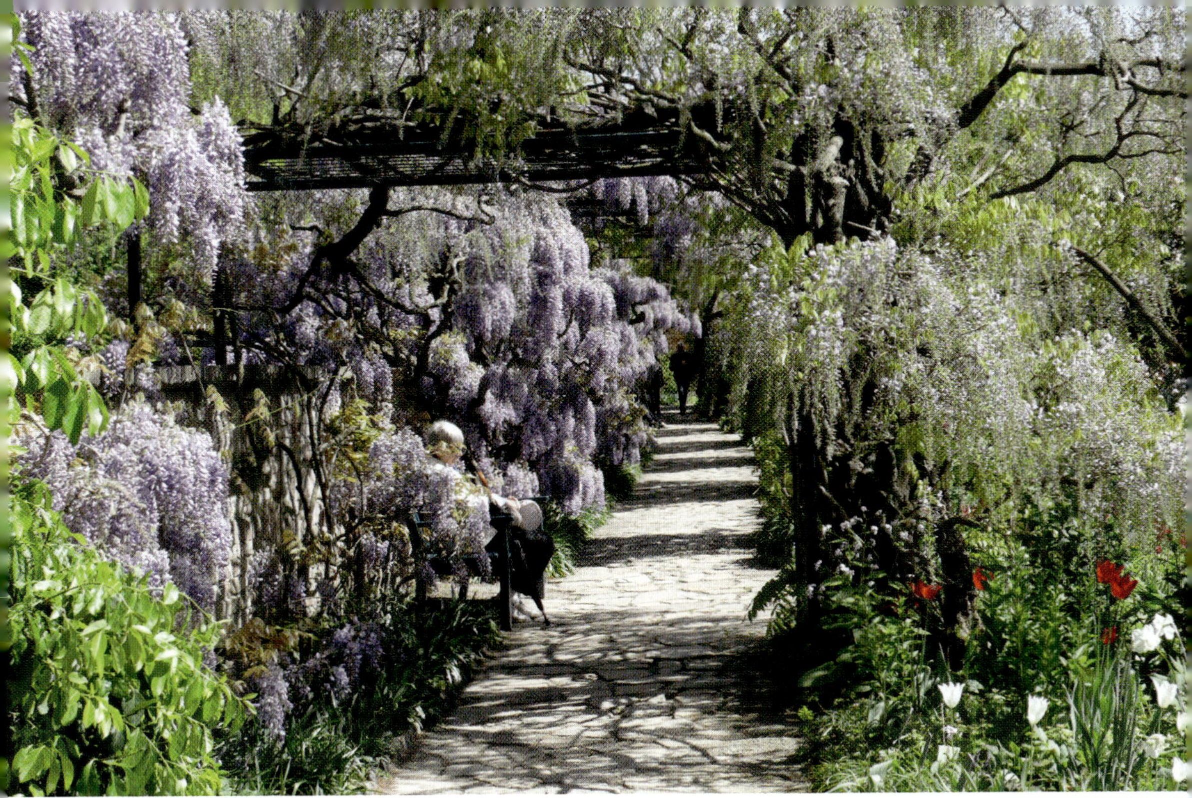

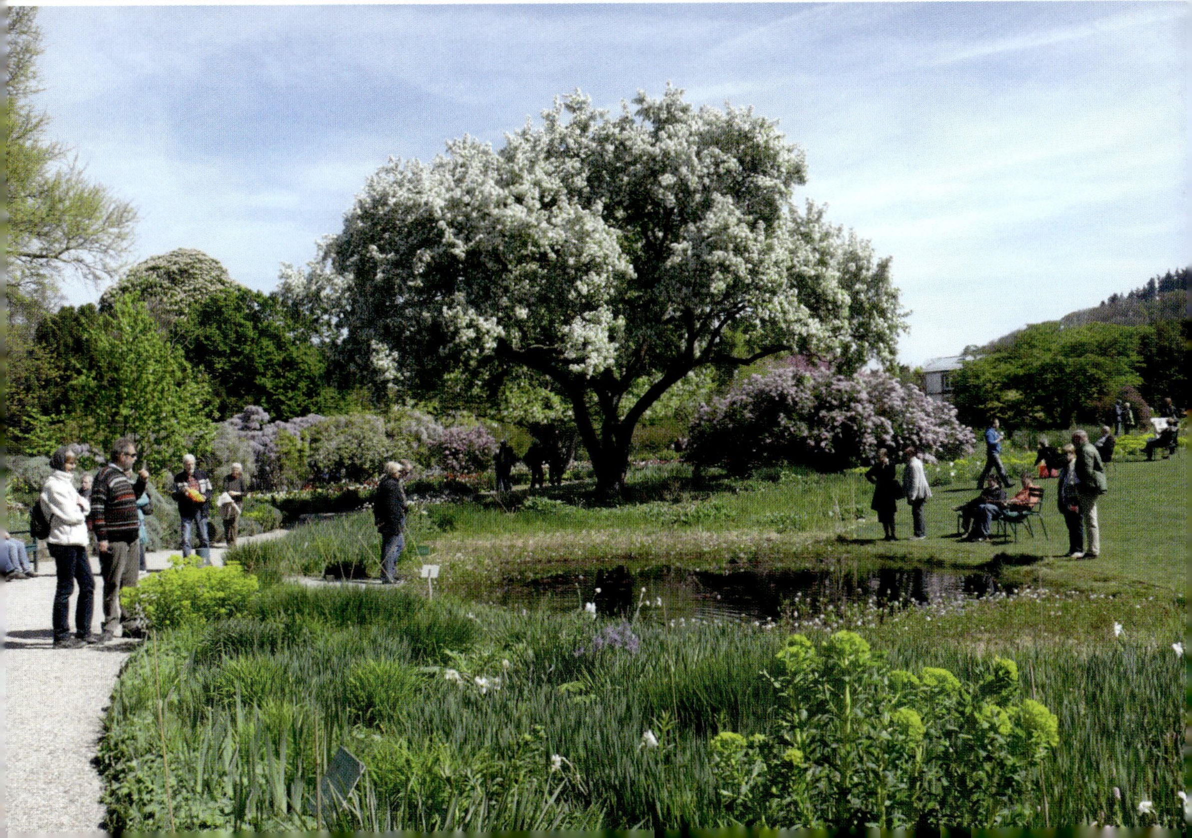

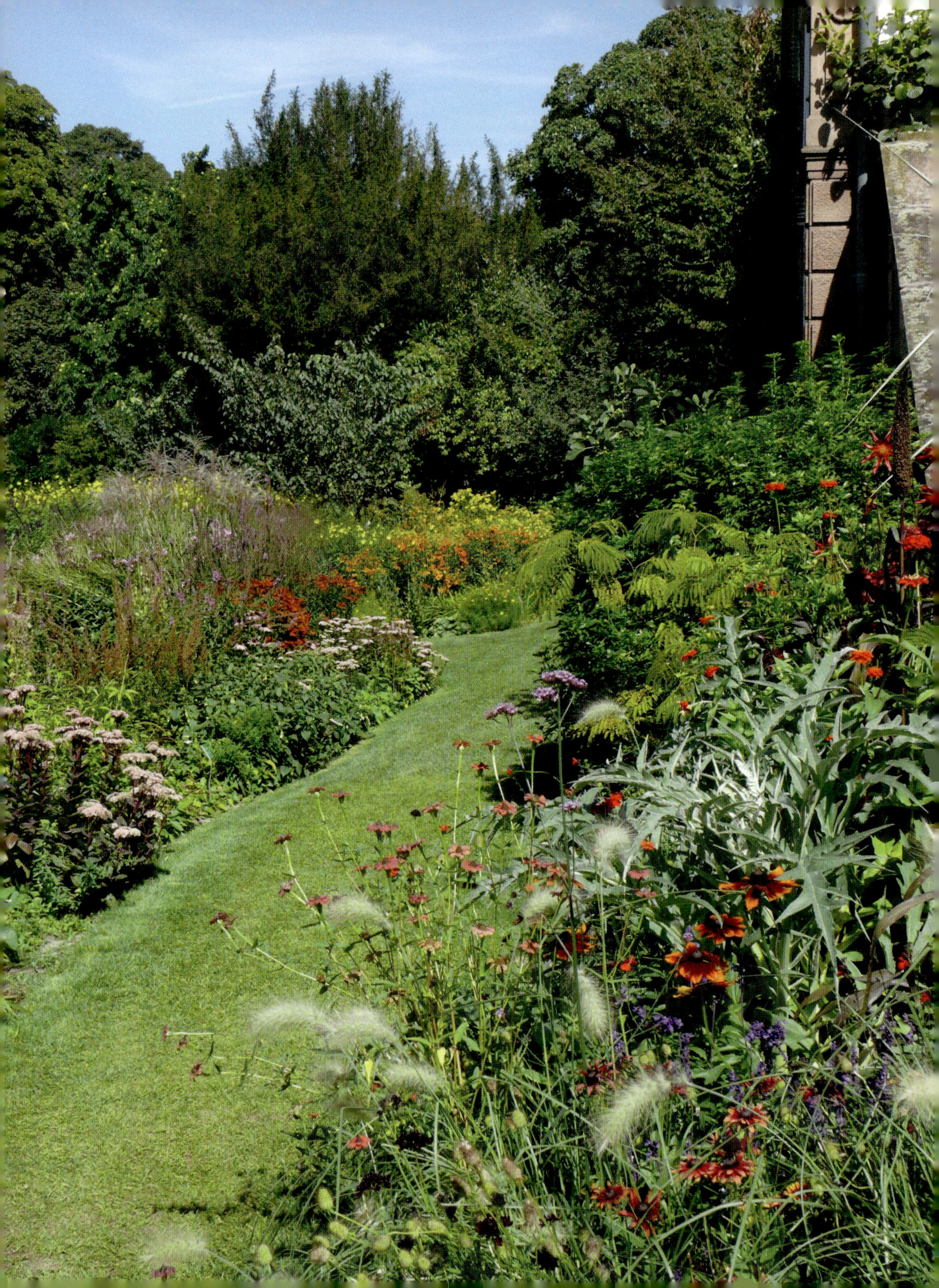

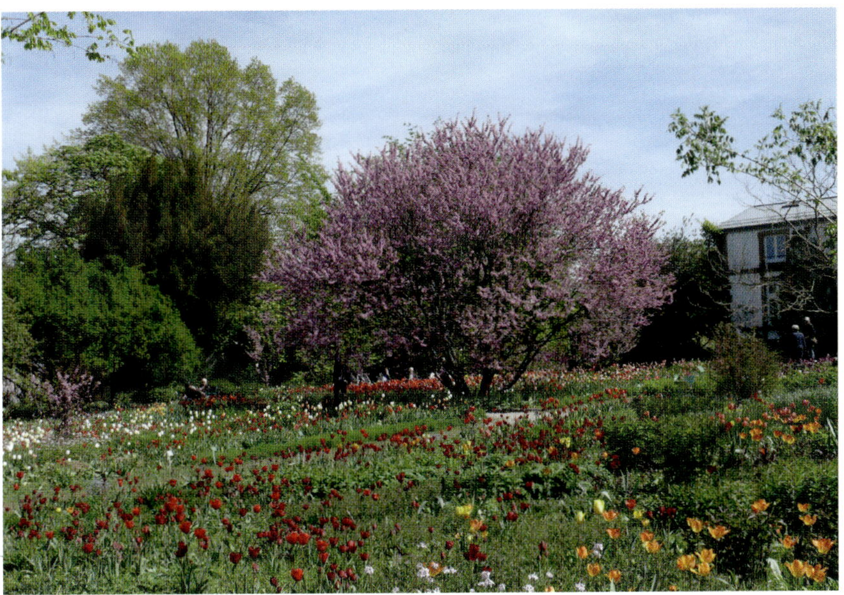

Voll erblühter Judasbaum inmitten einer Zwiebelblumenpflanzung

Der Rundgang führt hinter der Villa auch zu den Blumen-Hartriegeln und den Strauch-Pfingstrosen mit den passenden Begleitstauden und Zwiebelblumen. Schön anzuschauen ist auch die Bitterorange *(Poncirus trifoliata)* hinter einem Blütenteppich aus Tulpen. In dieser klimatisch begünstigten Lage an der Bergstraße, im Weinbauklima, blüht im Frühjahr alles ein wenig früher. Das sagen sich viele Blumenbegeisterte und verlängern für sich das Gartenjahr durch eine Reise zum Hermannshof. Bei meinem Besuch am 24. April blühte die Chinesische Goldrose *(Rosa hugonis)* bereits voll. Eine viel bestaunte Besonderheit ist der Brautmyrtenbaum *(Myrtus communis)* vor dem Gärtnerhaus. Er wurde 1879 aus einem Myrtenzweig im Brautstrauß von Helene Freudenberg gezogen. Im Winter wird der 8 Meter hohe und ebenso ausladende Baum zum Schutz vor Frösten eingehaust. Dieser Baum wurde 2017 zum Champion Tree gekürt.

Der Name Hermannshof verweist auf den früheren Besitzer, den Unternehmer Hermann Ernst Freudenberg, der das Anwesen 1888 kaufte und die vorhandene Villa zum repräsentativen Wohnsitz ausbauen ließ. 1981 wurde der Hermannshof zu einem Seminar- und Empfangszentrum für das Unternehmen Freudenberg ausgebaut. Der Garten wurde 1983 in eine öffentliche Stiftung »Schau- und Sichtungsgarten Hermannshof« überführt. Der Hermannshof ist der einzige private Schau- und Sichtungsgarten Deutschlands.

Sommer am Gärtnerhaus

Weinheim
Schlosspark und Exotenwald

Der Schlosspark präsentiert sich als typischer Stadtpark mit altem Gehölzbestand, weiten Rasenflächen, einigen historischen Elementen – und einem Entenweiher samt Volieren.

Die ursprünglich barocke Anlage wurde von Hofgärtner Friedrich Ludwig Sckell (siehe Seite 61) nach 1785 in einen Landschaftsgarten umgestaltet. Eine weitere Umgestaltung fand Ende des 19. Jahrhunderts statt. Da ließ der Schlossherr Christian Freiherr von Berckheim exotische Bäume pflanzen. Das Schloss, dessen Teile aus verschiedenen Bauepochen stammen, ist heute Sitz der Stadtverwaltung. (Der auffallende neugotische Schlossturm wurde 1868 gebaut.) In Schlossnähe steht die größte und älteste Libanon-Zeder *(Cedrus libani)* Deutschlands. Sie ist um 1720 gepflanzt worden und hat eine Höhe von etwa 23 Metern.

Mich beeindruckte der ebenfalls alte und schön gewachsene Ginkgobaum *(Ginkgo biloba)* vor dem Schloss. Der etwa 20 Meter hohe Baum wurde um 1840 gepflanzt. Weitere Gehölze aus aller Welt sind im fünf Hektar großen Schlosspark versammelt: u. a. Atlas-Zeder, Urweltmammutbaum, Bergmammutbaum, Amberbaum, Eisenholzbaum, Geweihbaum, Japanische Schnurbäume, Zürgelbaum.

Im oberen Bereich des leicht ansteigenden Parkgeländes steht das Mausoleum der Familie von Berckheim. Den Spaziergang durch den Schlosspark sollte man in den angrenzenden Weinheimer Exotenwald ausdehnen. Christian Freiherr von Berckheim ließ hier ab 1872 exotische Bäume pflanzen, in Gruppen nach ihrer Herkunftsregion zusammengefasst. Auf den ersten Blick erscheint der Exotenwald wie ein ganz normaler Wald. Er erschließt sich dem Spaziergänger erst bei genauem Hinschauen und durch Lesen der Schilder. Gut ausgeschilderte Spazierwege führen durch den Wald.

Überhaupt ist die Ausschilderung der Grünanlagen in Weinheim vorbildlich. Vom Bahnhof aus führen Wegweiser die Besucher auf der Grünen Meile sicher zu den gärtnerischen und botanischen Sehenswürdigkeiten.

KONTAKT

Rote Turmstraße, 69469 Weinheim an der Bergstraße
www.weinheim.de
Frei zugänglich
Mit Gastronomie

Schloßpark mit Ginkgo

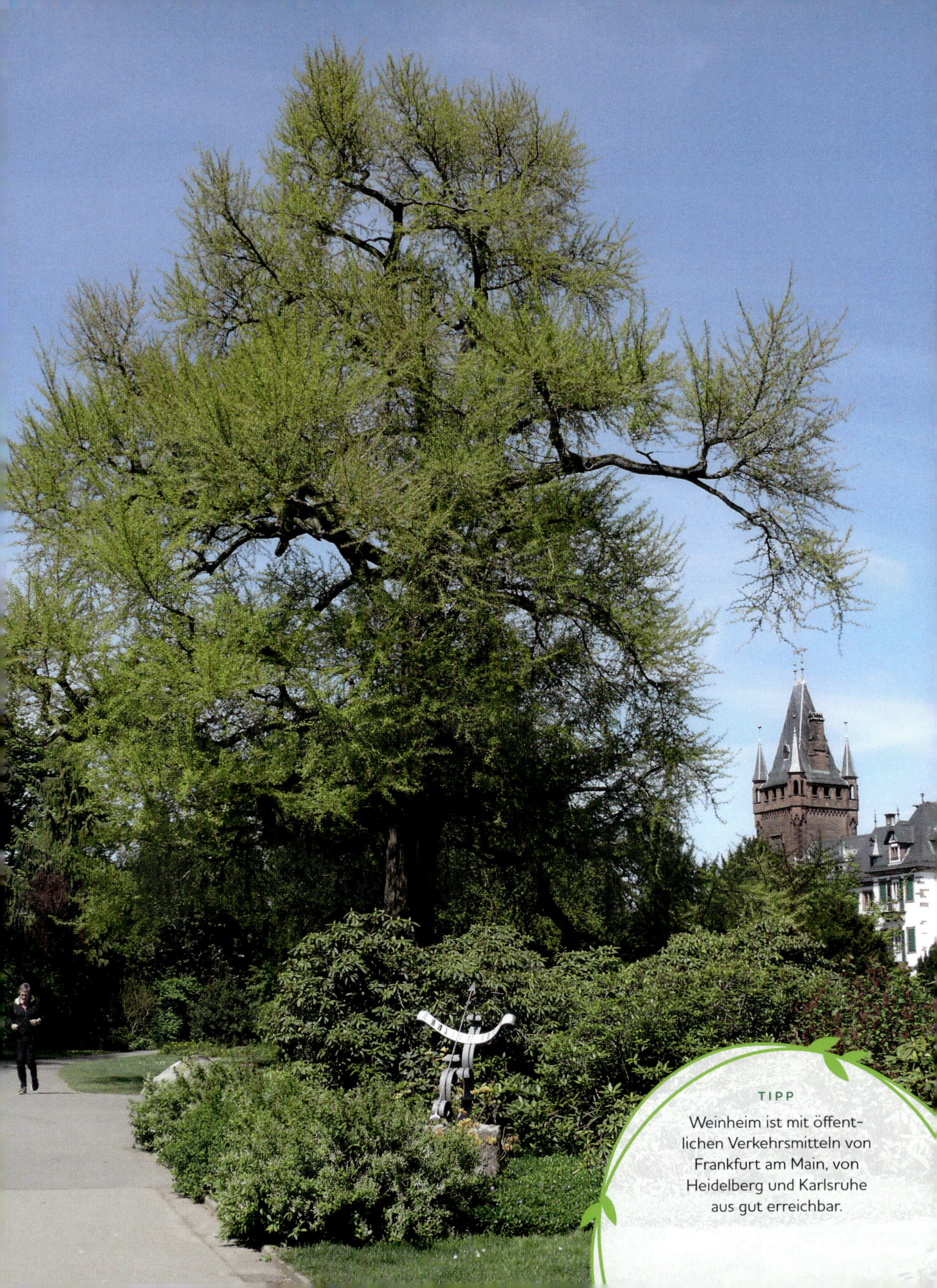

TIPP

Weinheim ist mit öffentlichen Verkehrsmitteln von Frankfurt am Main, von Heidelberg und Karlsruhe aus gut erreichbar.

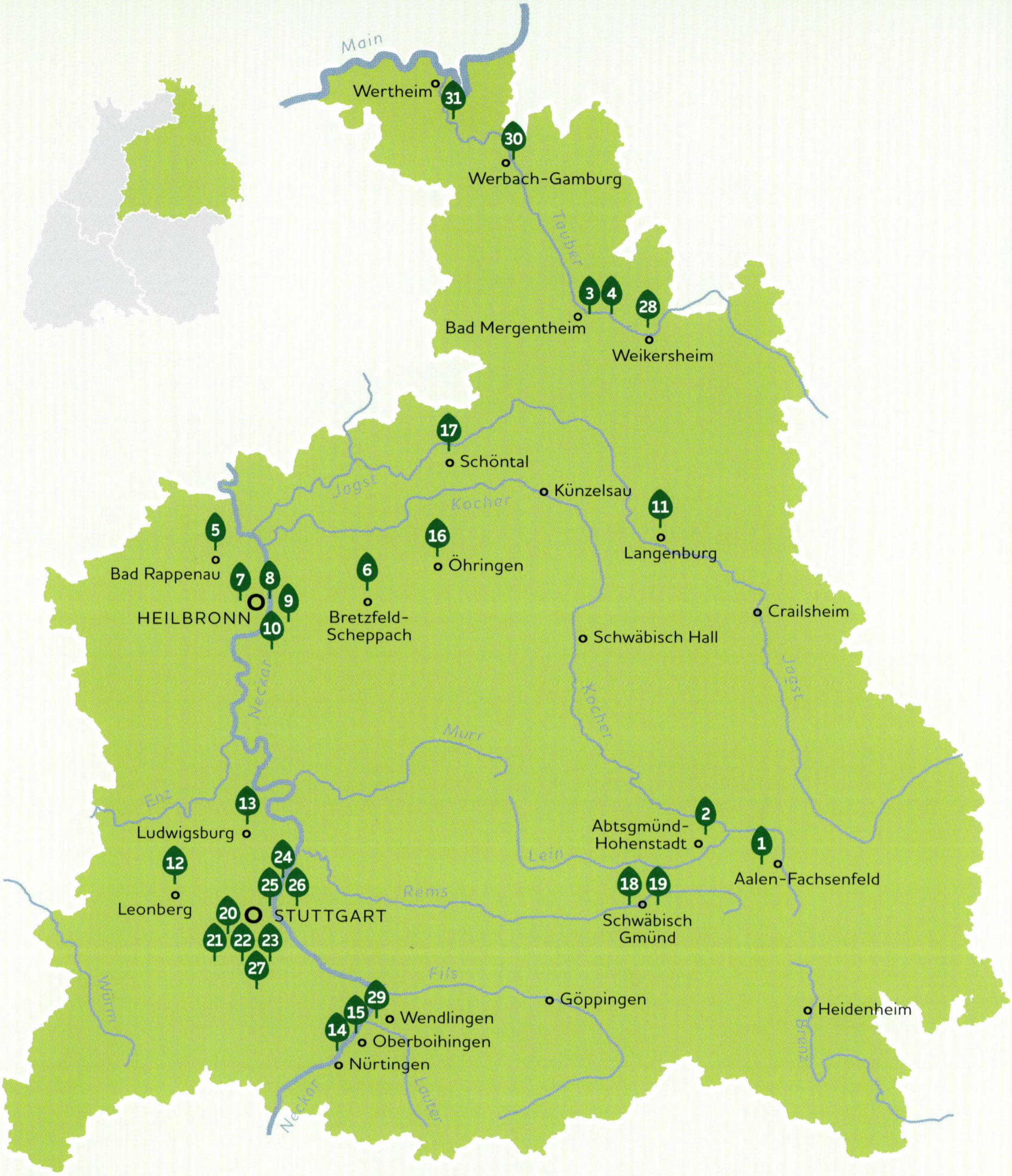

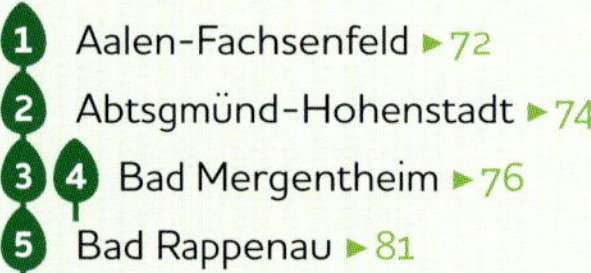

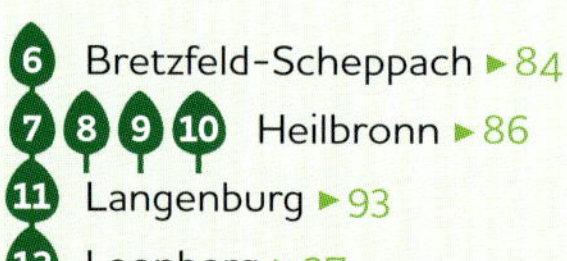

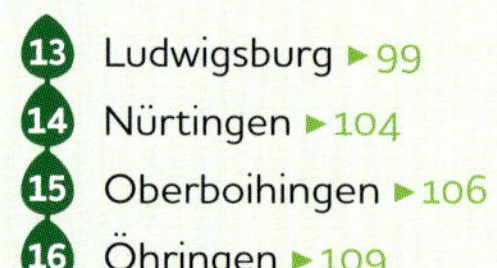

Regierungsbezirk Stuttgart

Der Regierungsbezirk Stuttgart ist ein kulturell und wirtschaftlich reicher Bezirk, reich an historischen Bauwerken, an Burgen, Schlössern und Klöstern mit zugehörigen Gärten. Einige Schlossgärten sind in Privatbesitz, andere im Besitz des Landes; die Institution »Schlösser und Gärten Baden-Württemberg« bewirtschaftet und verwaltet diese.

Der Regierungsbezirk Stuttgart umfasst in etwa das Gebiet des ehemaligen Königreichs Württemberg, des Fürstentums Hohenlohe und einiger anderer Herrschaftsgebiete samt einiger Freie Reichsstädte. Verbindendes Band ist der Neckar. An ihm und seinen Nebenflüssen Rems, Kocher und Jagst sowie an der Tauber, die in den Main mündet, reihen sich die Gärten und Parks auf.

Zur Vielfalt der Gartenlandschaft tragen gartenbauliche Lehr- und Versuchsanstalten sowie Arboreten bei. Diese konzentrieren sich in Nordwürttemberg. Die in Heilbronn, Nürtingen, Oberboihingen und Stuttgart-Hohenheim gezeigten Gehölz- und Staudenarten und -sorten finden oft Eingang in Pflanzungen im öffentlichen Grün und in Privatgärten.

In den Dörfern und Weilern lohnt sich der Blick über den Gartenzaun. In ländlichen Regionen bewirtschaften viele Bäuerinnen und andere Landbewohner ihre Gärten traditionell als verzierte Nutzgärten mit Blumen und Gemüse – schön anzuschauen und nützlich dazu. Die Leser lade ich dazu ein, selbst auf Entdeckungsreise zu gehen, denn auch nur einen kleinen Teil dieser Gärten vorzustellen, würde den Rahmen dieses Buches sprengen. Wer Privatgärten kennenlernen will, bekommt am »Tag der offenen Gartentür« Gelegenheit dazu. Auflistungen finden sich beispielsweise auf den Webseiten www.offenegaerten-esslingen.de, www.gds-staudenfreunde.de

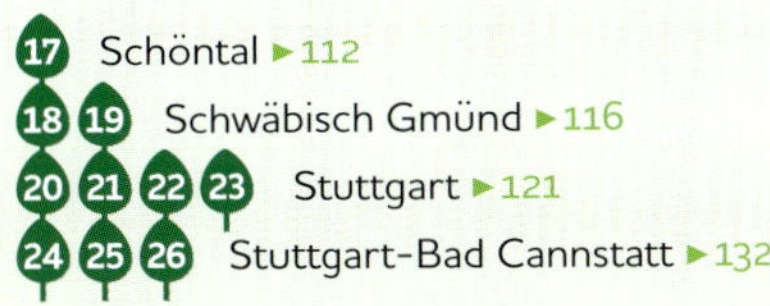
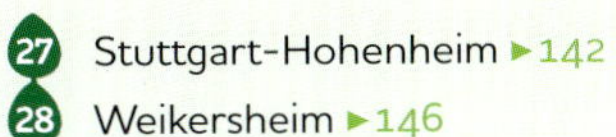

Aalen-Fachsenfeld
Schlosspark Fachsenfeld

Der Schlosspark Fachsenfeld gilt als einer der schönsten Landschaftsparks Süddeutschlands, gleichzeitig ist er ein Arboretum. Wegen des Vorkommens von seltenen Pflanzenarten ist er als Naturdenkmal ausgewiesen.

Das acht Hektar große Areal umgibt die Klinge mit dem Schlossbach, der als Wasserfall über vier künstlich angelegte Mini-Staustufen geleitet wird und nach kurzer Fließstrecke in den Kocher mündet. Bei der Anlage des Parks wurde in die Topographie kaum eingegriffen. Nur an wenigen Stellen ebnete man das hängige Gelände für einen Tennisplatz (der nicht mehr existiert) und einen Rasenplatz ein. Vom Luginsland, einer runden, gemauerten Aussichtskanzel, öffnet sich der beste Blick über den Park.

Schloss Fachsenfeld ist ein wohnliches Schloss aus der Mitte des 19. Jahrhunderts, ein Umbau aus älteren Vorgängerbauten. Oberjustizrat Wilhelm von König-Warthausen erwarb das Anwesen 1827. Den Park ließ er in den folgenden drei Jahrzehnten anlegen. Schloss und Park Fachsenfeld waren einige Generationen lang im Besitz der Familie von König. Der kinderlose Forscher und Erfinder Reinhard von König überführte den Besitz in eine Stiftung. Diese Stiftung Schloss Fachsenfeld verwaltet seither Schloss und Park und lässt den Park von angestellten Gärtnern pflegen.

Der Park fällt durch seinen Reichtum an Gehölzarten und -sorten auf. Es ist eigentlich ein privater dendrologischer Garten. Von großem Wert ist, dass die Pflanzdaten der meisten Bäume bekannt sind. Raritäten sind zum Beispiel eine Gurkenmagnolie, 1915 in der Nähe des großen Teichs gepflanzt, und ein Taschentuchbaum, 1910 gepflanzt. Zum Baumbestand gehören Amberbaum, Elsbeere, Ginkgo, Hopfenbuche, Platane (1846 gepflanzt), Tulpenbaum, Nordamerikanische Schwarznuss oder die 1864 gepflanzte Wellingtonie *(Sequoiadendron giganteum)*. Gut vertreten ist die Gattung der Buchen (*Fagus*-Arten und -sorten) – etwa

KONTAKT

Stiftung Schloss Fachsenfeld, Am Schloss 1, 73434 Aalen-Fachsenfeld
www.schloss-fachsenfeld.de
Besichtigung ausschließlich im Rahmen einer Schlossparkführung
Mit Gastronomie

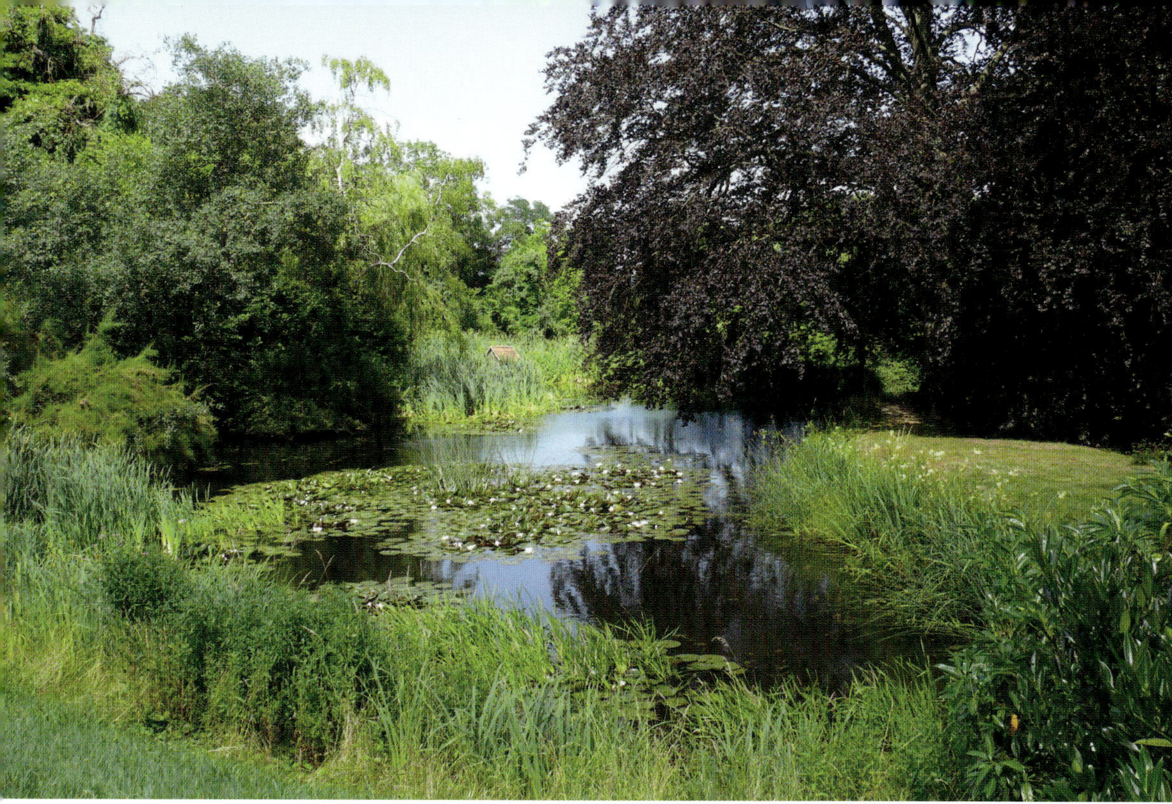

Malerische Szenerie um den Teich mit Blutbuche

200 Jahre alte Rotbuchen, Blutbuchen und als Besonderheit eine Hahnenkammbuche. Reinhard von König pflanzte bereits im Jahr 1954 einen Urweltmammutbaum *(Metasequoia glyptostrobiodes)*, gleich nachdem er von der Entdeckung dieser bis dahin als verschollenen geltenden Gehölzart in China erfahren hatte.

Rhododendren gedeihen in halbschattigen und schattigen Bereichen in Schlossnähe; dazu an auffälliger Stelle eine Strauchkastanie. Eine breit gewachsene Pimpernuss bildet die Kulisse für einen kleinen, künstlich angelegten Teich mit Fontäne. Zur an der Nordwestseite des Parks vorbeiführenden Landesstraße hin grenzt eine über hundert Jahre alte Weißdornhecke das Areal ab.

Obstbäume gehören ebenfalls zum Gehölzbestand; zeitweise standen 400 Bäume auf der Streuobstwiese, heute sind es noch etwa 120. Die Familie von König versorgte sich selbst mit Obst, entsaftete, weckte ein und verwertete das Obst auf vielfältige Weise. Jahrzehnte alte Gläser voll Eingewecktem befinden sich noch im Schlossinventar. Ferdinand von König führte Buch über alles, was im Park geschah. Er notierte Pflanztermine, Ernteerträge der Obstbäume und vieles mehr. So fertigte er ein wertvolles, einzigartiges Zeitdokument der Bewirtschaftung eines großen privaten parkartigen Gartens.

Abtsgmünd-Hohenstadt
Heckengarten Hohenstadt

Der 1756 angelegte Heckengarten gilt als einer der ältesten seiner Art. Besonderheiten des symmetrisch angelegten Gartens sind die Kugelbaumalleen aus Linden und die beiden seitlichen Laubengänge aus Hainbuchen. Wegen seines Gehölzbestandes steht der Garten bereits seit 1982 unter Denkmalschutz.

Die Hainbuchen der Laubengänge stammen aus dem Stadtwald von Aalen. Sie wurden nachweislich 1756 gepflanzt. Es ist ein besonderes Erlebnis, an heißen, sonnigen Tagen in den Laubengängen zu wandeln. Da zeigt sich das tänzelnde Spiel von Licht und Schatten.

Der Heckengarten nimmt das mittlere Quartier des überschaubaren 1,8 Hektar großen Schlossgartens ein, der etwas abseits von Schloss und Schlosskirche liegt. Vom schmiedeeisernen Eingangstor aus führt die Hauptachse auf das 1760 nach französischem Stil gebaute Lusthaus zu. An manchen Tagen stehen Hochzeitspaare und Trauzeugen vor dieser Szenerie Schlange – zur standesamtlichen Trauung und für Fotoshootings. Das Lusthaus und der Rosengarten davor bilden eine äußerst romantische Kulisse.

An den Heckengarten grenzen östlich der ehemalige Gemüsegarten mit dem Gewächshaus und der um 1800 angelegte Englische Garten. Im Englischen Garten ist noch die geschlängelte Grundstruktur der Wege erkennbar; er wird jedoch nicht mehr gärtnerisch gepflegt.

Den westlichen Teil des Schlossgartens dominiert ein Bergmammutbaum, eine Wellingtonie. Der Baumriese ist aus einem Setzling herangewachsen, den ein Vorfahre der Familie Adelmann 1893 von einer Reise aus den USA mitbrachte.

Blick durchs Tor und Lusthaus mit Rosengarten

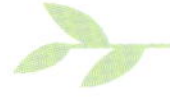

KONTAKT

Schloss Hohenstadt, Amtsgasse 10, 73453 Abtsgmünd-Hohenstadt
www.grafadelmann.de
Eintritt gegen Gebühr (Zugang über ein Drehkreuz)

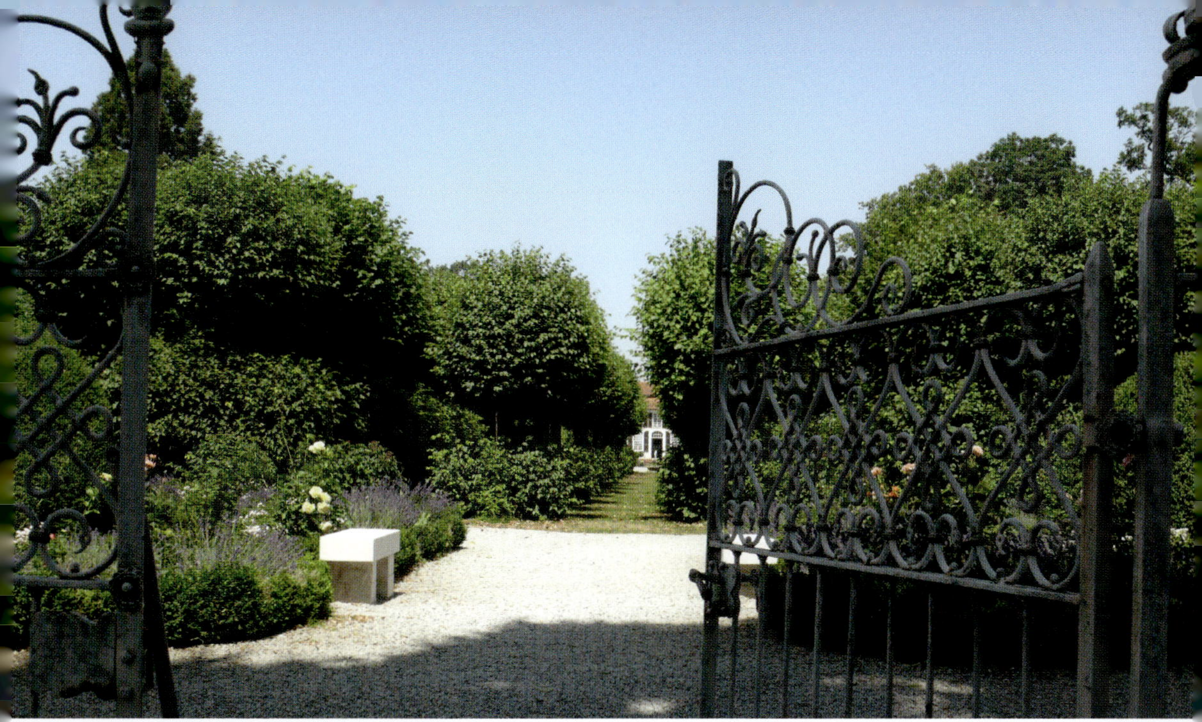

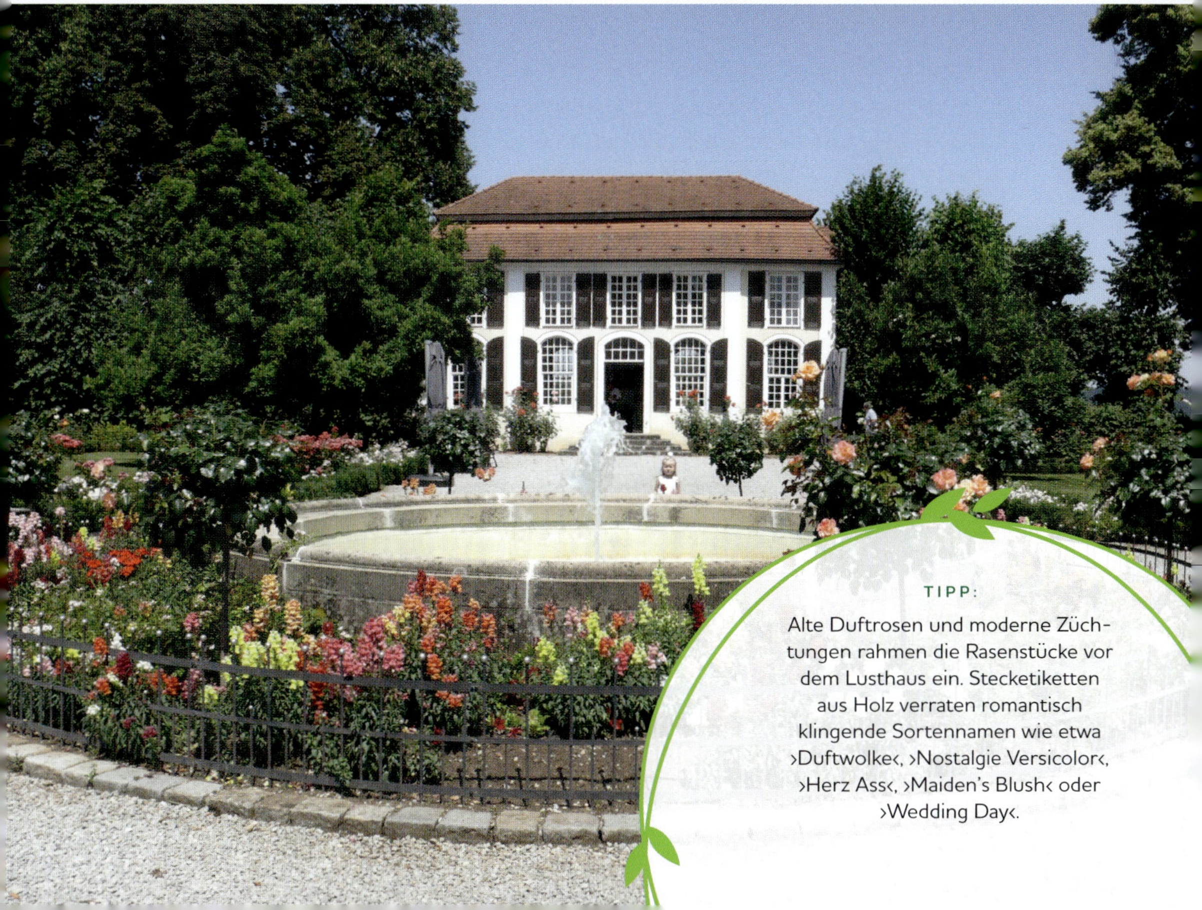

TIPP:

Alte Duftrosen und moderne Züchtungen rahmen die Rasenstücke vor dem Lusthaus ein. Stecketiketten aus Holz verraten romantisch klingende Sortennamen wie etwa ›Duftwolke‹, ›Nostalgie Versicolor‹, ›Herz Ass‹, ›Maiden's Blush‹ oder ›Wedding Day‹.

Bad Mergentheim
Kurpark mit Rosengarten

Der abwechslungsreiche, sehr gepflegte Bad Mergentheimer Kurpark gilt als einer der zehn schönsten Kurparke in Deutschland. Er ist mit den auf dem Gelände entspringenden Heilquellen und der Trinkhalle im wahrsten Sinne des Wortes zum Kuren da; gleichzeitig hat er für Gartenmenschen viel zu bieten und ist einen Ausflug wert.

Der Kurpark ist um einen sanft geschwungenen Gebäudekomplex mit Kurhaus und den angrenzenden Bauwerken Trinkhalle, Wandelhalle und Wandelgang angelegt. Er grenzt an das Kurgebiet. Von der Mergentheimer Altstadt und vom Schlosspark trennen ihn das Flüsschen Tauber und die am Park entlang verlaufende Bahntrasse der Tauberbahn.

Mitten im Park, unweit der Trinkhalle, erinnert eine Statue an den Schäfer Franz Gehrig, der 1826 die erste Mergentheimer Heilquelle, die Wilhelmsquelle, entdeckte. Seinen hervorragenden Ruf als Kurort hat Bad Mergentheim neben der Wilhelmsquelle auch den anderen Trinkquellen – der Karlsquelle und der Albertquelle – zu verdanken. Die stark schwefelhaltige Paulsquelle dagegen wird bei Badekuren eingesetzt.

Der etwa 17 Hektar große Kurpark ist im wesentlichen ein moderner Landschaftspark, geprägt von weiten Wiesenflächen, von Baumalleen und Solitärbäumen. Besondere Bäume sind mit Namensschildern versehen. Einige Großskulpturen sind in den Raum gesetzt und lenken den Blick auf sich.

Den Konstrast zu dieser großzügigen Weite bieten kleinräumig strukturierte Randzonen in Gebäudenähe. Wasser ist im Kurpark ein wichtiges Gestaltungselement, es lädt gleichzeitig zu spielerischem Umgang ein. Es gibt Springbrunnen, Wasserbecken, Kneipp-Anlage und künstliche Bachläufe. Über die kann man hüpfen, die Füße reinstecken oder sich nass spritzen lassen. Kinder machen das

Zierkirschen

KONTAKT

Lothar-Daiker-Straße, 97980 Bad Mergentheim, www.bad-mergentheim.de
Frei zugänglich, zu Trinkzeiten gegen Gebühr
Mit Gastronomie

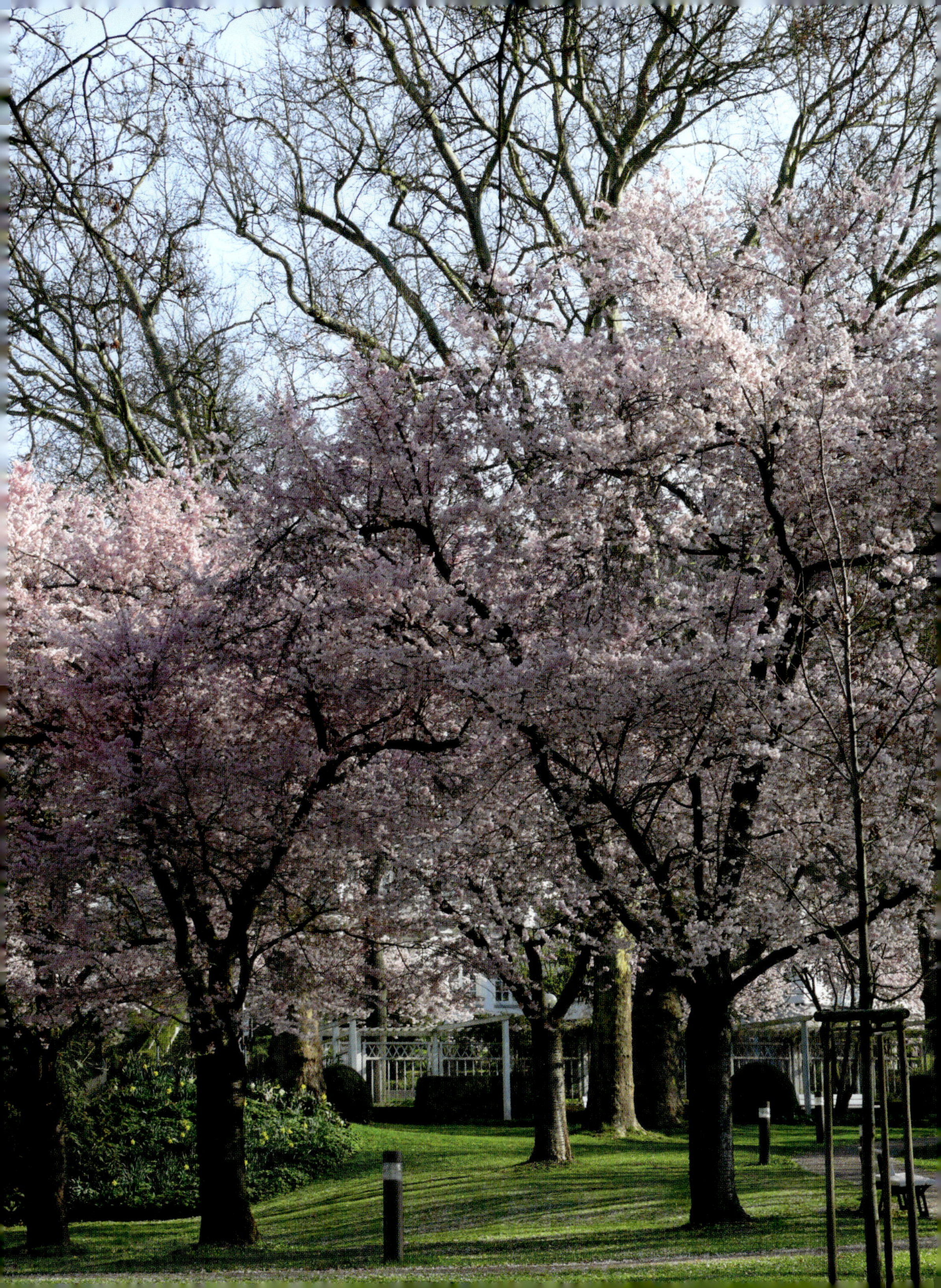

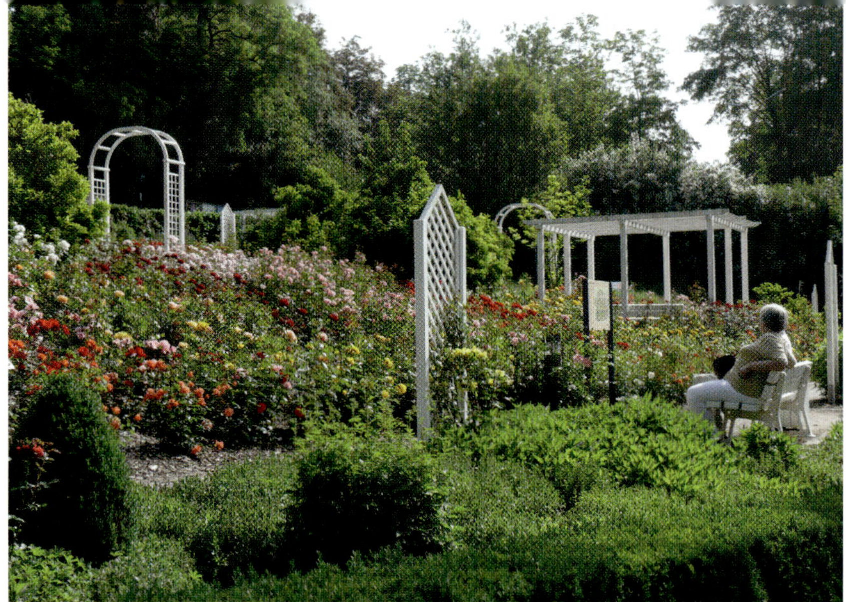

Sorten- und Farbenvielfalt im Rosengarten

heute noch gerne, so wie ich in Kinderzeiten, als die Familie Sonntagsausflüge in den Park machte.

Einige Themengärten bereichern den Park. Am Kurhaus/Haus des Gastes befinden sich der gut beschilderte Apothekergarten und der ruhige Klanggarten. Den westlichen Teil durchfließt ein natürlich anmutender Bachlauf mit Schattenstauden wie Astilben, Etagenprimeln und Knöterichen. Der Eingangsbereich im Norden neben der Kurverwaltung wirkt mit weiß gestrichener Pergola elegant; vor diesem Hintergrund kommen Strauch-Päonien und Buchskugeln gut zur Geltung. Zierkirschenbäume unterstreichen diesen Eindruck. Im östlichen Bereich laden der Japanische Garten, der Rosen-Bachlauf und der Rosengarten zum Betrachten ein.

Der Rosengarten ist zur Hauptblütezeit im Juni und Juli ein echtes Highlight. Vor allem blütenreiche Beetrosen sind zu bewundern. Es sind jeweils mehrere Exemplare einer Sorte nebeneinander aufgepflanzt, so dass größere zusammenhängende Farbflächen entstehen. Einer Tafel sind die Sortennamen zu entnehmen. Weiß gestrichene, elegant wirkende Pergolen und Rosenbögen gibt es auch in diesem Gartenteil.

In einem Kurpark dürfen Kübelpflanzen nicht fehlen: Mächtige Exemplare von Oleander, Fuchsien, Lantanen, Hibiscus, Palmen und Ölbäume stehen aufgereiht im Halbrund vor der Wandelhalle, vor dem Musikpavillon und an anderen exponierten Plätzen im Park.

TIPP:

Ein Höhepunkt im Sommer ist das Kurparkfest mit Illumination, das immer am dritten Samstag im Juli stattfindet. 20.000 Kerzen leuchten dann in allen Farben auf den Wiesen und verwandeln den Kurpark in eine fantastisch leuchtende Welt.

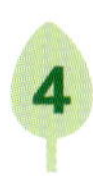

Bad Mergentheim
Schlosspark

Der etwa 10 Hektar große Schlosspark am ehemaligen Deutschordensschloss und an der Tauber gilt als einer der bedeutendsten noch heute erhaltenen Landschaftsgärten Baden-Württembergs.

Ein Park unmittelbar neben der Altstadt von Bad Mergentheim – Einwohner und Kurgäste durchqueren ihn und wissen womöglich nicht, welches gartenarchitektonische Kleinod sie durchschreiten. Mergentheim war von 1525 bis 1809 Residenz der Hoch- und Deutschmeister des Deutschen Ordens. 1791 ließ der Hoch- und Deutschmeister Maximilian Franz von Österreich die ursprünglich barocke Anlage in einen Landschaftsgarten umwandeln. Schon kurze Zeit danach, nach der Mediatisierung 1809, fielen Schloss und Park an Württemberg; die Gartenanlagen wurden vernachlässigt. In den vergangenen Jahrzehnten ließ das Land den Park nach und nach wieder in den Zustand des Landschaftsgartens umwandeln. Die beiden 1802 erbauten Lusthäuschen – das »Halbmondhäuschen« im orientalischen Stil und das »Schellenhäuschen« im chinesischen Stil – glänzen wieder golden.

Wasserläufe prägen diesen Garten: Das Flüsschen Tauber bildet die natürliche Begrenzung, und der davon abzweigende Mühlkanal durchfließt ihn. Malerische Bogenbrücken überspannen die Wasserläufe. Geschwungene Wege erschließen das Parkgelände mit Wiesenflächen, in die Solitärgehölze und Gehölzgruppen eingestreut sind. Der Schlosspark ist gleichzeitig ein Arboretum mit altem und vielfältigem Baumbestand. 70 Gehölzarten sind von den ursprünglich gepflanzten 200 Arten übrig geblieben. Besonderheiten sind eine schön gewachsene Elsbeere, ein Blauglockenbaum an der Stadtmauer, dazu Japanische Lärche, Silber-Ahorn, Urweltmammutbaum und Sumpfzypresse, neben den einheimischen Ahornen, Buchen, Eschen und Linden. Eine Pappelallee betont die Krone des Dammes entlang des trocken gelegten Schlossgrabens.

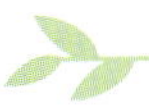

KONTAKT

Deutschordensmuseum, Schloss 16, 97980 Bad Mergentheim
www.deutschordensmuseum.de
Frei zugänglich

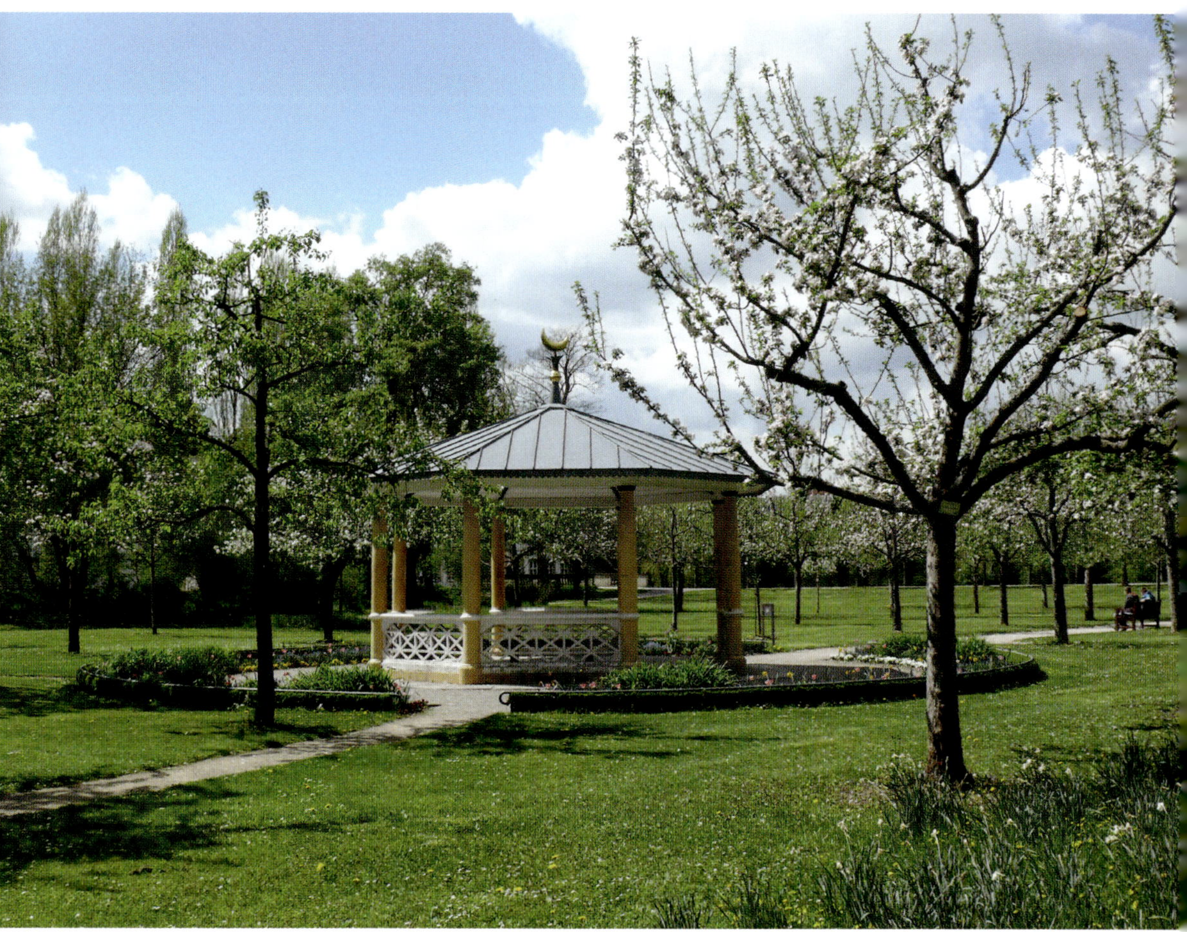

Das Halbmondhäuschen inmitten von Streuobstbäumen

TIPP:

Besucher sollten sich die Zeit nehmen und Spiegelungseffekte im vom Mühlkanal gespeisten See mit der darin liegenden Insel, dem »Schneckenbuckel«, wahrnehmen. Enten und Blässhühner sind immer mit dabei und betteln Parkbesucher um Futter an. Wer im Frühjahr hier spazieren geht, findet entlang der Schlossgräben viel Bärlauch.

Auf dem Gelände um das Halbmondhäuschen sind lokale Sorten von Streuobst aufgepflanzt. Die Naturschutzgruppe Taubergrund hat die Bäume mit Sortennamen beschildert. Vertreten sind: ›Jakob Fischer‹, ›Winterrambur‹, ›Haux‹, ›Bohnapfel‹, ›Roter Boskoop‹, ›Gewürzluiken‹, ›Engelberger Renette‹ und ›Kaiser Wilhelm‹.

Bad Rappenau
Schlosspark, Kurpark und Salinengarten

In Bad Rappenau gibt es gleich drei Parks, die dazu noch durch ein grünes Band miteinander verbunden sind: Schlosspark, Kurpark und Salinengarten. Die heutige Gestalt erhielten sie zur Landesgartenschau 2008.

Wer am Bahnhof aussteigt, erkundet am besten zuerst den Schlosspark, der um ein im Jahr 1601 erbautes Wasserschloss angelegt ist. Es ist ein geographisches Arboretum. Bäume und Sträucher sind hier geordnet nach Herkunftsregionen aufgepflanzt. Ursprünglich setzte sich der Baumbestand aus Ahornen, Linden, Eichen, Eschen, Kastanien und Ulmen zusammen, die ältesten etwa 160 Jahre alt. Auf dieser Basis entstand die Idee, anlässlich der Landesgartenschau den Bestand mit Nachpflanzungen zu einem geographischen Arboretum zu ergänzen. Damit die Zuordnungen stimmen, wurden sogar alte Bäume umgepflanzt. So findet man hier fein säuberlich geordnet europäische, nordamerikanische und asiatische Gehölze in mehreren Abteilungen.

Vom Schlosspark führt ein grünes Band mit einem steingefassten Wasserlauf durch das Ortszentrum zum Kurpark. Das Schlossparkrinnsal mündet in den Kurparksee. Der See mit einer Wasserfläche von etwa 6000 Quadratmetern ist das Herzstück des Parks. Er ist am Westufer über eine großzügige Treppenanlage zugänglich. Aufgewertet wird die Wasserfläche durch die Installation »Rotes Wassertor«. Auf einer Insel im See wachsen Sumpfzypressen, Blutweiderich und Wasserdost. Das Nordufer des Sees ist mit Gabionen architektonisch gestaltet. Das Südufer hingegen hat eine geschwungene Uferlinie, die mit Kiesschüttungen und Staudenpflanzungen naturnah angelegt wurde. Der Überlauf des Sees mündet in den renaturierten Mühlbach. Pyramidenförmig angelegte Staudenbeete sind ein Blickfang am nördlichen Seeufer.

Ein filigran gestalteter Turm, der Lichtturm, führt auf eine höhere Ebene, die über eine Brücke zur Haltestelle der S-Bahn (S42, Heilbronner Verkehrsver-

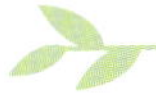

KONTAKT:

Schlosspark: Hinter dem Schloss 1, Kurpark: Fritz-Hagner-Promenade,
Salinenpark: Kurstraße, Bad Rappenau, www.badrappenau-tourismus.de
Frei zugänglich, mit Gastronomie

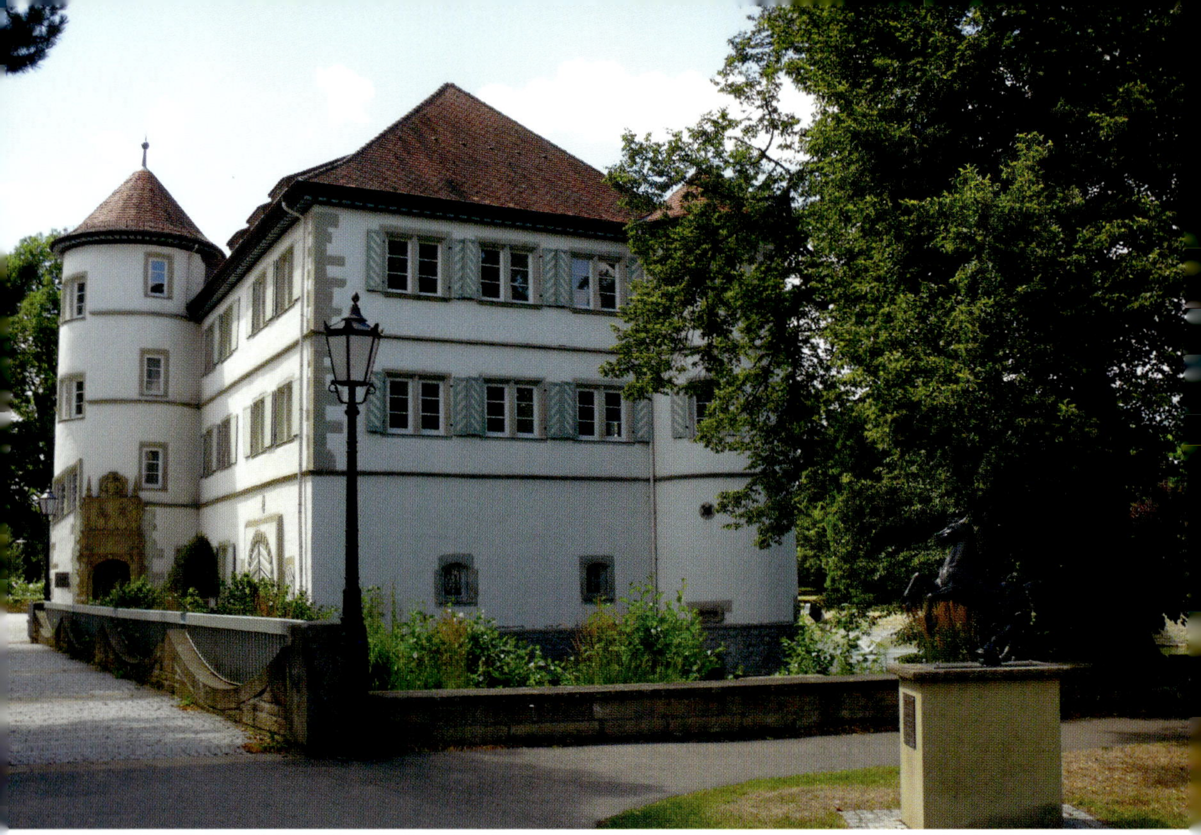

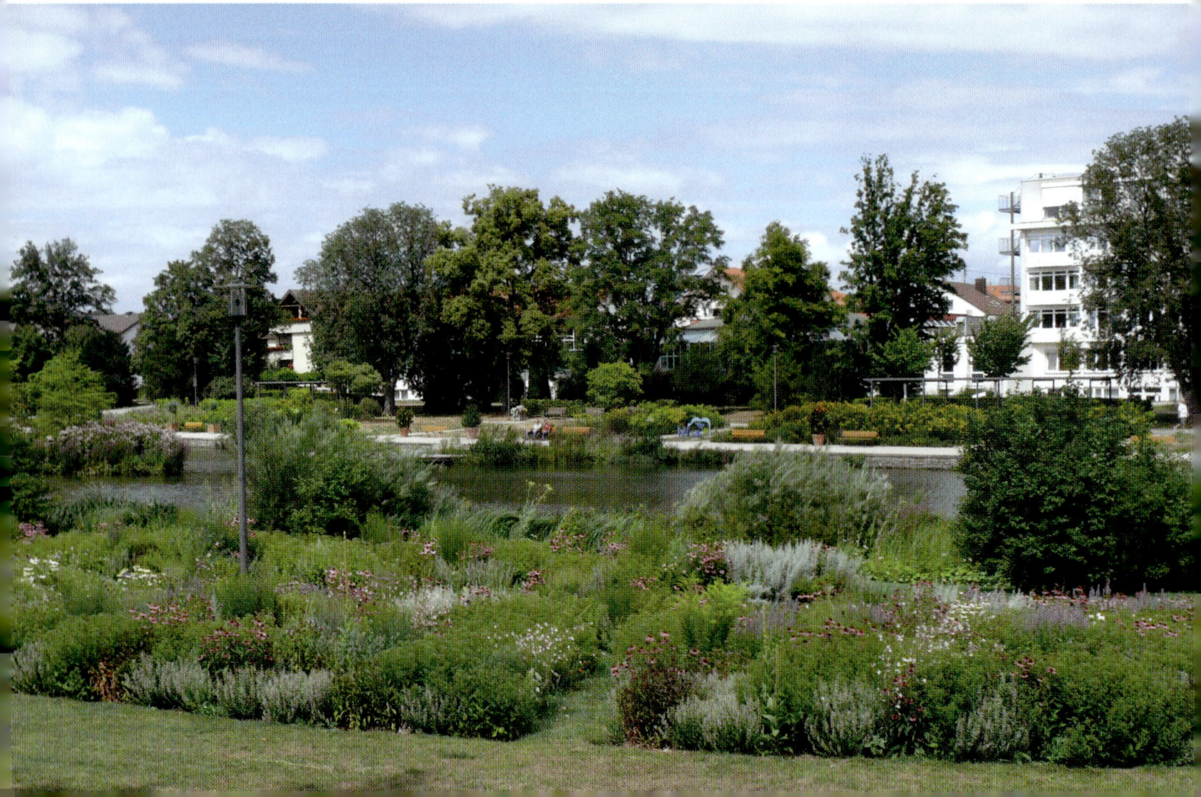

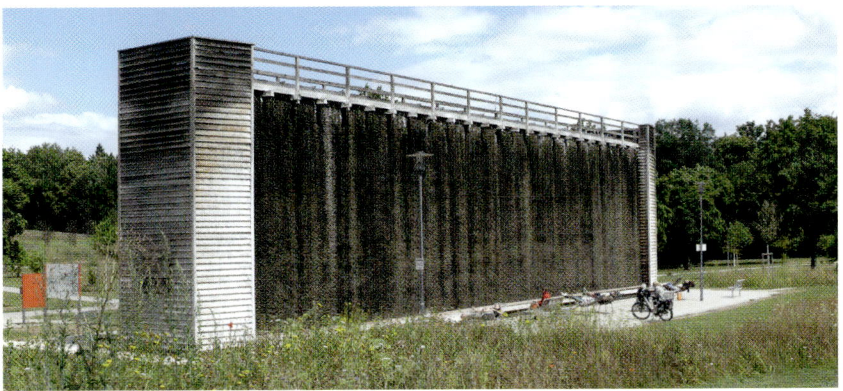

Gradierwerk als Freiluft-Inhalatorium im Salinengarten

bund) und weiter zum Salinengarten führt. Dieser Bereich wurde anlässlich der Landesgartenschau völlig neu gestaltet. Exponiert auf dem Höhenrücken, dem Schwärzberg, sind die so genannten Solegärten angelegt: farbintensive Blumenpflanzungen in Rot, Purpur, Weiß, etwas Gelb, mit einem Untergrund aus schwarzem Steinschotter. Diese Farben stehen für die nötigen Grundstoffe der Salzgewinnung: Weiß für das aus der Sole gewonnene Salz, Rot für das Feuer, das zum Sieden nötig war, und das Schwarz (des Steinschotters) für die Kohle.

So nimmt die Bepflanzung direkt Bezug auf die Salzgewinnung, die einst an diesem Ort stattfand, bis 1972 die Saline geschlossen wurde. Die Siedehäuser wurden 1973 abgebrochen. Nur die imposanten ehemaligen Direktions- und Verwaltungsgebäude existieren noch.

Auf der südlichen Seite des sanft abfallenden Höhenrückens befindet sich das Lavendel-Labyrinth und dahinter ein blockartiges, dunkles Gebilde: das Gradierwerk. In derartigen Konstruktionen wurde einst Salz gewonnen. Um Salzgewinnung geht es bei diesem Bauwerk nicht, es handelt sich vielmehr um ein Freiluft-Inhalatorium. Das Gradierwerk besteht aus einer 30 Meter langen und acht Meter hohen Holzkonstruktion, die vom Inneren mit 5.500 Reisigbündeln beschickt ist. Darüber wird die Sole geleitet. Beim Herabrieseln verdunstet und versprüht die fünfzehnprozentige Sole und reichert die umgebende Luft mit Salz an. Die salzgeschwängerte Luft tut den Atmungsorganen gut. Kurgäste und Besucher sitzen oder liegen möglichst dicht an der Reisigwand und atmen die salzige Luft ein.

TIPP:

Der Kureffekt ist enorm; ich habe es ausprobiert und empfehle eine Fahrt nach Bad Rappenau zur Minikur am Gradierwerk. (Ein kleineres Gradierwerk steht auch in Bad Dürrheim, siehe Seite 198.)

Wasserschloss mit Rappendenkmal
und Kurpark mit Staudenrabatten

Bretzfeld-Scheppach
Privater Rosengarten Bräuninger

Ein privater Rosengarten, wie er einladender kaum sein kann: in freier Landschaft, mit Weitblick übers Hohenloher Land mit Wiesen, Weiden, Weinbergen und Wäldern.

Schon beim Vorbeigehen an Haus und Anwesen ist deutlich zu sehen, dass hier eine Rosenfreundin wohnt und wirkt. Die Besitzerin Ellen Bräuninger begann 1989 mit der Gestaltung des Grundstücks um ein altes Bauernhaus. Beim Pflanzen der Rosen ging sie behutsam vor. Der Gemüsegarten wurde etwas verlegt und die Freiflächen ums Haus mit Rosen bepflanzt. Alte Sandsteinpfosten markieren die Grenzen des ursprünglichen Gartens. Die alten Obstbäume, die Apfelbäume und der riesige Mostbirnenbaum blieben stehen. An ihnen ranken Ramblerrosen in die Höhe, allen voran die äußerst wüchsige Sorte ›Bobby James‹, die sich zehn Meter und höher in den Mostbirnenbaum hangelt.

Ellen Bräuninger wurde der Platz schnell zu eng, sie kaufte angrenzendes Land hinzu, so dass der Garten jetzt eine Fläche von etwa 5.000 Quadratmeter hat. Auf dem hinzu gekauften Areal pflanzte sie noch mehr Strauchrosen, vor allem historische Arten und Sorten und englische Rosen. Auch Kletterrosen und Rambler ranken an Bögen. Ihre Sammlung ist auf etwa 300 Sorten angewachsen. Bei meinem Besuch fiel mir besonders die üppig blühende und gesunde Kartoffelrose *(Rosa rugosa)* ›Pink Grootendorst‹ auf. Sie ist an ihren büscheligen Blütenständen und gefransten Blütenblättern gut zu erkennen – ein »Sport« der roten Ursprungssorte ›F.J. Grootendorst‹, die nicht weit entfernt davon steht. Schon allein Sortennamen wie ›Eglantyne‹, ›Leander‹, ›Louise Odier‹ oder ›A Shropshire Lad‹ lassen die Herzen von Rosenfreunden schneller schlagen. Im Hintergrund leuchtet die kleinblütige Ramblerrose ›Chevy Chase‹ in kräftigem Rot, eine Neuzüchtung, die ich auch im Rosenneuheitengarten auf dem Beutig in Baden-Baden sah.

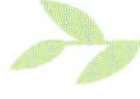

KONTAKT:

Ellen Bräuninger, Hohenacker 1, 74626 Bretzfeld-Scheppach, www.weingut-breuninger.de
Besichtigung nach Vereinbarung und im Rahmen von »Offene Gärten«

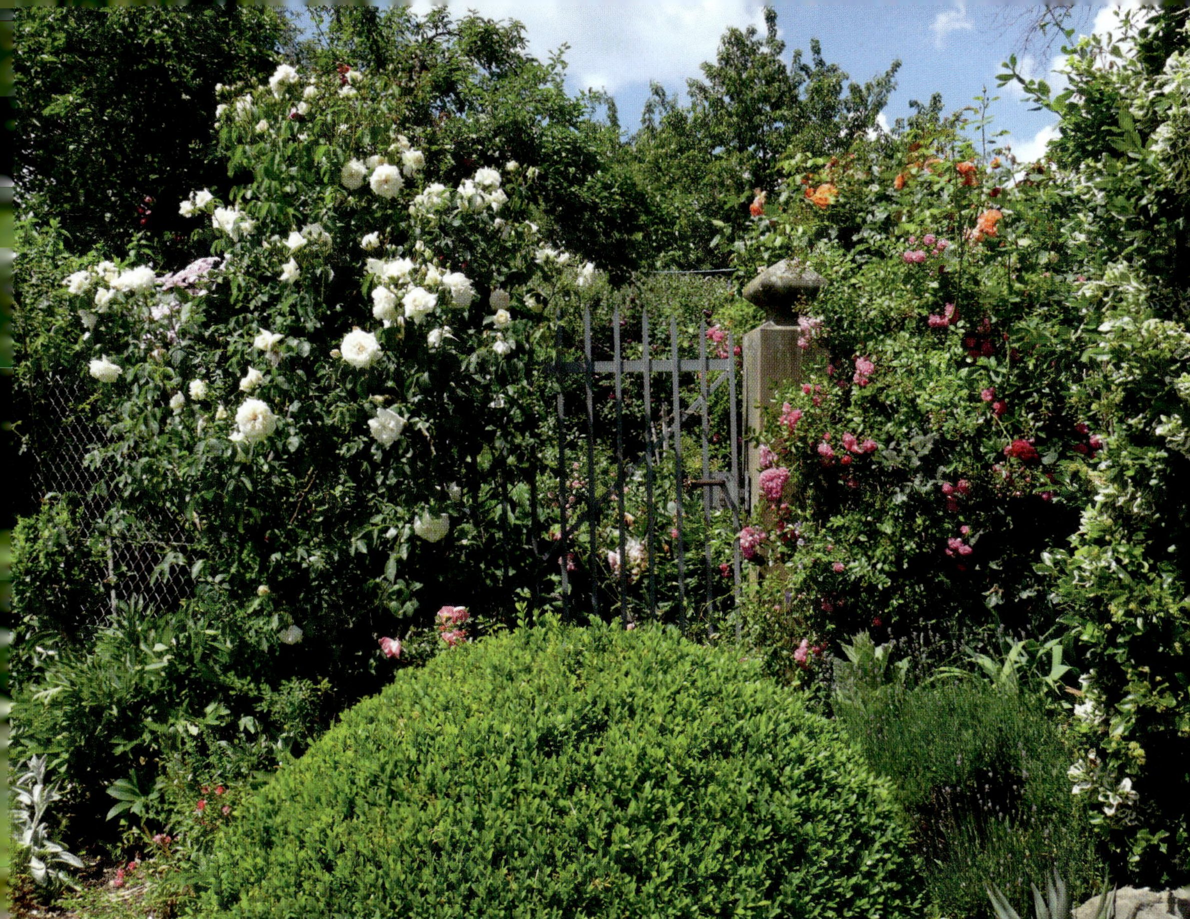

Einladende Szenerie mit Strauchrosen und Kletterrosen

Die Rosen sind so aufgepflanzt, dass man gut um sie herum gehen und sie von allen Seiten betrachten kann. Passende Begleitpflanzen umspielen sie: Schwertlilien, Lavendel und Fingerhut, der sich selbst versamt. Immergrüne Buchsbüsche und -kugeln sowie Säuleneiben bringen ein ruhiges Element in die Anlage.

Zur schmalen Straße hin grenzt eine fantasievoll geschnittene Hecke aus Hainbuchen das Gelände ab. Doch Abschirmung ist in dem abgelegenen Weiler Hohenacker nicht vor Einblicken nötig, allenfalls als Windschutz bei der exponierten Lage auf einem Ausläufer des Mainhardter Waldes.

Der Rosen- und Bauerngarten ist im Rahmen von »Offene Gärten« zu besichtigen und zusätzlich bei der stimmungsvollen Veranstaltung »Rosen und Wein«, die an einem Wochenende zur Rosenblütezeit stattfindet. Ellen Bräuninger ist nämlich von Beruf Winzermeisterin und betreibt zusammen mit ihrer Schwester das elterliche Weingut, das in einem Nachbarort liegt. Rosen und Wein gehen hier also eine ideale Verbindung ein.

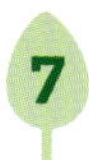

Heilbronn
Botanischer Obstgarten

Der Botanische Obstgarten liegt in der Heilbronner Nordstadt unterhalb des Wartbergs, dem Heilbronner Hausberg. Die ökologisch bewirtschaftete Gartenanlage mit Arboretum, Schul- und Schaugärten sowie einer besonderen Sammlung von Gartenhäuschen wurde 2000 eröffnet.

Im Zentrum der zwei Hektar großen Anlage steht die Streuobstwiese mit regionalen Obstgehölzen und Beerenobststräuchern. Aufgepflanzt sind sowohl moderne, widerstandsfähige Züchtungen als auch Streuobstsorten wie etwa die Lokalsorten ›Öhringer Blutstreifling‹, ›Zabergäu Renette‹ und ›Brettacher‹, jeweils auf Hochstamm. Arten und Sorten von Wildobst sind ebenfalls vorhanden, darunter Haselnuss, Eberesche, Mehlbeere, Speierling und Co. Sortimente von Zieräpfeln, Zierkirschen und von Flieder gehören auch dazu.

Das Besondere in diesem Garten sind die historischen Gartenhäuschen und Weinberghäuschen. Vereinsmitglieder restaurierten 14 historische Gartenhäuser und Lauben aus dem 16. bis 20. Jahrhundert, unter anderem eine achteckige Laube und ein Gartenhaus aus der Gründerzeit.

Weitere kleine Gartenräume sind der Maurische Garten mit einer sehr abwechslungsreichen Randbepflanzung mit Stauden und Gehölzen und der Buchenhain mit Roten Säulenbuchen, die sich um einen Sandsteintempel gruppieren. Einen typischen Bauerngarten mit Mittelrondell, Buchshecken und vielen Blumen gibt es auch. Im Kräutergarten gedeihen Würz- und Teekräuter, zudem Stauden und Rosen. Auf speziellen Schnittblumenbeeten wachsen Blumen für floristische Gebinde heran, die im Hofladen verkauft werden.

So ist der Garten viel mehr als ein Obstgarten. Er ist zudem Staudengarten und Botanischer Garten. In ihm finden alle an Botanik, Garten und Obst Interessierte etwas Sehens- und Lernenswertes. Die im Garten herangewachsenen Blumen und Früchte stehen an Wochenenden während der Saison im Hofladen zum Verkauf.

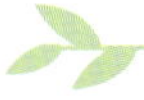

KONTAKT

Im Breitenloch, 74076 Heilbronn,
www.botanischer-obstgarten.de
Tagsüber frei zugänglich
Mit Gastronomie (zeitweise)

Historischer Gartenpavillon und Bauerngarten mit Akeleien

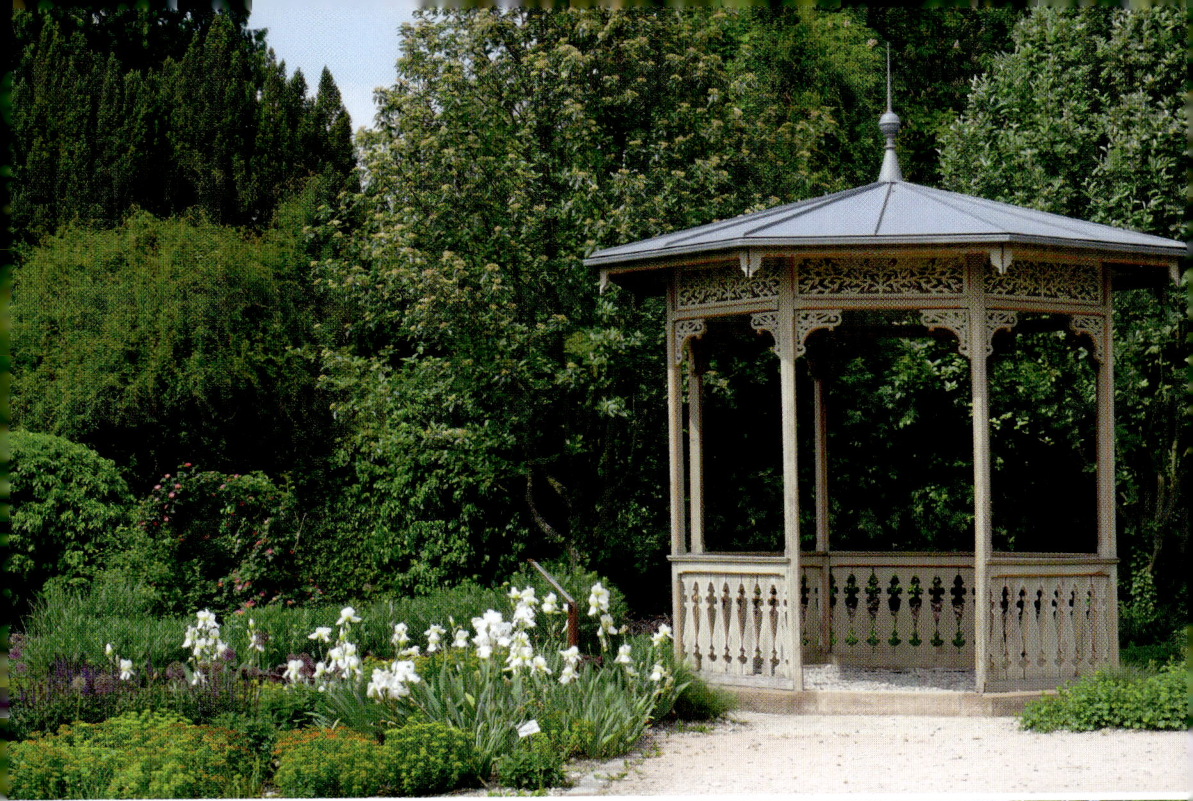

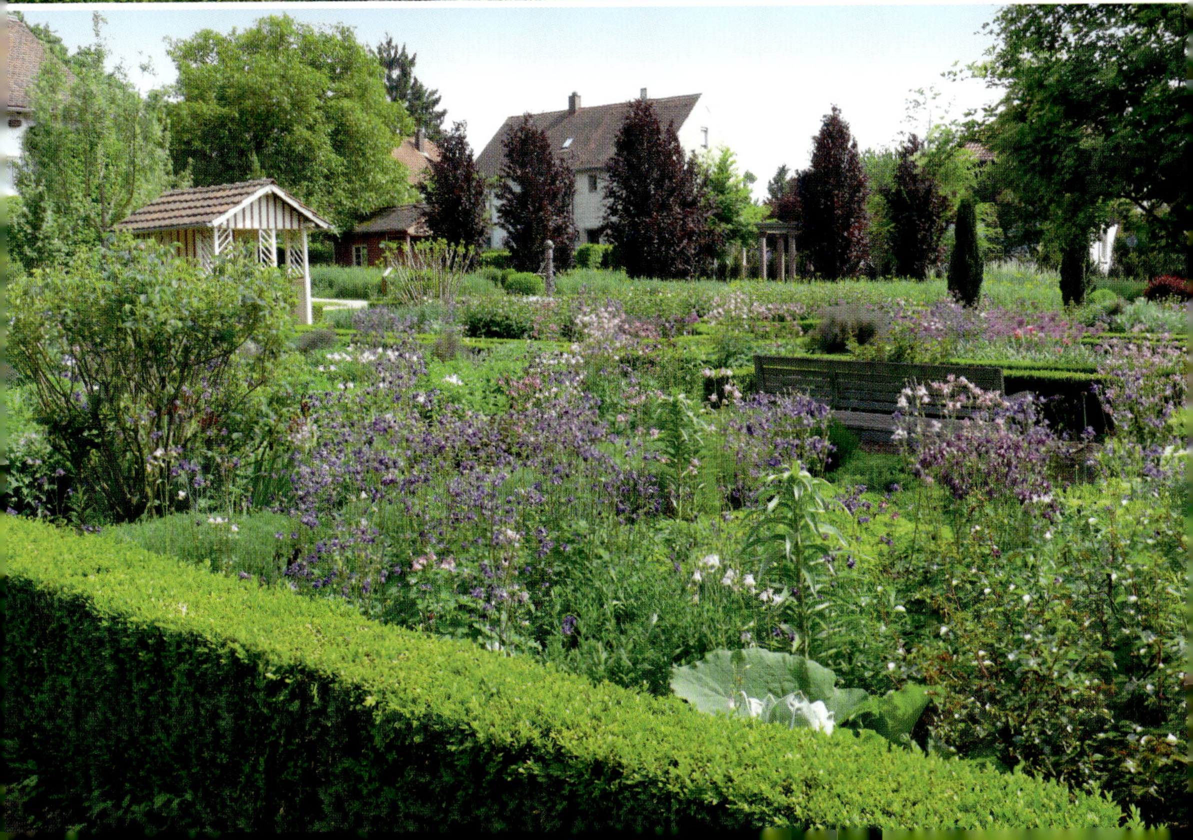

Heilbronn
Städtisches Grün und Alter Friedhof

Heilbronn ist mit über 400 Hektar gärtnerisch betreuten Grünanlagen und mit 50.000 Stadtbäumen wahrlich eine grüne Stadt. Das erfolgreiche Grünkonzept war ein Grund dafür, dass Heilbronn den Zuschlag für die Bundesgartenschau 2019 bekam. Darüber hinaus geben sehr große Kübelpflanzen und bepflanzte Kugeln der Innenstadt ein freundliches grünes Flair.

Die Bundesgartenschau 2019 war ein groß angelegtes städtebauliches Projekt, bei dem einstiges Industrie- und Hafengelände nördlich des Hauptbahnhofes neu erschlossen wurde. In dem neu entstandenen Wohngebiet, in dem Grün und Architektur in Einklang miteinander sein sollen, wird nach der Gartenschau weiter gebaut.

Wasser spielt im Gesamtkonzept eine große Rolle – mit dem alten Neckar selbst, mit dem davon abzweigenden historischen Wilhelmskanal, mit Bootshafen und neu geschaffenen Seen – dem Karlssee und dem Floßhafen. Durch die Bauten für die Bundesgartenschau wird erkennbar, dass Heilbronn eine Stadt am Fluss ist, die sich an der Wasserader Neckar entwickelte. (Nebenbei bemerkt ist Heilbronn einer der bedeutendsten Binnenhäfen Deutschlands.) Ein wichtiger landschaftsarchitektonischer Beitrag zur Bundesgartenschau blieb erhalten – der Neckaruferpark, der auf einem 600 Meter langen Holzsteg Spaziergänger dem Wasser und der Uferrandzone mit ihren besonderen Pflanzen und Tieren ganz nahe bringt.

Ein Baumkataster gibt Aufschluss über die Gehölzarten in der Neckarstadt. Demnach ist die Ahornblättrige Platane der häufigste Stadtbaum, gefolgt von Spitz-Ahorn, Hainbuche, Feld-Ahorn, Stiel-Eiche, Berg-Ahorn, Apfelbaum, Gewöhnliche Esche, Krim-Linde, Weiß-Birke, Gewöhnliche Rosskastanie. Es gibt

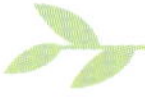

KONTAKT:

Alter Friedhof: Weinsberger Straße
www.heilbronn.de
Frei zugänglich

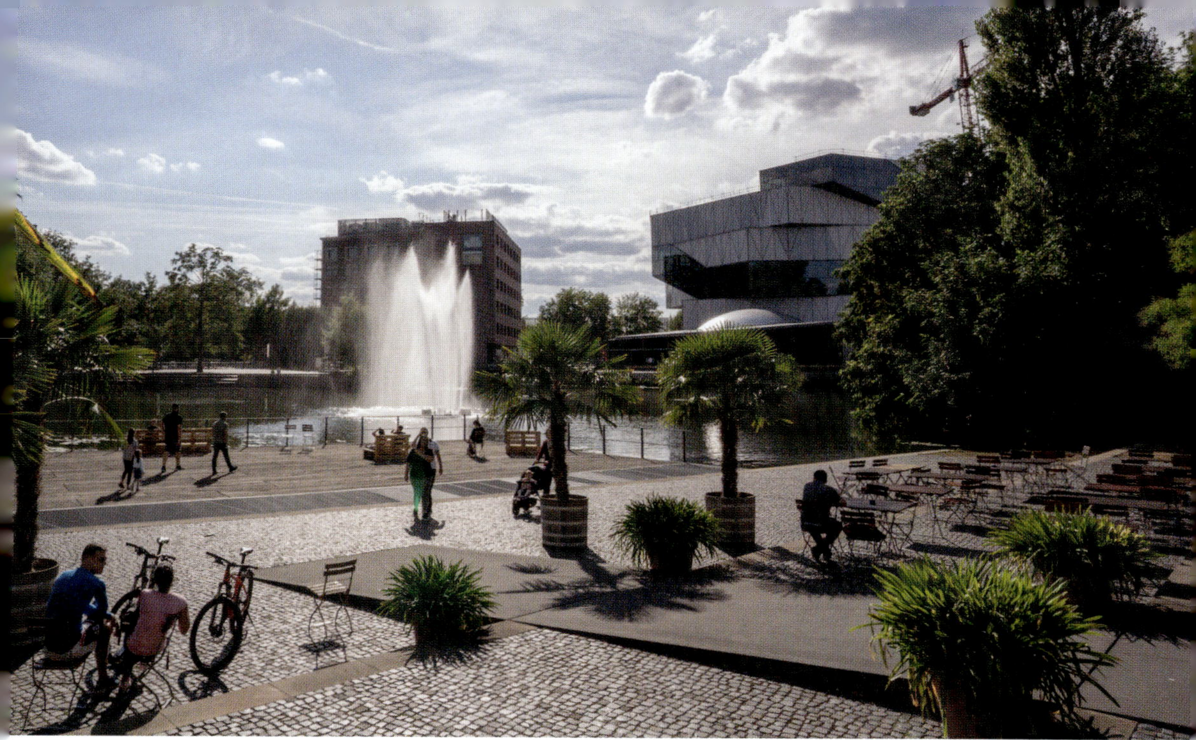

Neckarbühne mit Experimenta-Gebäude

auch Ginkgos, Gleditschien, Robinien und Japanische Schnurbäume, die mit dem trocken-heißen Klima in der Innenstadt gut zurecht kommen.

Unweit von Stadthalle und Stadtgarten befindet sich der »Alte Friedhof«. Er gilt als eines der bemerkenswertesten Natur- und Kulturdenkmale in Württemberg. Der alte Baumbestand mit vielen exotischen Gehölzen ist der Grund für die Ausweisung als Naturdenkmal. Etwa 80 der auffälligen Bäume sind mit dem Artnamen gekennzeichnet; so findet man beispielsweise den Japanischen Schnurbaum, Urweltmammutbaum, Küstensequoie, Trompetenbaum, Tulpenbaum, Blauglockenbaum und Großblatt-Magnolie. Eine Natursteinmauer umgibt das 2,6 Hektar große Gelände. Seit 1882 finden hier keine Bestattungen mehr statt. Aber es sind noch über 200 historische Grab- und Ehrenmale vorhanden, die in loser Anordnung über den Park verteilt sind. Das imposante Kaiser-Wilhelm-Denkmal, das jetzt mitten im Park steht, wurde von der nahen Hauptdurchgangsstraße »Allee« hierher versetzt.

Besonders malerisch ist der stark frequentierte Park zur Blütezeit von Rhododendren und Azaleen im Mai. Auch die Tierwelt hat ihn angenommen. Die alten Bäume mit Höhlungen sind wichtiger Lebensraum einer Population der Fledermausart Großer Abendsegler.

Staudenrabatte und Flügelnuss vor der Stadthalle »Harmonie«

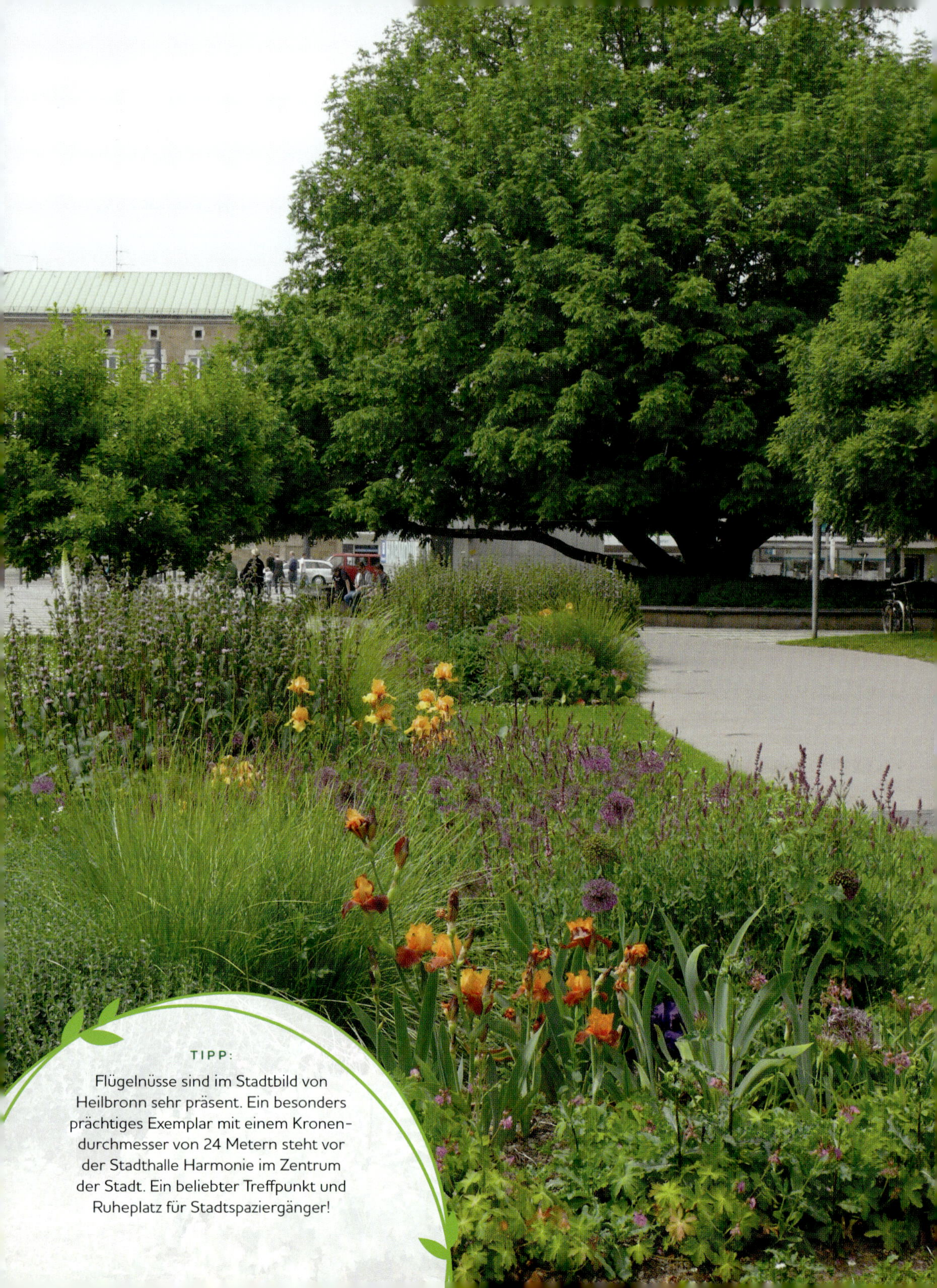

TIPP:

Flügelnüsse sind im Stadtbild von Heilbronn sehr präsent. Ein besonders prächtiges Exemplar mit einem Kronendurchmesser von 24 Metern steht vor der Stadthalle Harmonie im Zentrum der Stadt. Ein beliebter Treffpunkt und Ruheplatz für Stadtspaziergänger!

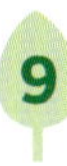

Heilbronn
Pfühlpark

Der Pfühlpark wurde zwischen 1932 und 1936 als Volks- und Bürgergarten angelegt, und dies ist er auch heute noch. Den Namen trägt der Park nach dem Pfühlbach, der ihn durchfließt.

Der 9,3 Hektar große Park liegt im Heilbronner Osten; er erstreckt sich entlang der S-Bahn-Strecke Richtung Öhringen. Er ist einer der am besten angenommenen Parks der Stadt, wozu sicher der Spielplatz mit großen Spielgeräten beiträgt. Die Voliere unweit des Spielplatzes trägt ebenfalls zur Attraktivität bei. Naturfreunde halten sich gerne am Pfühlsee auf. Von einem 35 Meter breiten Holzdeck ist der ganze See mitsamt seiner Tier- und Pflanzenwelt zu überblicken. So werden die Tiere in ihren Rückzugszonen am Südufer nicht gestört. Der stadtnahe Eingangsbereich des Parks ist formal gestaltet mit einem von Rosen umgebenen Rasen-Halbrund und Bänken darum herum. An den Pfühlpark grenzt der Park um das (privat bewohnte) Wasserschlösschen im Trappensee. Dieser ist der älteste Heilbronner Park. Namensgeber war Johann Bernhard Trapp, der das Gelände 1653 erwarb.

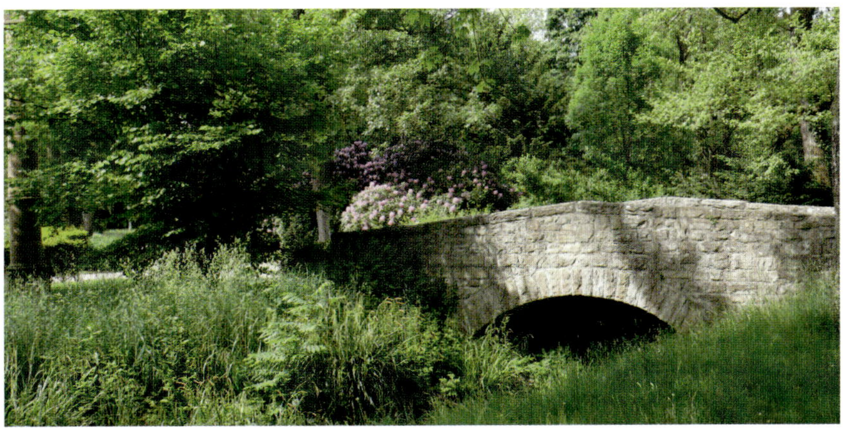

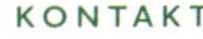

KONTAKT

Schlizstraße, 74076 Heilbronn
Frei zugänglich, mit Gastronomie

10

Heilbronn
Wertwiesenpark

Der Wertwiesenpark ist eine moderne Parkanlage mit weiten Rasenflächen, teils eben, teils modelliert mit Gehölzgruppen und Einzelbäumen. Architektonische Elemente sind Lauben und Sitzplätze im Stil der 1980er-Jahre.

Der 15 Hektar große Wertwiesenpark erstreckt sich östlich des Neckars zwischen der Kernstadt und dem Stadtteil Sontheim. Er wurde zur Landesgartenschau 1985 auf Acker- und Grabeland angelegt.
Ein faszinierendes Bild bietet die Staudenwoge, eine 1.700 Quadratmeter große Staudenfläche mit über 13.000 Pflanzen, geplant von der Landschaftsarchitektin Christine Orel, Aurachtal. Rotlaubige Perückensträucher und gelb blühende Großstauden wirken in die Ferne. Weitere Gartenteile, die Blumenfreunde interessieren, sind Duftgarten, Schattenstaudengarten und Gräsergarten. Im Rosarium werden moderne Gartenrosen präsentiert. Die bekannte Kletterrose ›New Dawn‹ hüllt die Laube ein.

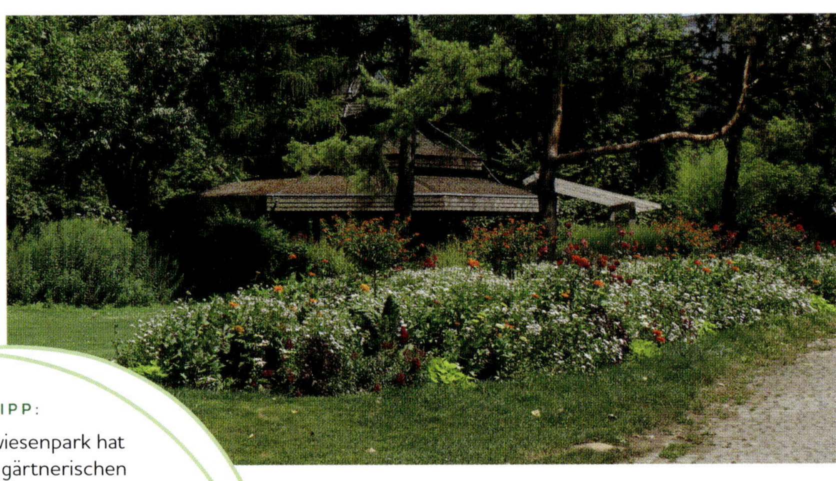

TIPP:

Der Wertwiesenpark hat neben den gärtnerischen Qualitäten einen hohen Freizeitwert: Neben den beiden großen Spielwiesen gibt es am nördlichen und südlichen Eingang Spielplätze und zusätzlich einen Wasserspielplatz.

KONTAKT

Neckarhalde, 74074 Heilbronn
Frei zugänglich
Mit Gastronomie

11

Langenburg
Barockgarten und Schlosspark

Die Gartenanlagen um Schloss Langenburg sind eine kleinräumige Kombination aus Terrassengärten und Landschaftspark, eng angelehnt an den felsigen und gemauerten Sockel des burgartigen Schlosses, auf einem Bergsporn oberhalb des Jagsttales gelegen.

Die Gärten muss man sich durch Ergehen erschließen. Sie breiten sich nicht so flächig aus wie an anderen vergleichbar großen Schlössern – aus dem einfachen Grund, weil das Gelände um das Schloss bei der Spornlage steil abfällt und sich auch durch Terrassierung nicht viel ebene Fläche schaffen ließ.

Wer von der Langenburger Hauptstraße auf das Schloss zugeht, passiert die Orangerie und den daran angrenzenden Barockgarten. Der Garten liegt auf einer Terrassenebene unterhalb des Straßenniveaus. Man schaut also über eine Brüstung auf die Anlage und die mit Blumen verzierten Ornamente hinab. Stützgerüste mit Rankrosen begrenzen die Terrassenebene zum Jagsttal hin. Vor der Stützmauer unterhalb der Brüstung gedeihen in warmem Kleinklima Spalierbirnen und -äpfel und Weinreben hervorragend.

Die bauliche Anlage des Barockgartens ist Jahrhunderte alt. Ihre Grundsubstanz stammt wohl aus dem frühen 17. Jahrhundert. Auch der Brunnen im Zentrum der Anlage stammt aus dieser frühen Phase. Die heutige Gestaltung von 1993 ist einem alten, feingliedrigen Plan von 1776 nachempfunden. Der Planer, Garten- und Landschaftsarchitekt Armin Hauenstein, bezeichnet die jetzige Gestaltung als »historisierenden Barockgarten«.

Die Zugangsstraße führt am Barockgarten vorbei aufs Schloss zu. Vor der Brücke über den äußeren Schlossgraben gelangt man über eine großzügige Treppenanlage (erbaut 1810) zur darunter liegenden Terrassenebene mit Rosengarten und Zugang zum Schlosspark.

Der Rosengarten ist eigentlich nur ein schmaler Streifen zu Füßen der Stützmauer des Barockgartens. Vorbei an Beet- und Edelrosen und Spalierrosen

KONTAKT

Schloss Langenburg, Schloss, 74595 Langenburg, www.schlosslangenburg.de
Mit Ausnahme des Barockgartens frei zugänglich
Mit Gastronomie

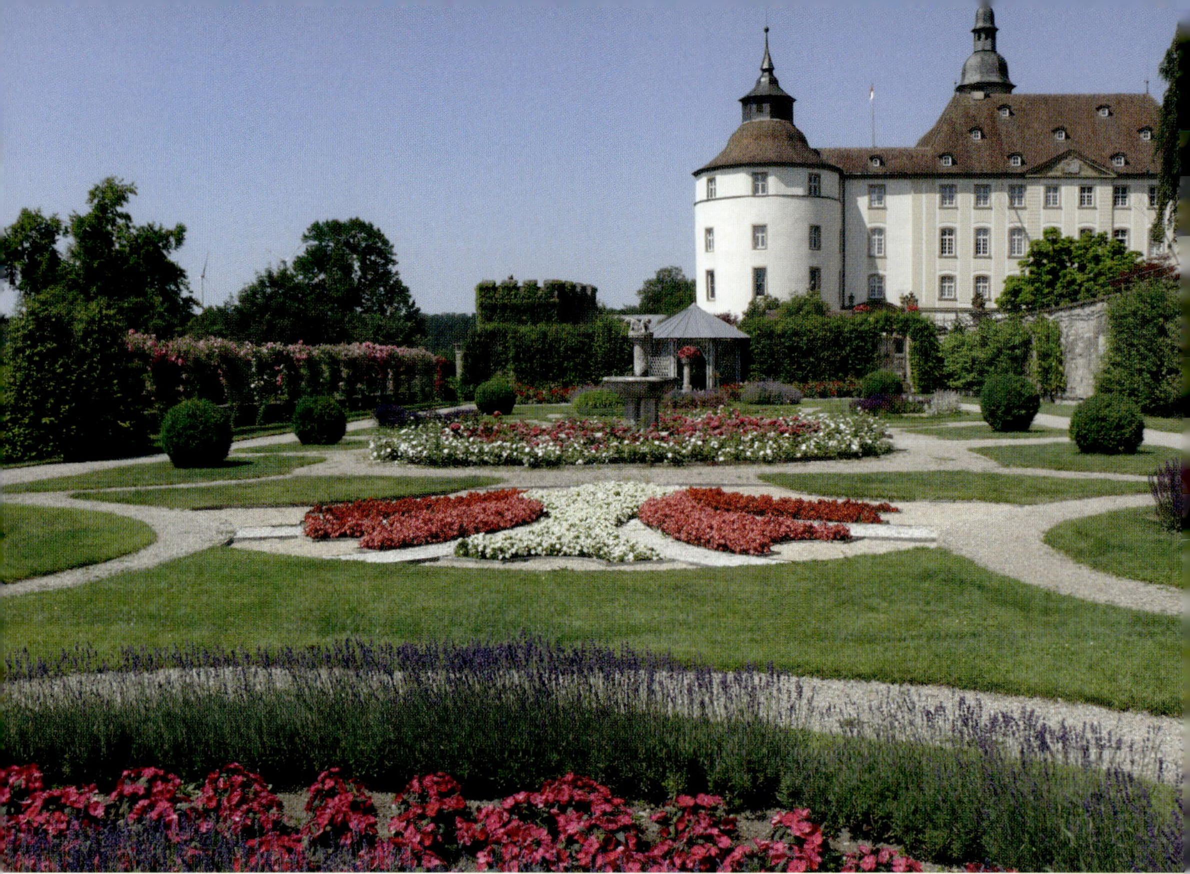

Barockgarten mit Schloss

gelangt man zum Schlosscafé im Rosengarten. Kletterrosen der Sorte ›Dorothy Perkins‹ ranken am Spalier. Merkmal dieser kleinblütigen Rosensorte sind die späte Blüte erst im Juli und die Anfälligkeit für Mehltau. An anderer Stelle stehen Rosen der Sorte ›Raubritter‹ mit rosafarbenen, kleinen, dicht gefüllten Blütenbällen. Eine Besonderheit an diesem Weg ist der Schwarze Maulbeerbaum in einer Ecke der mächtigen Stützmauer, der hier geschützt vor Nord- und Ostwinden schon Jahrhunderte überstanden hat. Der Baum trägt regelmäßig zuckersüße Früchte, die jedoch stark färben.

Unterhalb des Rosengartens gibt es noch eine weitere Terrassenebene mit Blumen- und Gemüsebeeten sowie alten Gewächshäusern und Anlehngewächshäusern aus Zeiten, als es noch einen Schlossgärtner gab. Unmittelbar am Fuß der Stützmauer gedeihen Feigenbäume. Dieser Gartenteil lag lange brach; er wird heute wieder privat als Nutz- und Blumengarten bewirtschaftet und ist von oben einsehbar.

Der Rosengarten ist etwas abgesetzt vom Schlosskomplex angelegt. Wenn man sich am Fuß der Treppe nach rechts wendet, gelangt man entweder in den

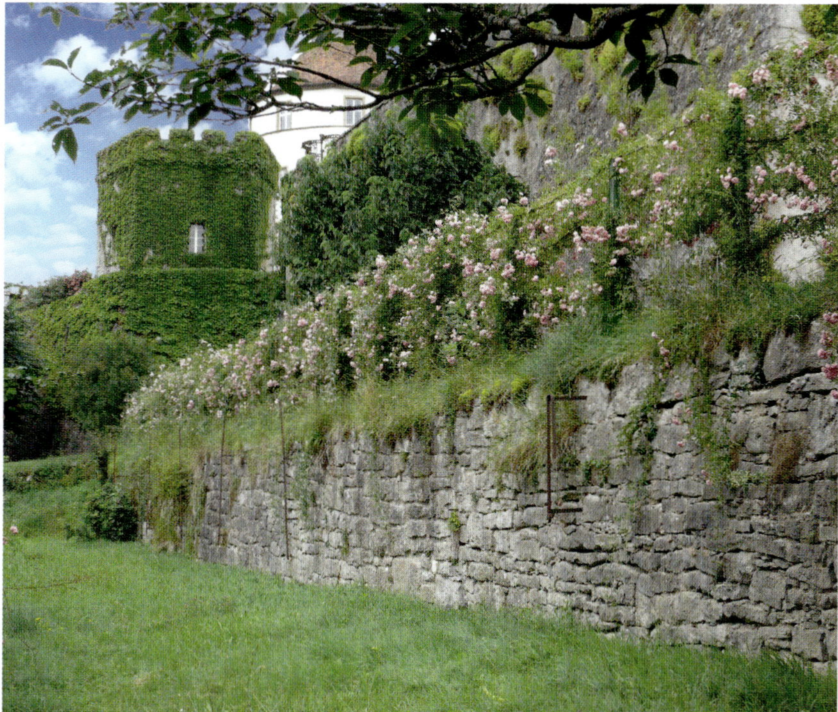

Rosengarten

Schlossgraben oder auf einem schmalen, gekiesten Weg zum Rundweg ums Schloss. Der führt durch einen Laubengang aus Hainbuchen direkt zu einer Kuriosität: zum Hundefriedhof, auf dem seit 1830 die Hunde der fürstlichen Familie begraben werden. Unmittelbar dahinter steht an der Südwestecke des Schlosskomplexes das Teehäuschen der Prinzessinnen.

Der westliche Teil des Schlossgartens ist im Frühjahr vor dem Laubaustrieb am schönsten. Ich genieße es, die Waldwege zu gehen, durch den Laubwald mit typischer Frühlingsflora zu streifen. Im Frühjahr ist der Waldboden überzogen von Buschwindröschen und Hohlem Lerchensporn. Ein Traum! Später im Frühjahr ist von dieser ganzen Pracht nichts mehr zu sehen, denn die Frühlingsblüher vergilben und ziehen ihre Blätter ein. In diesem Bereich ist heute ein Waldkletterpark angesiedelt.

Auf dem Rundweg ums Schloss begegnet man an der West- und Nordseite imposanten Bäumen: einer Stiel-Eiche am Lindenstamm, einer Reihe Blutbuchen an der Nordseite des Schießplatzes, einer mächtigen Rotbuche vor der Schlossmauer an der Nordostecke und zwei hoch gewachsenen Berg-Ahornen im Bereich

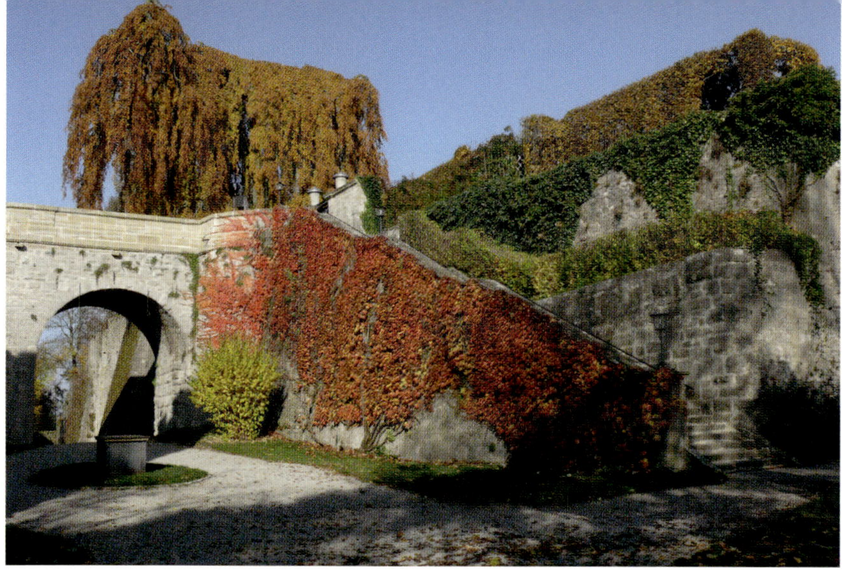

Treppenabgang zum äußeren Schlossgraben mit Wildem Wein

des Busparkplatzes. Rosskastanien sind immer mit dabei. Fünf Spitz-Ahornbäume wurden neu gepflanzt. Am ehemaligen Sandhäuschen steht eine kleine Sammlung von Gehölzen aus aller Welt, wie etwa Amerikanische Rot-Eiche, Ginkgo und Pimpernuss. Am Ausgangspunkt des Rundgangs ums Schloss stehen zwei hoch aufgewachsene Trauerbuchen. So ist auch der Langenburger Schlosspark wie viele andere historische Parks ein Dendrologischer Garten.

Der Schlossberghang unweit des Schlosses verdient ebenfalls Beachtung. Der Schwäbische Albverein hat das Gelände einschließlich des ehemaligen Weinbergs für die nächsten 25 Jahre gepachtet und gestaltet es um.

Am Rand des Schlossberghangs fällt ein strohgedecktes pavillonartiges Gebäude auf einem steilen Hügel auf, das sogenannte Rumänenhäusle. Die Anlage ums Rumänenhäusle hat in Kreisen von Staudenfreunden eine gewisse Bekanntheit erreicht, weil sich hier eine Gartenstaude, die Lenzrose oder Orientalische Christrose, stark ausgebreitet hat. Der Bestand deckt mehrere hundert Quadratmeter ab und reicht weit in die umliegenden Grundstücke hinein. Eine bestaunenswerte gärtnerisch-botanische Rarität, die von weither Fachpublikum anzieht. Es ist allerdings fraglich, ob sich der Bestand nach den umfangreichen Abholzungsaktionen um das Rumänenhäusle hält, denn die Staude braucht für gutes Gedeihen lichten Schatten unter Gehölzen.

TIPP:

Schloss Langenburg mit seinen Gärten, mit dem äußeren und inneren Schlossgraben und dem Renaissance-Innenhof bietet eine stimmungsvolle Kulisse für die »Fürstlichen Gartentage«, die seit 2003 alljährlich am ersten September-Wochenende stattfinden (www.garten-schloss-langenburg.de).

12

Leonberg
Pomeranzengarten

Der Leonberger Pomeranzengarten ist einer der wenigen in Deutschland erhaltenen Renaissancegärten und dazu einziger Terrassengarten der Hochrenaissance. Ein kleiner, aber feiner Garten von internationalem Rang.

Dass der Garten auch im Ausland bekannt ist, zeigte sich bei meinem Besuch; außer mir schaute sich eine kleine italienische Reisegruppe den Garten an. Der Garten befindet sich auf der Südterrasse des 1560 bis 1565 von Herzog Christoph erbauten Schlosses. Herzogin Sibylla von Württemberg bzw. ihr Sohn Herzog Johann Friedrich ließ ihn im Jahr 1609 von Baumeister Heinrich Schickardt als »Fürstlichen Lustgarten samt Pomeranzenhaus und Brunnenkasten« anlegen, als Herzogin Sibylla Schloss Leonberg zu ihrem Witwensitz machte. Heinrich Schickardt (1558 bis 1634) war als Architekt, Gartenarchitekt, Ingenieur und Künstler eine herausragende Persönlichkeit seiner Zeit (www.heinrich-schickardt-kulturstrasse.de). Die herrschaftliche Nutzung endete jedoch bald.

Im Laufe der Jahrhunderte wandelte sich der Garten und verfiel schließlich. Erst 1980 wurde der Pomeranzengarten nach Originalplänen wieder restauriert. Wehrturmartige Pavillons und hohe Terrassenmauern geben dem Garten einen festungsähnlichen Charakter. Der Garten entspricht so ganz dem Gestaltungsprinzip der Renaissance, einen Garten als »irdisches Paradies« anzulegen und ihn von der umgebenden wilden Natur abzugrenzen. Der Renaissancegarten ist zur Kunstform entwickelt. Davon zeugen der prachtvoll ausgeführte Brunnen mit Obelisk und Delfinfiguren und die kunstvoll mit Steinen eingefassten, geometrischen Beete. Obelisk und Delfinfiguren haben symbolische Bedeutung: Der Obelisk steht zusammen mit Wappen und Löwen nach dem damaligen Zeitverständnis für Fürstenruhm; der Delfin als Symbol für Rettung aus höchster Not.

Der Leonberger Pomeranzengarten ist in zwei gleich große Parterrebereiche gegliedert. In beiden präsentieren sich die Beete bunt bepflanzt mit Sommerblumen und Stauden. Gemäß dem Gestaltungsprinzip der Renaissance sollte die Einzelpflanze in ihrer Gestalt und Schönheit betrachtet werden. Auch die

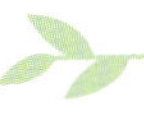

KONTAKT

Schloss Leonberg, Schlosshof, 71229 Leonberg, www.leonberg.de
Tagsüber frei zugänglich

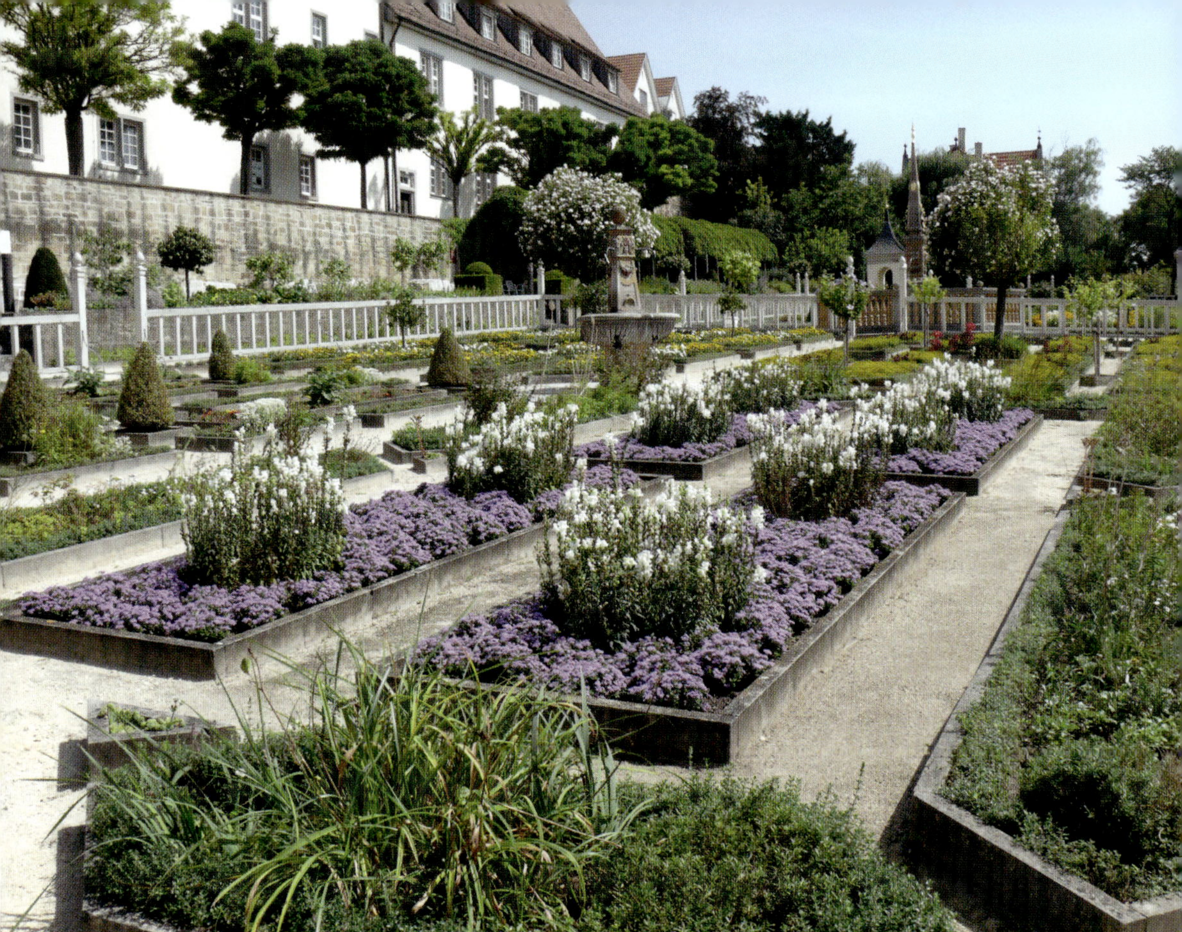

Pomeranzengarten mit Schloss im Hintergrund

Verwendungsmöglichkeit als Duft-, Gewürz- und Heilpflanze bestimmte die Auswahl. Typische Pflanzen für die Zeitepoche sind Tulpen, Narzissen, Hyazinthen, Kaiserkronen, Lilien, Goldlack, Vergissmeinnicht, Salbei, Löwenmäulchen. Trotz der bunten, kleingliedrigen Vielfalt entsteht durch größere Solitärpflanzen, die in der Mitte oder in Ecken platziert sind, ein einheitlicher Gesamteindruck.

Die Bitterorangen oder Pomeranzen in Kübeln stehen verteilt im Gelände. In früheren Zeiten wurden die Kübel in einem Pomeranzenhaus überwintert, das an der Stelle des heutigen Laubengangs stand. Heute werden die Kübelpflanzen an anderer Stelle überwintert.

Im südwürttembergischen Riedlingen-Neufra existiert ein weiterer Renaissancegarten (siehe Seite 172).

Ludwigsburg
Schlossgarten mit Blühendem Barock

Der Ludwigsburger Schlossgarten mit dem Blühenden Barock ist ein Höhepunkt der württembergischen Gartenkultur. Das etwa 30 Hektar große Gelände ist so etwas wie eine Dauer-Gartenschau – mit Themengärten, gärtnerischen Sonderschauen und Events für die ganze Familie.

Den Ludwigsburger Schlossgarten kenne ich seit meiner frühen Kindheit. Meine Großmutter nahm mich einige Male in den Märchengarten mit. (Später führte mein Beruf mich ins Blühende Barock – zur jährlich stattfindenden Kürbisausstellung, zum Pressetermin mit Ruth Maria Kubitschek und zu Filmaufnahmen im Parterre.) So wie für mich dürfte der Märchengarten für viele Baden-Württemberger der erste Kontakt mit dem Blühenden Barock sein. Streng genommen passt eine solche Freizeitanlage nicht in ein historisches Umfeld. Aber sie ist eben da und bringt viele Besucher in den Park, was dem Gesamten zugute kommt.

Besucher sind dem »Blühenden Barock« auch aus gärtnerischen Gründen gewiss. Es ist für Gäste inszeniert. Beim Betreten vom südlichen Haupteingang an der Schorndorfer Straße aus breitet sich das ganze leicht abfallende Parterre mit Schmuckbeeten und einem großen Bassin vor dem Betrachter aus, mit der langgestreckten Fassade des Schlosses als Riegel im Hintergrund. Das ist schon großartig; die Szenerie lässt sich mit einem Blick kaum erfassen und passt kaum auf ein Bild.

Das verwundert nicht, wenn man weiß, dass da das größte Barockschloss Deutschlands steht. (Der Baukörper setzt sich hinter der Fassade noch um einen großen Innenhof fort und hat Nebenflügel.) Es wurde zwischen 1704 und 1733 unter der Herrschaft von Herzog Eberhard Ludwig von Württemberg erbaut. Eine Zeitlang war es Residenz der Württemberger Herzöge, bis Herzog Carl Eugen die Residenz wieder nach Stuttgart verlegte und dort das Neue Schloss bauen ließ.

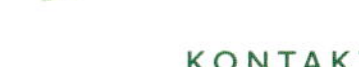

KONTAKT

Mömpelgardstraße 28, 71640 Ludwigsburg, www.blueba.de
Eintritt gegen Gebühr
Mit Gastronomie

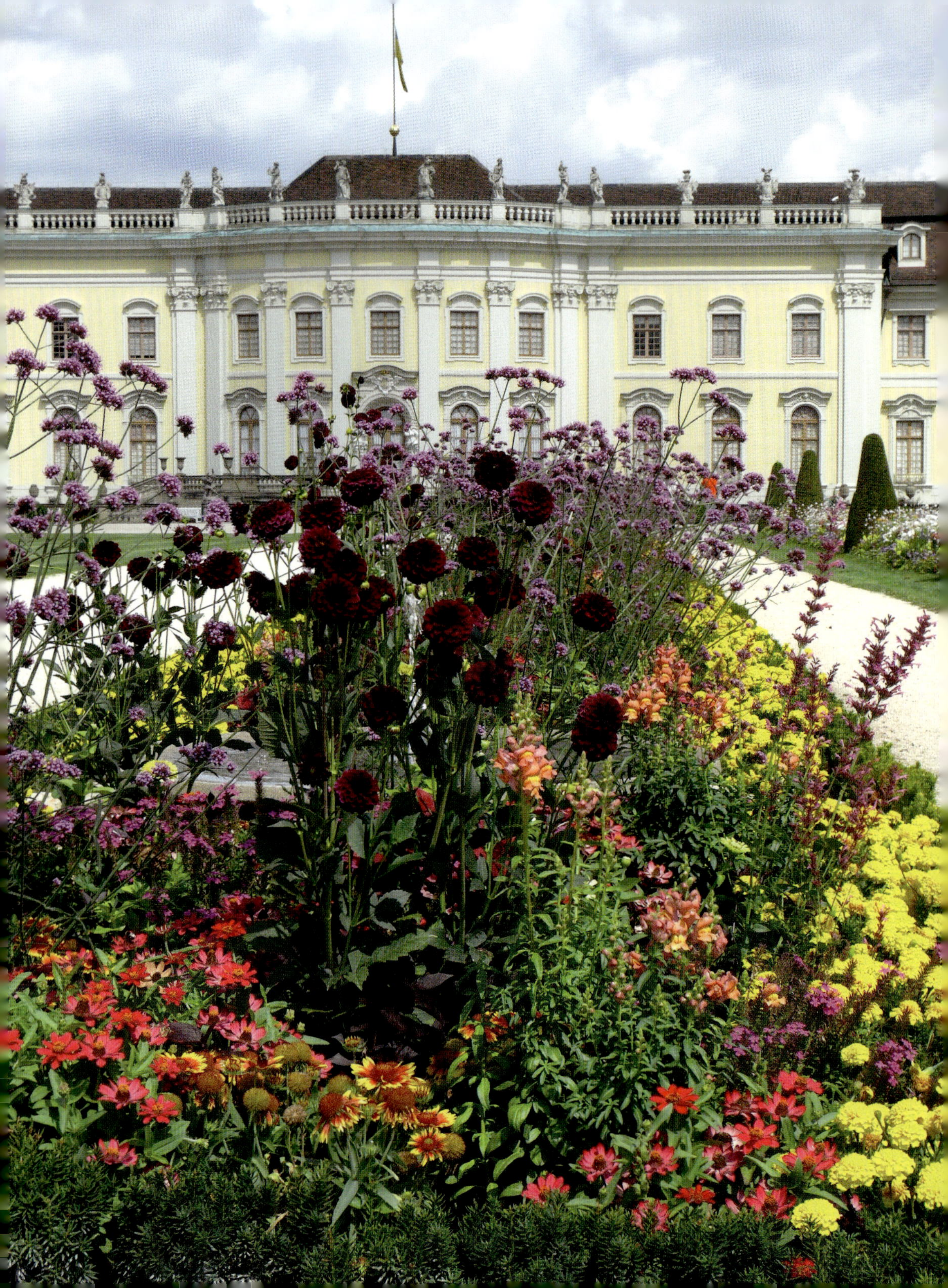

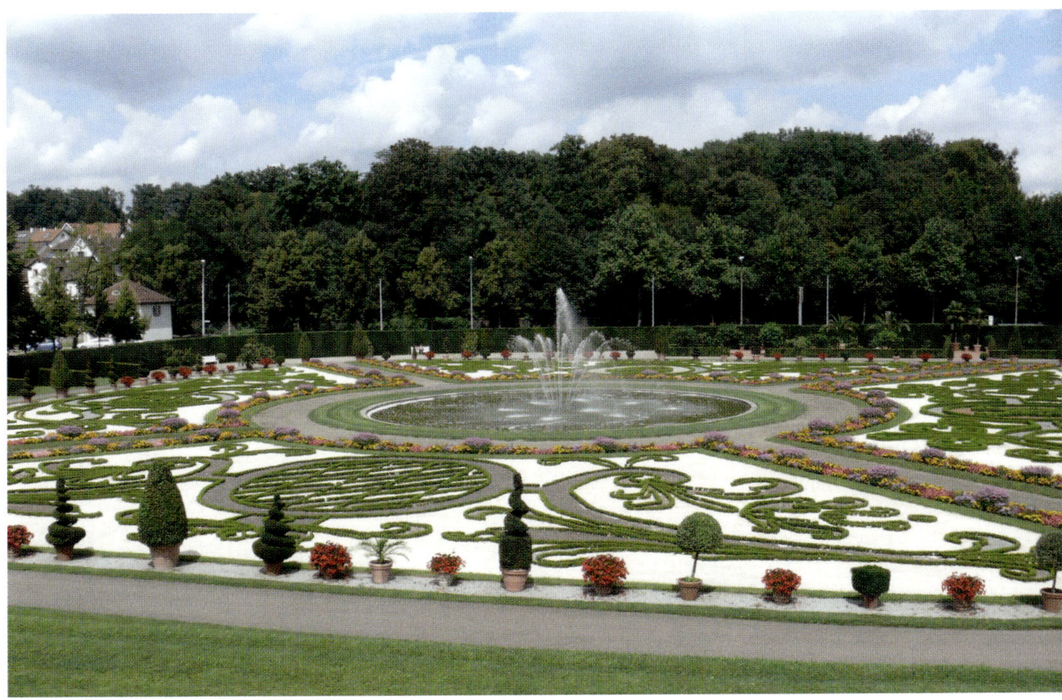

Nordgarten mit barocker Broderie und rundem See

Einige kleinere Schlösser und Gebäude mit zugehörigen Parks stehen in Verbindung zum Ludwigsburger Schloss. In direktem Sichtbezug nördlich des Schlosskomplexes liegt das Lust- und Jagdschlösschen Favorite (erbaut von Herzog Eberhard Ludwig 1717–1723). Wenige Kilometer entfernt davon befindet sich Schloss Monrepos (erbaut ab 1760). Und auch das südwestlich gelegene Schloss Solitude (erbaut 1764–1769 von Herzog Carl Eugen als Jagd- und Sommerresidenz) auf der Gerlinger Höhe steht in Beziehung zum Ludwigsburger Schloss. Herzog Carl Eugen ließ eine 13 Kilometer lange, schnurgerade Allee vom nördlichen Haupttor des Schlosses Solitude bis Ludwigsburg anlegen. Als direkte Straßenverbindung existiert die Allee nicht mehr (teils ist sie Straße, teils Feldweg), und den Charakter einer Allee mit Bäumen hat sie auch nicht mehr. Eine große Bedeutung bekam sie jedoch als Basislinie der Württembergischen Landvermessung. Aus der Luft ist diese Linie deutlich zu erkennen.

Blumenrabatte im Südgarten vor dem Schloss

Die jetzige ihrer teils dem Barock nachempfundenen Gestalt erhielten die Gärten ums Ludwigsburger Schloss erst 1954 anlässlich der 250-Jahr-Feier. Die Gartenanlagen heißen seither »Blühendes Barock«.

Fürs Abschreiten des Parterres im Südgarten mit den dekorativ bepflanzten Blumenrabatten und Bordüren sollte man sich Zeit lassen, sich vorstellen wie zu Herzog Eberhard Ludwigs Zeiten die Damen und Herren in prächtigen Gewändern hier wandelten. In den beiden Seitenbereichen geht es mit Strauchrosen etwas lockerer zu. Im hinteren Teil des symmetrisch angelegten Parterres sind Heckenlabyrinthe angelegt. Die langgestreckte Fläche vor der Schlossfassade ziert ein formaler Rosengarten. Links und rechts des breiten Schlosses laden kleinräumigere Gartenareale zu geruhsamem Betrachten ein: Friedrichsgarten und Mathildengarten wirken mit ihrer kleingliedrigen Architektur und vielfältiger Bepflanzung eher wie Wohngärten.

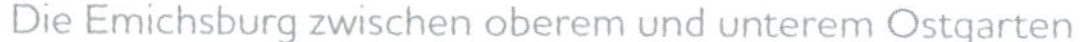

Die Emichsburg zwischen oberem und unterem Ostgarten

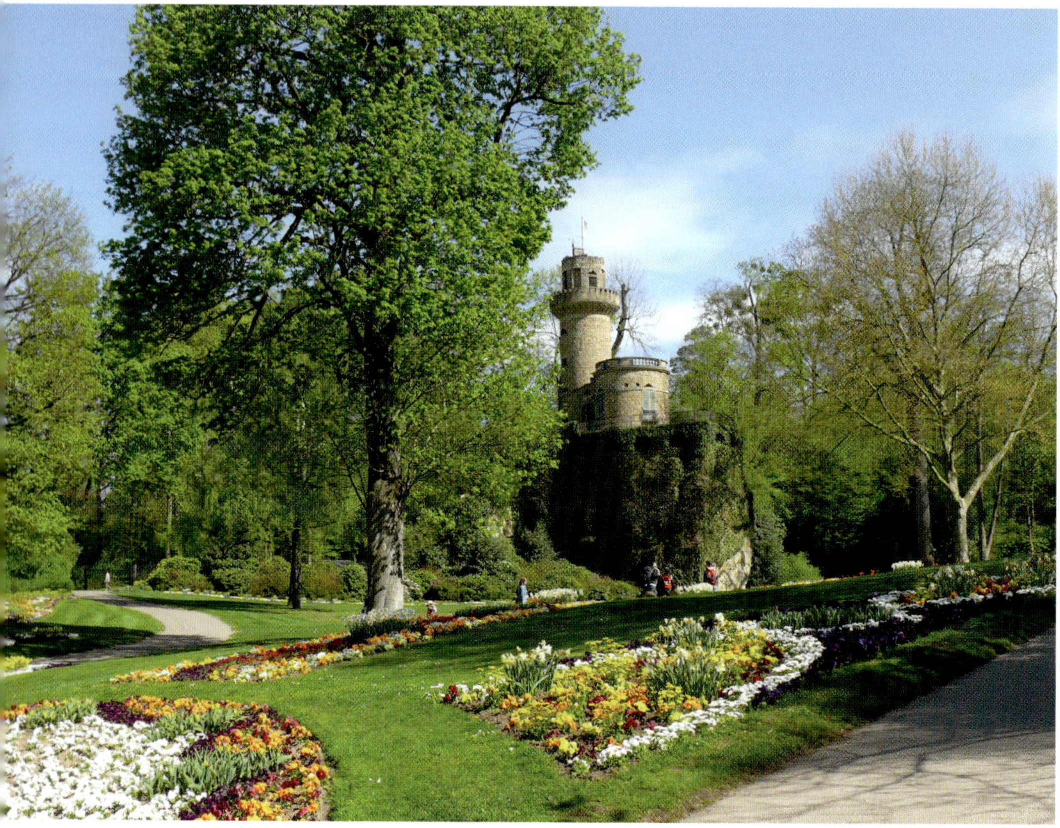

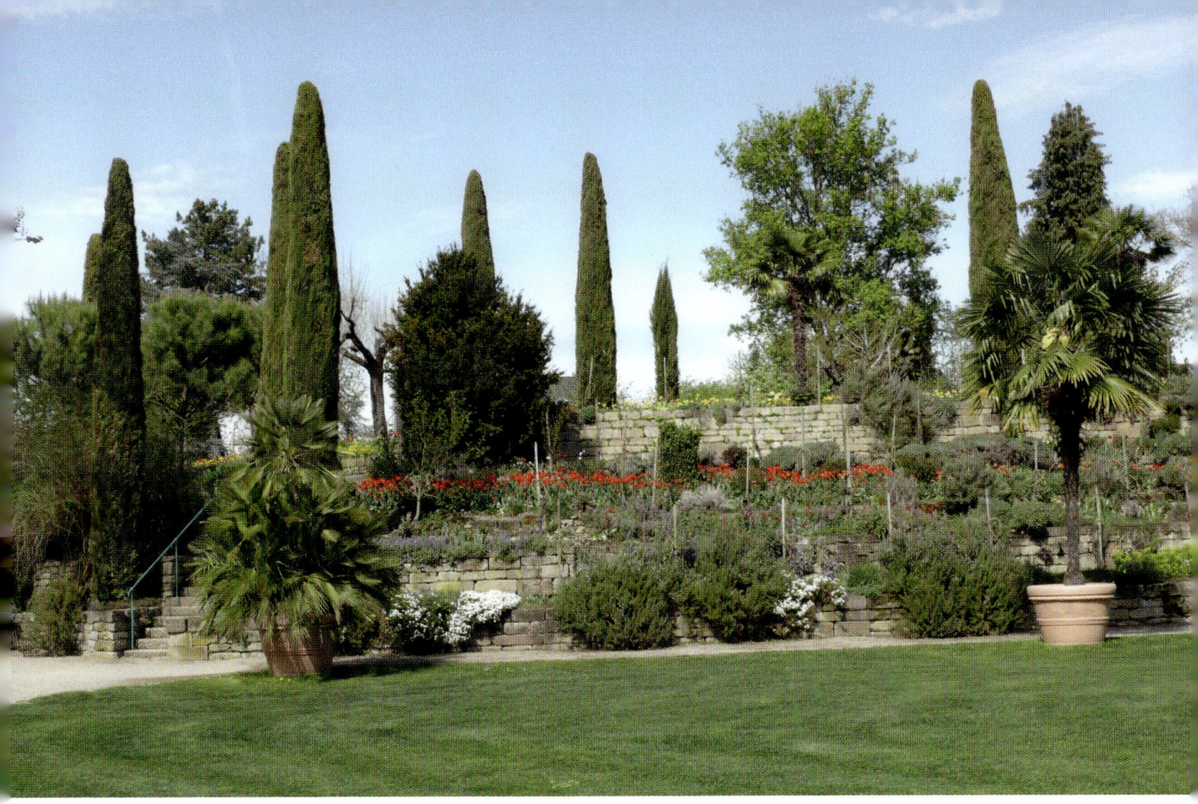

Weinberg mit mediterraner Flora

Das Pendant zum Südgarten vor dem Schloss ist der Nordgarten dahinter. Er ist etwas tiefer als das Schloss gelegen; von einer Aussichtsterrasse auf einem Rasenabhang aus ist er gut zu überblicken. Der Blick fällt auf die Allee und auf Schloss Favorite am Ende der Sichtachse und auf die eindrucksvolle barocke Broderie mit dem Springbrunnen in der Mitte.

Blumen- und Gartenfreunde werden sich dann dem Oberen Ostgarten hinter der Emichsburg zuwenden. Da reihen sich Rhododendrongarten, Astilbengarten und Staudengarten aneinander. Weitere Sonderbereiche im Oberen Ostgarten um den Schüsselesee sind der Weinberg mit dem Weinberghaus, der Japan- und Bonsaigarten, der Kräutergarten, eine riesige begehbare Voliere und die Orangerie. Einen kleinen Bauerngarten mit Gemüse gibt es auch. Das ist nur eine dürre Aufzählung. Die einzelnen Gärten bergen eine Fülle von Pflanzenarten in vielfältigen Kombinationen; zu jeder Jahreszeit blüht etwas. Der Weinberg zeigt sich im Frühjahr gleichzeitig als Tulpengarten.

TIPP:

Ich halte mich gerne in den etwas abseits der Besucherströme gelegenen Gartenteilen auf, im Romantischen Staudengarten gleich neben dem Zugang zum Oberen Ostgarten mit seinen vielen Blattschmuckstauden und im abgeschlossenen Friedrichsgarten auf der Westseite des Schlosses.

Nürtingen
Lehr- und Versuchsgarten Braike

Dieser Garten wurde ab 1985 für Studierende der Landschaftsarchitektur an der Hochschule für Wirtschaft und Umwelt Nürtingen-Geislingen angelegt. In dem knapp zwei Hektar großen, leicht modellierten Gelände am südlichen Stadtrand von Nürtingen liegt der Schwerpunkt auf dem Gestalten mit Stauden.

Im Nürtinger Lehr- und Versuchsgarten sind etwa 800 Staudenarten und -sorten nach allen fachlichen Regeln aufgepflanzt. 300 Bäume und Sträucher spielen in der Pflanzfläche mit. Die Präsentationsflächen gruppieren sich um den Seerosenteich im Zentrum der Anlage. Der künstlich angelegte, natürlich anmutende Teich wird von einem Quellbach gespeist; an dessen Rand wachsen feuchtigkeitsliebende Stauden und Gehölze – Silber-Weiden *(Salix alba* ›Liempde‹, Sumpf-Eiche *(Quercus palustris)*, Sumpfzypresse *(Taxodium distichum* var. *distichum)* und in etwas erhöht liegendem Gelände ein Tulpenbaum *(Liriodendron tulipifera)*.

Die Pflanzungen sind thematisch und nach Lebensbereichen gruppiert. Im Steingarten stehen Pflanzen, die mit Trockenheit, starker Sonneneinstrahlung und Nährstoffarmut zurechtkommen. Sonniger Gehölzrand und kühler Schatten sind weitere Lebensbereiche. Je nach Lebensbereich ist der Boden mit unterschiedlichem Material abgedeckt – mit Rindenmulch oder mit mineralischem Material.

Für Besucher interessant sind Themenpflanzungen wie »Stauden und Rosen«, »Graulaubiger Garten« und »Silbersommer«. Von meinem ersten Besuch in diesem Garten kurze Zeit nach der Eröffnung ist mir der »Weiße Garten« in Erinnerung geblieben, davon ist nur ein weiß blühender Bodendecker-Storchschnabel übrig geblieben. Die relativ kleinräumigen Pflanzungen lassen sich auch auf

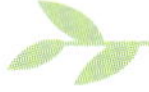

KONTAKT

Hochschule für Wirtschaft und Umwelt Nürtingen-Geislingen,
Lehr- und Versuchsgarten Braike, Schelmenwasen 6, 72622 Nürtingen
www.hfwu.de
Während der Saison tagsüber frei zugänglich,
im Winter nur bedingt geöffnet

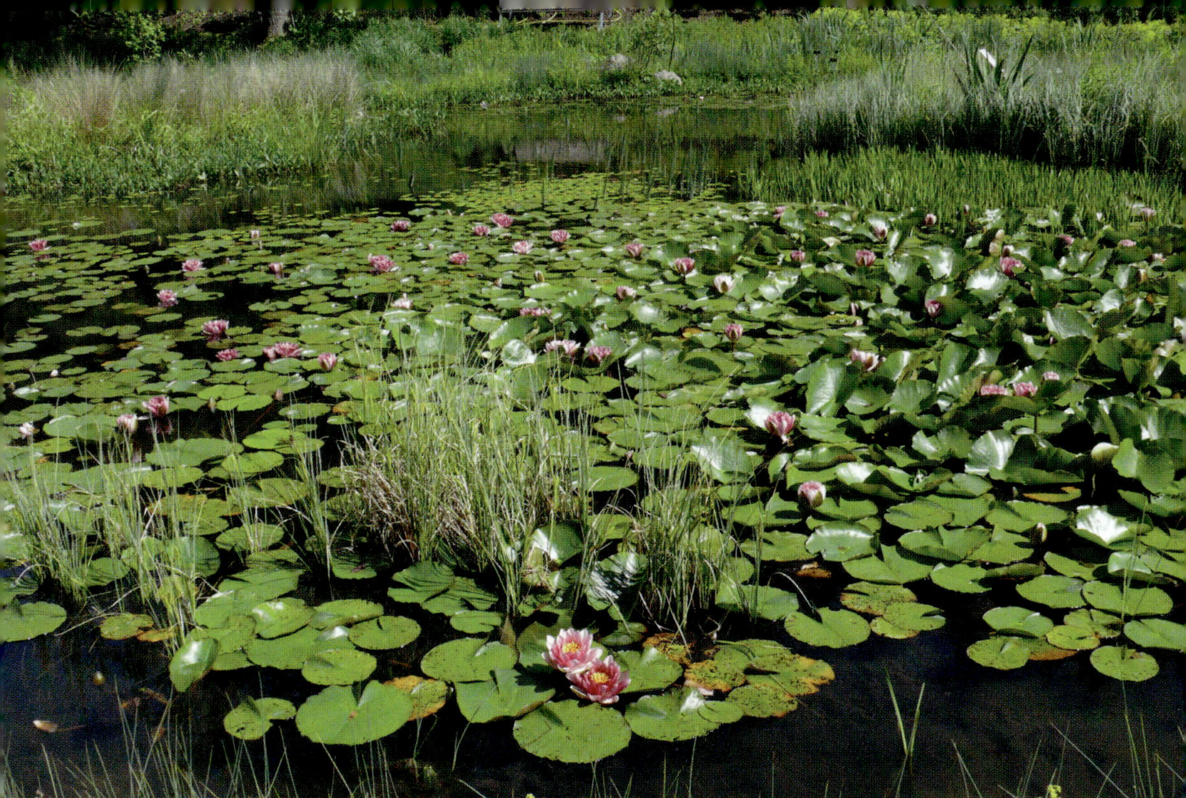

Der Seerosenteich bildet den Mittelpunkt des Gartens

Hausgartensituationen übertragen. Besucher können hier Pflanzkombinationen, die ihnen gefallen, notieren und in ihrem Garten nachpflanzen.

Besonders gut gelungen ist die landschaftlich anmutende Pfingstrosenpflanzung, bei der jeweils mehrere Exemplare einer Sorte mit passenden Begleitstauden kombiniert sind. Den Boden unter ›Gay Paree‹ bedecken *Alchemilla erythropoda* und *Geranium cantabrigiense* ›Berggarten‹. Im Kontrast zu ›Crinkled White‹ stehen dunkelrote *Heuchera micrantha* ›Cappucino‹ und *Heuchera villosa* ›Macha‹. Ein aufrechtes Element bringen abgeblühte Zierlauch-Stängel. Auch die auffällige einheitlich dunkelrote Sorte ›Hari-Ai-Nin‹ und die weiße ›Bu Te‹ sind mit passenden Nachbarstauden inszeniert.

Am Rande sei erwähnt, dass der Garten mit allen möglichen modernen Varianten von Bänken möbliert ist. Eine gute Gelegenheit, hier probeweise zu sitzen und die verschiedenen Stimmungen rund um den Seerosenteich in sich aufzunehmen.

TIPP:

Bei meinem Besuch Anfang Juni fielen mir Taglilie *Hemerocallis* ›Little Cherub‹ sowie die aufrecht wachsenden Stauden Brandkraut *(Phlomis tuberosa)* ›Amazone‹ und Steppenkerze *(Eremurus robustus)* auf. Alle Arten und Sorten sind in gut lesbarer Handschrift beschildert

Oberboihingen
Lehr- und Versuchsgarten Tachenhausen

Hauptsächlich der Rosen wegen kommen die Besucher auf das etwas abgelegene Hofgut Tachenhausen zwischen Wendlingen und Nürtingen südlich der Autobahn A 8. Der Garten dient hauptsächlich der Ausbildung von Garten- und Landschaftsbauern und Gartenarchitekten. Er ist aber genauso für ein allgemeines Publikum interessant, das sich hier einen guten Überblick über die Vielfalt der Stauden und Gehölze verschaffen kann.

Das prominent oberhalb der Ortschaft liegende Anwesen im Albvorland geht auf eine Burg aus dem 13. Jahrhundert zurück. Es handelt sich um das Versuchsgut für landwirtschaftliche Versuche der Hochschule für Wirtschaft und Umwelt Nürtingen-Geislingen. Der ab 1982 angelegte 5 Hektar große Lehr- und Versuchsgarten grenzt an die großen landwirtschaftlichen Gebäude. Zu sehen sind hauptsächlich marktgängige Sortimente von Gehölzen, Stauden und Einjährigen. Alle bestens beschildert. Anders als im ebenfalls zur Hochschule gehörenden Lehrgarten auf der Braike (siehe Seite 106), der Pflanzkombinationen präsentiert, geht es hier mehr um die einzelne Pflanze und die Sortimentsvielfalt, beispielsweise bei Pfingstrosen. Meistens sind passende Begleitstauden dazugepflanzt, so dass ganz normale Gartenbesitzer hier viele Anregungen zum Gestalten bekommen.

Das beginnt mit den Sommerblumenpflanzungen im Eingangsbereich. Studentenblumen, Zinnien und Co., insgesamt etwa 100 Arten und Sorten, werden auf geschwungenen, buchsgesäumten Beeten präsentiert. Heubockartige Klettergerüste für einjährige Kletterpflanzen bilden auf den Beeten den Blickfang.

Dahinter geht es weiter mit Pfingstrosen und mit Rosen samt Begleitstauden. Dahinter steht ein riegelartiges Klettergerüst mit Kletterrosen und Ramblern. Aufgepflanzt sind ›Manita‹, ›Lykkefund‹, ›Rotfassade‹, ›Morgensonne‹, ›Graciosa‹ und ›Rosarium Uetersen‹. In diesem direkten Nebeneinander sieht man deutlich

KONTAKT

Hochschule für Wirtschaft und Umwelt Nürtingen-Geislingen, Campus Tachenhausen, Hofgut Tachenhausen 1, 72644 Oberboihingen, www.hfwu.de
Tagsüber frei zugänglich

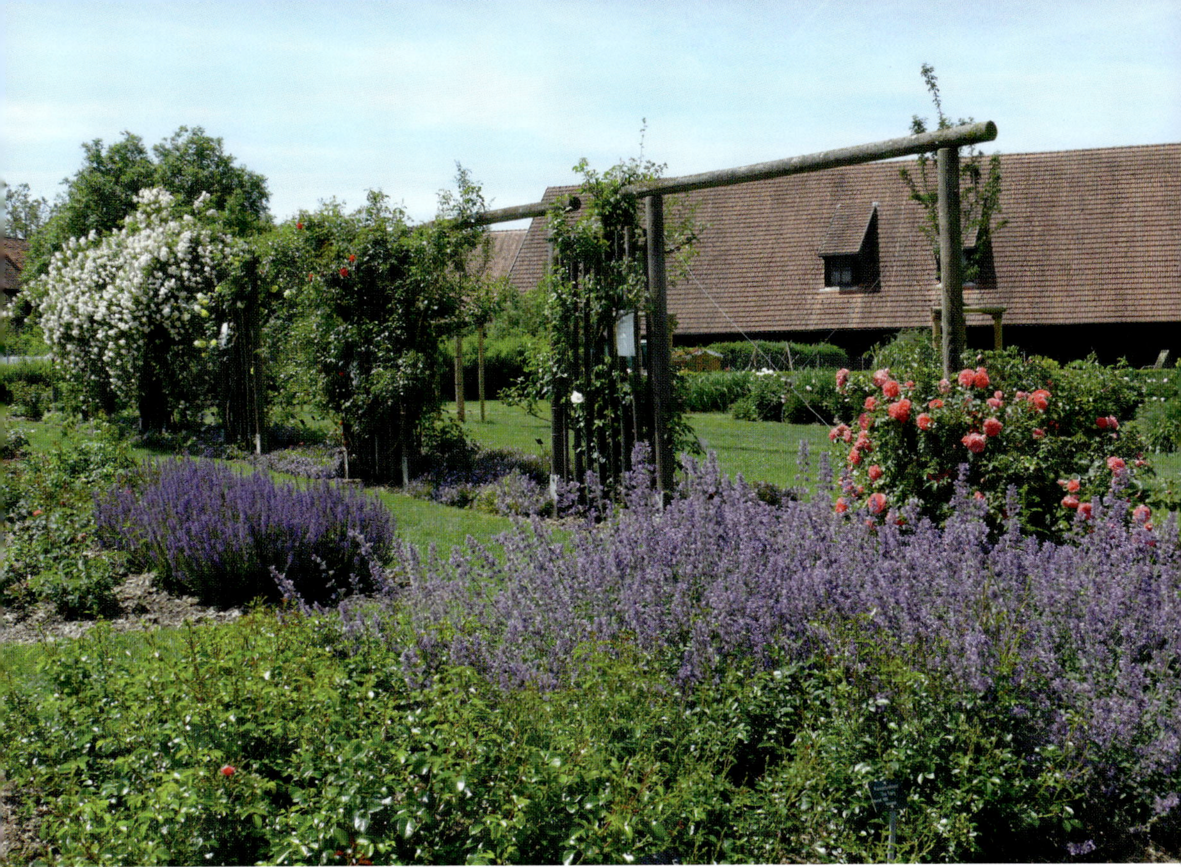

Beetrosen und Kletterrosen mit passenden Begleitstauden

die so unterschiedliche Wuchsstärke der Kletterrosen. Den Boden unter ihnen bedecken verschiedene Sorten der Hängepolster-Glockenblume *(Campanula poscharskyana)* – ›Blauranke‹, ›Lisduggan‹ und ›Silberregen‹.

Die Rosen müssen in Tachenhausen zeigen, was in ihnen steckt. Aufgepflanzt sind hauptsächlich robuste Rosensorten, die das ADR-Prädikat tragen, die also die »Allgemeine Deutsche Rosenneuheitenprüfung« bestanden haben. Die Rosen werden nicht gespritzt; sie sollen so robust sein, dass sie den gefürchteten Rosenkrankheiten, hauptsächlich dem Sternrußtau, trotzen. Dank einer jährlichen Düngung mit abgelagertem Pferdemist und mit organisch-mineralischem Dünger wachsen die Rosen gesund heran.

Das eigentliche Staudenquartier mit langgestreckten Beeten befindet sich hinter dem Rosenquartier. Formschnitthecken gliedern das Areal. Etwa 1.100 Staudenarten und -sorten sind nach Lebensbereichen geordnet gepflanzt. Bei meinem Besuch im Juni stachen die Fackellilien *(Kniphofia)* und die Steppenlilien *(Eremurus)* heraus, harmonisch kombiniert u.a. mit Bodendecker-Geranien (in vielen Sorten) oder mit Staudengräsern. An halbschattigen und schattigen

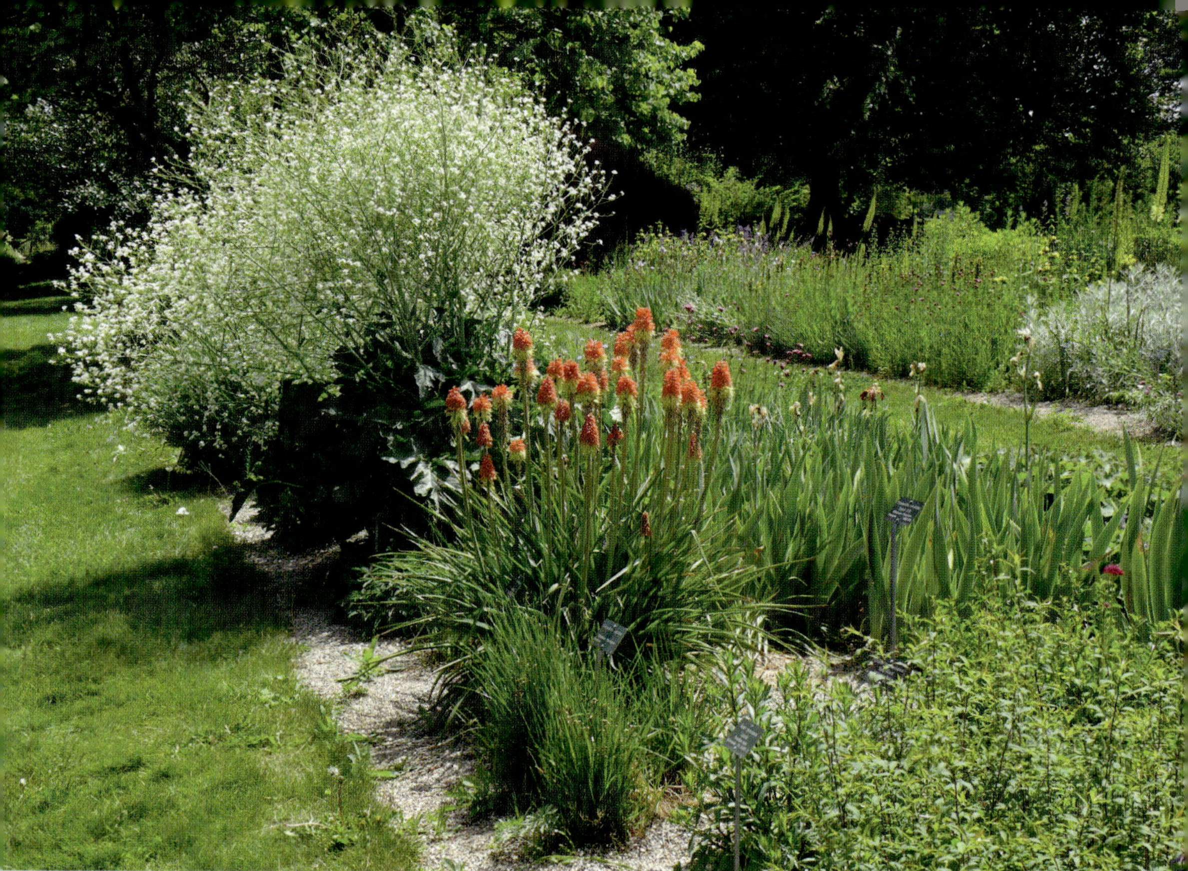

Staudenbeet mit Fackellilie und Meerkohl

Beeten unter Gehölzen finden Funkien *(Hosta)*, Elfenblumen *(Epimedium)*, Nieswurze *(Helleborus)* und andere gute Lebensbedingungen.

Ein breiter Gehölzgürtel umschließt die in weiten Teilen offene Anlage mit den niedrigeren Rosen und Stauden. Eine Besonderheit sind kurze Baumalleen mit je vier Baumpaaren, anhand derer Studierenden die Wirkung von Alleebäumen gezeigt werden soll. Aufgepflanzt sind Zierkirschen, Ulmen, Baumhasel und andere. Mir fiel eine Dreiergruppe mit säulenförmigem Feldahorn *(Acer campestre* ›Green Column‹*)* auf. Zwischen den Bäumen sind Wildrosen gepflanzt, die sich hier nach allen Seiten frei entfalten dürfen.

Der Lehr- und Versuchsgarten in Tachenhausen ist (zusammen mit dem in Nürtingen) einer von 18 deutschen Staudensichtungsstandorten (www.staudensichtung.de). Hier beurteilen Fachleute die Vitalität und Robustheit von Staudenarten und -sorten. Sie stellen aus den Beobachtungen ein Empfehlungssortiment zusammen, an dem sich Profis und Hobbygärtner orientieren können. Ebenfalls in Baden-Württemberg befinden sich die Standorte Stuttgart-Hohenheim, Heidelberg und Weinheim.

16

Öhringen
Hofgarten

Seit der Landesgartenschau im Jahr 2016 präsentiert sich der Öhringer Hofgarten in neuem Glanz. Er nimmt die Fläche zwischen der Altstadt mit dem Schloss und dem barocken Hoftheater ein. Eine Einladung zum Flanieren zwischen alten Bäumen und modern gestalteten Staudenbeeten!

Den Hofgarten gibt es schon seit über 300 Jahren. So wie er sich heute präsentiert ist er jedoch kein historischer Garten, sondern das Ergebnis moderner Gartenplanung unter Einbeziehung historischer Gebäude, des alten Baumbestandes und des natürlichen Gewässers, des Baches Ohrn. Der Garten im Besitz der Stadt Öhringen fungiert auch als Stadtpark.

Das großzügige Rasenparterre ist zentraler Teil des Hofgartens. Es bildet die Achse zwischen Schloss und Hoftheater (heute Bürgerhaus). Medaillonartige, bunt bepflanzte Blumenbeete sind am Rand des Rasenparterres eingestreut. Es gibt auch größere Pflanzflächen mit weiß blühenden Stauden, wofür spezielle Sorten von Pfingstrosen, Glockenblumen, Zier-Salbei, Sonnenhut, Prachtscharte, Kronen-Lichtnelke und anderen ausgewählt wurden. Am Rand des Rasenparterres stehen alte Hofgartenbäume. Daran grenzen beidseitig Alleen mit Säulenhainbuchen, die auf etwas erhöhten Dämmen gepflanzt sind.

Mir gefällt besonders der Heckengarten neben den historischen Gewächshäusern und vor einer Mauerruine, die mit Ramblerrosen bepflanzt ist. ›Bobby James‹ rankt hier und ›Guirlande d'Amour‹. Die schmalen, terrassenförmig aufgebauten Beete sind ebenfalls hauptsächlich mit weiß blühenden Stauden bepflanzt, mit Sumpf-Schafgarbe *(Achillea patarmica* ›The Pearl‹*)*, Sterndolde *(Astrantia major* ›Princesse Sturdza‹ und ›Alba‹*)*, Zier-Salbei *(Salvia nemorosa* ›Schneehügel‹*)*, Ährigem Ehrenpreis *(Veronica spicata* ›Icicle‹*)*, Knäuel-Glockenblume *(Campanula glomerata* ›Alba‹*)* und vielen anderen. Bei meinem Besuch im Juni fiel mir besonders der Ährige Ehrenpreis als Bienenweidepflanze auf. Das Russel-Brandkraut *(Phlomis russeliana)* steuert helles Gelb bei und bringt ein

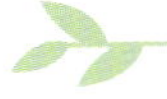

KONTAKT

Hunnenstraße, 74613 Öhringen
www.oehringen.de
Frei zugänglich, mit Gastronomie

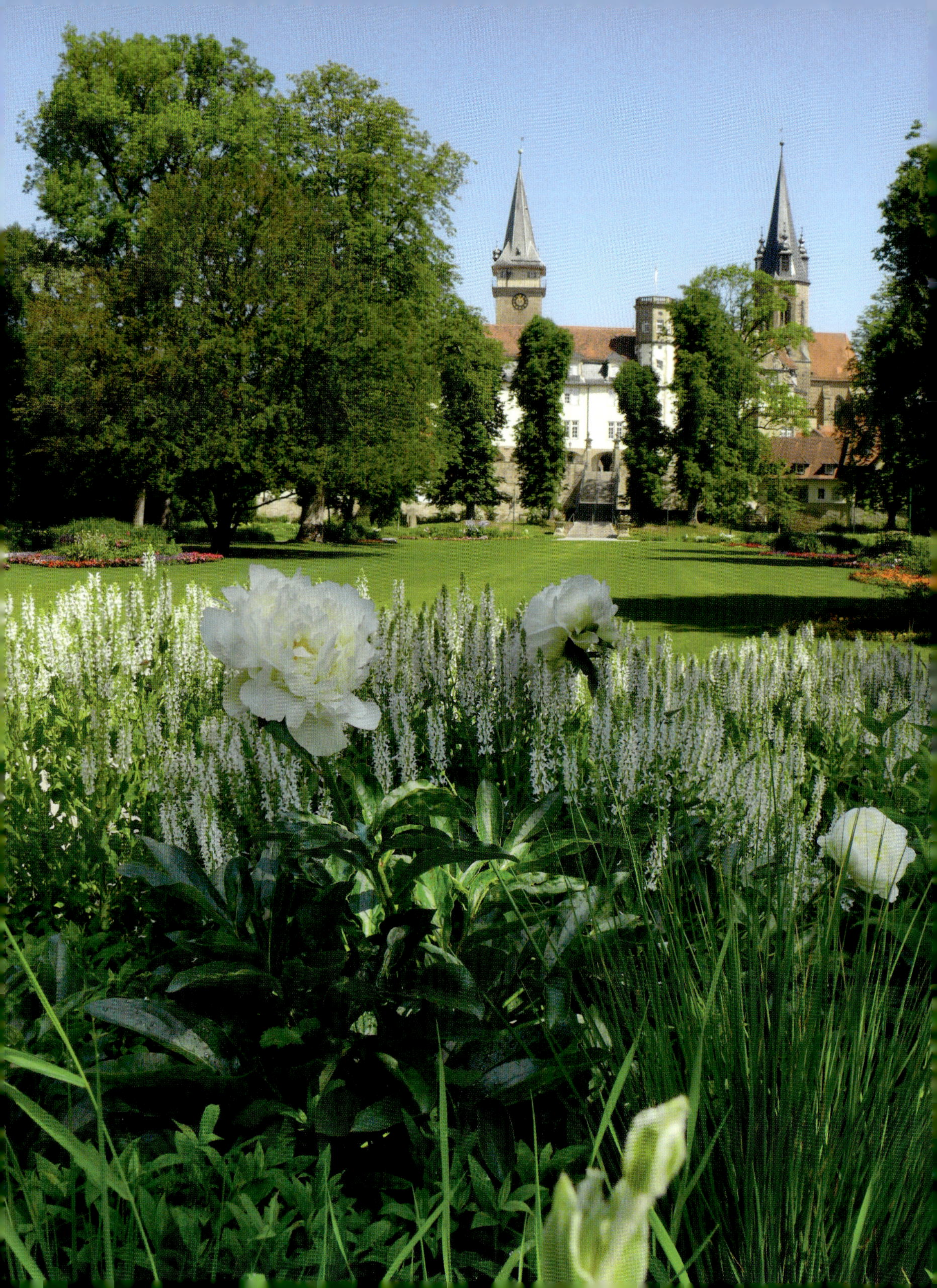

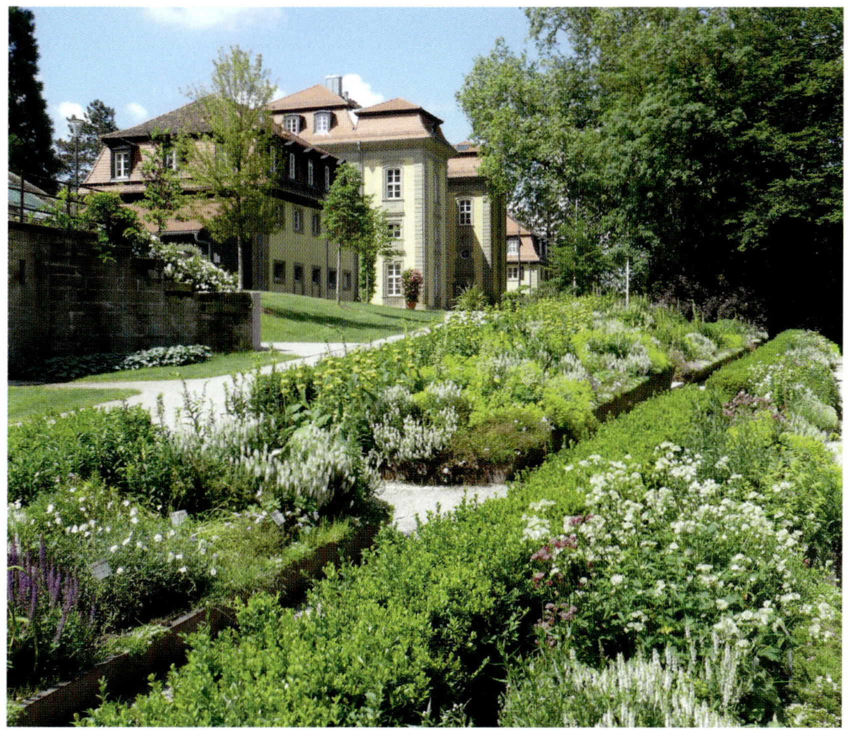

Im Heckengarten dominieren weiß blühende Stauden

senkrechtes Element in die Pflanzung. Wer Anregungen fürs Gestalten von Staudenbeeten sucht, kann hier anhand der beschilderten Stauden leicht Pflanzlisten für den eigenen Garten zusammenstellen.

Beim Kneippbecken im östlichen Teil des Geländes beginnt ein kleiner, künstlicher Wasserlauf. Das Bächle wirkt, gesäumt von Feuchtigkeit liebenden Pflanzen, ganz natürlich, mäandert südlich der Altstadtbebauung unter der modernen Schlossbrücke und der malerischen Sattelmeyerbrücke hindurch und mündet im Westen des Altstadtkerns wieder in die Ohrn.

TIPP:

In Öhringen ist nicht nur der Hofgarten gärtnerisch interessant. Verteilt über die ganze mittelalterlich anmutende Altstadt mit ihren Plätzen und Gassen stehen viele Kübelpflanzen und Stationen mit Kräutern. Sehenswert ist der Apothekergarten vor der Stadtmauer nahe der Spitalkirche. Er wurde zur Erinnerung an die heilkundige Gräfin Magdalena von Hohenlohe-Weikersheim angelegt, die in Öhringen ihren Witwensitz hatte.

Zentrale Rasenfläche mit Sichtachse zum Schloss

Schöntal-Kloster Schöntal

Gartenanlagen am ehemaligen Zisterzienserkloster

Der Ort Kloster Schöntal mit den Gebäuden des ehemaligen Zisterzienserklosters liegt im idyllischen Unteren Jagsttal. Die mächtige barocke Klosterkirche und die oberhalb gelegene Heiliggrabkapelle weisen den Weg. Die teils nach historischen Vorlagen rekonstruierten Gärten sind mit Ausnahme des Kreuzgartens frei zugänglich.

Das im 12. Jahrhundert gegründete Zisterzienserkloster wurde nach wechselvoller Geschichte im Zuge der Säkularisation 1802/1803 aufgelöst. Es ist im Besitz des Landes Baden-Württemberg. Die Neue Abtei und das frühere Konventgebäude werden heute von der Diözese Rottenburg-Stuttgart als Bildungs- und Tagungshaus genutzt. Kunsthistorisch bedeutsam sind besonders die unter Abt Benedikt Knittel (1683–1732) erbaute barocke Klosterkirche und die Neue Abtei mit künstlerischem Treppenaufgang. Im Kreuzgang stehen Bildnisgrabsteine derer von Berlichingen, auch des berühmten Götz.

Die Gärten von Kloster Schöntal liegen verstreut. Der größte von ihnen, der so genannte Abteigarten, befindet sich außerhalb des ummauerten Klosterareals. Hier bauten die Mönche in früheren Zeiten Nutzpflanzen an. Vom Kloster her kommend betritt man den Abteigarten durch ein schmiedeeisernes Tor. Die Gestaltung und Bepflanzung im Inneren des Gartens ist zeitgenössisch, sie orientiert sich lediglich an alten Plänen.

Ein breiter Weg bildet die Mittelachse, unterbrochen von einem von weiß blühenden Rosen umsäumten Brunnenbecken. Links des Eingangstors befindet sich eine noch junge Anlage mit langgestreckten, von Bandstahl eingefassten Beeten inmitten einer Rasenfläche. Im Anklang an den früheren Pflanzenbestand in Klostergärten sind diese mit dekorativen Kräuterarten, vor allem Lavendel,

KONTAKT

Bildungshaus Kloster Schöntal, Klosterhof 6, 74214 Schöntal,
www.kloster-schoental.de
Klosteranlagen frei zugänglich; Kreuzgarten im Rahmen von Führungen
Mit Gastronomie

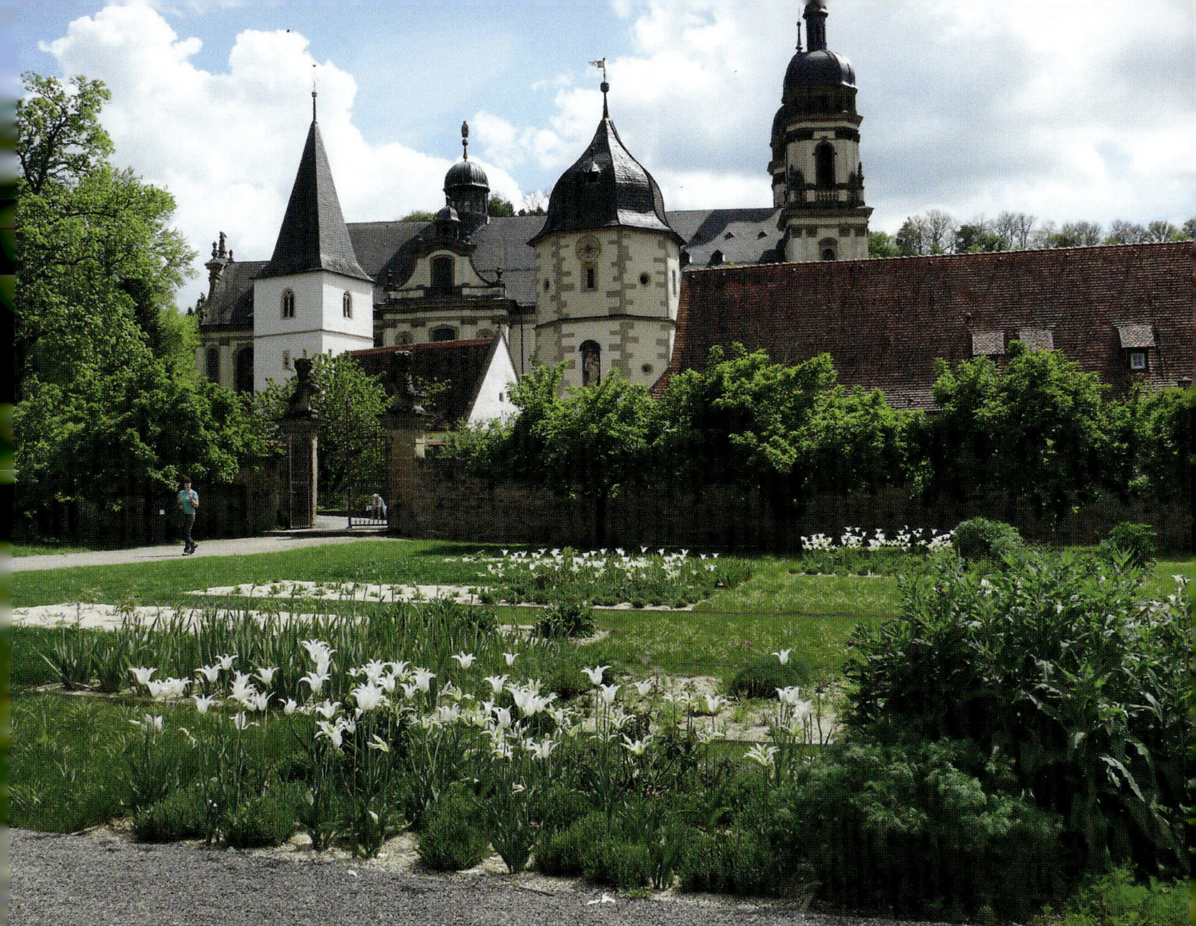
Abteigarten mit Tulpen

sowie Pfingstrosen und Essigrosen bepflanzt. Einige Beete sind mit Getreide und Buchweizen eingesät. Auch privat genutzte Gärten befinden sich in diesem Areal.

Rechts des Mittelweges breitet sich seit der Neugestaltung des Abteigartens in den 1990er-Jahren eine Streuobstwiese mit Hoch- und Halbstammobstbäumen, vor allem Apfel- und Mispelbäumen, aus. Nach Osten ist der Garten durch eine hohe Stützmauer aus Muschelkalk begrenzt – ein idealer Platz für Spalierobst, für Weinreben, Apfelbäume und Pfirsichbaum.

Hinter einer Trockenmauer aus Muschelkalkstein setzt sich der Abteigarten noch weiter Richtung Jagst fort. Dieser Teil, der auch Großer Garten heißt, hat durch den Bau der Jagsttalbahn und durch Wohnbebauung ziemlich viel Fläche verloren. Auch dieses erhöht liegende Gelände ist Streuobstwiese. Ein Bauer aus dem Nachbarort mäht die Wiesen im Spätsommer, wenn die Samen abgereift sind und ausgesamt haben, und führt das Mähgut ab. Durch diese Art der Nutzung konnte sich im Lauf von etwa 20 Jahren eine artenreiche Blumenwiese

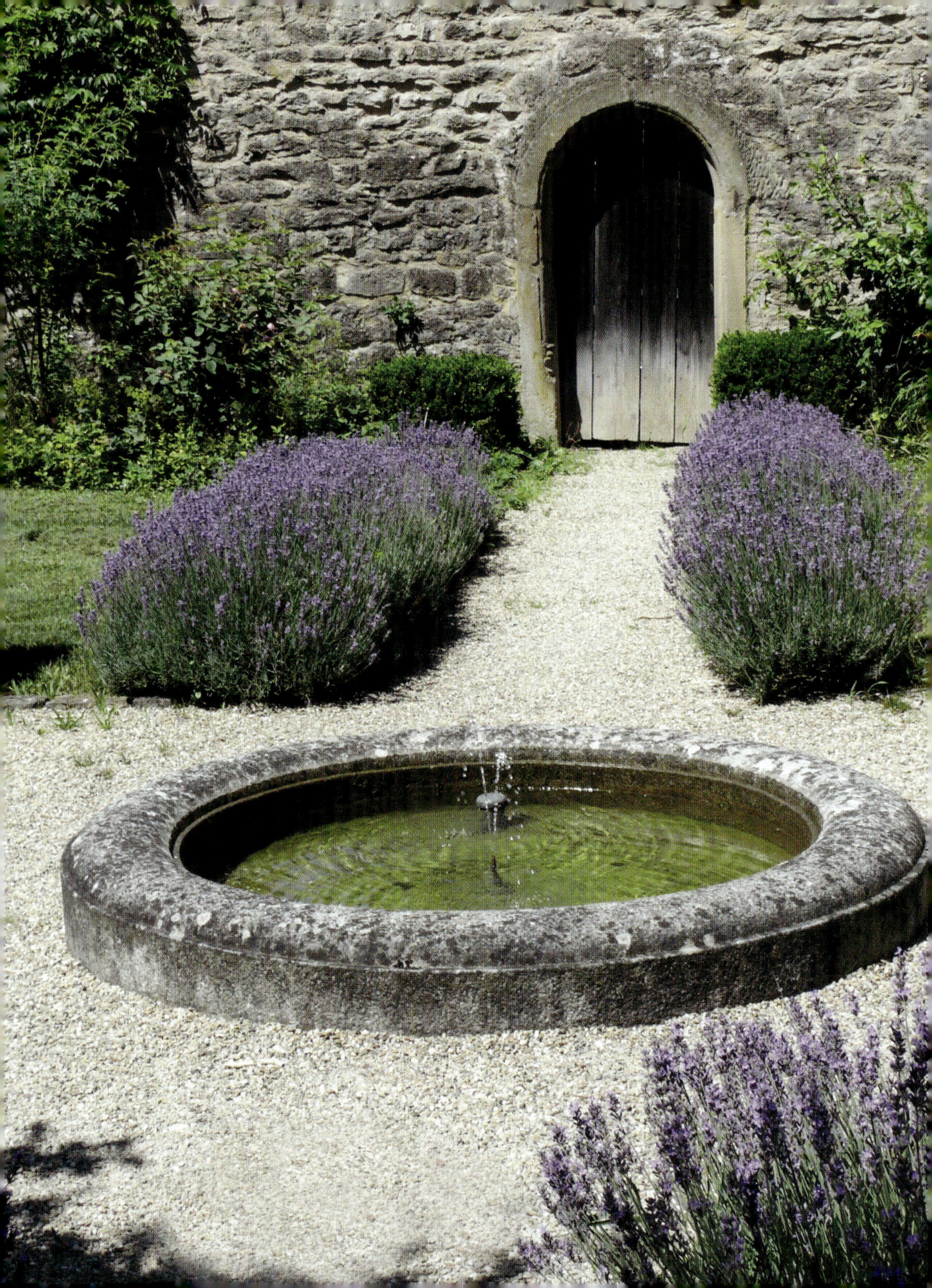

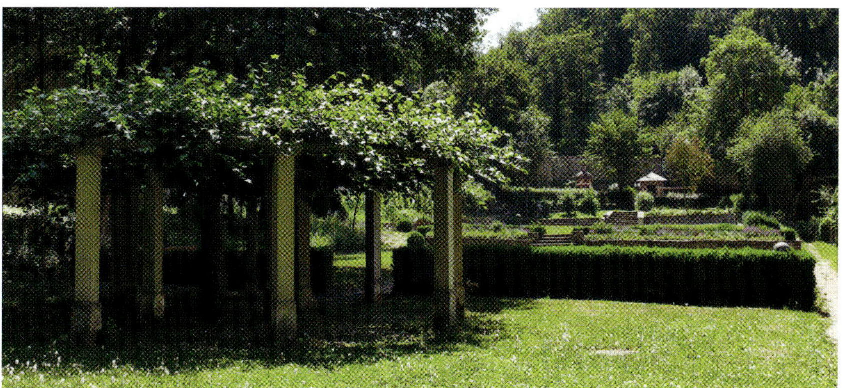

Konventgarten mit Schirmlinde

entwickeln, die Insekten und Schmetterlingen Nahrung und Lebensraum bietet und schön aussieht.

Im eigentlichen Klosterareal, das man von der Durchgangsstraße her durch zwei Torgebäude betritt, wenden sich Garteninteressierte vor der Klosterkirche nach links und gelangen, vorbei am ehemaligen Friedhof der Mönche, zum Konventgarten. (Im früheren Konvent ist heute das Bildungshaus Kloster Schöntal untergebracht.) Die architektonische Grundstruktur des historischen Konventgartens mit Brunnenbecken, Treppen und Mauern ist gut zu erkennen. Am Fuß der nördlichen Umgrenzungsmauer stehen Weinstöcke und Obstbäume. Kräuterbeete gibt es auch. Eine Besonderheit ist die (noch junge) Schirmlinde, deren waagerecht geleiteten Äste auf Sandsteinpfosten ruhen. Eine solche Linde ist schon in alten Plänen abgebildet.

Im Klosterareal gibt es einige kleinere, umzäunte Gärten: den Pistoreigarten mit Alten Rosen und Kräuterspirale oder das Lavendelgärtchen an der Alten Abtei. Auch Privatleute, die in dem historischen Gebäude leben, legen Wert auf Blumenschmuck. Sie pflegen Blumenrabatten, Kletterpflanzen an Fassaden, Kübelpflanzen und Formschnittgehölze. Aus den Fugen der vielen Stützmauern und Trockenmauern sprießen Farne, Zimbelkraut, Habichtskraut und andere Mauerpflanzen.

TIPP:

Wer nach Kloster Schöntal fährt, sollte auch die turmartige Heiliggrabkapelle (erbaut 1716–1720) auf dem Kreuzberg und den zugehörigen Friedhof besuchen. Ein geteerter, steiler Weg führt zum Kirchhof hinauf. Im oberen Teil säumen Schatten spendende Lindenbäume den Weg. Für Botaniker ist die Wiesenflora beidseits des Weges interessant. Die wenige Kilometer entfernte Wallfahrtskirche Neusaß mit Forsthaus und uralter Winter-Linde ist ebenfalls einen Abstecher wert. Von Kloster Schöntal aus ist sie gut zu Fuß erreichbar.

Gärtle an Alter Abtei

18

Schwäbisch Gmünd
Stadtgarten und Landschaftspark Wetzgau (Himmelsgarten)

Landesgartenschauen verhelfen mancher Stadt zu einer ungewöhnlichen Parkanlage, so war es auch in Schwäbisch Gmünd. Der anlässlich der Schau 2014 neu angelegte Landschaftspark Wetzgau ist ein echter Gewinn für die Stadt – neben den Aufwertungen der bereits vorhandenen Parkanlagen.

Gold- und Silberschmiedehandwerk haben die ehemalige Freie Reichsstadt reich gemacht. Der Reichtum zeigt sich in den prächtigen historischen Gebäuden wie etwa der Fuggerei und den Patrizierhäusern. Demgegenüber nimmt sich das Rokokoschlösschen, das Stahlsche Schlösschen, im Stadtgarten relativ jung aus. Der Park liegt an der auf einer langen Strecke renaturierten und erlebbar gemachten Rems. Rasenflächen, alte Bäume, Blumenbeete zieren ihn. In Form geschnittene Hecken aus Blutbuchen schaffen in seinem Umfeld Gartenräume.

Der Landschaftspark Wetzgau, auch als Familienpark Himmelsgarten bezeichnet, liegt ziemlich weit außerhalb und oberhalb des Stadtzentrums. Doch dieser Nachteil wurde zumindest während der Gartenschauzeit durch eine pfiffige Idee wettgemacht: mit dem ErlebnisWaldpfad, der vom Stadtzentrum und vom Bahnhof aus auf die Höhe führt – durch eine wildromantische Schlucht, die auf langer Strecke durch hölzerne Stege erschlossen ist. Hier bergan steigend fühlte ich mich wie im Gebirge. Ich begegnete vielen Kindern und Erwachsenen, die ihre Murmeln auf der Murmelbahn neben dem Weg laufen ließen. Allein wegen dieses erlebnisreichen Weges lohnt die Fahrt nach Schwäbisch Gmünd, das mit der Bahn sehr gut erreichbar ist.

Im Landschaftspark Wetzgau selbst gibt es eine Fülle von Spieleinrichtungen für Familien mit kleinen Kindern. Dinosaurier-Modelle locken. Die Bionik als

KONTAKT

Am Stadtgarten bzw. Landschaftspark Wetzgau 1, Schwäbisch Gmünd
www.schwaebisch-gmuend.de
Frei zugänglich
Mit Gastronomie

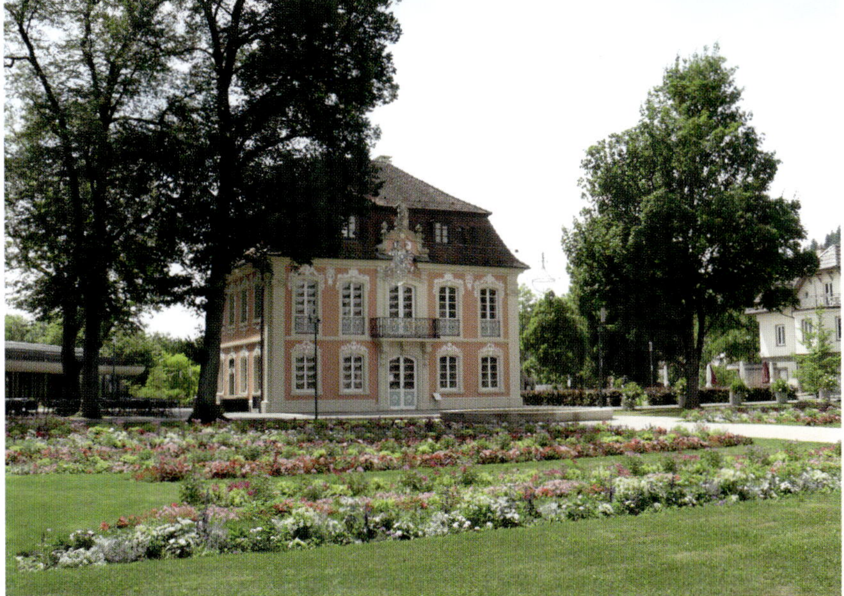

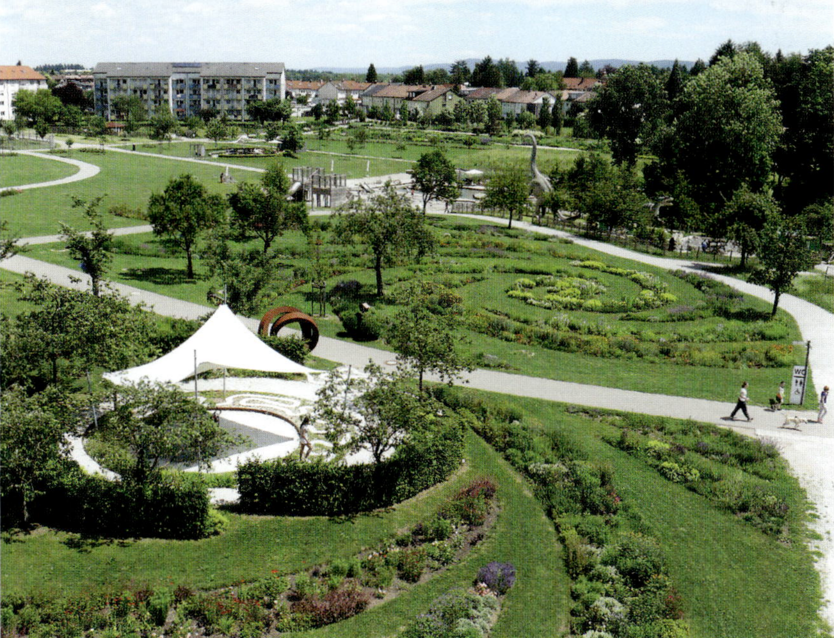

Rokokoschlösschen im Stadtgarten neben der Rems und Himmelsgarten

wichtiges Gestaltungsprinzip in der Natur wird in einigen Ausstellungsbeiträgen thematisiert. Blumenfreunde finden schön angelegte Staudenbeete in organischen Formen mit dem aktuellen Staudensortiment. Einen Lehrgarten mit Obstgehölzen sowie einen Imkergarten gibt es auch.

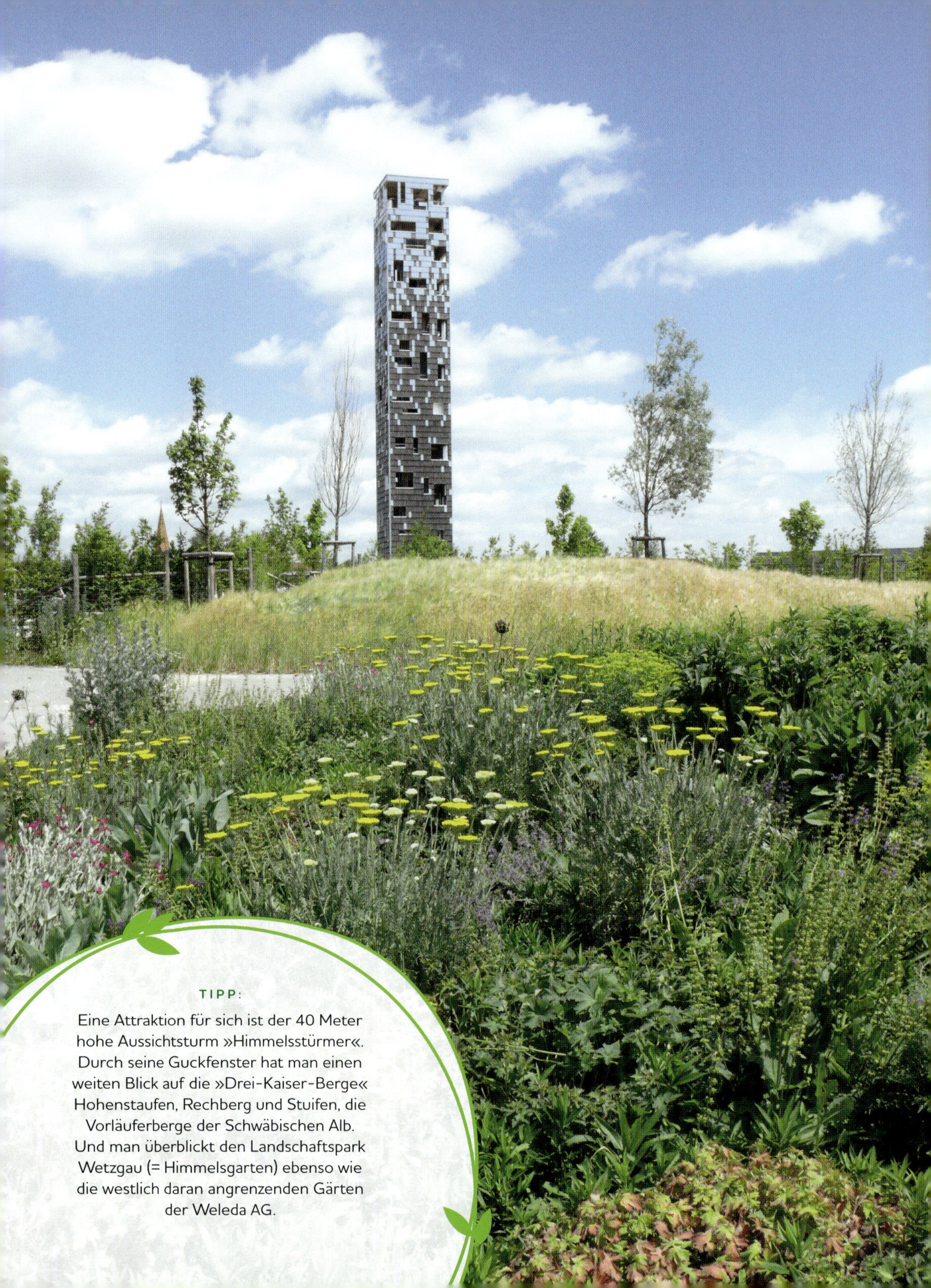

TIPP:

Eine Attraktion für sich ist der 40 Meter hohe Aussichtsturm »Himmelsstürmer«. Durch seine Guckfenster hat man einen weiten Blick auf die »Drei-Kaiser-Berge« Hohenstaufen, Rechberg und Stuifen, die Vorläuferberge der Schwäbischen Alb. Und man überblickt den Landschaftspark Wetzgau (= Himmelsgarten) ebenso wie die westlich daran angrenzenden Gärten der Weleda AG.

19 Schwäbisch Gmünd
Weleda-Erlebnisgärten

Direkt neben dem Landschaftspark Wetzgau liegen Gebäude und Gärten der Weleda AG. Das grüne Gelände setzt sich aus drei Bereichen zusammen: aus dem Bereich um das Erlebniszentrum mit moderner, hausgartenartiger Gestaltung, aus dem eingezäunten Profibereich für den Heilpflanzenanbau und aus dem jederzeit öffentlich zugänglichen Landschaftspark, der im Rahmen der Landesgartenschau 2014 angelegt worden ist.

Alles wirkt modern und freundlich, die Gebäude in anthroposophisch anmutender, leicht verwaschener Farbgebung. Es ist eine architektonisch-künstlerische Gesamtgestaltung, in die Gebäude, Gewächshäuser, Gärten, Felder, Wege und Verkehrsflächen eingebunden sind. Das Lavendel-Labyrinth im Eingangsbereich ist das neueste Element der Gartenlandschaft. Das Gelände um das Erlebniszentrum ist modern und naturnah gestaltet mit Teich, Bienenweidepflanzen, Mooswand, Wasserelementen, alles mit hohem Wohlfühlfaktor.

Kernstück ist der etwa 20 Hektar große biologisch-dynamisch bewirtschaftete Heilkräutergarten. Auf dem Gelände werden 160 Pflanzenarten angebaut – robuste einheimische Arten im Freiland; wärmeliebende, exotische Pflanzen in Gewächshäusern. Die Gärtner haben hier sogar anspruchsvolle Arten wie Hirschzungenfarn oder Tausendgüldenkraut in Kultur. Dieser professionelle gartenbauliche Bereich ist eingezäunt; er ist nur im Rahmen von Führungen zugänglich. Man betritt ihn durch ein phantasievoll gestaltetes Weidentor.

Das hier geerntete Pflanzengut wird direkt in einem Gebäude auf dem Gelände, ganz frisch, zu Tinkturen verarbeitet. Besucher können über Sichtfenster die Stationen der Tinkturenherstellung verfolgen.

KONTAKT

Weleda AG/Erlebniszentrum, Am Pflanzengarten, 73527 Schwäbisch Gmünd
www.weleda.de
Außenanlagen frei zugänglich, Heilpflanzengarten nur im Rahmen von Führungen
Mit Gastronomie

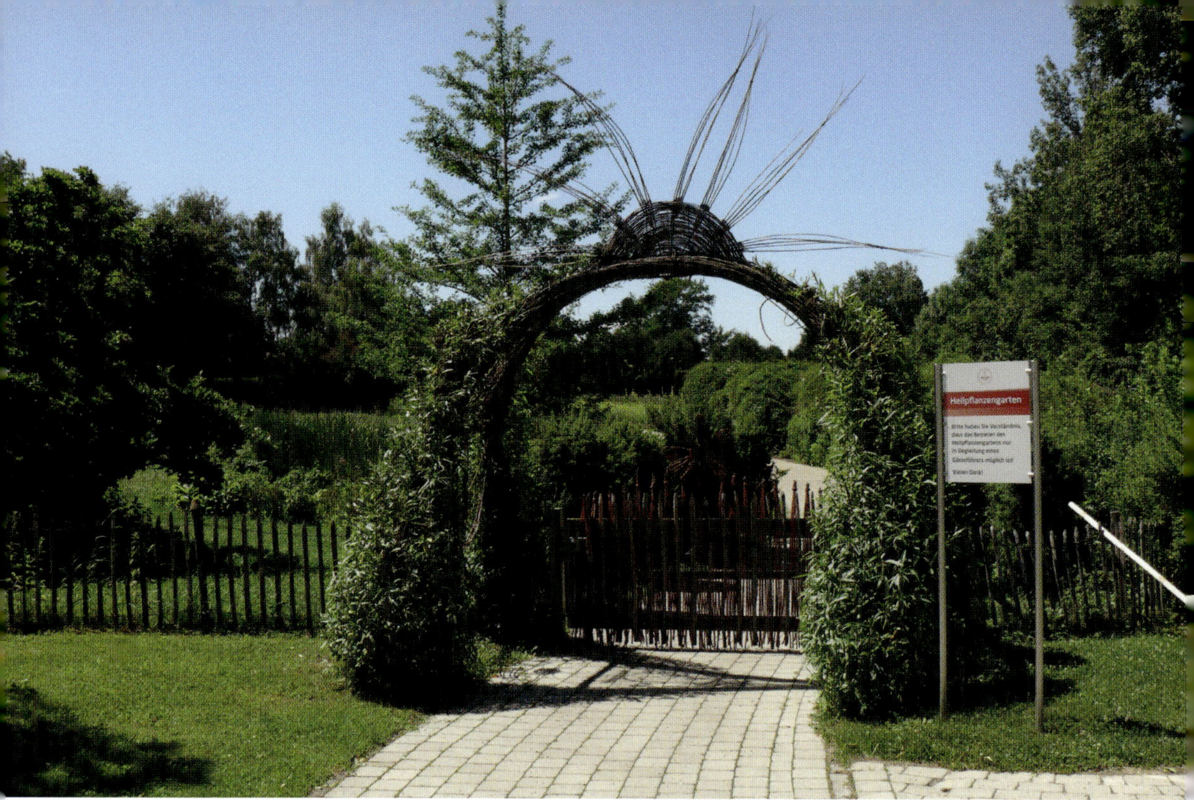

Durch das Weidentor gelangt man in den Weleda-Heilkräutergarten

Aus der Vogelperspektive und beim Blick vom Himmelsstürmerturm wirkt der Weleda-Garten durch seine organische Wegeführung wie eine Figur, wie Biene Maja oder wie ein außerirdisches Wesen. Von oben sieht man deutlich die Trennung in den Westteil mit dem Erlebniszentrum und den Ostteil mit dem öffentlich zugänglichen Areal, einer Art Landschaftspark mit Birkenhain und anderen Gehölzpflanzungen. Dieser Teil der Weleda-Gärten wurde zur Landesgartenschau 2014 angelegt. Er wird ebenfalls biologisch-dynamisch bewirtschaftet.

Auf ovalen oder tropfenförmigen Pflanzinseln wachsen dekorative Heilkräuter wie beispielsweise Engelwurz und ergänzende Zierpflanzen. Auf lang gestreckten Mini-Feldern setzen Ringelblumen und andere Heilpflanzen Farbtupfer. In Riesenschubladen werden typische Weleda-Heilpflanzen präsentiert. Ein interessanter Ausstellungsbeitrag sind die Wurzelschaukästen, die zeigen, wie sich das Wurzelwerk einer einzelnen Pflanze bis tief in den Boden ausbreitet.

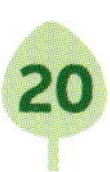

Stuttgart
Chinesischer Garten

Ein touristisches Kleinod direkt oberhalb des Hauptbahnhofes. Viele Besucher finden den Weg in den »Garten der schönen Melodie« und genießen von luftiger Position die Aussicht.

Die Gartenanlage war ursprünglich ein Ausstellungsbeitrag der chinesischen Provinz Jiangsu für den Nationengarten auf der Internationalen Gartenbauausstellung IGA 1993. An dem Ausstellungsort im Rosensteinpark konnte er jedoch nicht bleiben; er wurde deshalb 1996 an der jetzigen Stelle unmittelbar neben einem Weinberg neu errichtet. Eine hohe, von Ziegeln gekrönte Mauer grenzt den Garten vom Straßenraum ab. Der überschaubare, etwa 1500 Quadratmeter große Garten befindet sich im Besitz des Verschönerungsvereins Stuttgart e. V.

Der China-Garten bildet die Welt im kleinen Maßstab ab: Steinschichtungen stellen Gebirge dar, Teiche oder Seen entsprechen den Meeren, Gartenpflanzen der natürlichen Vegetation. Diese Nachschöpfung der Landschaft soll dem Besucher die Natur und deren Schönheiten zeigen.

Im Zentrum des Gartens steht die Halle der Freundschaft, ein Gebäude mit filigranen Holzschnitzereien und hochgezogenen Dachenden. Der Pavillon der vier Himmelsrichtungen überragt die Anlage. Von diesem luftigen Bau überblickt man den Garten und hat gleichzeitig einen freien Blick auf den Stuttgarter Talkessel und die umgebenden Hänge. Weitere symbolträchtige Gestaltungsmerkmale sind der Teich, über den der Zickzackweg führt, der Wasserfall sowie Steinskulpturen und Kieselbeläge auf den Wegen. Gepflanzt sind Gehölze und Stauden fernöstlicher Herkunft, u. a. Zierkirsche, Zierquitte, Forsythie, Fächer-Ahorn, Bambus, Elfenblume *(Epimedium)*.

KONTAKT

Birkenwald-/Ecke Panoramastraße, 70174 Stuttgart
www.chinagarten-stuttgart.de
Tagsüber frei zugänglich

Fernöstliches Flair am Rand des Stuttgarter Talkessels

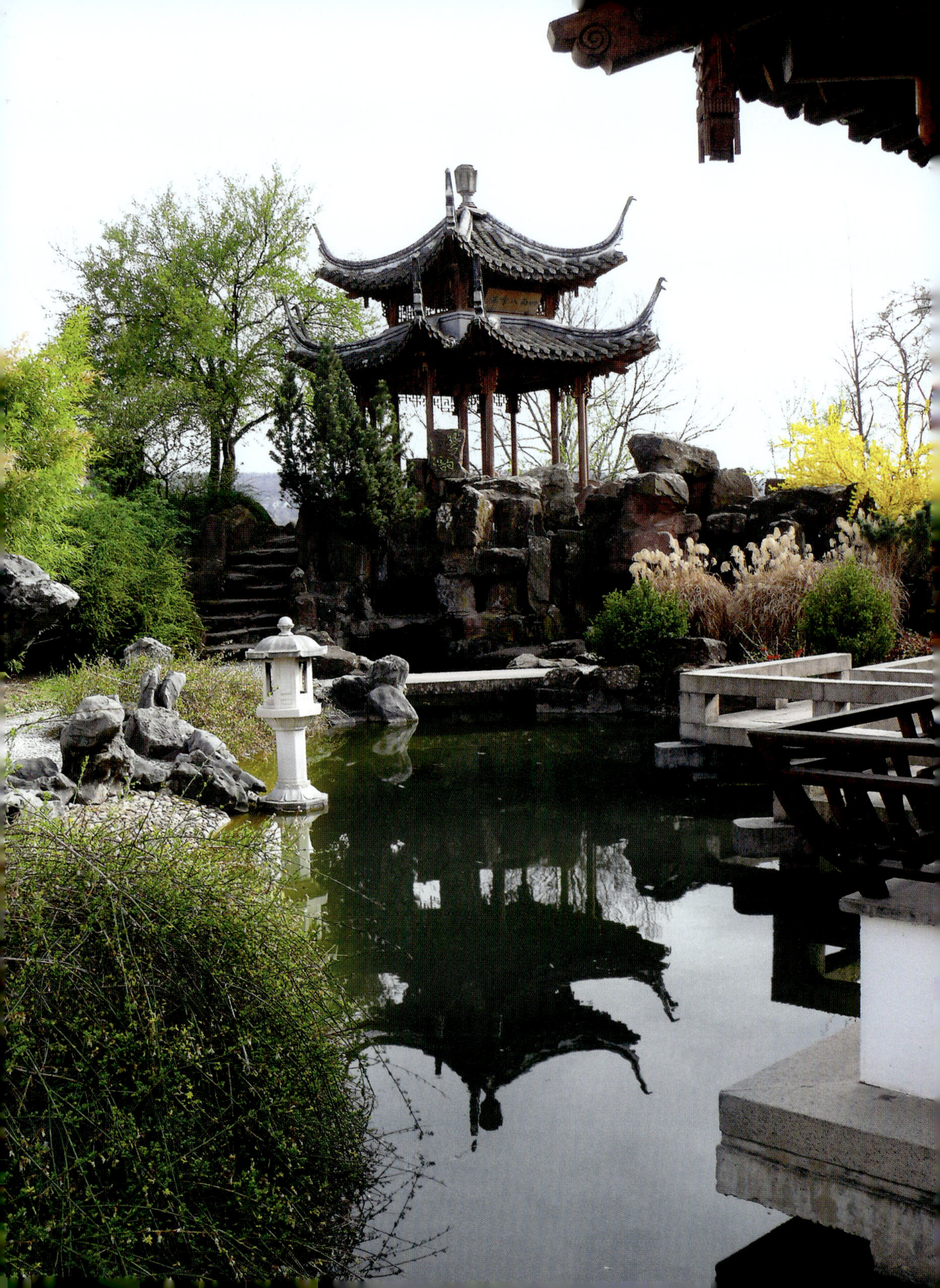

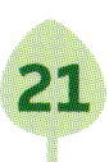

Stuttgart
Höhenpark Killesberg

Der Höhenpark Killesberg ist ein Aushängeschild für die Landeshauptstadt und ein Muss für jeden, der sich für Gärten und Pflanzen interessiert. Und ganz nebenbei bietet er vom Killesbergturm einen hervorragenden Ausblick über das Neckartal und den Talkessel.

Der Höhenpark Killesberg ist eigentlich ein Gartenschaupark. Der Killesberg war bereits Schauplatz der Reichsgartenschau im Jahr 1939. Die Anlage entstand in einem ehemaligen Steinbruchgelände, in dem zuvor roter Schilfsandstein (Stuttgart-Formation) als Werkstein abgebaut worden war. Die Topographie bestimmt die Gestaltung des Parks. Wege schmiegen sich organisch ins Gelände ein.

Die Handschrift gleich mehrerer berühmter Architekten zeigt sich in diesem Gelände. Der bekannte Gartengestalter Hermann Mattern, der das Büro des berühmten Staudenzüchters und Gartengestalters Karl Foerster in Potsdam-Bornim leitete, verband bei seiner Planung für diese erste Schau baulich-architektonische und gärtnerisch-landschaftliche Elemente und fügte diese zu einem Gesamtwerk zusammen. Stuttgarter Architekten wirkten mit. Alle Mauern wurden trocken aufgesetzt. (Das hatte den schlichten Grund, dass Zement, Beton und Stahl für Kriegszwecke gebraucht wurden.) Diese Trockenmauern aus rotem Schilfsandstein wirken noch heute sehr harmonisch. Die Steinarbeiten stehen wegen ihrer besonderen Kulturleistung unter Denkmalschutz. Nicht nur das, der gesamte Höhenpark Killesberg ist in die Denkmalliste eingetragen.

Der Killesbergpark war bereits 1950 wieder Schauplatz einer Gartenschau. 1961 und 1977 folgten weitere Bundesgartenschauen und 1993 schließlich die Internationale Gartenbauausstellung IGA. Die Gesamtplanung der IGA lag in den Händen des Stuttgarter Landschaftsarchitekturbüros Hans Luz. Erklärtes Ziel war die Ausgestaltung zu einem durchgehenden Grüngürtel, zu einem »Grünen U«. So wurde es möglich, vom Schlossgarten über den Rosensteinpark durch das neu

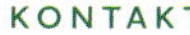

KONTAKT

Am Kochenhof, 70192 Stuttgart
www.stuttgart.de
Frei zugänglich
Mit Gastronomie

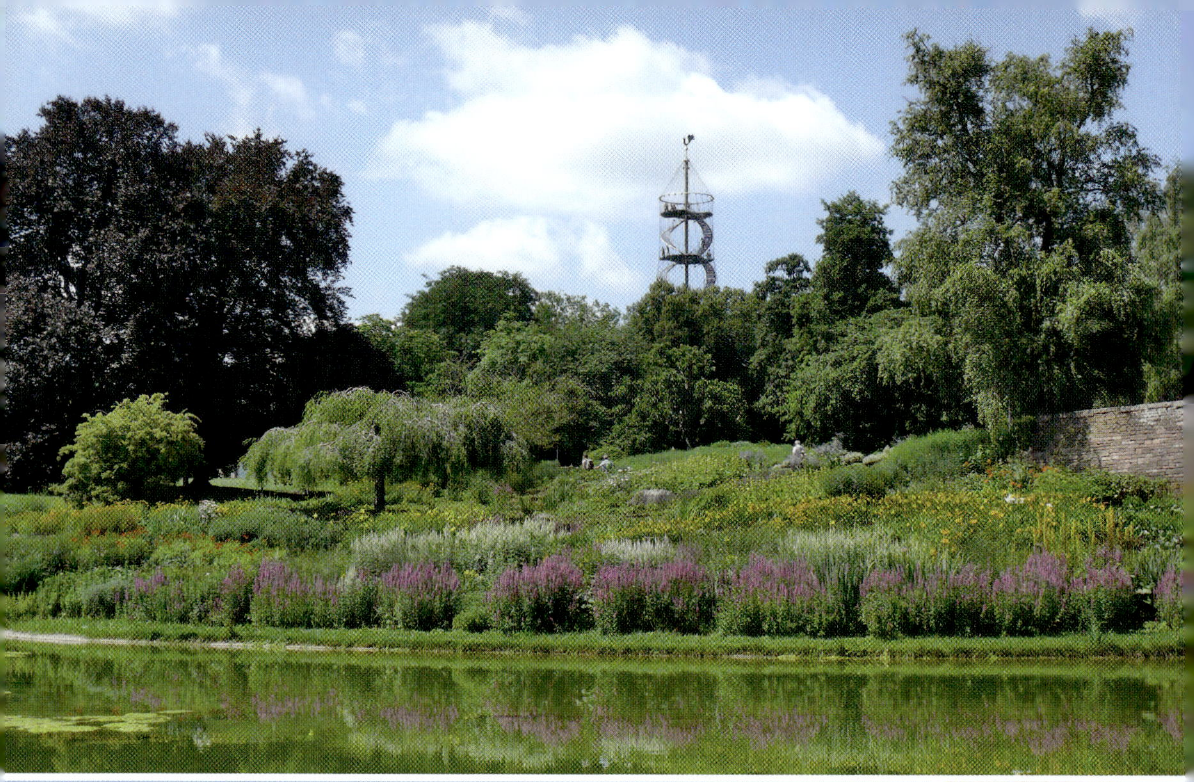

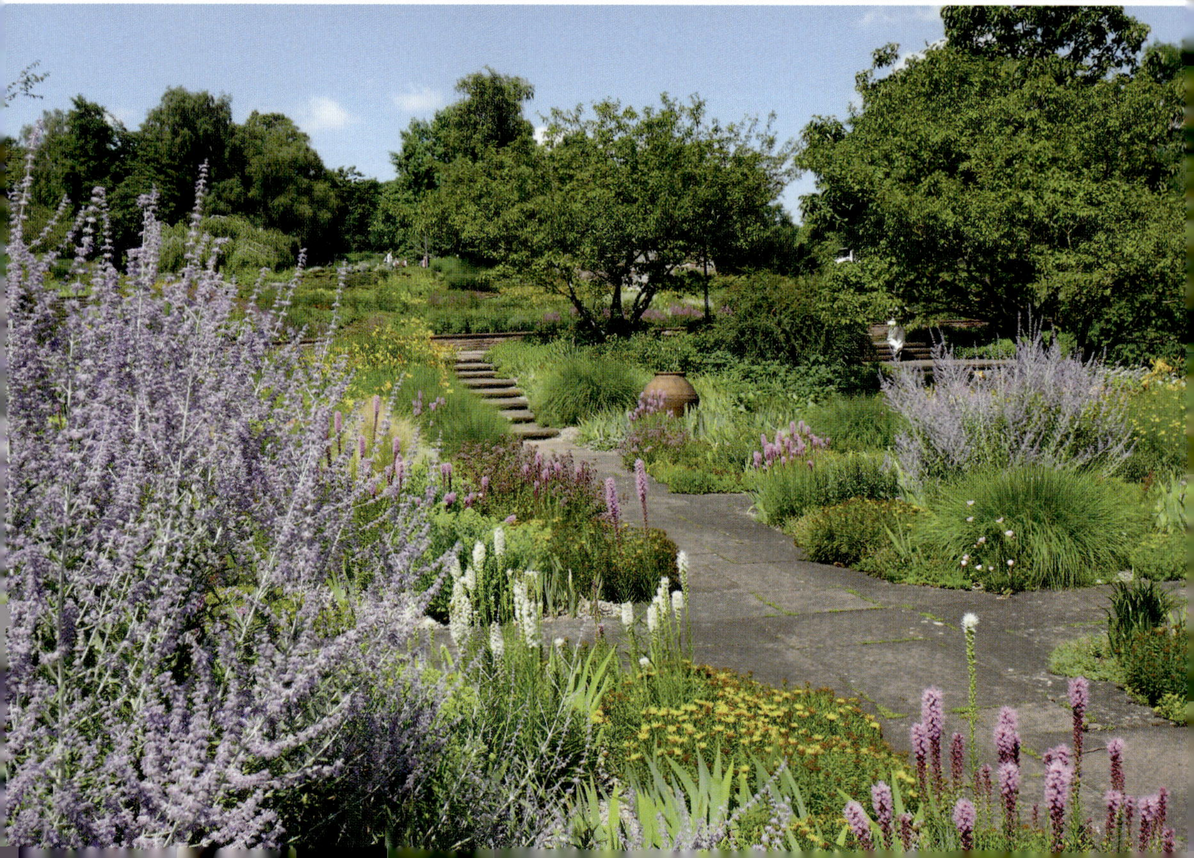

gestaltete Wartberggelände in den Killesbergpark zu gelangen, ohne eine Straße überqueren zu müssen.

Der Park ist von vielen Seiten her zugänglich: Der Hauptzugang ist von Süden her, wo sich auch die unterirdische Endhaltestelle der U5 befindet. Die Wege im Eingangsbereich sollen an Meißelspuren in einem Steinbruch erinnern. »Rasenkissen« liegen dazwischen. (Ganz organisch und menschengerecht sind diese Wege nicht; Spaziergänger haben sich schon längst ihre eigenen, direkteren Wege über die Rasenkissen ertrampelt.)

Wer sich dem Höhenpark Killesberg vom Pragsattel her nähert, gelangt zunächst zu den Staudenterrassen, zur IGA geplant vom Landschaftsarchitekten Urs Walser. Diese wechseln sich mit Wasserflächen ab. Hier lasse ich mich an heißen Sommertagen gerne von der Gischt der Fontänen erfrischen. Das wogende Meer der Großstauden, der Taglilien *(Hemerocallis)*, Blutweideriche *(Lythrum salicaria)* und Knöteriche wirkt schon beeindruckend. Sehr gut gefällt mir auch der daneben gelegene Senkgarten mit Blaurauten *(Perovskia)* und Prachtscharten *(Liatris)*.

Ziel meiner Killesbergexkursion ist immer das Höhencafé oberhalb des Steinbruchs. Und der Killesbergturm. Für alle Schwindelfreie und Fitte sei der Aufstieg auf den 40,4 Meter hohen Turm empfohlen. Von den fünf Plattformen hat man einen fantastischen Blick ins Neckartal und weit ins Stuttgarter Umland. Der bekannte Stuttgarter Architekt Jörg Schlaich plante diesen mehrfach preisgekrönten Turm in der Bauweise eines Seilnetzturms. Der Killesbergturm war ursprünglich für die IGA 1993 geplant worden. Doch zum Bau kam es erst in den Jahren 2000 bis 2001 durch die Initiative des Verschönerungsvereins Stuttgart e. V., der den Bau zum Teil finanzierte und zusätzliche Mittel über Turmpatenschaften hereinholte. Der Verein ist Eigentümer dieses Turms wie auch etlicher anderer Türme, Brunnen und kleinerer Grünanlagen auf Stuttgarter Stadtgebiet (siehe auch China-Garten Seite 123).

Vom Höhencafé steigt man vorbei an kleineren Staudenterrassen hinab zum Rosengarten. Es ist eine Vergleichsschau von neueren Sorten, gruppiert nach Zierstrauchrosen, Beetrosen, Edelrosen, Bodendeckerrosen und Kletterrosen. Mit dabei ist die leuchtend gelbe Beetrose ›Stuttgardia‹ des Rosenzüchters Kordes. Sie wurde 2012 zu Ehren der Landeshauptstadt getauft.

TIPP:

Anders als der Schlossgarten und der Rosensteinpark, die im wesentlichen Landschaftsparks sind, ist der Killesbergpark durch die vielen Gartenelemente so etwas wie ein Gartenschaupark auf Dauer. Die Besucher bekommen hier viel zu sehen. Es gibt ein gutes gastronomisches Angebot, Spielmöglichkeiten für Kinder, einen kleinen Tierpark mit Schaubauernhof.

Staudenterrassen mit Killesbergturm und Senkgarten mit Blauraute und Prachtscharte

Stuttgart Schlossgarten und Schlossplatz

Der über 60 Hektar große Schlossgarten ist die grüne Ader Stuttgarts. Er gliedert sich in den innenstadtnahen Oberen Schlossgarten zwischen Neuem Schloss, Oper und Bahnhof, den Mittleren Schlossgarten mit seinen weiten Grünflächen und in den sehr langgestreckten Unteren Schlossgarten, der in den Rosensteinpark und den Park der Villa Berg übergeht. Er ist Teil des für die IGA 1993 geschaffenen »Grünen U«.

Der Schlossgarten verläuft im Nesenbachtal über dem verdolten Nesenbach, der einst den Talkessel ausgeformt hat. Sehr viele Stuttgarter und Besucher durchqueren ihn bei ihren alltäglichen Gängen. (Derzeit ist der grüne Streifen durch Bauzäune und Kräne um die Baustellen für Stuttgart 21 beeinträchtigt.)

Der Schlossgartenspaziergang beginnt am Schlossplatz zwischen Neuem Schloss und Königsbau. Dies ist der zentrale Platz in Stuttgart – eine geometrische Anlage mit Siegessäule, zwei Schalenbrunnen, auf beiden Seiten von Kastanienalleen gesäumt. Wer in Stuttgart lebt und für einen Stuttgartbesuch Zeit mitbringt, sollte sich das Vergnügen gönnen und den ganzen Weg vom Schlossplatz bis zum Rosensteinpark gehen. Für den etwa dreieinhalb Kilometer langen Weg brauchen Spaziergänger, die gut zu Fuß sind, etwa eine dreiviertel Stunde.

Der Obere Schlossgarten, 1807 als »Obere Königliche Anlagen« (nach Plänen von Nikolaus Friedrich von Thouret) unter König Friedrich I. angelegt, erhielt sein jetziges Aussehen anlässlich der Bundesgartenschau 1961. Er erstreckt sich vom Gartenflügel des Neuen Schlosses gen Osten und umfasst den wegen seiner eckigen Form als »Eckensee« bezeichneten Teich. Der Bereich um den Oberen Schlossgarten ist das kulturelle und politische Zentrum der Landeshauptstadt: In seinen Randarealen steht das Neue Schloss, der Landtag, die Oper (»Großes

KONTAKT

Erstreckt sich über dreieinhalb Kilometer
vom Schlossplatz bis zum Neckar
www.stuttgart.de
Frei zugänglich
Mit Gastronomie

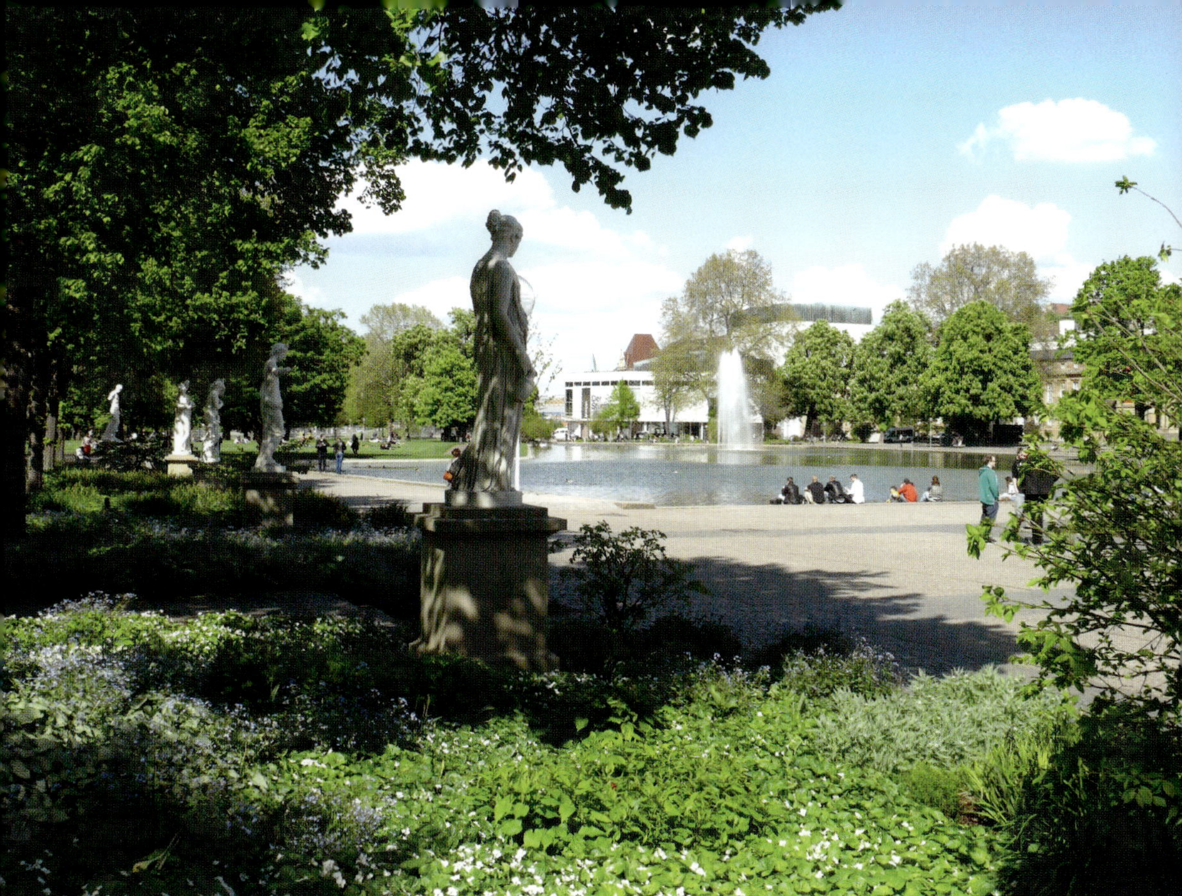

Oberer Schlossgarten mit Eckensee und Schauspielhaus im Hintergrund

Haus«) und das Schauspielhaus (»Kleines Haus«) sowie das Gebäude des Kunstvereins. Viele Wege führen durch diesen Teil des Schlossgartens. Südlich des Schlosses in Richtung Charlottenplatz setzt er sich im Akademiegarten fort.

Eine Brücke verbindet den Oberen Schlossgarten mit dem Mittleren Schlossgarten. Derzeit führt zudem eine provisorische Rampe direkt von den Bahngleisen in den Park, so dass Bahnreisende Wartezeiten in diesem schönen Parkareal mit weiten Wiesenflächen und vielen alten Bäumen verbringen können. Seine heutige Gestalt bekam der Mittlere Schlossgarten anlässlich der Bundesgartenschauen 1961 und 1977. Der Quellgarten mit seinen Wasserbecken, Kaskaden und Wasserläufen soll an den Nesenbach erinnern, der unter der Anlage verdolt als Hauptwassersammler gen Neckar fließt. Im Zentrum liegt der Schlossgartensee, an dessen südlichem Ufer eine Platanenallee entlang führt.

In diesem Teil des Schlossgartens fällt ein ruinenartiges Bauwerk auf: eine Treppenanlage des Renaissancebaus Neues Lusthaus. Diese Ruine wurde erst im 20. Jahrhundert von anderer Stelle hierher transloziert.

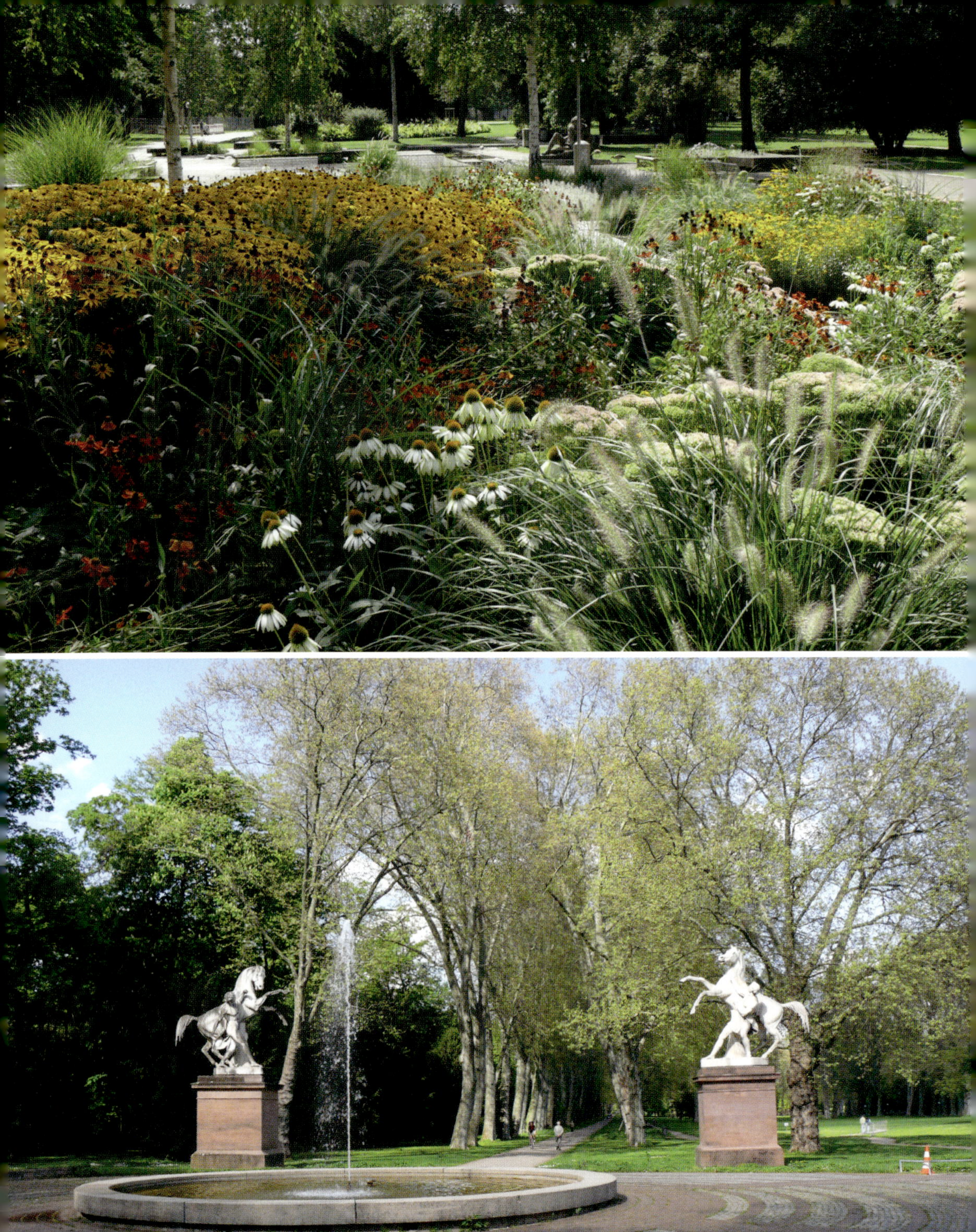

Der Untere Schlossgarten, einst als »Untere Königliche Anlagen« bezeichnet (ursprünglich nach Plänen von Nikolaus Friedrich von Thouret 1813–1817 angelegt), erstreckt sich als schmaler Streifen entlang der Bahnlinie, auf der der gesamte Bahnverkehr zum Stuttgarter Hauptbahnhof (einem Kopfbahnhof) führt. Der Untere Schlossgarten war bereits Teil der Bundesgartenschau 1977. Im Rahmen der IGA 1993 erhielt er seine heutige Gestalt. Asphaltwege und geschlängelte kleinere, erdgebundene Wege erschließen ihn.

An der Nordseite führt eine auf langer Strecke schnurgerade verlaufende Platanenallee, die Felix-Mendelssohn-Allee, vom Rondell mit der zweiteiligen Skulptur »Rossebändiger« aus Carrara-Marmor (von Ludwig Hofer 1844-1847 geschaffen) Richtung Rosensteinpark. Ursprünglich war die Allee auf die spätgotische Stadtkirche von Cannstatt ausgerichtet.

Die Bäume entfalten hier ihre majestätische Schönheit. Baumbewunderer wissen sie noch mehr zu würdigen, wenn sie wissen, dass in ihren Stämmen und starken Ästen Hohltauben, Dohlen, Waldkäuze und sogar exotische Gelbkopfamazonen brüten. (Die Gelbkopfamazonen gelten als eingebürgert; sie haben in den Baumwipfeln des Schlossgartens und des Rosensteinparks ihr Revier. Durch ihr lautes Gekrächze machen sie vor allem abends auf sich aufmerksam.)

Der Untere Schlossgarten besteht hauptsächlich aus Wiesenflächen, die von Baumgruppen durchsetzt sind. Ein künstlich angelegter Bachlauf, das »Nesenbächle«, mäandert vom Quellteich ausgehend bis zum Inselsee im Ostteil des Parks. Staudengräser, Sumpf-Iris und Blutweiderich wachsen an seinen Rändern. Ein weiterer Wasserlauf hat seine Quelle im Nymphenbrunnen, den eine Quellnymphe bewacht. Es handelt sich dabei um eine 1977 gefertigte Kopie einer Plastik von Johann Heinrich von Dannecker.

Den östlichen Abschluss des Unteren Schlossgartens bilden Rasenhügel mit einer Art Springbrunnenaufsatz, die so genannten »Berger Sprudler«. Sie symbolisieren das reiche Mineralwasservorkommen in unmittelbarer Umgebung des Geländes, sind derzeit jedoch außer Betrieb. Zwischen den Sprudlern verlaufen die Schienen der Straßenbahn. Hinter den Hügeln fließt der Neckar. Und jenseits davon liegt der Stadtteil Bad Cannstatt.

Staudenbeet im Mittleren Schlossgarten und
Rossebändiger vor Platanenallee im Unteren Schlossgarten

23

Stuttgart
Weißenburganlage mit Teehaus

Die Weißenburganlage in Stuttgart-Süd ist mein persönlicher Lieblingspark in Stuttgart, deswegen darf er in diesem Gartenreiseführer nicht fehlen.

In diesem Park habe ich während meiner Jahre als Redakteurin des »Landwirtschaftlichen Wochenblattes« im Sommer sehr oft meine Mittagspause verbracht, von der kreisrunden Kanzel aus die Aussicht auf den Stuttgarter Talkessel genießend.

Die Weißenburganlage erstreckt sich vom südlichen Rand der Innenstadt in einer Klinge und um einen Bergvorsprung hinauf fast bis zur Kante des Talkessels. Treppen und steil ansteigende Pfade erschließen ihn. Das steile Gelände ist durch Trockenmauern aus rotem Sandstein gegliedert und terrassiert.

Das Teehaus ist Teil des architektonischen Jugendstil-Ensembles, zu dem auch der ehemalige Tennisplatz und der darunter verborgene Marmorsaal gehören. Spaziergänger können durch verglaste Türen einen Blick in das Innere des prächtig mit Marmor ausgestatteten Gartensaales werfen. Zugänglich ist der Raum nur zu besonderen Anlässen. Auf der vorgelagerten Terrasse ragt eine monumentale Säule in die Höhe, die von der Bronzestatue »Von den Bergen herabkommender Frühling« gekrönt ist.

Die Fabrikantenfamilie Sieglin ließ in den Jahren 1912/13 dieses eigenartige Ensemble neben der Villa Weißenburg erbauen. 1956 verkauften die Sieglin-Erben Villa und Park an die Stadt Stuttgart. Die Villa wurde abgerissen; die anderen Gebäude blieben erhalten und wurden nach und nach restauriert.

Die Stuttgarter Gartenbauamt ließ das Gelände anlässlich der Bundesgartenschau 1961 umgestalten. Diese Geländegestaltung hat bis heute Bestand. Wege und Treppen folgen der Hügeltopographie. Auch der Platz vor dem Teehaus wurde in der damals typischen Gartenarchitektur mit Steinplatten und unregelmäßig eingestreuten, rechteckigen Wasserbassins gestaltet.

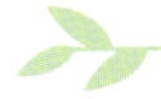

KONTAKT

Bopserwaldstraße 3, 70184 Stuttgart
Frei zugänglich
Mit Gastronomie

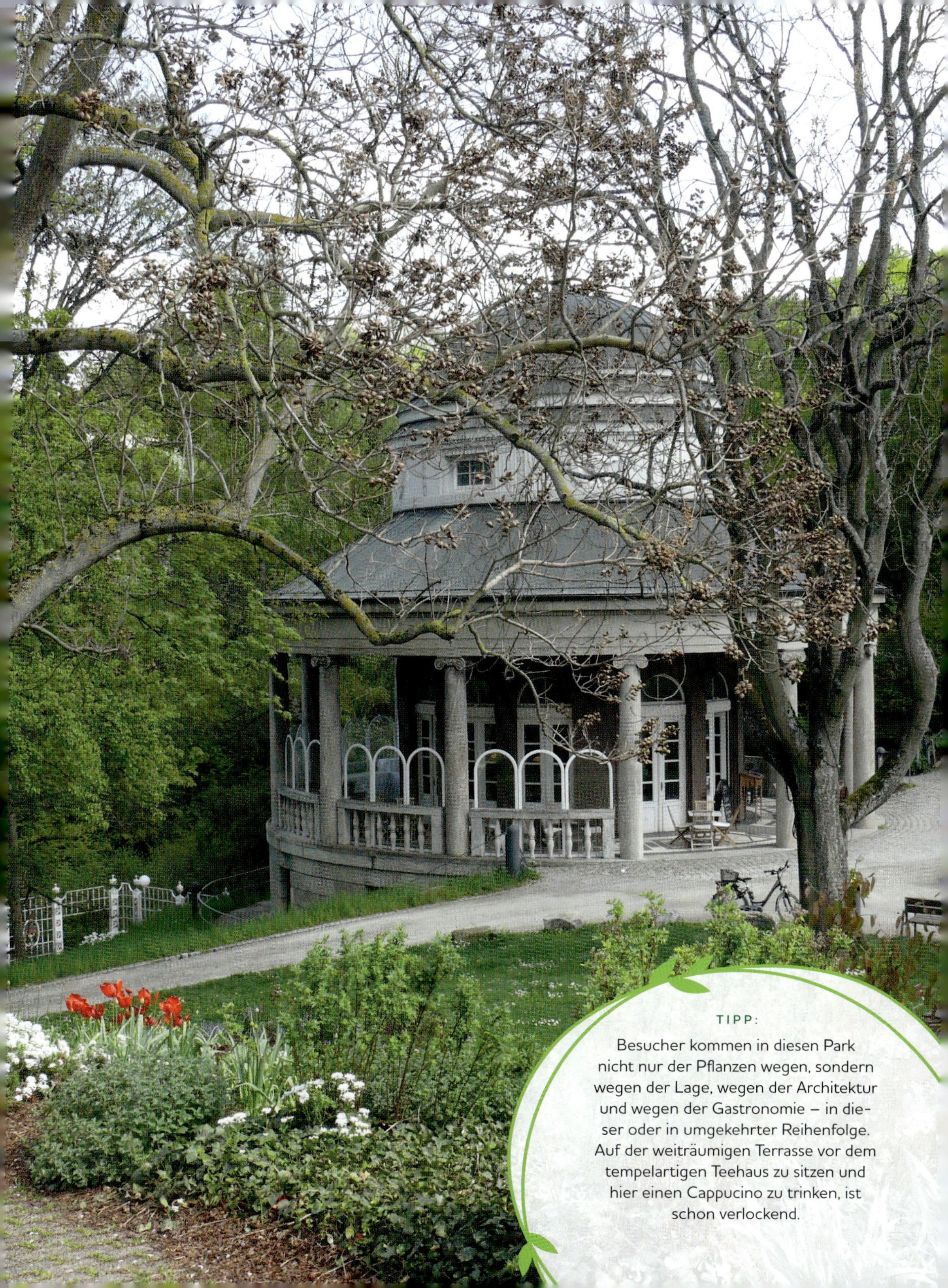

TIPP:

Besucher kommen in diesen Park nicht nur der Pflanzen wegen, sondern wegen der Lage, wegen der Architektur und wegen der Gastronomie – in dieser oder in umgekehrter Reihenfolge. Auf der weiträumigen Terrasse vor dem tempelartigen Teehaus zu sitzen und hier einen Cappucino zu trinken, ist schon verlockend.

24

Stuttgart-Bad Cannstatt
Kurpark Bad Cannstatt

Der insgesamt etwa 15 Hektar große Kurpark ist durch Architektur und Topographie klar in zwei Bereiche geteilt: in die flach ausgebreiteten Unteren Kursaalanlagen vor dem Kursaal und in den hinter und oberhalb des Kursaales gelegenen Oberen Kurpark.

Es ist fast eine Bildungslücke (nicht auf gärtnerischem Gebiet, sondern auf dem Gebiet des Allgemeinwissens), wenn man den Cannstatter Kurpark nicht kennt; denn im Park befindet sich das ehemalige Werkstattgebäude von Gottlieb Daimler, heute noch genauso wie einst getarnt als Gewächshaus. Im verglasten Vorbau und in der eigentlichen Werkstatt dahinter ist eine sehenswerte Gedenkstätte eingerichtet – mit Mobiliar, Werkzeug, Modellen und vielen erklärenden Tafeln (Adresse: Taubenheimstraße 32, 70372 Stuttgart). Das Wohnhaus Gottlieb Daimlers, das daneben stand, existiert nicht mehr.

Im Unteren Kurpark führte ursprünglich eine von Oberhofgärtner Bosch (siehe auch Rosensteinpark Seite 137) geplante Allee direkt auf das Mittelgebäude des zwischen 1826 und 1841 errichteten klassizistischen Kurhauses (Architekt Nikolaus Friedrich von Thouret) zu. Im Rahmen der Bundesgartenschau 1960 wurden die Kursaalanlagen zum Volkspark umgestaltet. An Stelle der Allee breiten sich seither Rasenflächen aus, die an den Rändern von Bäumen und Pflanzflächen für Stauden gesäumt sind. Vor dem Großen Kursaal steht ein Reiterstandbild König Wilhelm I. von Württemberg von 1875. Der Platz vor dem Großen Kursaal ist mit einem vor 1910 gepflanzten Magnolienbaum sowie kontrastreichen Sommerblumenbeeten schön gestaltet. Der 1910 im Park aufgestellte Junobrunnen erinnert an die Städteehe Cannstatts mit Stuttgart im Jahr 1905. Einen Hinweis wert sind die Mineralwasserbrunnen im Innenhof des Kursaals und der Lautenschlägerbrunnen unmittelbar neben der U-Bahn-Haltestelle Kursaal.

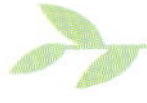

KONTAKT

Königsplatz 1, 70372 Stuttgart
Frei zugänglich
Mit Gastronomie

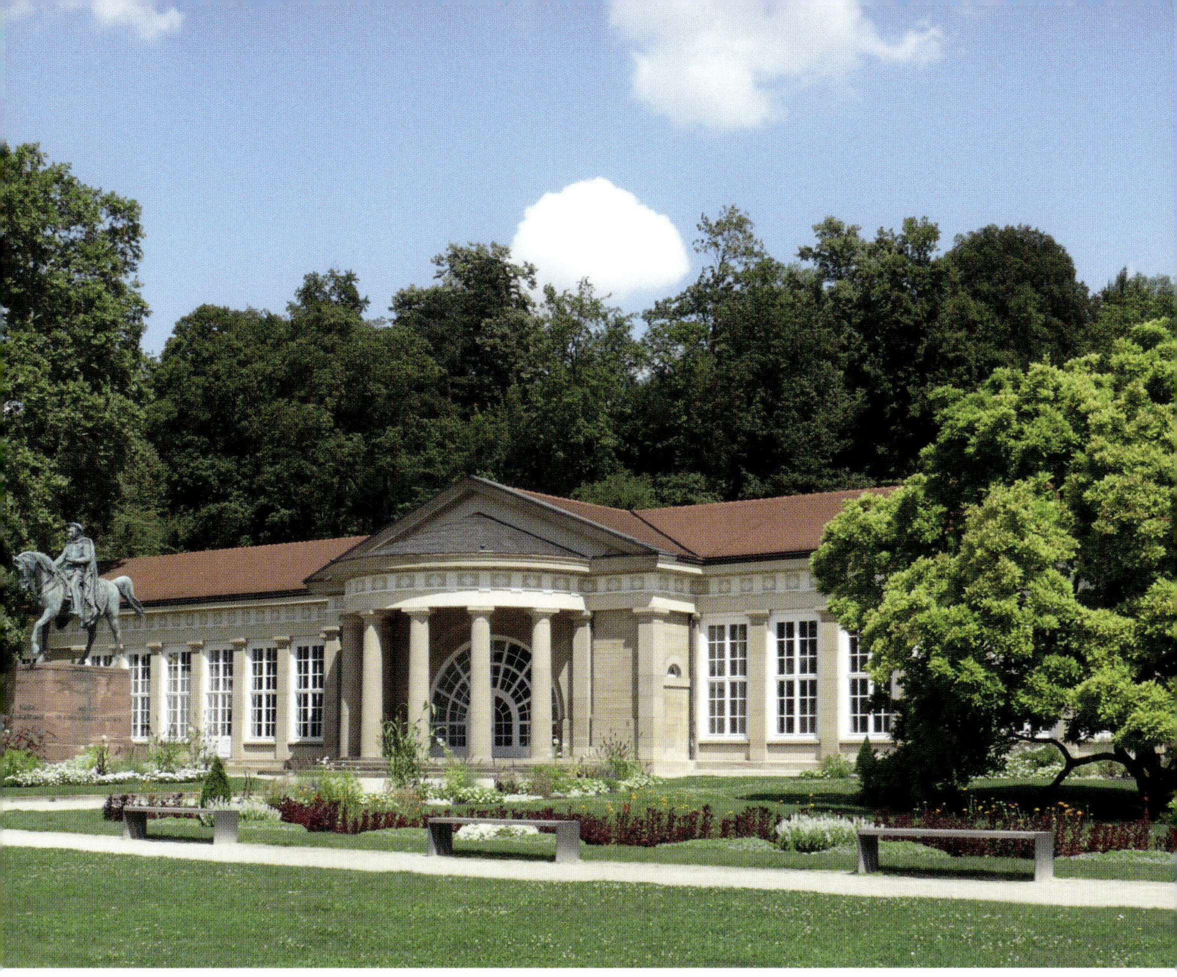

Großer Kursaal in Bad Cannstatt mit dem Oberen Kurpark dahinter

Zum Oberen Kurpark gelangt man auf Wegen, die beidseits am Kursaal vorbeiführen. Von einer Aussichtsterrasse oberhalb des Kursaales öffnet sich ein Panoramablick Richtung Stuttgart, zum Rosensteinpark und zum Killesberg hin. Bei meinem Rundgang durch den Oberen Kurpark fielen mir vor allem Österreichische Schwarzkiefern auf, ein großer, einzeln stehender Speierlingsbaum sowie eine Sechsergruppe Tulpenbäume. Die deutlich ausgeprägte Hangkante säumen Kornelkirschensträucher. Im Park befinden sich kleinere Bauwerke: der Daimlerturm (erbaut 1894) mit Steingartenanlage, die Wandelhalle und ein Pavillon.

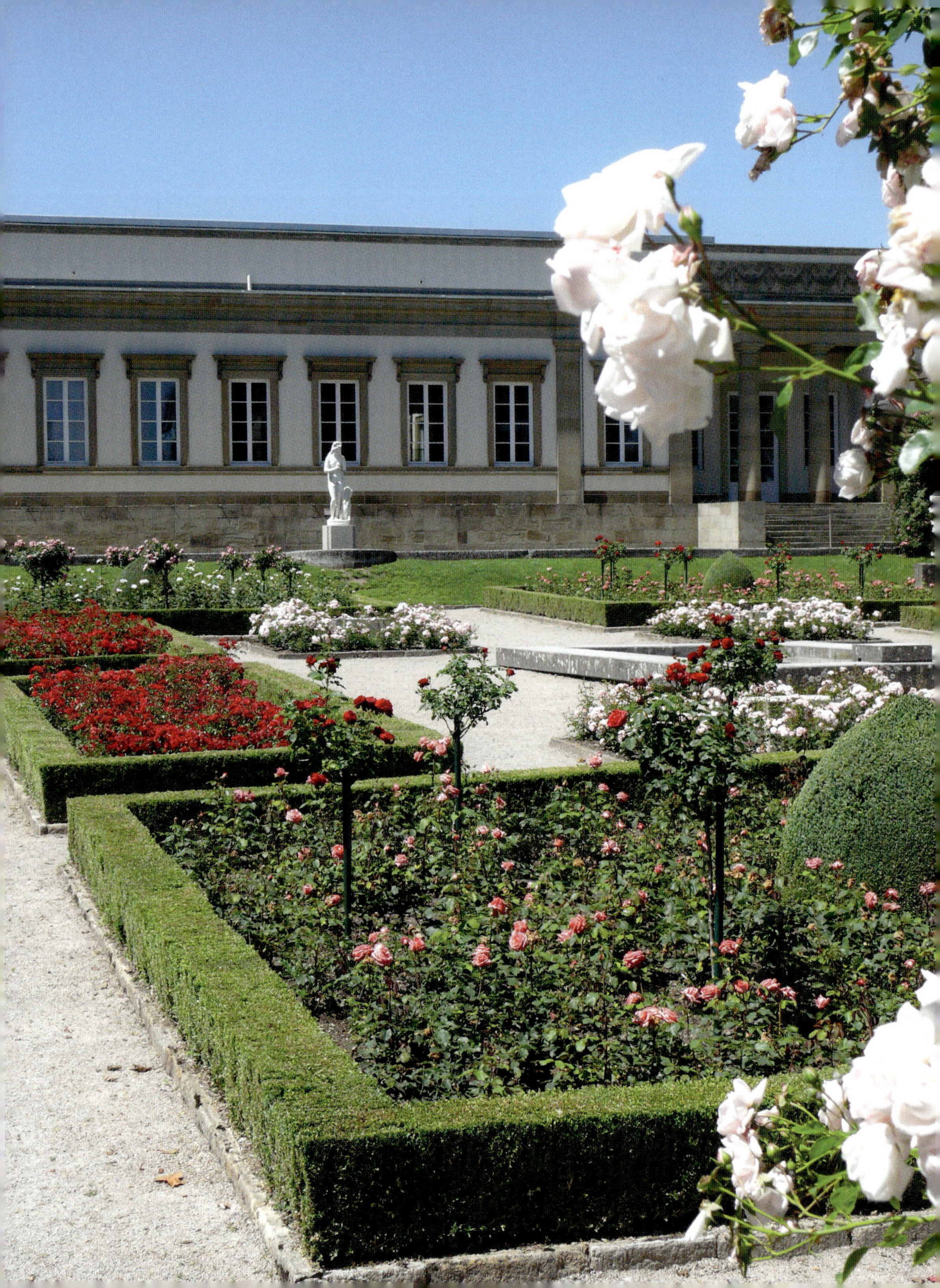

Stuttgart-Bad Cannstatt
Rosensteinpark mit Karlsgarten

Der Rosensteinpark gilt als größter englischer Landschaftsgarten im Südwesten Deutschlands, angelegt wurde er von 1824 bis 1840. Er bildet eine landschaftsarchitektonische Einheit mit dem klassizistischen Schloss Rosenstein, das von 1824 bis 1829 nach einem Entwurf des Hofbaumeisters Giovanni Salucci gebaut wurde.

König Wilhelm I. ist der Urheber dieser Schloss- und Parklandschaft oberhalb des Neckarknies. Vorher hatte bereits König Friedrich I. den Plan, auf dem Kalenstein, wie das Gelände zuvor hieß, ein Schloss zu errichten. Wilhelm I. ließ in den beiden Jahren nach seinem Regierungsantritt im Jahr 1816 von Cannstatter Bürgern Hunderte Grundstücke – Gärten, Wiesen, Weinberge, Obstland – aufkaufen, wodurch eine zusammenhängende Fläche von 105 Hektar zusammenkam. Wilhelm ließ von englischen Gartenplanern Entwürfe anfertigen. Mit der Planung wurde dann der damalige Oberhofgärtner Bosch beauftragt, der zuvor für ein halbes Jahr nach England geschickt worden war, um den englischen Gartengestaltungsstil zu studieren. Der Rosensteinpark war kein reiner Lustgarten, sondern zunächst auch eine landwirtschaftliche Versuchsstation mit Meierei, in der König Wilhelm I. mit der Züchtung einer neuen Rinderrasse und mit Geflügel experimentieren ließ.

Der Rosensteinpark ist heute noch etwa 64 Hektar groß, da an den Rändern nach und nach Land abgetrennt wurde – für die Wilhelma und ihre Betriebsanlagen, für Post- und Museumsbauten. Groß und weitläufig ist der Park trotzdem noch – ideal zum Joggen und Walken.

Der Rosensteinpark ist wichtiger Teil des IGA-Konzeptes vom Grünen U; über ihn besteht eine durchgängige grüne Verbindung vom Schlossgarten über

KONTAKT

Pragstraße, 70376 Stuttgart
www.stuttgart.de
Frei zugänglich

Karlsgarten vor Schloss Rosenstein

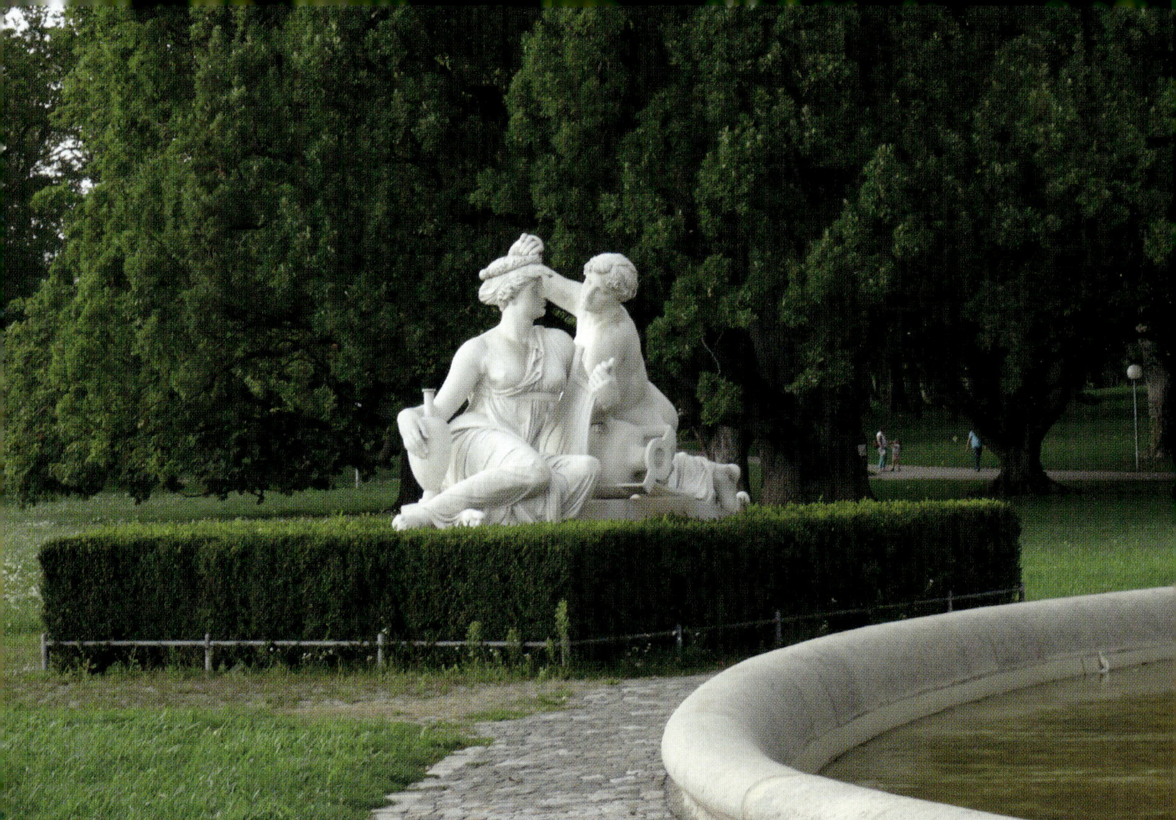

Nymphengruppe

das Leibfriedsche Gelände und den Wartberg zum Höhenpark Killesberg. Vom Schlossgarten bzw. von der Platanenallee (siehe Seite 128) aus gelangt man durch eine Kastanienallee, zwischen den beiden Wachhäusern hindurch in den Park und weiter zum Schloss oder auf verschiedenen Wegen bis zum Löwentor unterhalb des Pragsattels.

Der größere Bereich des Rosensteinparks ist ein klassischer Landschaftspark mit weiten Wiesenflächen und Gehölzgruppen, von denen etliche noch aus der Zeit der Parkanlage stammen. Ein weit ausschwingendes Wegesystem erschließt ihn. Es entspricht größtenteils den historischen Wegeverläufen. Es gibt auch einen (Pump-)Teich, auf dem Schwäne und anderes Wassergeflügel leben. Der Gang durch den Park wird noch interessanter, wenn man weiß, dass auf den Wiesen Heu gemacht wird. Mit dem Heu von den artenreichen Wiesen des Typs »Salbei-Glatthaferwiese« werden Tiere in der Wilhelma gefüttert. Vom nördlichen bzw. nordöstlichen Randweg aus kann man gut in die Tiergehege schauen. Der Park selbst bietet Lebensraum für viele Tierarten, u. a. für Feldhasen. In Höhlungen der alten Bäume nisten Höhlenbrüter, u. a. Hohltauben, Halsbandschnäpper und Gelbstirnamazonen.

Vor der Südwestfassade des klassizistischen Schlosses Rosenstein ist prominent die Großskulptur Nymphengruppe mit Wassernymphe und Wiesennymphe platziert. Sie wirkt an dieser Stelle so stimmig, als ob sie speziell für diese Position entworfen worden wäre. Tatsächlich wurde sie erst 1982 vor dem Bassin vor der Hauptfassade aufgestellt. Es ist keine Originalplastik, wie man vermuten könnte, sondern eine Marmorkopie der Originalplastik (von 1809) von Johann Heinrich von Dannecker. Eine frühere Version der Nymphengruppe stand in den Unteren Anlagen vor der Gartenfassade des Neuen Schlosses.

Vor der Südostfassade des Schlosses liegt der Rosengarten (nach dem württembergischen König Karl, der hier einen Blumengarten anlegen ließ, auch als Karlsgarten bezeichnet). Dieser Garten wirkt romantisch und idyllisch und scheint perfekt auf die klassizistische Fassade des Schlosses abgestimmt. Doch auch hier trügt der Eindruck: Die Form des heutigen Rosengartens hat direkt mit dem Bau des Rosensteintunnels 1913/14, der darunter verläuft, zu tun. Für dessen Bau wurde das Gelände abgegraben und nach dem Bau der beiden jeweils zweistreifigen Tunnelröhren wieder mit Erdreich überdeckt. Der Senkgarten mit den Rosenbeeten liegt also wie ein Dachgarten direkt über dem Tunnelgewölbe der Eisenbahnlinie. (Von einem flachen Abhang neben dem Karlsgarten aus hat man freien Blick auf die Gleise – ein idealer Beobachtungs- und Fotografierposten für Eisenbahnfans und Trainspotter.)

Alle, die mit der Bahn zum Stuttgarter Hauptbahnhof unterwegs sind, fahren durch diesen Tunnel! Das wird jedoch bald vorbei sein; denn mit dem Bau der neuen Gleise und Tunnel für Stuttgart 21 wird dieser Tunnel geschlossen. Unter dem Schloss verläuft ein weiterer Tunnel, der aber schon lange stillgelegt ist. Für Stuttgart 21 wird derzeit ein neuer Rosensteintunnel, der dritte mit diesem Namen, gebaut.

Die heutige Gestalt erhielt der Karlsgarten erst 1977 zur Bundesgartenschau. Der Stuttgarter Gartenarchitekt Hans Luz plante ihn. Um den Senkgarten mit Rosenbeeten und Springbrunnen sind auf drei Seiten Rosenbögen wie zu einem Laubengang angeordnet. Daran ranken Kletterrosen wie beispielsweise der Rosenklassiker ›New Dawn‹ und Ramblerrosen. Marmorfiguren (die ursprünglich an anderer Stelle im Schlossgarten standen) geben der Anlage ein romantisches Bild. Malerische Gruppen von alten Platanen bewachen diesen Gartenteil. In seiner Umgebung gibt es weitere Rosen- und Staudenpflanzungen.

Der dem Land Baden-Württemberg gehörende Rosensteinpark steht unter Denkmalschutz. Außerdem ist er Landschaftsschutzgebiet und FFH-Gebiet, das nach der Fauna-Flora-Habitat-Richtlinie besonders geschützt ist.

Stuttgart-Bad Cannstatt
Wilhelma, Zoologisch-Botanischer Garten

Die Wilhelma ist eine herausragende baden-württembergische Institution – architektonisches Ensemble, Zoo und Botanischer Garten zugleich. Benannt ist sie nach ihrem Gründer, König Wilhelm I., der sie einst als Lustgarten mit Lustschloss anlegen ließ.

Heute ist die Wilhelma nach dem Berliner Zoo der zweitartenreichste Zoologische Garten Deutschlands. Doch auch botanisch hat die Wilhelma mit 6.000 ??? Pflanzenarten, vor allem in den Gewächshäusern, viel aufzuweisen. Die Gewächshäuser mit subtropischen und tropischen Pflanzen machen den Besuch der Wilhelma zu jeder Jahreszeit interessant. Im Freiland sind Magnolien und Seerosen die Hauptattraktionen.

Der Besuch der Wilhelma gehört zum Pflichtprogramm für Schulkinder, vor allem der Tiere wegen. Mich beeindruckten in Kinderzeiten vor allem die Flamingos. Und die empfangen, auf einem Bein stehend, Besucher beim Betreten des Geländes nach wie vor.

Doch damit nicht genug: Die Wilhelma ist ursprünglich und vor allem ein interessantes gartenarchitektonisches Ensemble. Der württembergische König Wilhelm I. ließ die Gebäude zwischen 1846 und 1866 erbauen. Er beauftragte Karl Ludwig von Zahnt mit dem Entwurf der maurisch anmutenden Gebäude mit Maurischem Landhaus und Maurischem Festsaal. Der zentrale Maurische Festsaal wurde im Zweiten Weltkrieg weitestgehend zerstört; es existieren nur noch Reste. Als erstes Bauwerk des Gebäudeensembles wurde das Theater gebaut, in dem auch heute noch gespielt wird.

Die Wilhelma ist im Besitz des Landes Baden-Württemberg, als Rechtsnachfolger der württembergischen Könige. Bis in die frühen 1930er-Jahre bildete das etwa 30 Hektar große Gelände eine Einheit mit dem benachbarten Rosenstein-

KONTAKT

Wilhelma 13, 70376 Stuttgart, www.wilhelma.de
Eintritt gegen Gebühr
Mit Gastronomie

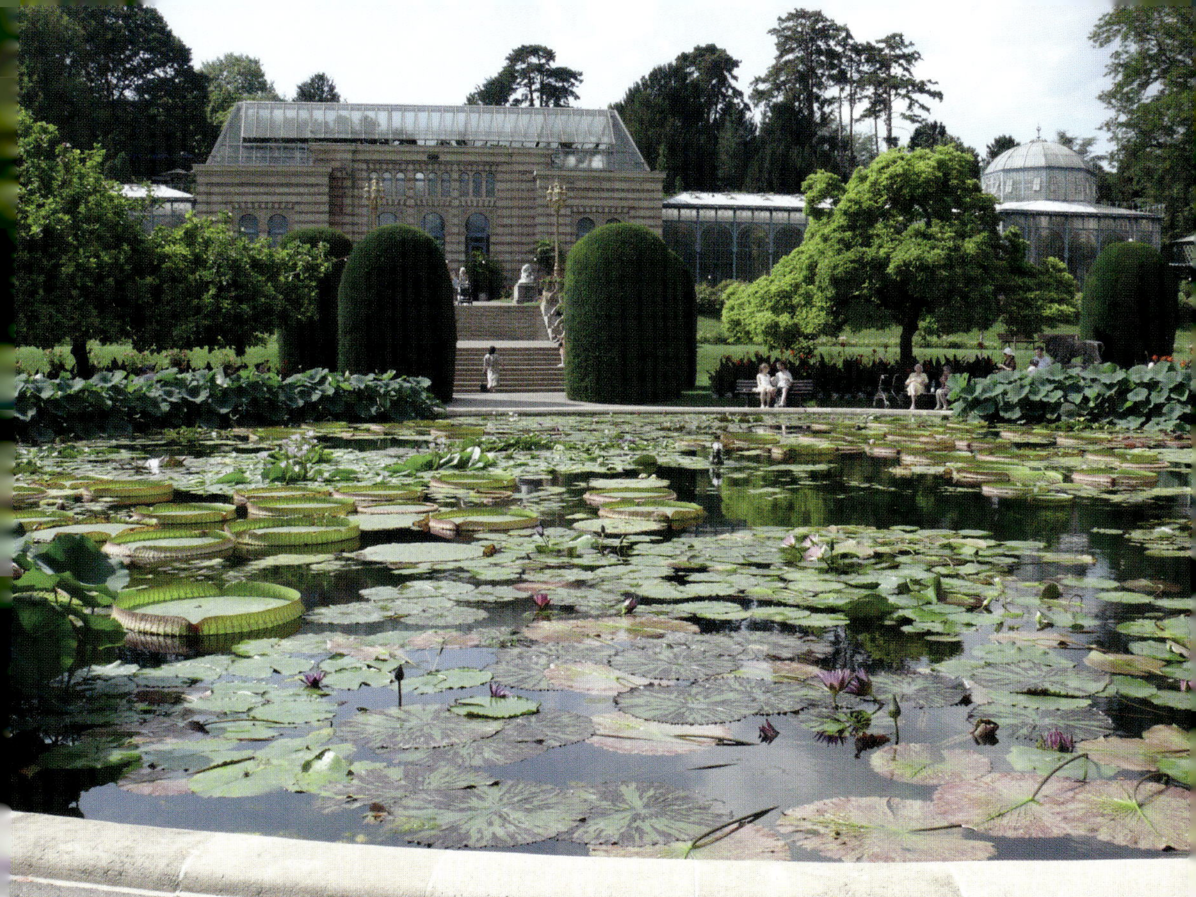

Maurischer Garten mit Seerosenteich

park (siehe Seite 137). Durch Zerstörungen im Zweiten Weltkrieg gingen wertvolle Sammlungen von Zitruspflanzen und Azaleen verloren. Zum Zoo wurde die Wilhelma erst ab 1953 ausgebaut.

Besucher betreten die Wilhelma am historischen, feingliedrig konstruierten Mittelpavillon. Von hier steuern sie gleich den Maurischen Garten an oder bewegen sich bei schlechtem Wetter oder im Winter durch die Abfolge von Glashäusern, die links des Eingangs beginnen. Der Gang führt durchs Sukkulentenhaus über die Tropenvoliere ins Tropenhaus. Im Zentrum der Glashausreihe steht der hohe Wintergarten, in dem Palmen aus einem grünen Bodenbewuchs von Moosfarnen in die Höhe ragen. In diesem Bereich präsentiert die Wilhelma Sonderausstellungen, beispielsweise über Zitrusgewächse oder über Chili. Beim Weitergehen kommt man durchs Azaleenhaus (im Sommer bestückt mit australischer und afrikanischer Flora) schließlich ins Kamelienhaus bzw. ins Fuchsienhaus mit teils sehr alten Exemplaren aus der Ursprungszeit der Wilhelma. Der Gang durch die Gewächshäuser endet im Wandelgang des Maurischen Gartens.

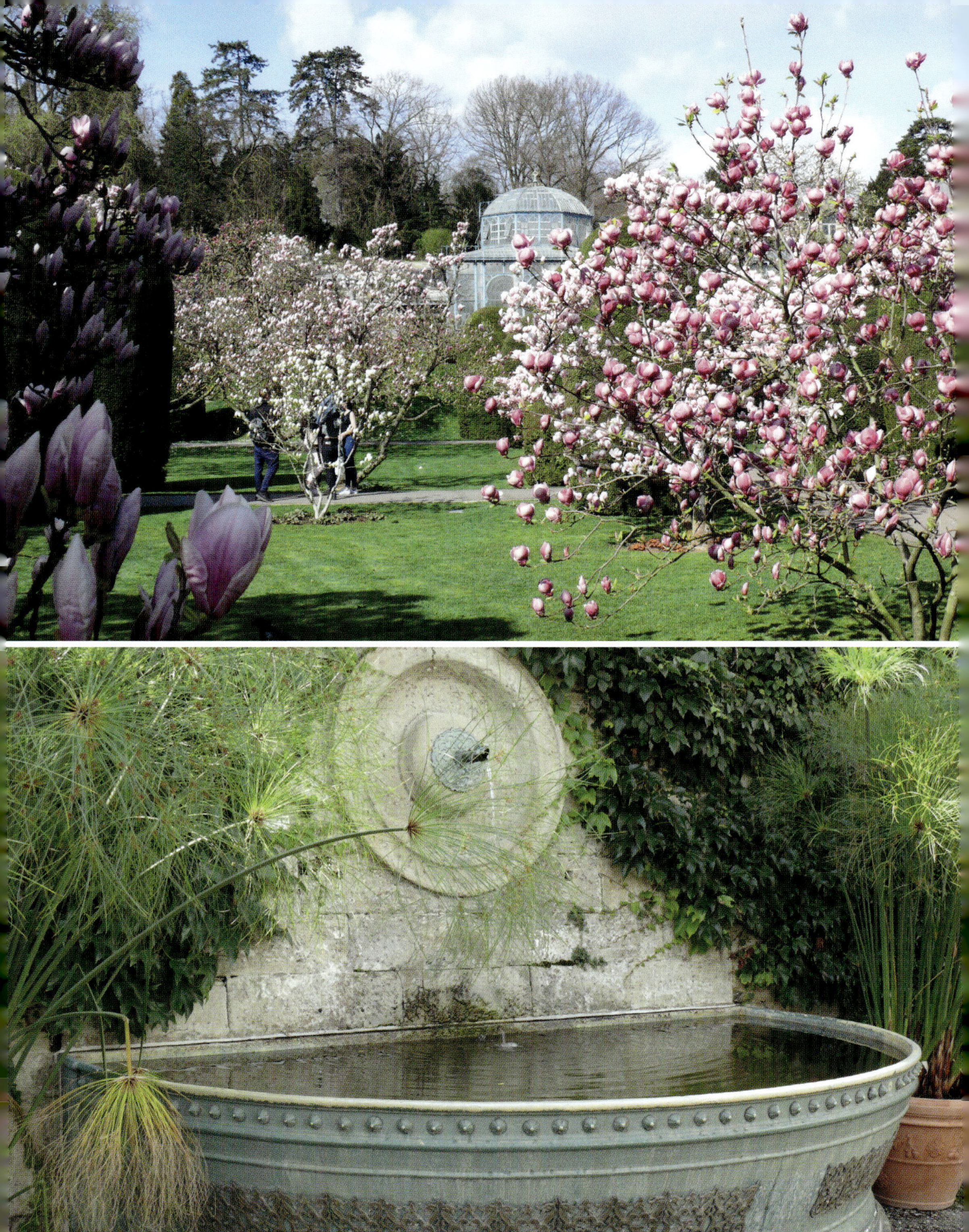

Den Maurischen Garten sollte man sich eigentlich aus der Vogelperspektive anschauen. Nur so erkennt man die Schönheit der symmetrischen Anlage. (Google Maps ermöglicht dies.) Die Rasenstücke mit den Magnolien und den Formschnitteiben sind um drei mit Fontänen ausgestatte Wasserbecken gruppiert. Das mittlere große Bassin ist beheizt und beherbergt eine Sammlung von tropischen Seerosen und anderen Wasserpflanzen. Kois schwimmen auch darin. Der Maurische Garten zieht alljährlich zur Blütezeit der Magnolien viele Besucher an. Und das ist wirklich eine Pracht! Wer Ende März/Anfang April nach Stuttgart kommt, sollte unbedingt den Besuch des Maurischen Gartens mit einplanen. 73 Bäume in 18 Arten sind zu bewundern. Etwa ein dutzend Bäume stammen noch aus der Zeit König Wilhelms I. Ein weiterer Höhepunkt im Wilhelmajahr ist die Blüte der Seerosen im Hochsommer.

Hinter dem zentralen Bereich um die Teiche steigt das Gelände zum Maurischen Landhaus hin an; breite Rasenterrassen fangen den Höhenunterschied auf. Im Frühjahr sorgen auf den Rabatten Zwiebelblumen, vor allem die auffallenden Kaiserkronen, für Farbe. Strauchpäonien und Kornelkirschenbäumchen stehen ebenfalls auf den Terrassen. Das Maurische Landhaus mit seinen Seitenpavillons riegelt die Terrassenanlage zum Hang dahinter ab. Es wurde ursprünglich als Badehaus mit Wohntrakt und Orangerie gebaut. Heute beherbergt es tropische und subtropische Pflanzen. Umgeben von maurischer Architektur und Pflanzenwelt fühlt man sich in diesem Teil der Wilhelma unwillkürlich nach Spanien oder nach Marokko entrückt.

Das steile Gelände hinter dem Maurischen Landhaus ist in breiten Terrassen aufgefangen und über Treppenanlagen zugänglich. Perfekt in die botanische Umgebung eingepasste Vogelvolieren lehnen sich an Stützmauern an. Palmen und Zypressen geben diesem Parkteil ein subtropisches Flair. Die Anlage heißt deshalb auch Subtropenterrassen. Den Abschluss des baulichen Ensembles bildet das Belvedere. Es lohnt sich, auf den Stufen vor dem Belvedere innezuhalten (oder sich ins daneben liegende Café zu setzen) und einfach zu schauen: Der Blick schweift weit ins Neckartal hinaus, bis zur Grabkapelle auf dem Württemberg, wo Königin Katharina von Württemberg (1788–1819), ihr Mann König Wilhelm I. (1781–1864) und die gemeinsame Tochter beigesetzt sind. Bei meinem Besuch leisteten mir Rad schlagende Pfauen Gesellschaft. Aus dieser Perspektive ist die Wilhelma also auch ein Park mit Aussicht!

Magnolienhain und
Brunnen auf den Subtropenterrassen

TIPP:

Die Wilhelma ist gut mit öffentlichen Verkehrsmitteln zu erreichen. Die Haltestelle der Straßenbahn U14 liegt direkt vor dem Eingangsgebäude.

27

Stuttgart-Hohenheim

Hohenheimer Gärten – Schlosspark, Botanischer Garten, Exotischer Garten mit Landesarboretum und Landschaftsgarten

Die Hohenheimer Gärten sind ein Zusammenspiel aus historischen Parkanlagen, aus botanischem Garten, aus Arboretum und aus modernem Landschaftspark. Die leicht modulierten Gartenteile gehen ineinander über.

Die Hohenheimer Gärten sind zu jeder Jahreszeit einen Besuch wert, auch mitten im Winter. Während meiner Hohenheimer und Plieninger Zeiten machte ich fast jeden Abend hier einen Spaziergang und genoss die wechselnden Stimmungen bei jedem Wetter und zu jeder Jahreszeit. Und die systematische Präsentation der Botanik kam meinen privaten und beruflichen Ambitionen entgegen. Die Botanik hat an der Universität Hohenheim von jeher einen hohen Stellenwert. Von einfachsten Anfängen im Jahr 1818 entwickelte sie sich zu einer der renommiertesten landwirtschaftlichen Hochschulen der Bundesrepublik.

Besucher können sich auf einem »Historischen Rundweg« durchs Gelände leiten lassen. An interessanten Punkten informieren Schautafeln über architektonische und gartengestalterische Details. Der Rundweg beginnt am Haupteingang zum Exotischen Garten in der Garbenstraße.

Herzog Carl Eugen von Württemberg ließ für seine spätere Frau Franziska von Leutrum-Ertingen ab 1776 ein eigenes Gartenreich nach dem damals aktuellen Zeitgeschmack bauen. Es war ein »Englischer Garten«, den Franziska als »Dörfle« bezeichnete. Das »Dörfle« war eine Phantasielandschaft mit einer Fülle malerischer Parkbauten mit Nachbildungen von Ruinen des antiken Rom und mit einer

KONTAKT

Garbenstraße, 70599 Stuttgart
https://gaerten.uni-hohenheim.de
Frei zugänglich

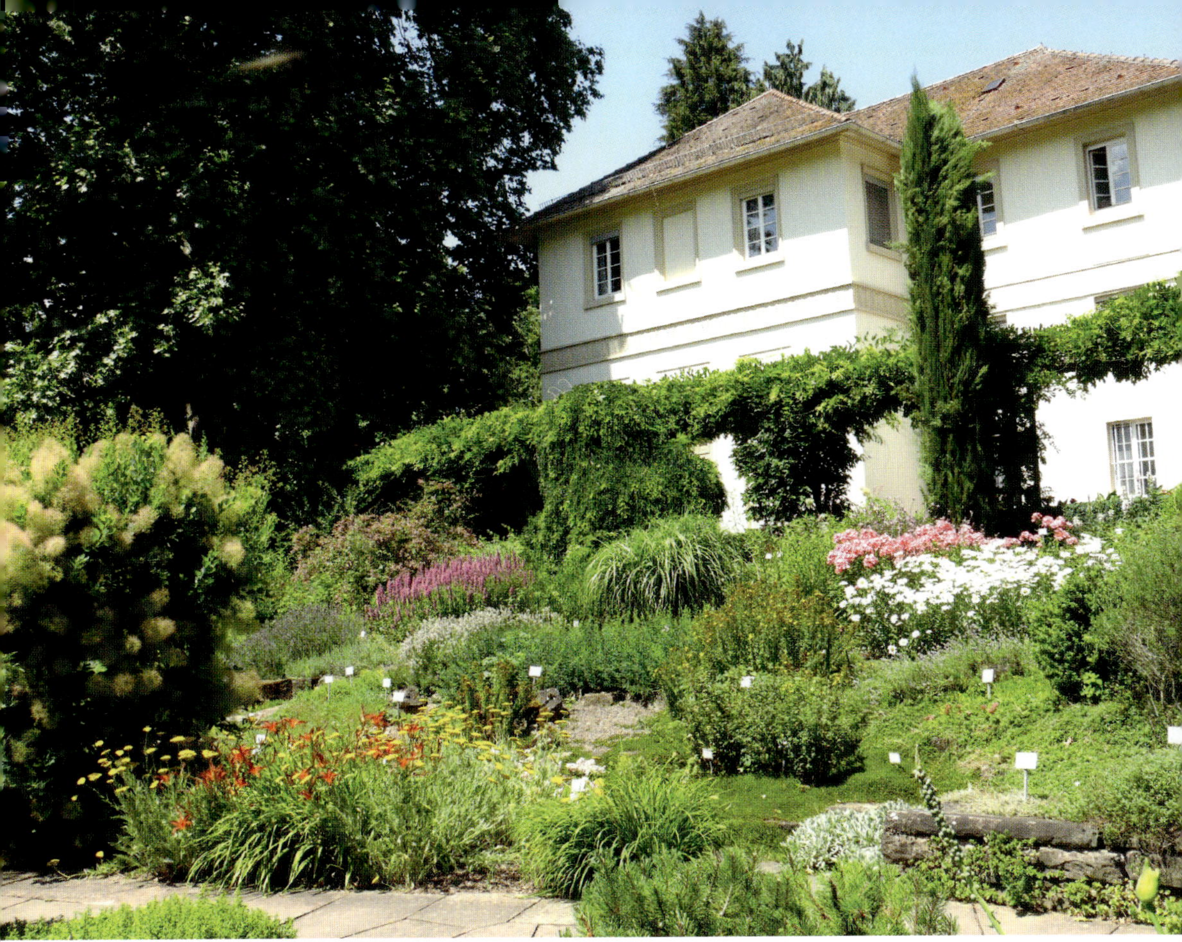

Staudenterrasse vor dem Spielhaus mit uralter Platane

Sammlung fremdländischer Bäume und Sträucher. Von den Bauten sind noch das »Spielhaus« (heute Museum zur Geschichte Hohenheims, das sogenannte »Wirtshaus zur Stadt Rom« (heute ein Seminargebäude der Universität Hohenheim) und die »Drei Säulen des donnernden Jupiter« erhalten.

Seit Carl Eugens und Franziskas Zeiten wurde der heute 16,5 Hektar große Exotische Garten mehrfach umgestaltet. Eine Zeitlang war er Baumschule. Heute ist er Landesarboretum, in dem gärtnerisch und botanisch interessante Sortimente aufgepflanzt sind. Das Gelände ist in Quartiere aufgeteilt. Jedes der etwa 2400 Gehölzarten und -sorten, darunter 400 Nadelgehölze, ist in einer Datenbank verzeichnet. 19 Baumveteranen stammen noch aus der Zeit vor 1793. Ein besonders schönes und mächtiges Exemplar ist die Platane *(Platanus × hispanicus)* neben dem Spielhaus. Sie wurde 1779 gepflanzt.

Besucher nehmen den Exotischen Garten als baumreichen Park wahr, mit dem Spielhaus als zentrales Gebäude. Bei meinen Besuchen im Exotischen Gar-

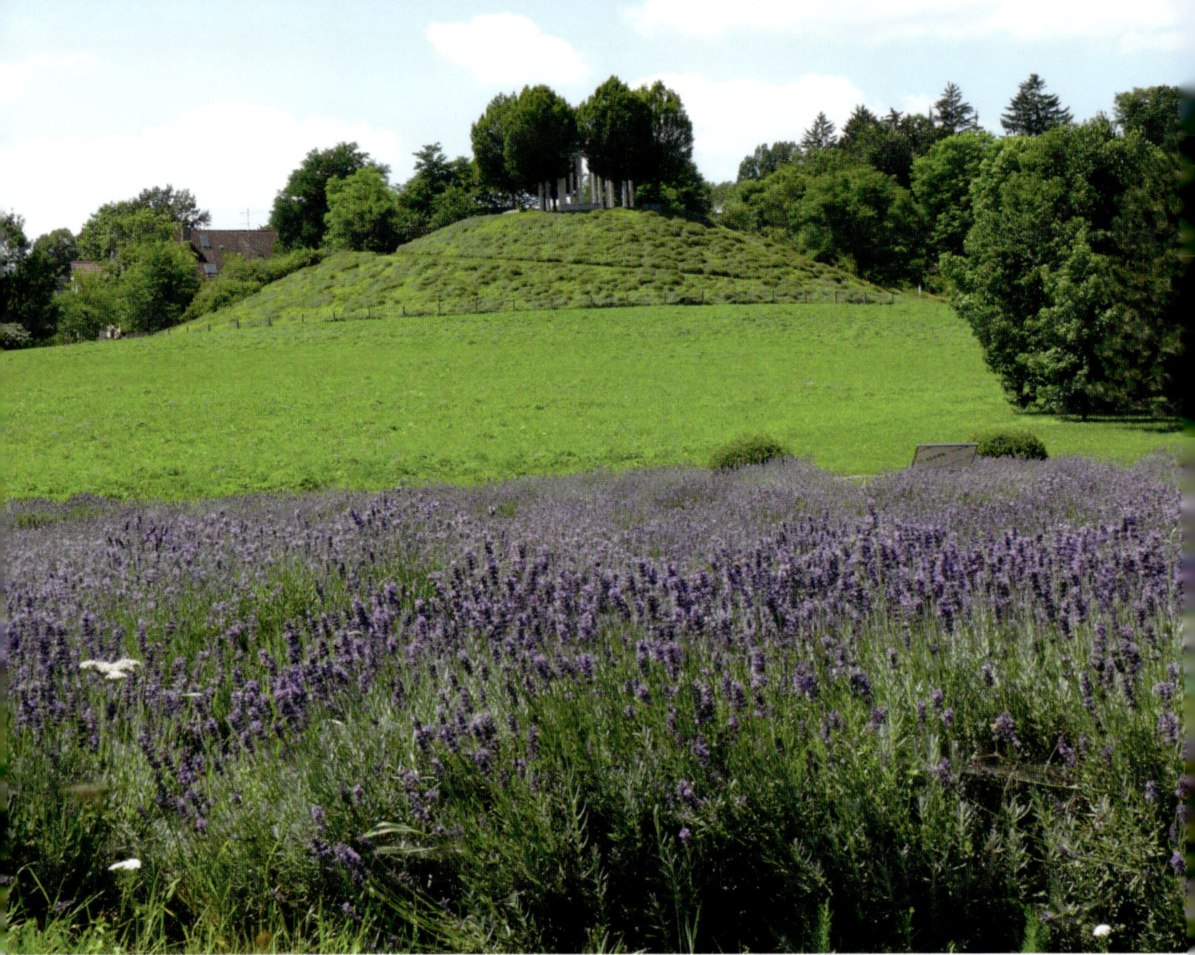

Wirkungsvoll gestaltet: Lavendellabyrinth vor Monopteros

ten ziehen mich immer besonders die Staudenterrassen vor dem Spielhaus an. In dieser nach Süden exponierten Pflanzung sind Stauden und Kleingehölze wirkungsvoll kombiniert. Mir gefällt auch die Sammlung an Zierkirschen daneben und die Sammlung von Zaubernusssträuchern neben dem »Wirtshaus«. In der Südostecke des Exotischen Gartens befinden sich die systematische Abteilung des Botanischen Gartens und ein Nutzpflanzenquartier. Im »Botanischen System« sind 2000 Pflanzenarten nach Pflanzenfamilien und -gattungen aufgepflanzt. Ein Sammlungsgewächshaus steht sonntags zur Besichtigung offen. Schwerpunkte der Sammlung sind Pflanzen aus den afrikanischen Tropen und Subtropen. Eine Besonderheit ist die Begonien-Sammlung mit rund 200 Arten und Sorten.

TIPP:

Mit Blickbezug zum Monopteros legten SchülerInnen der Landwirtschaftlichen Schule 2004 das Lavendellabyrinth an. 2000 Lavendelpflanzen und 40 Tonnen Jura-Schotter waren dazu nötig.

An den Exotischen Garten und an die systematische Abteilung des Botanischen Gartens grenzt der »Landschaftsgarten« an. Er ist der jüngste Teil der Hohenheimer Gartenanlagen, der ab 1994 auf zuvor landwirtschaftlich genutzten Flächen entstand. Das Gelände fällt zum Körschtal und zur Mittleren Filderstraße ab. Von hier hat man den Stuttgarter Ortsteil Plieningen im Blick und kann hinter der Silhouette des Ortes die auf dem Stuttgarter Flughafen startenden und landenden Flugzeuge beobachten. Die Gehölze auf dem Gelände sind jung und haben ihre eigentliche Größe noch nicht erreicht. Mir sind die vielen jungen Trompetenbäume aufgefallen. Auffallend in diesem Geländeteil ist der Monopteros (2001 gebaut), ein Rundbau mit Säulen auf einem Hügel-Plateau, rundherum mit Hainbuchen eingepflanzt.

In dem angrenzenden Gelände um den großen Teich im Tiefpunkt wird die Vegetationsgeschichte seit der letzten Eiszeit dargestellt. Am Teich entlang führt ein Weg zu Nutzpflanzen- und Arzneipflanzengärten. Die andere Möglichkeit ist, sich vom großen Teich aus direkt auf den Weg zum Schloss zu machen.

Der Weg führt von der Senke zu einer kleinen Rundkanzel und weiter durch eine Pappelallee, die sogenannte »Jägerallee«, auf den Mittelbau des Schlosses zu. Die »Italienischen Pappeln« werden streng beschnitten und sehen deshalb aus wie Kopfweiden. Rechts und links der Allee breiten sich landwirtschaftliche Flächen aus – Weinberg und Schafweide. Dann gelangt man in den Schlosspark, der sich halbkreisförmig entlang der Schlossfassade erstreckt. Der symmetrisch angelegte Park ist in einen breiten Gehölzstreifen auf der Talseite und in einen Grünstreifen auf der Schlossseite gegliedert. In diesem Gelände stehen noch viele alte Bäume aus der Zeit, als sich hier noch der Botanische Garten befand. Dieser wurde Mitte der 1970er-Jahre nach Süden verlegt. Ich notierte bei meinem Rundgang u.a. Katsurabaum, Gurkenmagnolie und Amerikanischer Amberbaum. Die Gehölze sind alle gut beschildert. Die Sandsteinbalustrade, die den oberen vom unteren Schlosspark trennt, stammt noch aus der Barockzeit.

Die Hohenheimer Gärten sind Lehr- und Forschungseinrichtungen der Universität. Der größte Teil des Areals ist für die Öffentlichkeit frei zugänglich.

Die Hohenheimer Schlossanlage ist mit einer Gesamtlänge von 500 m und mit drei Innen- und zwei Außenhöfen die größte ihrer Art östlich des Rheins. Herzog Carl Eugen ließ ab 1785 die repräsentative Anlage errichten. Bei seinem Tod 1793 war sie nur zum Teil fertig und wurde in der Folgezeit vernachlässigt. Erst 1818 zog eine Landwirtschaftliche Lehranstalt in die Gebäude ein. Aus dieser entwickelte sich im Laufe der Zeit die Universität Hohenheim. Heute beherbergt das Schloss Vorlesungssäle, Institutsräume, Büros der Universität, Repräsentationsräume.

28

Weikersheim

Schlossgarten Weikersheim und Stadtgarten

Weikersheim liegt an der Romantischen Straße zwischen Rothenburg ob der Tauber und Bad Mergentheim. Das prächtige Renaissanceschloss und der barocke Schlossgarten locken Besucher aus der ganzen Welt ins Taubertal. Der Lustgarten mit dem Figurenprogramm und der Orangerie bildet ein einzigartiges Ensemble barocker Gartenkunst.

In Weikersheim kann man sich in längst vergangene Zeiten träumen, zwischen Blumenbordüren wandeln und vor der Orangerie an Zitrusblüten schnuppern. Den zentralen Teil des knapp 9 Hektar großen Parks nimmt der Lustgarten mit dem Herkulesbrunnen im Zentrum ein. Die zweigeteilte Orangerie schließt das Parkgelände ab. Weitere Gartenteile sind Obstgarten, Schlossgraben mit Weinberg, »Nachtigall« und der ehemalige Boskettgarten, der jetzt öffentlich zugänglicher Stadtgarten ist. Rosengarten und Alchemie- und Hexengarten sind neuere Anlagen auf dem Schlossareal, die öffentlich zugänglich sind.

Schloss Weikersheim war einmal Residenz der Grafen von Hohenlohe. Die barocke Gartenanlage entstand ab 1708 unter der Regentschaft von Graf Carl Ludwig von Hohenlohe. Der Graf hatte als junger Mann einige Monate lang in Paris und am Versailler Hof verbracht. Er wollte aus Weikersheim ein kleines Versailles machen. Die beiden Orangeriegebäude wurden 1719 bis 1723 unter Baumeister Johann Christian Lüttich gebaut, zunächst ohne festes Dach. Über Winter deckten die Hofgärtner sie mit Holzbrettern ab. Erst 1750/51 ließ Carl Ludwig ein festes Dach und verglaste Fenster einbauen.

Der Graf unterhielt die Gartenanlage und die Pflanzensammlungen während seiner langen Regentschaft mit hohem Aufwand und verschuldete sich hoch dafür; dies führte fast zum Bankrott. Bis zum Tod Carl Ludwigs 1756 erlebte der

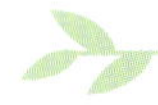

KONTAKT

Schloss Weikersheim, Marktplatz 11, 97990 Weikersheim
www.schloss-weikersheim.de
Eintritt Schlossgarten gegen Gebühr,
Stadtgarten und Küchengarten tagsüber frei zugänglich

Lustgarten und Herkulesbrunnen mit Orangerie

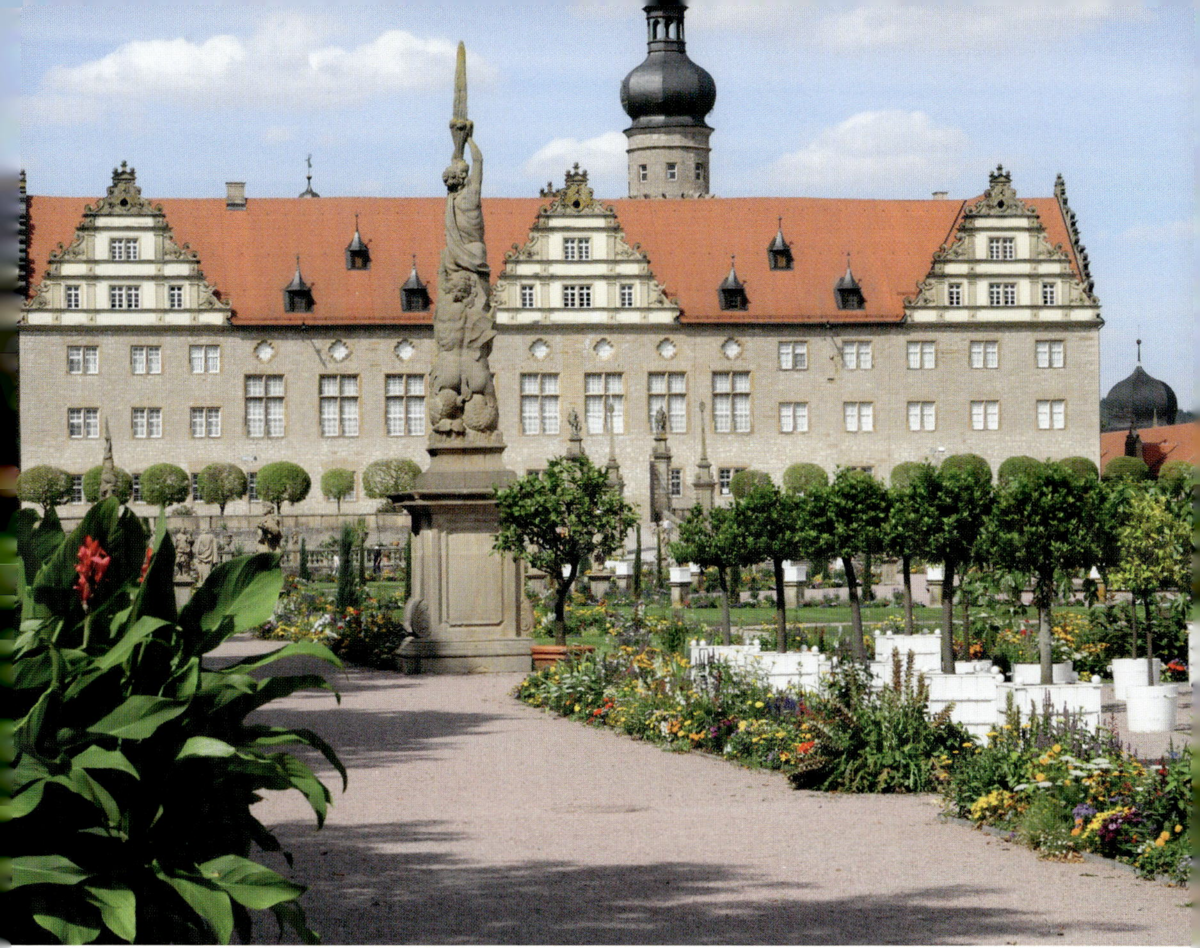

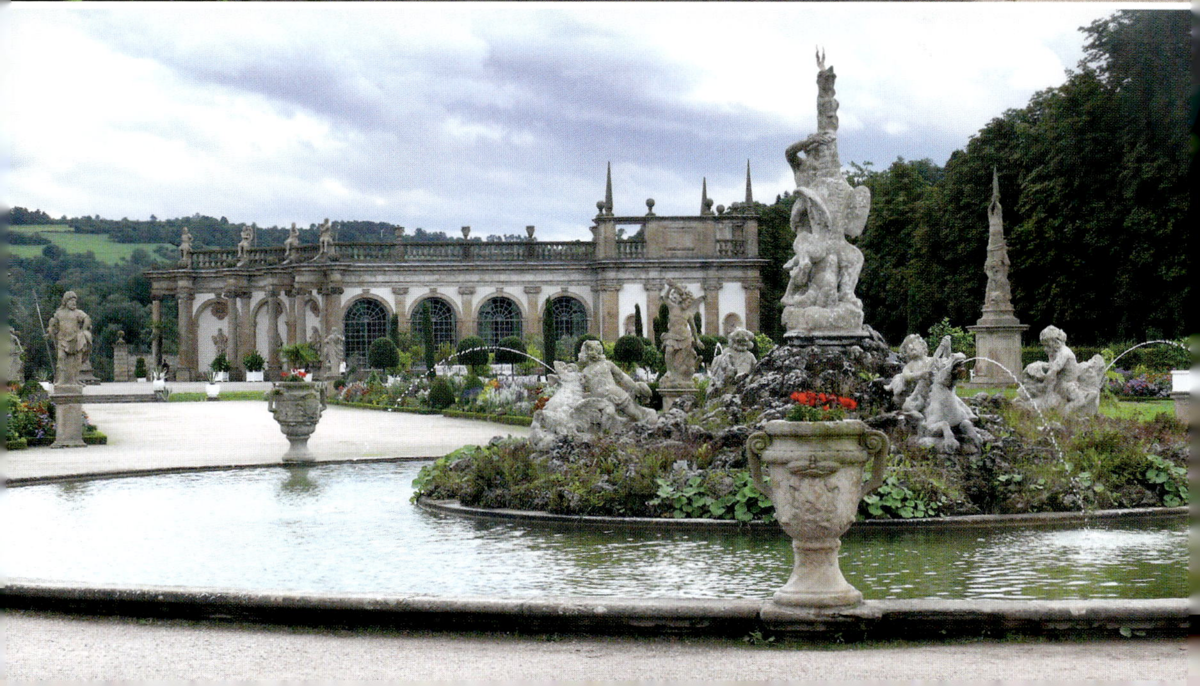

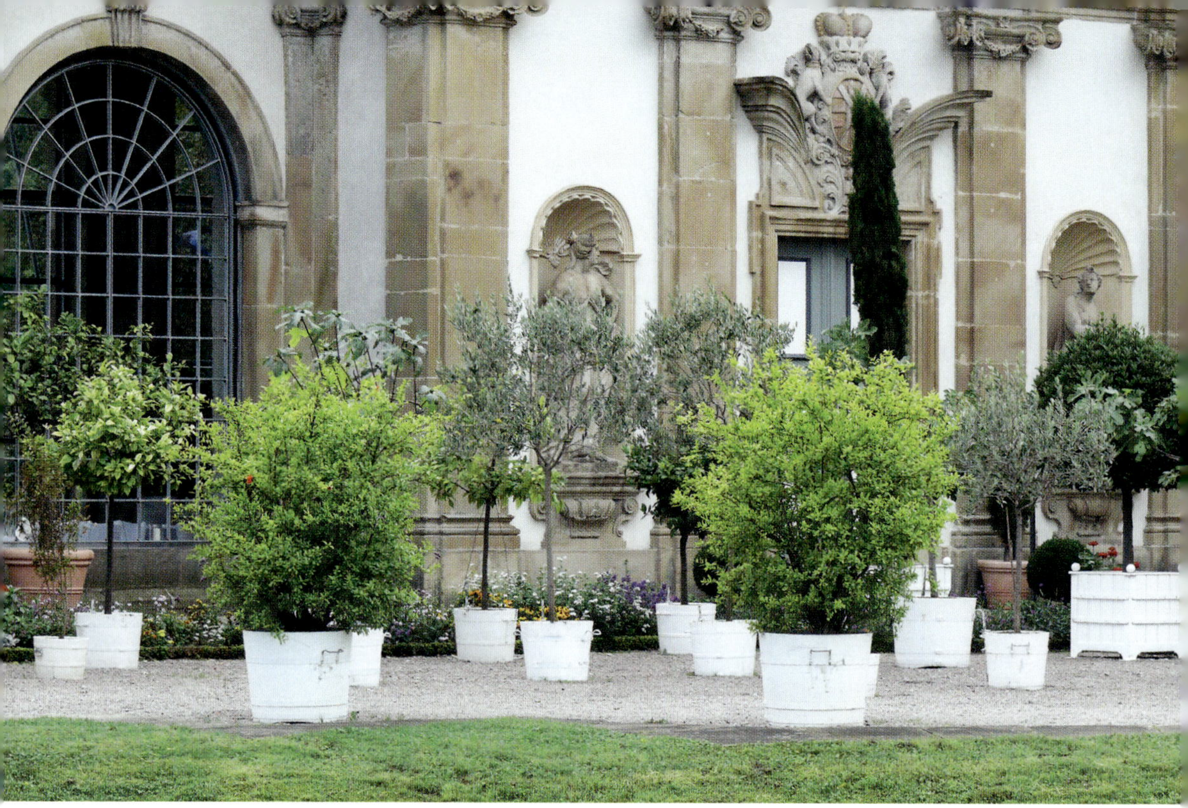

Orangerieparterre mit Kübelpflanzen

Lustgarten seine Blütezeit. Der einzige Sohn kam 1744 bei einem Reitunfall ums Leben, so dass das Grafenpaar keine direkten Erben hatte.

Nach Carl Ludwigs Tod fiel der Besitz an die Öhringer Linie des Hauses Hohenlohe. Fürst Ludwig Friedrich Carl baute die Kübelpflanzensammlung noch weiter aus. Nach dessen Tod 1805 wurde die Sammlung nach und nach versteigert und umgelagert. 1831 fiel Weikersheim an die Linie Hohenlohe-Langenburg. Der Park wurde umgestaltet und umgenutzt und verwilderte schließlich. Wie durch ein Wunder blieben die Sandsteinstatuen der Künzelsauer Bildhauerfamilie Sommer fast vollständig erhalten. Sie stehen noch an den Stellen, an denen sie über dreihundert Jahre zuvor aufgestellt worden waren, und bilden insgesamt ein einzigartiges Figurenprogramm. Vier aufstrebende, flammende Statuen – die vier Winde – markieren die äußeren Ecken des Lustgarten-Parterres.

Nach dem Verkauf an das Land Baden-Württemberg 1967 wurde der Park nach Originalplänen sorgfältig restauriert und in den barocken Zustand zurückversetzt. Der Schlossgarten gilt in der Fachwelt als gartenkünstlerisches Gesamtkunstwerk vom Rang eines »kleinen Versailles«.

Von der Terrasse zu Füßen des Schlosses mit seinen Kugel-Eschenahornbäumen überblickt man den tiefer gelegenen Lustgarten. Man betritt ihn über eine

Brücke, die den Schlossgraben überspannt. Die breite Mittelachse richtet sich über das Ringbassin mit der Herkulesstatue zu den beiden Orangeriegebäuden auf der gegenüberliegenden Seite des Schlossparks aus. Rosskastanienalleen begrenzen an den Längsseiten das Parterre. Rabatten mit Blumen säumen die gesplitteten Wege und die Rasenflächen. Die Blumenteppiche sind bunt geknüpft mit Bechermalven, Godetien, Leberbalsam, Levkojen, Kornblumen, Mutterkraut, Nelken, Tagetes, Salvien, Strandflieder, Verbenen, Zinnien und weiteren Arten. Der dabei entstehende Emaille-Effekt war für barocke Blumenbeete typisch. Im Frühjahr setzt sich aus Tulpen, Narzissen, Hyazinthen, Gänseblümchen, Stiefmütterchen und Hornveilchen ein buntes Muster zusammen.

Die beiden Orangeriegebäude wurden vor einigen Jahren restauriert und im Inneren für bestimmte Zwecke eingerichtet: das eine als Veranstaltungsraum, das andere als Überwinterungsort für Kübelpflanzen, für Zitrusbäume, Lorbeerbäume, Granatäpfel, Oleander.

Im Sommer rücken die Kübelgewächse auf den weiten Platz vor der Orangerie und um das Spiegelbassin. Die Kübel sind nach barockem Vorbild weiß gestrichen. Schon zu Carl Ludwigs Zeiten standen kostbare »Pflanzen in Scherben«

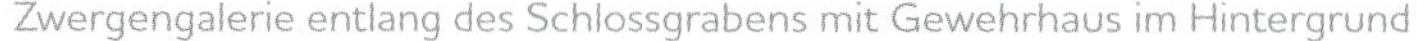

Zwergengalerie entlang des Schlossgrabens mit Gewehrhaus im Hintergrund

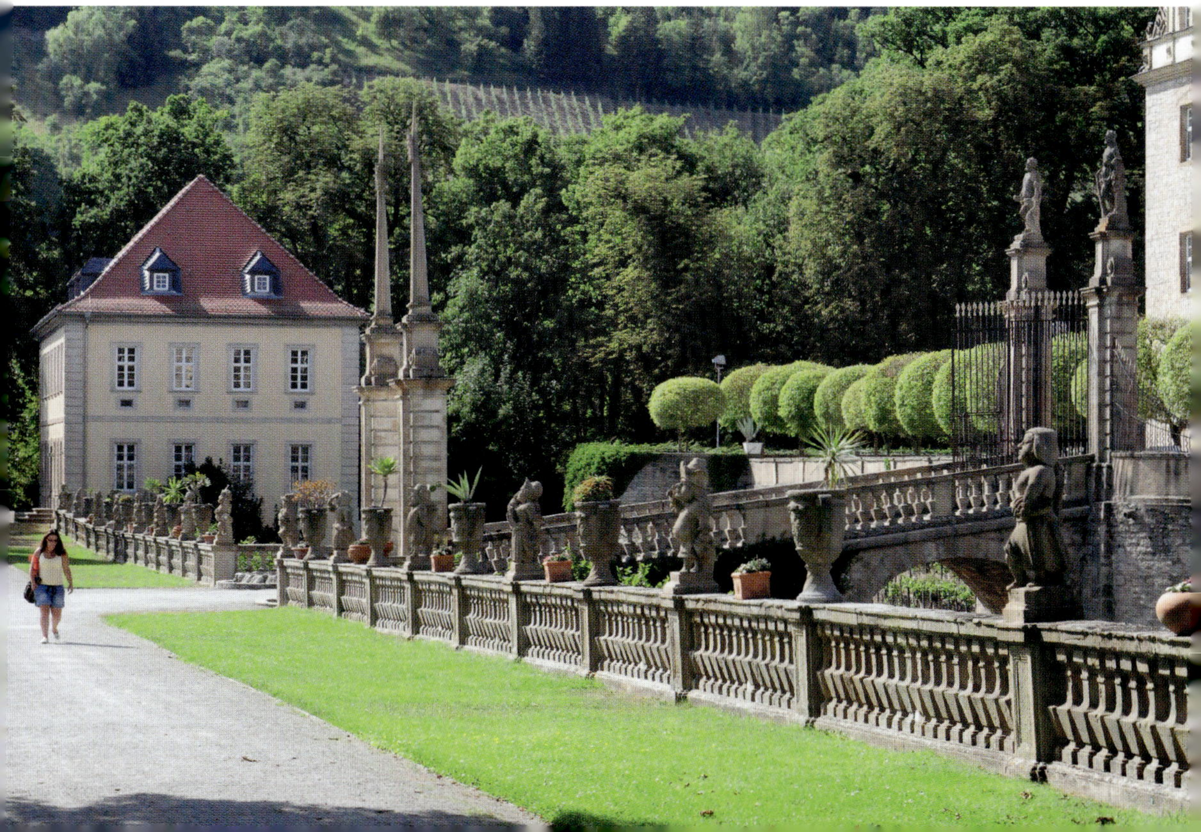

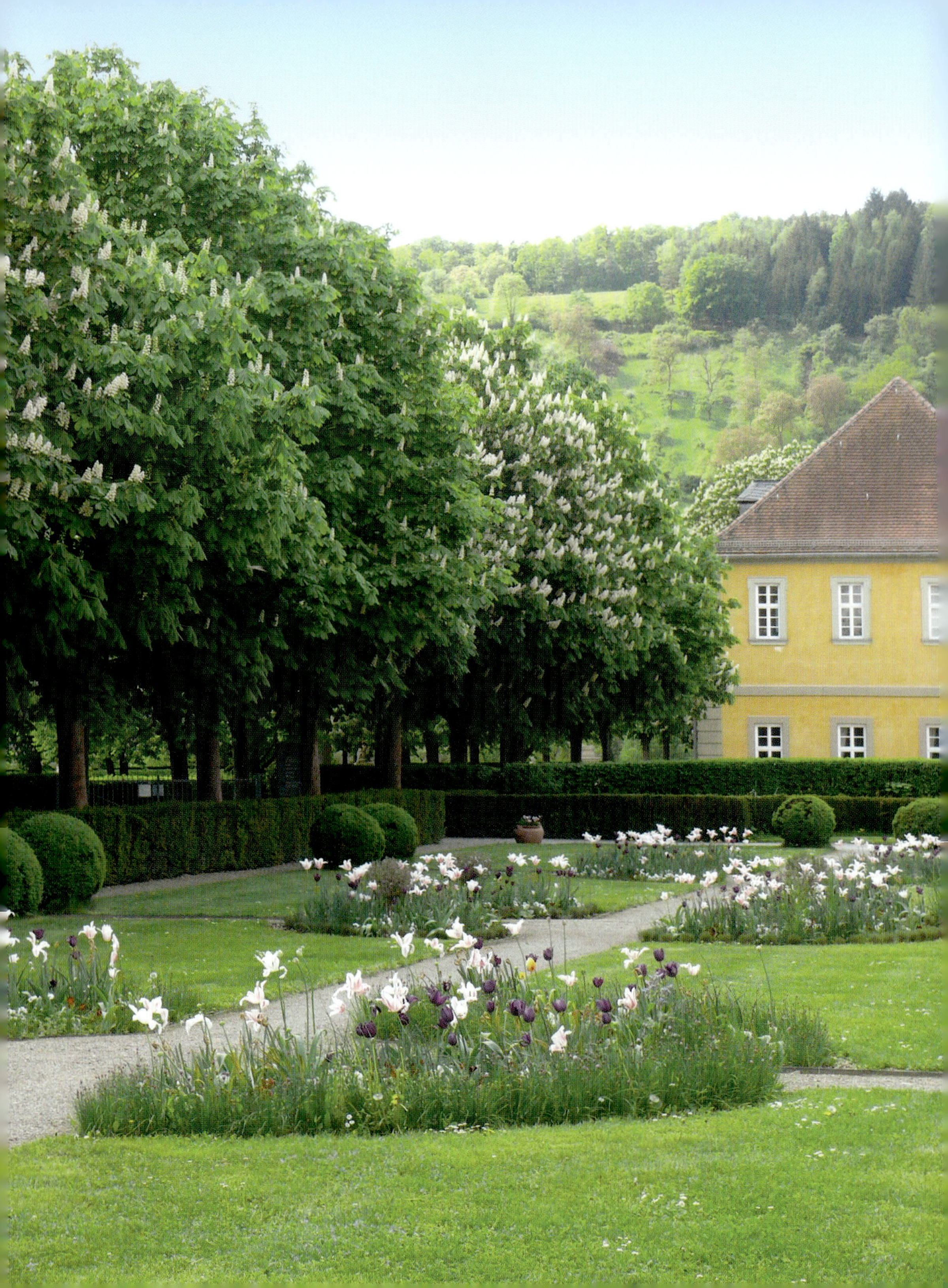

in der Orangerie: Inventarlisten aus dem 18. Jahrhundert verzeichnen Ananas, Kaffee- und Olivenbäumchen.

Es gibt im weitläufigen Parkgelände noch mehr zu erkunden: Der Obstgarten liegt vom Schloss aus gesehen rechter Hand, etwas tiefer als der Lustgarten, zur Tauber hin orientiert. Der Grottenpavillon markiert die Südwestecke. Im Obstgarten ist eine Sammlung von alten und neuen Pflaumen- und Zwetschgensorten sowie von Äpfeln und Birnen aufgepflanzt. Feigen und Beerensträucher gibt es auch. Eine Besonderheit ist die Aufpflanzung von alten Rebsorten an der Parkmauer, die den Garten zum Flüsschen Tauber hin abgrenzt. Die Rebstöcke, u.a. die regionale Rebsorte ›Tauberschwarz‹, stehen hier abwechselnd mit Quittenbäumen und Sträuchern von Alten Rosen. Der Schwerpunkt liegt auf solchen Rosenarten und Sorten, die es zur Entstehungszeit des Parks im 18. Jahrhundert schon gegeben hat. Da findet man also die Essigrose *(Rosa gallica)*, die Damaszener-Rose *(Rosa damascena)*, Alba-Rosen *(Rosa × alba)* wie ›Königin von Dänemark‹ und Moosrosen *(Rosa centifolia)*. Wer sie blühen sehen will, muss im Juni den Park besuchen.

Zum Schloss zurückkehrend warten die Zwergenfiguren auf der Balustrade am Schlossgraben. Es sind in Stein gehauene Karikaturen der Bediensteten des Schlosses. Vom Hofjägermeister über den Trommler bis zur Hofköchin sind hier alle versammelt. Ebenfalls auf der Balustrade aufgereiht stehen Steingefäße mit Aloe-Pflanzen. Die Aloe-Kultur im Weikersheimer Schlossgarten hat eine lange Tradition, wie ein Kupferstich aus dem Jahr 1660 belegt. Weitere Kübelpflanzen stehen ums Schlossgebäude: riesige Oleander, Lorbeerbäumchen und eine Sammlung von Fuchsien.

Der Boskettgarten grenzt an der südöstlichen Seite des Lustgartens an. An der Südostecke steht, als Pendant zum Grottenpavillon im Obstgarten, der Vogelpavillon. Der Boskettgarten, der als Stadtgarten genutzt wird, ist durch drei Tore frei zugänglich. Der Boskettgarten hat wie der Lustgarten eine axiale Grundstruktur. Doch geschwungene Wege und locker verteilte Gehölzgruppen geben ihm einen landschaftlichen Charakter. Wegen des großen Kinderspielplatzes ist im Stadtgarten immer viel los.

Der Küchengarten (als Teil des Boskettgartens) vor der Stadtmauer ist gestalterisch an den Lustgarten angeglichen. Hier war früher das Gelände der Hofgärtnerei. Er ist geometrisch als Rasenparterre mit drei Rondells angelegt, die mit dekorativen Sommerblumen und Würzkräutern bepflanzt sind. Auf der Rabatte vor der Stadtmauer steht Spalierobst mit dekorativen Nutz- und Zierpflanzen davor: im Frühjahr mit Narzissen, Kaiserkronen und Stiefmütterchen bepflanzt, im Sommer geschmückt mit Artischocken, Rhabarber und rotblättrigem Grünkohl ›Redbor‹.

Stadtgarten mit Kastanienallee

29

Wendlingen
Privater Rosengarten Jurisch

Der Rosengarten liegt inmitten der Streuobstlandschaft am Ortsrand von Wendlingen. Zwei lange Parzellen mit Apfel- und Birnbäumen, Kirschbäumen und einem Walnussbaum wurden zusammengefügt. Hier setzt Gärtnermeister Wolfgang Jurisch seit 1986 seine Begeisterung für Rosen und Gehölze in die Praxis um.

Auf dem etwa einen halben Hektar großen Gelände sind weit über tausend Rosenstöcke versammelt, etwa 600 Edelrosen, 400 Strauchrosen und 200 Ramblerrosen, dazu Clematis, die sich in Büsche und Zäune hangeln. Es ist nicht nur eine bloße, baumschulartige Ansammlung von Rosen, sondern alles ist liebevoll und romantisch gestaltet mit Sitzecken, Bögen und Pavillons.

Beim Wandern stieß ich durch Zufall auf diesen Garten, wurde stutzig, als ich am Wegrand von Ramblerrosen berankte Apfelbäume sah. Der Besitzer, Wolfgang Jurisch, hielt sich zufällig im Garten auf und bereitete ihn für den Tag des Offenen Gartens am darauffolgenden Sonntag vor. Wir plauderten über die extreme Wettersituation im Frühjahr. Er sagte, dass seine Rosenstöcke zum Glück vom Frühjahrsfrost verschont geblieben seien. Die Rosen auf dem nahegelegenen Hofgut Tachenhausen (siehe Seite 108) hätte es in der Knospe erwischt. Die würden in diesem Jahr spärlich oder später blühen. (Davon konnte ich mich später überzeugen, denn das Hofgut war das Ziel meiner Wanderung.)

Jedenfalls blühten an meinem Wandertag im Juni die Ramblerrosen üppig, dazu Clematis und Pfingstrosen. Alle Streuobst-Apfelbäume werden umrankt von Ramblerrosen mit einem passenden Fußvolk von niedrigeren Rosen und Stauden auf der großzügig bemessenen Baumscheibe. Meistens sind eine rosafarbene

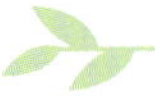

KONTAKT

Wolfgang und Gabriele Jurisch, erreichbar über Straße Zum Hasenwäldle/Feldweg (nach ca. 100 m rechts), 73240 Wendlingen
www.rosengarten-wendlingen-am-neckar.de
Garten von außen einsehbar; Besichtigung für Gruppen nach Vereinbarung und im Rahmen von »Offene Gärten«

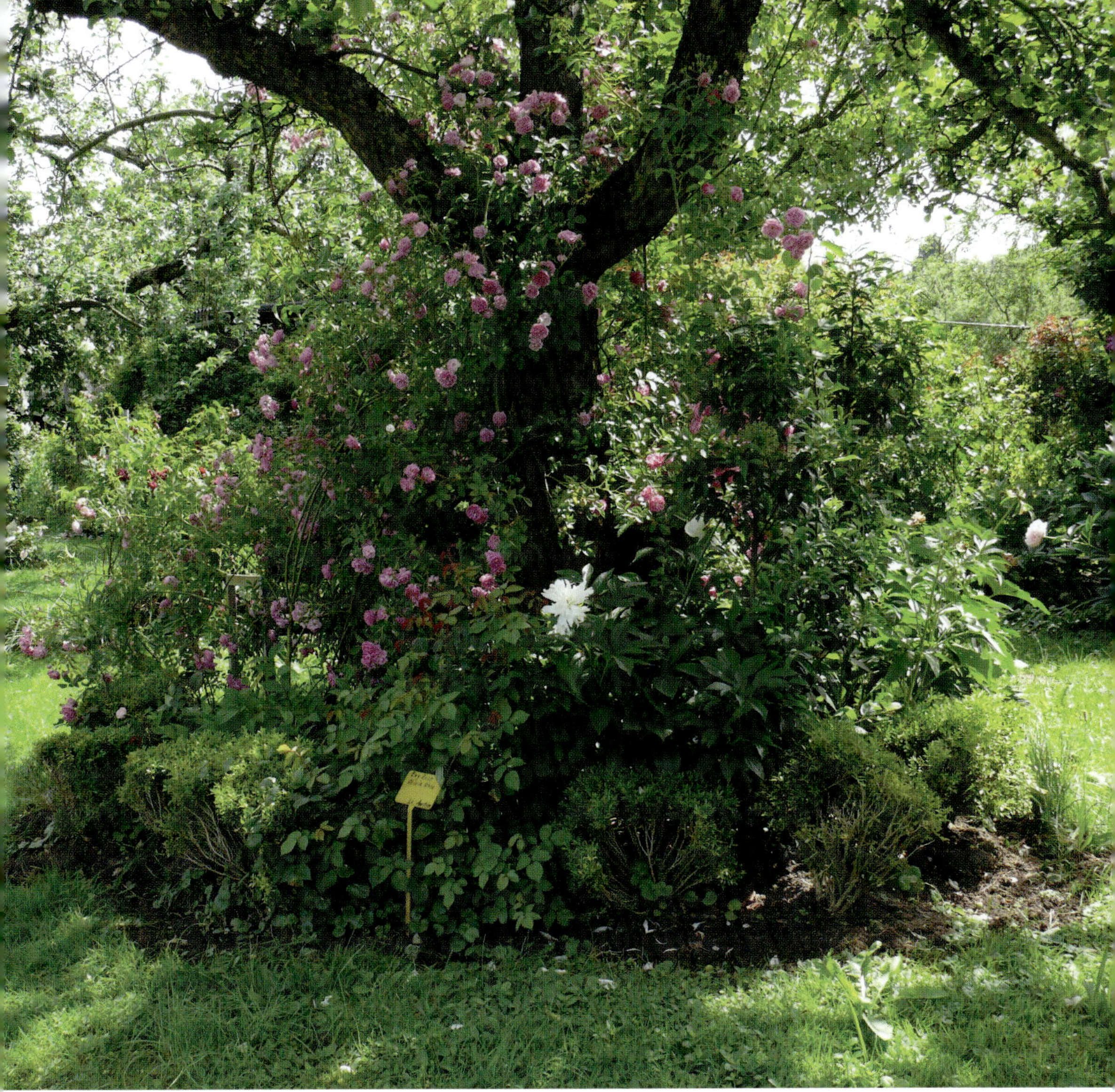

Malerisch: Ramblerrosen klimmen in alte Obstbäume

und eine weiß oder cremefarbene Rose kombiniert. Ich notierte mir Sorten mit klangvollen Namen: ›Taunusblümchen‹, ›Crown Princess Margareta‹, ›Direktor Benshop‹.

In dem zuletzt in Kultur genommenen Gartenteil haben die Jurischs einen symmetrischen Rosengarten mit Edelrosen angelegt. An seinem Rand steht ein kleiner hölzerner Aussichtsturm, umrankt von der Ramblerrose ›Ghislaine de Feligonde‹ in interessantem Farbspiel.

Werbach-Gamburg
Gärten an der Burg Gamburg

Der Bergfried weist aus der Ferne den Weg zur Gamburg. Zur Burg gehören einige Gartenanlagen. Am interessantesten ist der Barockgarten auf der Nordseite der architekturgeschichtlich interessanten Burg, deren älteste Teile romanisch sind.

Frühere Besitzer, die Freiherren von Dalberg, ließen den Barockgarten im 17. Jahrhundert anlegen. Dazu ließen sie in dem steil abfallenden Gelände hinter der Burg mit viel Erdreich und Stützmauern eine breite und langgestreckte Terrasse schaffen. Der Garten war verwildert, als die Familie von Mallinckrodt 1980 das Anwesen erwarb. Sie rekonstruierte den Barockgarten anhand von alten Plänen und Fotodokumenten aus dem Besitz von Einheimischen und stellte die formale Grundstruktur mit Buchs- und Eibenhecken wieder her. Hohe Eibenhecken mit statuengeschmückten Nischen begrenzen die langgestreckte Terrasse zum Nordhang hin.

Auf der Burg gab es eine ausgeklügelte Wasserversorgung, die auch die Brunnen im Barockgarten speiste: Vom Waldrand wurde Wasser zum Turm hochgepumpt und floss über eine Leitung in den Springbrunnen. Der Druck war hoch genug, um eine Fontäne in Gang zu halten und weitere Becken mit Wasser zu versorgen. Das Wasserbecken im Zentrum der Anlage ist jedoch trockengelegt.

An den formalen Barockgarten schließt sich am Burghang im Norden ein Landschaftsgarten an. Hier stehen noch Bauten aus der Ursprungszeit, u. a. Obelisk, Schießstand, Treppen, Rampen, Bassins. Diese Bauteile sollen nach und nach wieder freigelegt werden.

KONTAKT

Burg Gamburg, Burgweg 29, 97956 Werbach-Gamburg,
www.burg-gamburg.de
Während der Saison zeitweise gegen Gebühr geöffnet
Mit Gastronomie (zeitweise)

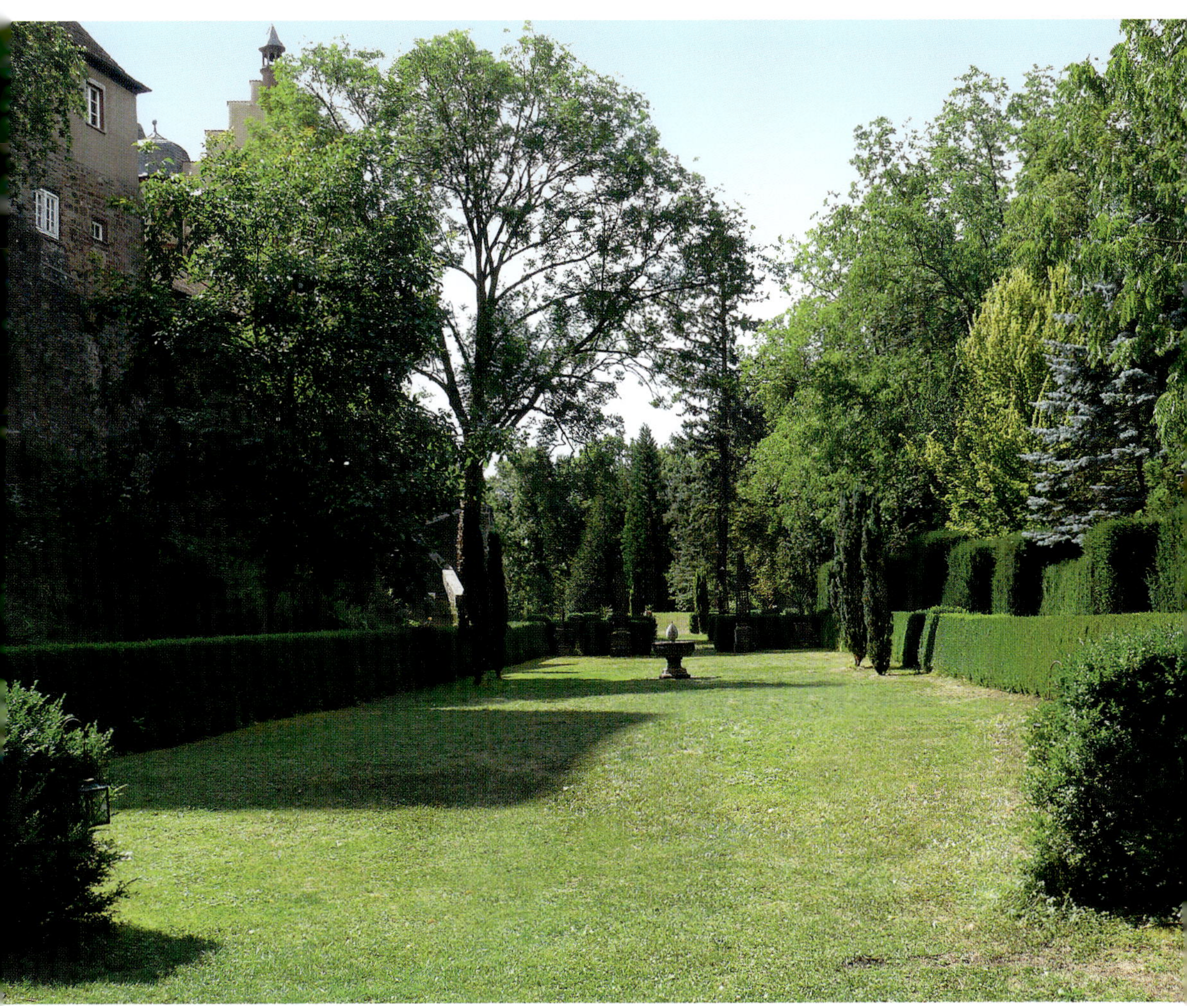

Barockgarten

Auch am Südhang unterhalb der Burg, wo es früher eine Gärtnerei und einen Rosengarten gab, soll so weit als möglich der frühere Zustand wieder hergestellt werden. Die Liste der vorhandenen Zier- und Nutzgehölze reicht von Amberbaum über Feigen, Maulbeere, Mispel, Nordamerikanischer Walnussbaum bis zu Zypressen. Im Gelände gut vertreten sind Ahorne in sechs Arten, darunter schön gewachsene Feld-Ahornbäume. Der Burggraben ist einladend mit buntlaubigen Ziersträuchern bepflanzt, mit Perückenstrauch, panaschiertem Efeu und Hortensien.

Wertheim
Kloster Bronnbach

Im Bauensemble des Klosters fällt die Orangerie besonders auf. Sie wurde 1774 unter Abt Ambrosius Balbus erbaut. Architektonische Besonderheit ist die extrem groß ausgebildete, 20 Meter lange Hohlkehle unterhalb der Traufe.

Dieser so genannte Sonnenfang, der die Orangeriepflanzen vor zu starker Sonneneinstrahlung schützen sollte, wurde mit einem großen Fresko versehen. Dargestellt sind – angeordnet um das Wappen des Abtes – Allegorien der vier Jahreszeiten und der vier Erdteile – eine Verherrlichung des Klosters als paradiesischer Kosmos. Das Fresko ist vermutlich das größte im Freien nördlich der Alpen. Die Orangerie, vor der ein Kräutergarten angelegt ist, wird heute für Veranstaltungen genutzt.

Ein weiterer Gartenteil ist der Abteigarten vor der Hauptfassade des Klostergebäudes. Das original erhaltene barocke Figurenprogramm und die Balustraden aus Sandstein wurden restauriert und wieder aufgestellt. Im Zentrum der Anlage steht der Schalenbrunnen.

Im Saalgarten, dem früheren Festgarten des Klosters mit einer Springbrunnenanlage und drei Gartenhäuschen, befindet sich heute der Biergarten.

Zum 32 Hektar großen Klostergelände gehören auch ein Weinberg und ein Obstberg. Obstbäume wurden frisch aufgepflanzt, unter anderen auch eine Esskastanie, die im milden Weinbauklima gut gedeiht.

Orangerie mit Kräutergarten
und Blick vom Kräutergarten zum Kloster

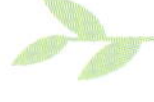

KONTAKT

Bronnbach 9, 97877 Wertheim-Kloster Bronnbach
www.kloster-bronnbach.de
Mit Gastronomie

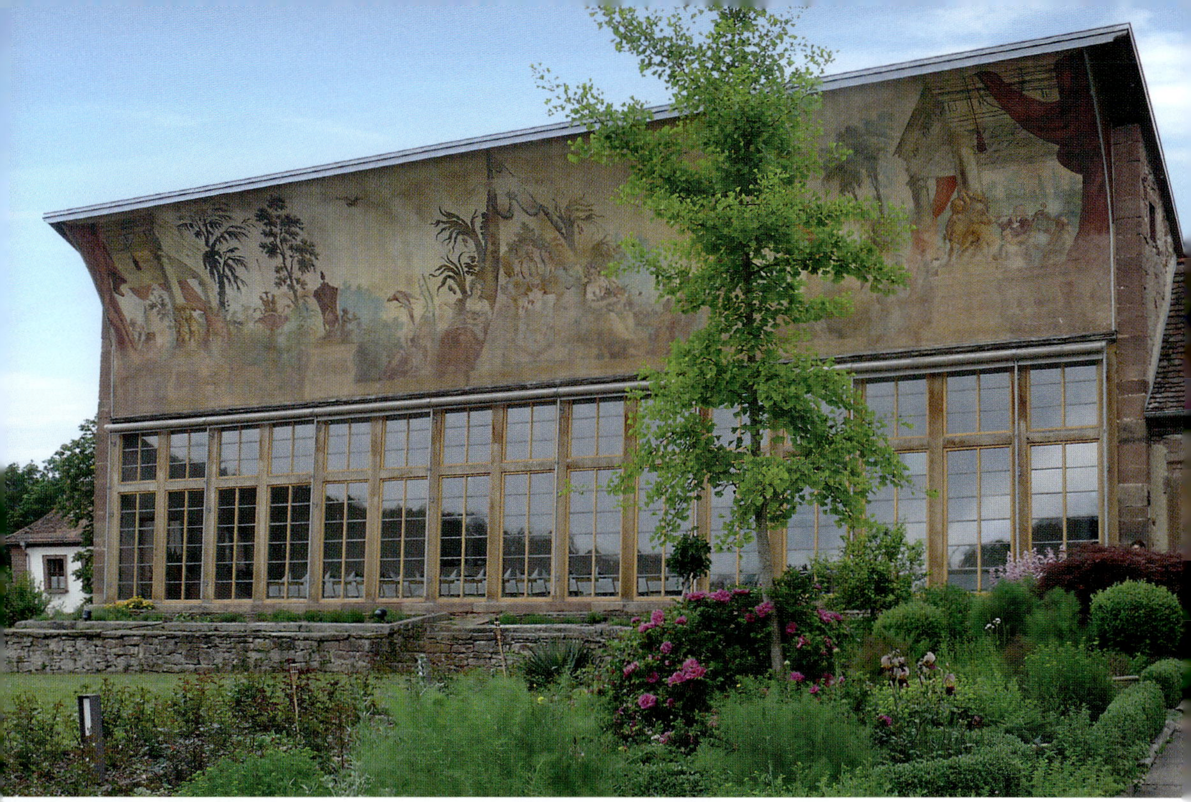

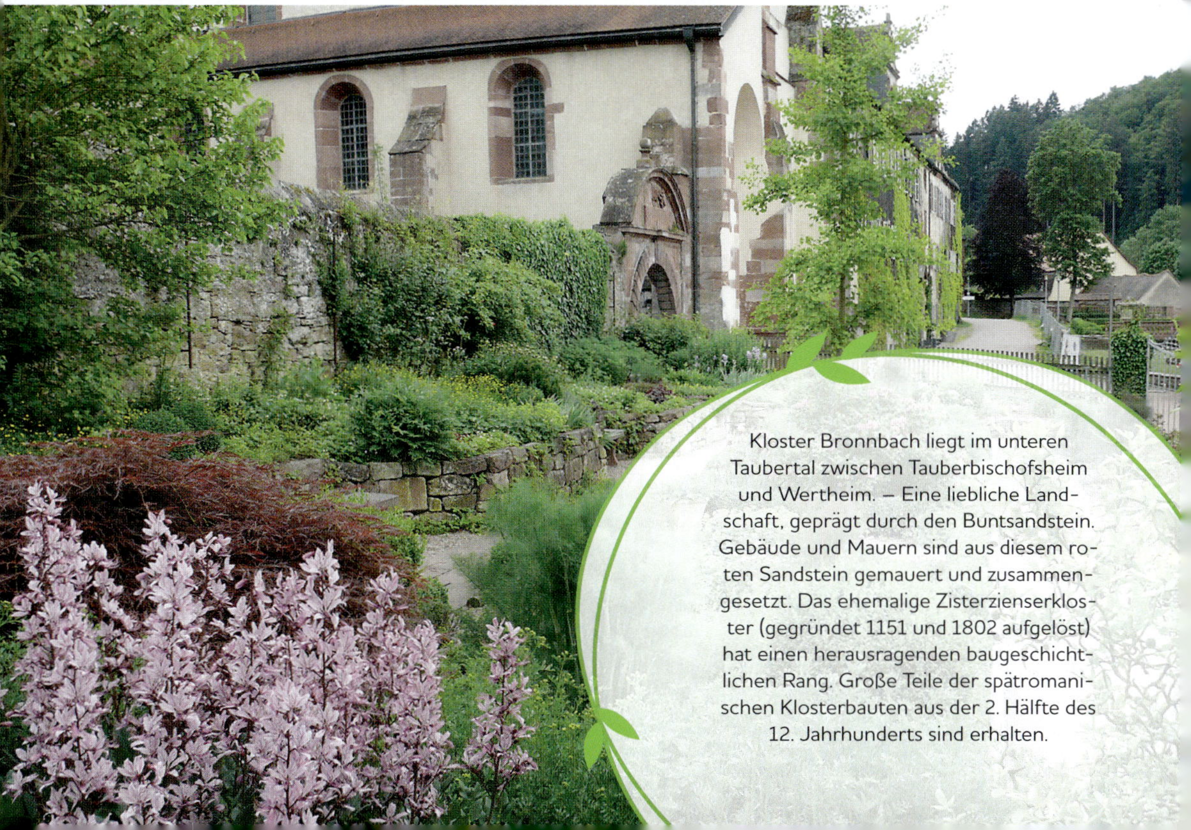

Kloster Bronnbach liegt im unteren Taubertal zwischen Tauberbischofsheim und Wertheim. – Eine liebliche Landschaft, geprägt durch den Buntsandstein. Gebäude und Mauern sind aus diesem roten Sandstein gemauert und zusammengesetzt. Das ehemalige Zisterzienserkloster (gegründet 1151 und 1802 aufgelöst) hat einen herausragenden baugeschichtlichen Rang. Große Teile der spätromanischen Klosterbauten aus der 2. Hälfte des 12. Jahrhunderts sind erhalten.

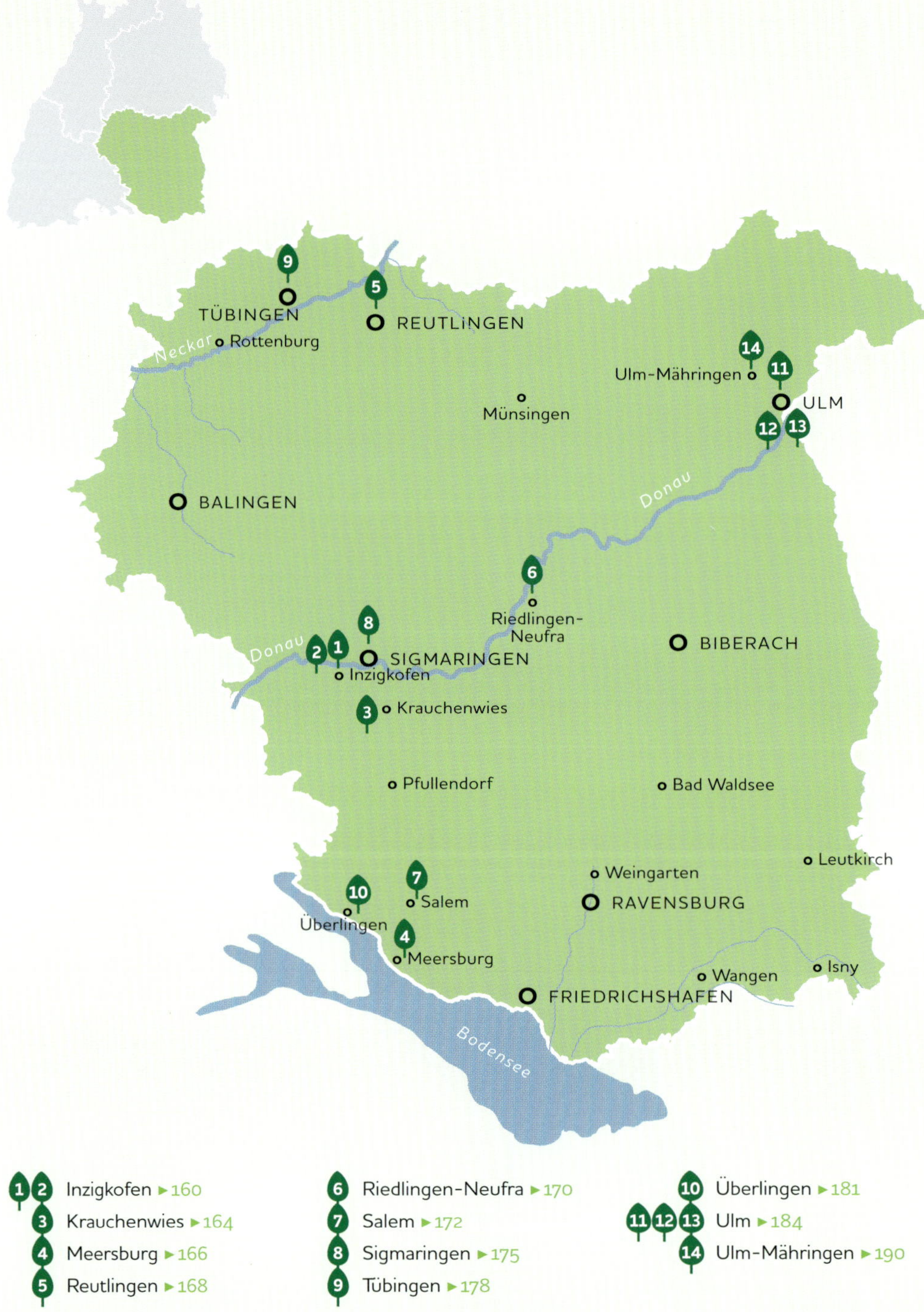

TÜBINGEN
REUTLINGEN
Neckar
Rottenburg
Ulm-Mähringen
ULM
Münsingen
Donau
BALINGEN
Riedlingen-Neufra
SIGMARINGEN
Donau
Inzigkofen
BIBERACH
Krauchenwies
Pfullendorf
Bad Waldsee
Leutkirch
Weingarten
Salem
RAVENSBURG
Überlingen
Meersburg
Wangen
Isny
FRIEDRICHSHAFEN
Bodensee
1 2 Inzigkofen ▸ 160
3 Krauchenwies ▸ 164
4 Meersburg ▸ 166
5 Reutlingen ▸ 168
6 Riedlingen-Neufra ▸ 170
7 Salem ▸ 172
8 Sigmaringen ▸ 175
9 Tübingen ▸ 178
10 Überlingen ▸ 181
11 12 13 Ulm ▸ 184
14 Ulm-Mähringen ▸ 190

Regierungsbezirk Tübingen

So vielfältig und unterschiedlich wie die Naturräume in diesem Regierungsbezirk, der vom Neckartal über die karge Schwäbische Alb bis zum Bodensee reicht, sind auch die Gärten, die ich hier vorstelle.

Besonders hervorzuheben sind die historischen Gartenlandschaften um die Schlösser der Hohenzollernfürsten im Raum Sigmaringen. Jedoch gibt es auch zeitgenössische Gartenkultur, vor allem in Ulm, wo zwei Gartenschauen Spuren hinterlassen haben. Weitere Stätten von Landesgartenschauen in diesem Bezirk sind Reutlingen sowie die als »Grünprojekte« bezeichneten kleinen Landesgartenschauen in Pfullendorf und Sigmaringen. Darüber hinaus nicht zu vergessen die Botanischen Gärten in Tübingen und Ulm mit ihren ebenfalls sehenswerten parkartigen Grünanlagen.

Ganz im Süden des Regierungsbezirks liegt der klimatisch begünstigte Streifen entlang des Bodensees mit fast schon südländischem Flair wie am Lago Maggiore. Das zeigt sich in der Gartenkultur – in schöner Ausprägung in Überlingen mit seinem Stadtpark und dem Gartenkulturpfad.

Überall in dieser ländlich geprägten Region sind vielfältig bepflanzte, bunte Bauerngärten zu entdecken. Stellvertretend für viele lassen sie sich regionaltypisch im Freilichtmuseum in Neuhausen ob Eck, im Oberschwäbischen Museumsdorf Kürnbach und im Bauernhausmuseum Allgäu-Oberschwaben-Wolfegg bewundern. Bei meinen Fahrten fiel mir der gesund und üppig gewachsene Staudenphlox auf. Kein Wunder, denn die Staude fühlt sich auf schwerem, feuchtem Boden, der in der Region häufig ansteht, wohl.

Dieser Regierungsbezirk mit dem Verwaltungssitz in Tübingen, der sich in etwa mit dem früheren Bezirk Südwürttemberg-Hohenzollern deckt (bei der Verwaltungs- und Gebietsreform 1973 wurden ihm auch einige südbadische Areale zugeschlagen), hat eine interessante Geologie, die auch bei der Anlage einiger der hier vorgestellten Gärten mit hereinspielt.

Die Geländeausformung hängt mit der letzten Eiszeit zusammen. Die Gletscher reichten bis zur Donau und hinterließen beim Rückzug die welligen Moränenhügel.

Inzigkofen
Fürstlicher Park

Im Fürstlichen Park spielt die Landschaft die Hauptrolle. Die wildromantische Felslandschaft direkt am Donauufer ist hier auf ganz besondere Weise erlebbar.

Diesen Park muss man sich mit stabilem Schuhwerk an den Füßen erwandern. Der Zugang sieht aus wie der Einstieg zu einem Wanderpfad, und es sind tatsächlich Wanderpfade, die diesen Park erschließen. Der Startpunkt liegt gegenüber des ehemaligen Augustinerklosters und jetzigen Volkshochschulheims (www.vhs-inzigkofen.de). Von diesem Punkt reicht der Blick bis zum etwa drei Kilometer entfernten, in den Himmel ragenden Sigmaringer Schloss.

Der 1811 bis 1829 angelegte 25 Hektar große Park ist in die spannungsreiche Landschaft an der Donau eingebettet, die hier in engen Schleifen mäandert. Schroffe, felsige Prallhänge wechseln mit sanften Abhängen ab. Ein Fußpfad führt zum bekannten Amalienfelsen bzw. zu Aussichtspunkten, von denen aus man den unmittelbar aus der Donau aufsteigenden, 29 Meter hohen Felsblock sehen kann. An der Felswand ist aus gusseisernen Buchstaben die Inschrift »Andenken an Amalie Zephyrine 1841« samt dem Allianzwappen angebracht. Sie erinnert an die Parkgründerin Fürstin Amalie Zephyrine von Hohenzollern-Sigmaringen (1760–1841), eine geborene von Salm-Kyrburg, und gab dem Blaufelsen seinen neuen Namen.

Die Fürstin, die eine sehr bewegte Lebensgeschichte hatte und über ihre Verbindung zu Frankreich Einfluss auf die Politik Napoleons nahm, lebte getrennt von ihrem Mann Fürst Anton Aloys; das Paar war sich einander jedoch freundschaftlich verbunden. 1808 kehrte Fürstin Amalie aus Paris ins Hohenzollerische zurück und lebte zunächst im Schloss Krauchenwies. (siehe Seite 166) Ab 1811 ließ sie das frühere Amtshaus des säkularisierten Klosters Inzigkofen zu einem Landschlösschen umbauen und richtete ihre eigene Hofhaltung ein. Es diente ihr später als Sommerresidenz. In späteren Jahren lebte sie im eigens für sie errich-

KONTAKT

Parkweg 3, 72514 Inzigkofen
www.inzigkofen.de
Frei zugänglich
Mit Gastronomie

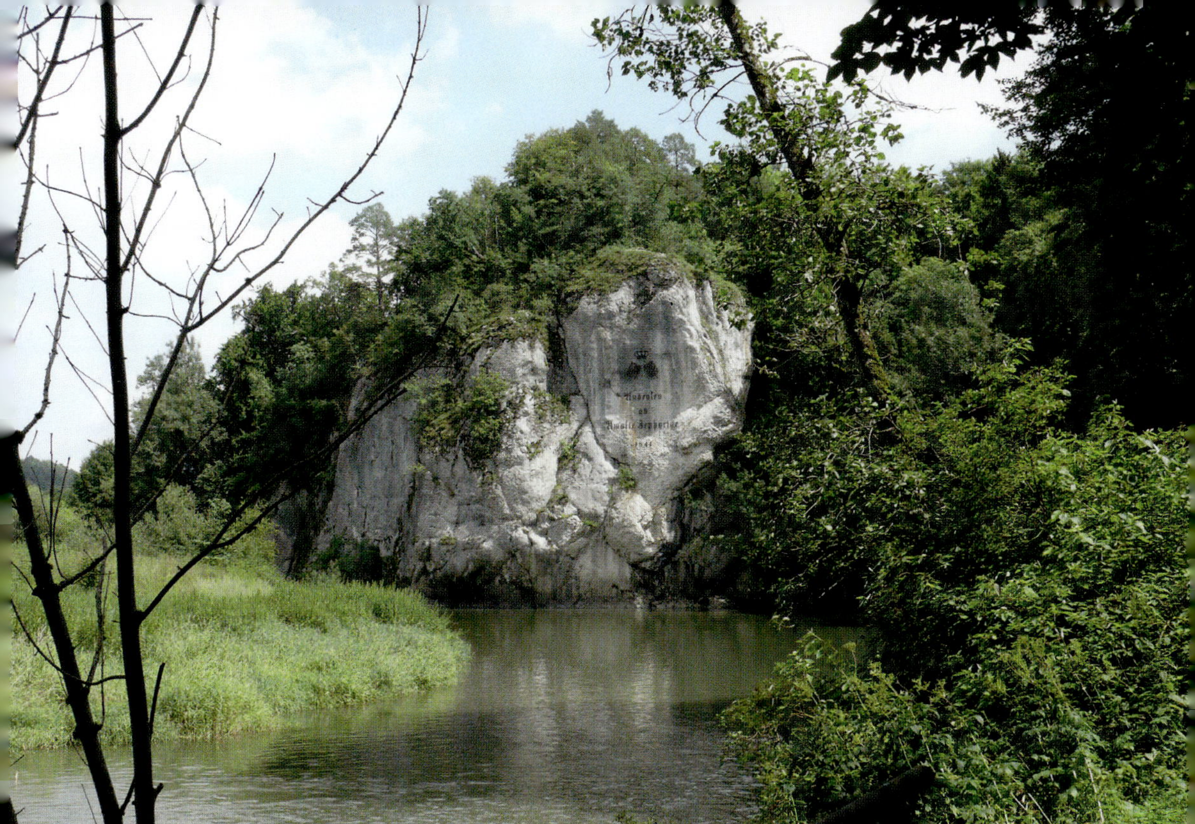

Fürstlicher Park, Amalienfelsen

teten Alten Prinzenbau in Sigmaringen. Bei der Planung des Fürstlichen Parks Inzigkofen wurde sie von Hofgärtner Johann Wunibald Schnell unterstützt.

Die Stelle am Amalienfelsen ist auch geologisch interessant, denn an dieser Engstelle ist der Ausgang des Donaudurchbruchs durch die Schwäbische Alb. Der Weg führt vom Amalienfelsen weg weiter an Felsüberhängen und Grotten vorbei zur Teufelsbrücke. Die Bogenbrücke überspannt eine tief eingeschnittene Kluft. Sie wurde anstelle einer hölzernen Vorgängerbrücke 1895 aus Beton schwungvoll neu gebaut. (Die Topographie ist hier ganz ähnlich wie bei der echten Teufelsbrücke am Gotthard in der Schweiz, nur in weitaus kleineren Dimensionen.) Durch ein Felsentor hindurch setzt sich der Weg weiter am Hang entlang fort zum Känzele, einer kleinen Aussichtskanzel, von der aus sich die Donaulandschaft öffnet. Wer hierher kommt, sollte den Blick auch auf die Kalksteinfelsen und ihre Vegetation richten.

Sich am Känzele links haltend kommt man zum beeindruckenden Felsentor und zu den Kalkriffen und Felsgrotten, die auf schmalen Pfaden und über hölzerne Treppen zugänglich sind. So erschließt sich die eigenartige, felsige Landschaft am Donaudurchbruch durch die Alb auf ganz eigene Weise. Zum Parkgelände gehört noch die Eremitage-Anlage auf der anderen Seite der Donau.

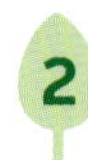

Inzigkofen
Kräutergarten im ehemaligen Augustinerinnenkloster

Das ehemalige Klostergelände mit verschiedenen Bauwerken und dem Kräutergarten grenzt an den Fürstlichen Park an. Umgeben ist es von einer hohen Natursteinmauer.

Das Gelände des ehemaligen Augustinerinnenklosters setzt sich aus Äußerem und Innerem Klostergarten zusammen. Das Kloster, dessen Anfänge bis ins 14. Jahrhundert zurückreichen, war schon immer bekannt für seine Gärten. Zeitweise war es im Besitz der Hohenzollern; zeitweise diente das Gelände als Versuchsanlage für neue Obstsorten.

Im Inneren Klostergarten waren einst nah an den Gebäuden Küchengarten, Apothekergarten und Hennengarten angelegt.

Diese früheren Bepflanzungen nimmt der aktuell existierende Kräutergarten auf. Er wurde 1992 vor dem Hintergrund der alten Klostermauern angelegt. Die sehr hohe Inzigkofer Klostermauer wirkt wie eine Wand und bietet Schutz vor Wind. Unweit des Kräutergartens wird die Mauer von einer Kapelle unterbrochen.

Der vom Naturschutzbund Sigmaringen betreute Kräutergarten ist etwa 600 Quadratmeter groß und in mehrere Beete und Rabatten eingeteilt. Etwa 250 Pflanzen werden hier kultiviert. Der Kräutergarten wirkt durch Blumenbeete, eine Steingartenanlage, Beerenobststräucher, Rosenlehrpfad und Obstbäume eher wie ein größerer Hausgarten. Hier wächst eigentlich alles, was man für die Selbstversorgung mit pflanzlichen Produkten braucht. Neben den gängigen Heil- und Küchenkräutern gedeihen hier auch Färbepflanzen wie etwa Krapp, Färberdistel, Färberkamille oder Färberwaid. Auf einem gesonderten Beet werden landwirtschaftliche Kulturpflanzen angebaut, vor allem Getreide, darunter die Urgetreidearten Emmer und Einkorn, aber auch Flachs, Linsen und Amarant, samt der Begleitflora. Naturgartenelemente wie Blumenwiese, Insektennistkästen, Trockenmauer, Steinhaufen, Totholzhaufen und Wilde Ecken gehören auch dazu.

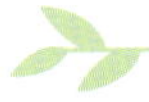

KONTAKT:

Parkweg 3, 72514 Inzigkofen
www.nabu-sigmaringen.de
Frei zugänglich

Der Kräutergarten liegt geschützt vor Klostermauern

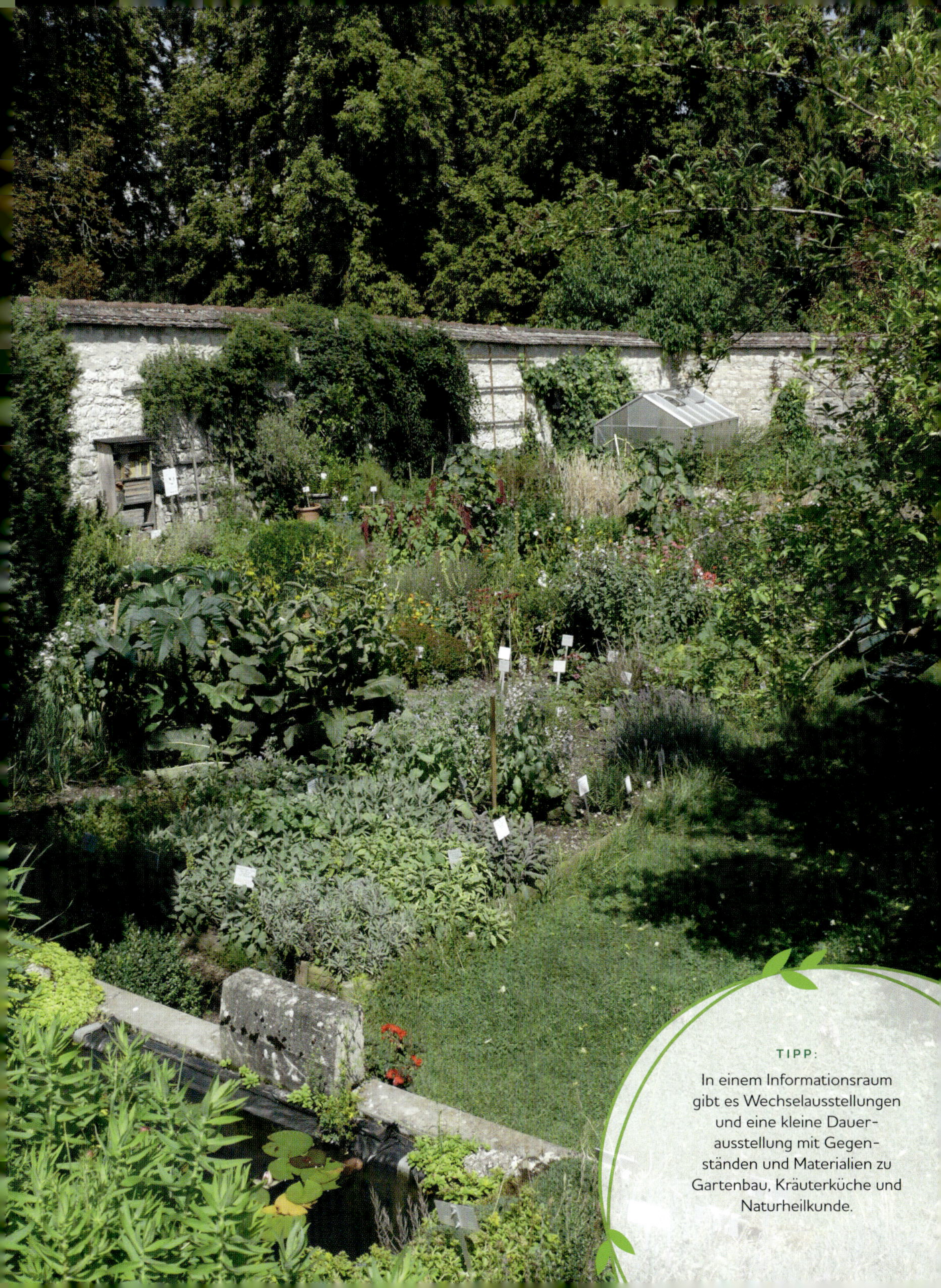

TIPP:

In einem Informationsraum gibt es Wechselausstellungen und eine kleine Dauerausstellung mit Gegenständen und Materialien zu Gartenbau, Kräuterküche und Naturheilkunde.

3

Krauchenwies
Fürstlich-Hohenzollerischer Park

Der Fürstliche Park in Krauchenwies ist Teil der Gartenlandschaft der Hohenzollernfürsten im Raum Sigmaringen. Der weitläufige, etwa 61 Hektar große Park liegt nordwestlich des Ortszentrums von Krauchenwies in einer Auenlandschaft.

Der Park wurde ab 1828 im Stil eines Englischen Landschaftsgarten angelegt, mit dem zwischen 1828 und 1832 gebauten klassizistischen Herrenhaus als Bezugspunkt. Geschwungene Wege erschließen ihn; an manchen Stellen eröffnen sich Sichtachsen. Weite Wiesenflächen wechseln sich mit Gehölzgruppen und Wald ab. Der Andelsbach und die Ablach durchfließen ihn und sind in die Parklandschaft eingebunden. Durch Stauung des Andelsbaches entstand ein See, auf dem die fürstliche Familie einst mit dem Boot fuhr. Der Fürstliche Tiergarten Josefslust schloss sich an den ortsnahen Bereich an.

Der Fürstlich-Hohenzollerische Park in Krauchenwies galt einst als »Kleinod der Gartenbaukunst«. Der Hochadel gab sich hier in den Sommermonaten ein Stelldichein. Kaiser Wilhelm I. und seine Gemahlin Kaiserin Augusta kamen zu Besuch. Von diesem Besuch zeugt ein Baudenkmal im Park, der so genannte »Kaiserstuhl«. Wer nichts über die glanzvolle Geschichte des Parks weiß, nimmt ihn womöglich nur als abwechslungsreiche Waldlandschaft mit Lichtungen, Bachläufen und Brücken wahr. Das Areal um das Herrenhaus ist eingezäunt und für die Öffentlichkeit nicht zugänglich.

Zum denkmalgeschützten Gebäudeensemble der Fürstlichen Schlossanlage gehören außerdem das Gewächshaus/Orangerie, das Alte Schloss und einige weitere Gebäude. Marstall und Wagenremise liegen jenseits der Durchgangsstraße. Von der einstigen Pracht und Bedeutung des Ortes zeugt das klassizistische Bahnhofsgebäude. Die beiden nach Krauchenwies führenden Bahnlinien sind schon seit langer Zeit stillgelegt.

KONTAKT:

Sigmaringer Straße, 72505 Krauchenwies
www.krauchenwies.de
Teilbereiche frei zugänglich

Herrenhaus

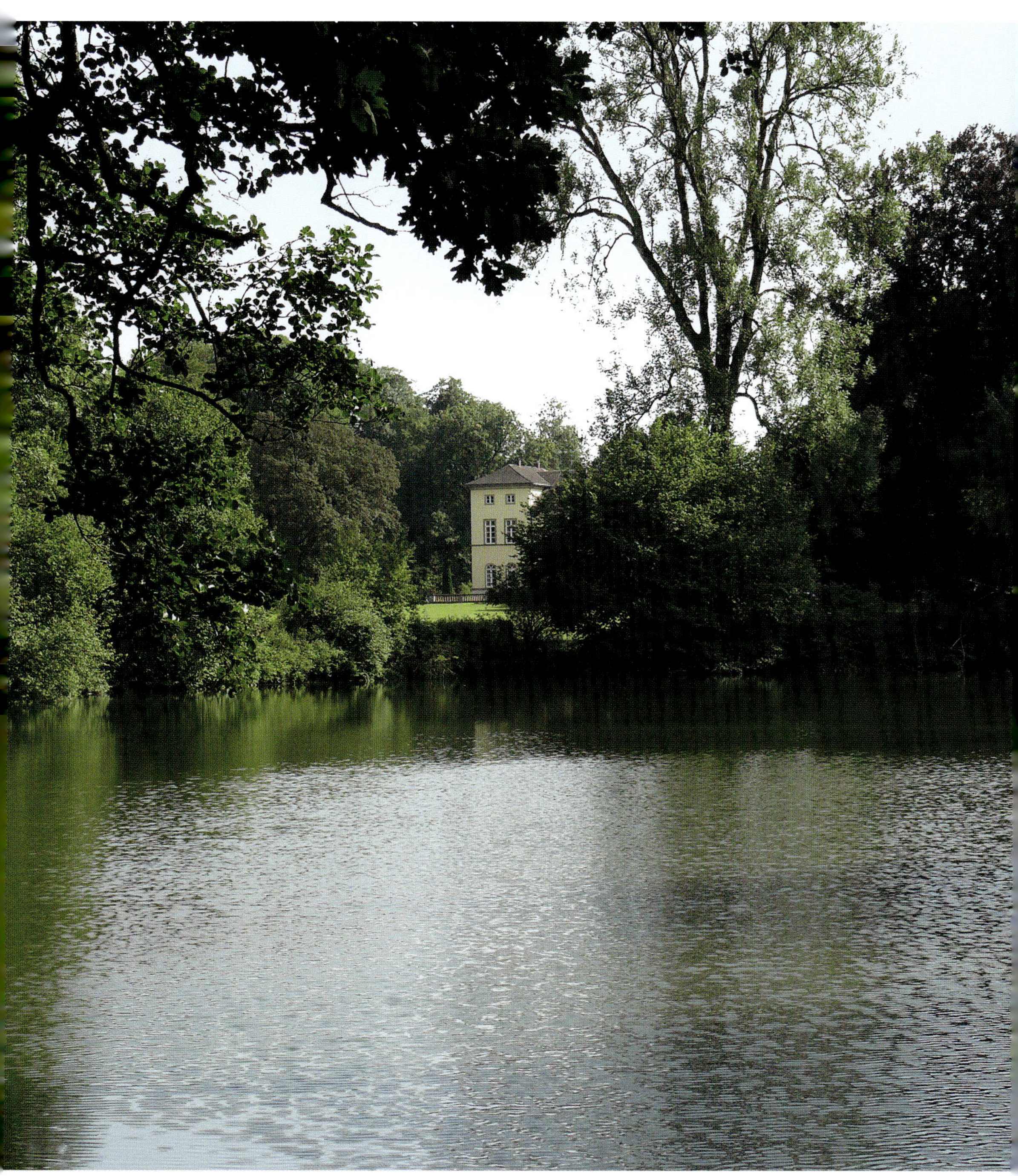

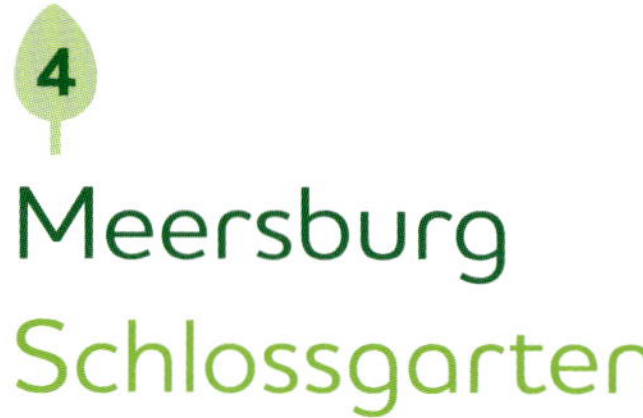

Meersburg Schlossgarten

Der Garten auf einer dem Schloss vorgelagerten Terrasse ist schlicht. Unvergleichlich jedoch ist das Panorama, das sich einem an der Balustrade stehend öffnet: die blaue Fläche des Bodensees und dahinter die schneebedeckten Schweizer Berge!

In den Genuss des Panoramablicks kommen Besucher, wenn sie vom Bodenseeufer über steile Straßen beziehungsweise über Treppen in die Oberstadt von Meersburg mit dem Neuen Schloss steigen. Der Bau des Neuen Schlosses wurde unter dem Konstanzer Fürstbischof Johann Franz Schenk von Stauffenberg (1658–1740) begonnen und unter seinem Nachfolger Franz Konrad von Rodt fortgeführt. – Eine Herausforderung für die Baumeister, denn die vor dem Schlosskörper weit hinausragende Terrasse brauchte eine stabile Unter- und Stützkonstruktion. Der Benediktinerpater Christoph Gessinger fertigte die Pläne für Schloss und Garten. Balthasar Neumann (siehe auch Bruchsal Seite 26 und Schöntal Seite 114) überarbeitete sie. Balthasar Neumann entwarf auch das Treppenhaus.

Unterhalb der Hauptterrasse mit formal angelegtem Blumenbeet liegt eine weitere, schmalere Terrassenebene mit dem malerischen, gelben Teehaus. Der Mauern- und Gebäudekomplex ist bei der Annäherung mit dem Schiff auf Meersburg deutlich sichtbar. Das kleine Gebäude mit längsovalem Grundriss und Mansarddach wurde erst kürzlich mit Mitteln aus nicht abgeholten Gewinnen der Glücksspirale saniert. Kunsthistorisch interessant ist der Innenraum mit einem Deckenfresko des Augsburger Künstlers Johann Wolfgang Baumgartner, das Chronos, die Jahreszeiten und die Gestirne darstellt. Pavillon und untere Terrasse sind nur im Rahmen von Sonderführungen und Veranstaltungen zugänglich.

Etwas abgesetzt vom Baukörper des Neuen Schlosses liegt die Meersburg, die älteste bewohnte Burg Deutschlands, auch als »Altes Schloss« bezeichnet. Die Burg ist auch deswegen bedeutend, weil die Dichterin Annette von Droste-Hülshoff während ihrer Aufenthalte am Bodensee in den Jahren von 1841 und 1848 hier lebte. Sie starb am 24. Mai 1848 auf der Burg.

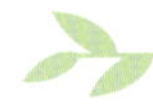

KONTAKT:

Neues Schloss Meersburg, Schlossplatz 12, 88709 Meersburg
www.neues-schloss-meersburg.de
Frei zugänglich

Neues Schloss Meersburg mit Hauptterrasse

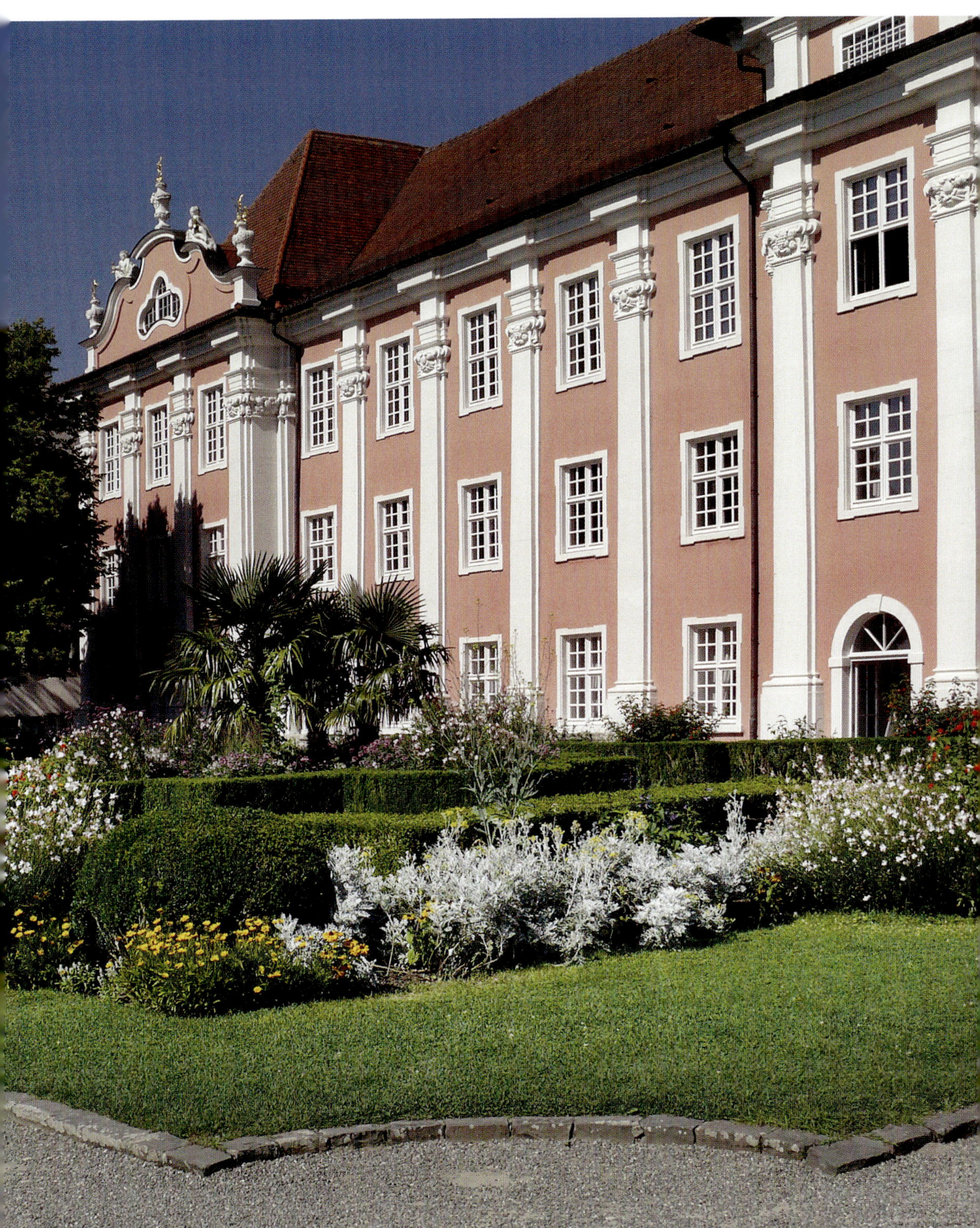

Reutlingen
Pomologie und Volkspark, Stadtgarten

Die beiden südwestlich des Stadtzentrums gelegenen Parks dienen als grüne Erholungsräume für die Stadtbevölkerung. Sie sind über eine Fußgängerbrücke miteinander verbunden.

Anlässlich der Landesgartenschau 1984 wurde der Park Pomologie zusammen mit dem Volkspark neu gestaltet; 2014 folgte eine weitere Umgestaltung beziehungsweise Ergänzung. Während der GardenLife, einer alljährlich im Mai stattfindenden Gartenmesse, ist auf dem Gelände immer viel los. Zu anderen Zeiten geht es hier beschaulicher zu. Der Name des Geländes deutet auf die Beziehung zur Obstbaukunde, zur Pomologie, hin. Der in Fachkreisen sehr bekannte, geradezu legendäre Obstbaukundler Eduard Lucas gründete 1860 eine »Lehranstalt für Pomologie, Obstkultur und Gartenbau«. Das heutige Parkgelände diente als praktisches Übungsgelände. Und Obstbäume bilden auch heute noch das Herz der Anlage. Zu sehen sind 52 lokale Apfelsorten und Neuzüchtungen, beispielsweise der 'Reutlinger Streifling' oder der 'Betzinger Grünapfel'. Zieräpfel, Birnen, Pflaumen, Kirschen und Walnüsse ergänzen das Sortiment. Zur Kennzeichnung der Sorten sind Aluschilder in den Boden eingelassen mit genauer Bezeichnung und QR-Code.

Der Rosengarten mit bewirtschaftetem Teehaus ist als »Garten im Garten« angelegt. Eine Formschnitthecke aus Hainbuchen umgibt ihn. Rosen und Stauden sind in vier Karrees aufgepflanzt. Bei meinem Besuch im Juli blühten Purpur-Sonnenhüte in auffallenden Farben.

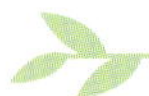

KONTAKT:
Alteburgstraße, 72762 Reutlingen
www.tourismus-reutlingen.de
Frei zugänglich
Mit Gastronomie

Blick vom Park Pomologie zur Achalm

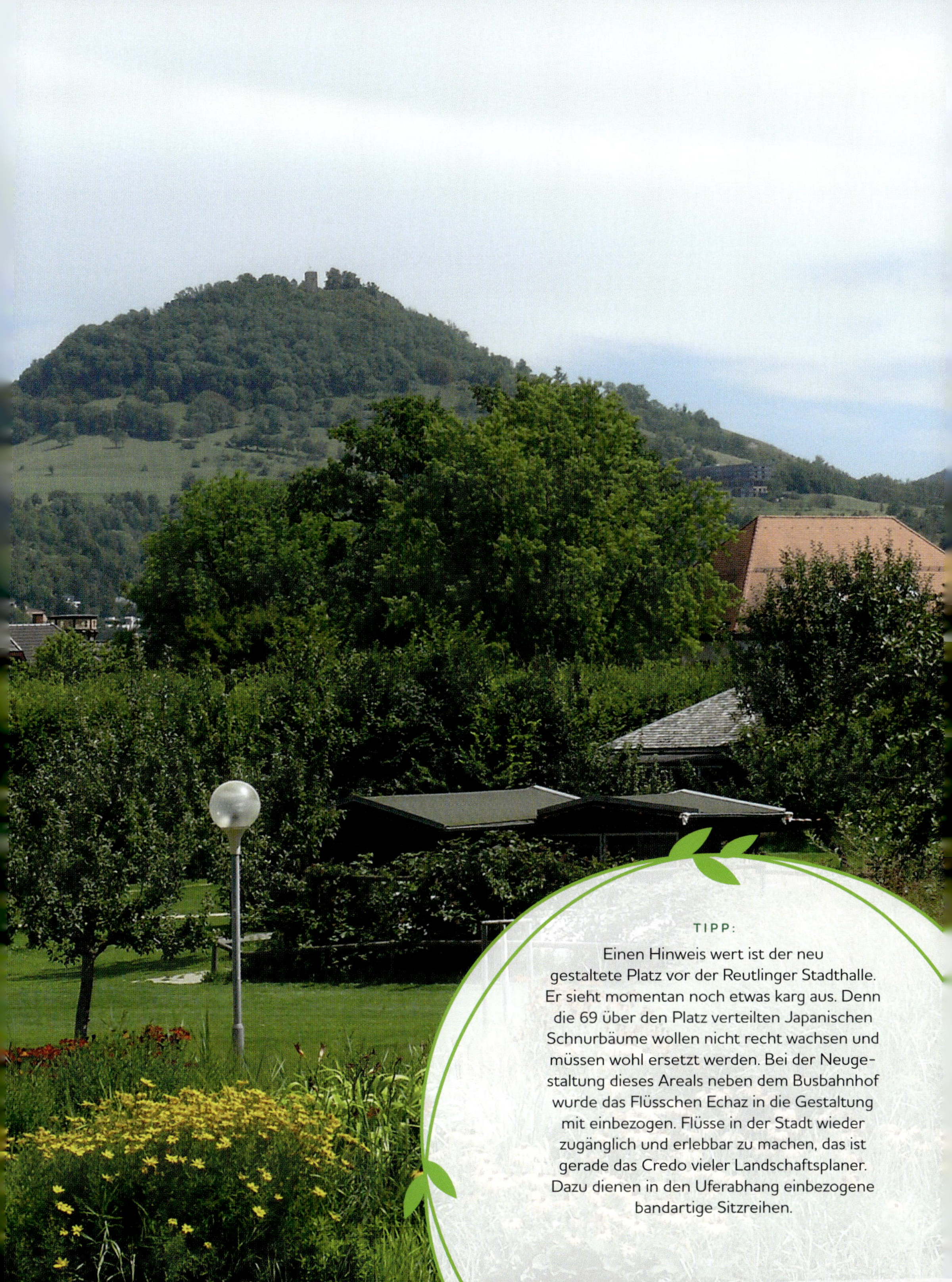

TIPP:

Einen Hinweis wert ist der neu gestaltete Platz vor der Reutlinger Stadthalle. Er sieht momentan noch etwas karg aus. Denn die 69 über den Platz verteilten Japanischen Schnurbäume wollen nicht recht wachsen und müssen wohl ersetzt werden. Bei der Neugestaltung dieses Areals neben dem Busbahnhof wurde das Flüsschen Echaz in die Gestaltung mit einbezogen. Flüsse in der Stadt wieder zugänglich und erlebbar zu machen, das ist gerade das Credo vieler Landschaftsplaner. Dazu dienen in den Uferabhang einbezogene bandartige Sitzreihen.

Riedlingen-Neufra
Hängender Garten

Im Riedlinger Stadtteil Neufra am Rande des Donautales bietet der Hängende Garten zu Füßen von Kirche und Schloss einen besonderen Anziehungspunkt.

Ein Weltwunder (wie die Hängenden Gärten der Semiramis) ist er nicht, aber dennoch ein beeindruckendes Bauwerk. Die architektonische Grundstruktur stammt, wie beim Pomeranzengarten in Leonberg, aus der Epoche der Renaissance. Der Hängende Garten wurde in den Jahren 1569 bis 1573 erbaut.

Genau genommen und ganz technisch gesehen ist es eine Stützkonstruktion zum Stabilisieren des aus Moränenkies bestehenden Schlossbergs, auf dem Schloss und Kirche stehen. Bautechnisch handelt es sich um Stützmauern und eine Gewölbekonstruktion, auf denen die ebene Gartenfläche ruht. Sachlich betrachtet ist es also ein Dachgarten. Von ihm aus öffnet sich ein weiter Blick ins Donautal hinaus. Zwei turmartige Gebäude begrenzen die Front zur Talseite.

Der Erbauer von Schloss Neufra, Graf Georg von Helfenstein, hatte das Gebäude samt dem Garten als seinen Alterssitz geplant. Doch er konnte beides nicht mehr nutzen: 1573 wurde er im Krieg gegen die Türken tödlich verwundet. Durch Heirat gelangte die Anlage 1627 an die Fürsten zu Fürstenberg, später dann an eine bürgerliche Fabrikantenfamilie.

Die heutige Besitzerfamilie Johannsen erwarb 1978 einen Teil der Anlage. Anhand einer Skizze aus dem Fürstenberg-Archiv konnte Waltraud Johannsen die Gartenanlage rekonstruieren und in den Jahren 1986 bis 1988 neu anlegen. Der denkmalgeschützte Garten ist durch ein Wegekreuz in vier nahezu gleich große Rechtecke eingeteilt. Die vier rechteckigen Rasenflächen sind von sehr breiten Buchshecken begrenzt. Zwischen den Buchsreihen stehen Kräuter-Halbsträucher und Rosen. Der Zugang zum Garten ist entweder von oben vom Kirch- und Schlossplatz her oder über eine steile Treppe vom unterhalb des Gartens gelegenen Rentamt her möglich.

KONTAKT:

Schlossberg 12, 88499 Riedlingen-Neufra
www.haengegarten.de
Zu den Öffnungszeiten frei zugänglich, Spende erbeten

Blick vom Hängenden Garten übers Donautal

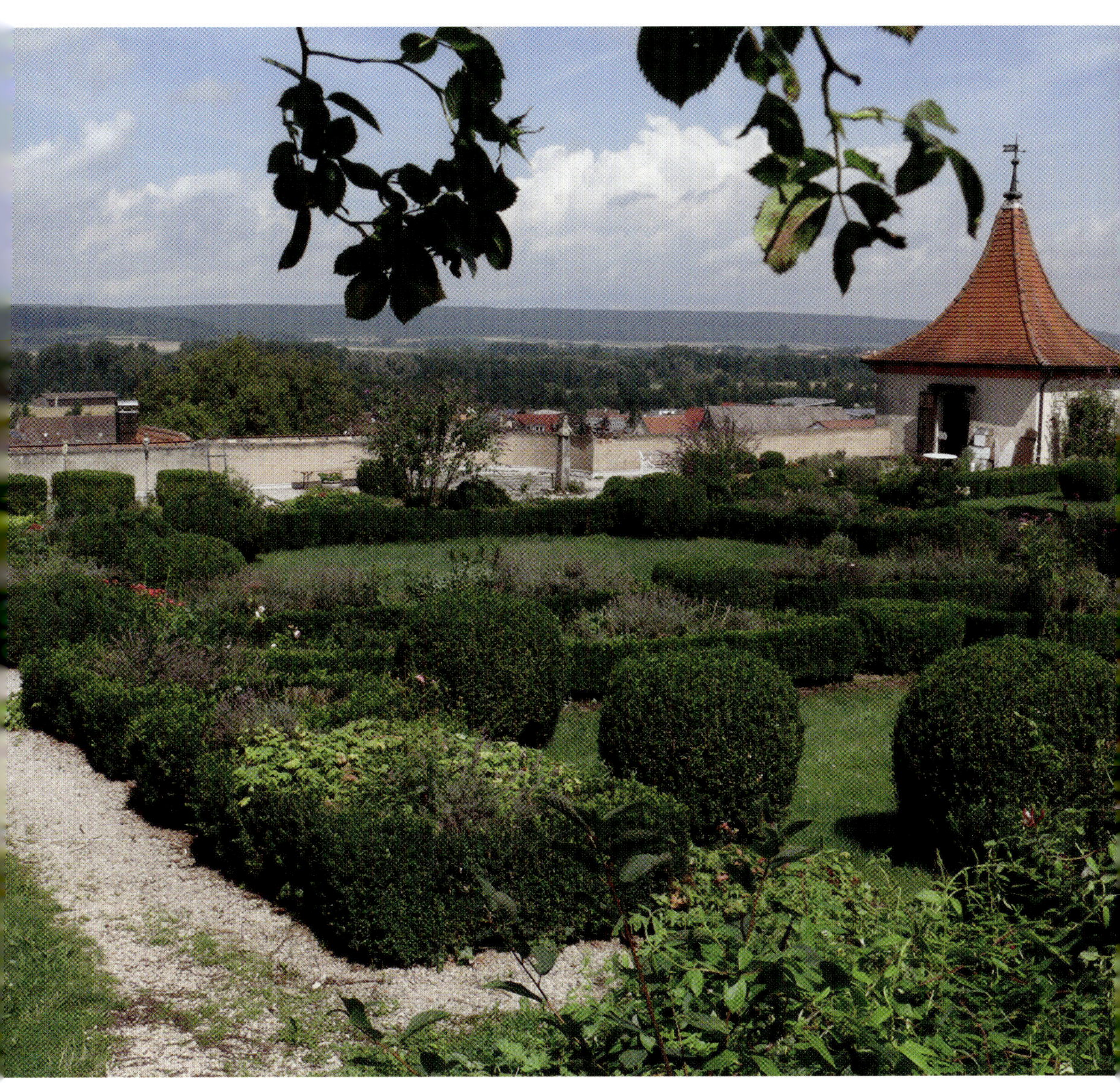

Auch in diesem Garten war der Buchs durch die überall grassierende Pilzkrankheit geschädigt. Waltraud Johannsen wehrte sich jedoch dagegen, die Buchsbüsche auszureißen, wie ihr geraten wurde, sondern entschied sich dafür, sie weiter zu pflegen. Und wie es bei meinem Besuch aussah, erholen sie sich wieder.

Salem
Gärten an Schloss Salem

Der Hofgarten ist gleich hinter dem Eingangspavillon das Entree zu Schloss Salem. Dieser formal gestaltete Garten nimmt jedoch nur einen kleinen Teil des Gesamtareals ein.

Der Hofgarten wurde als moderne Interpretation eines formalen Gartens in den 1990er-Jahren angelegt. Im vorderen Teil sind es geometrische, von niedrigen Buchshecken gesäumte Flächen; sie sind abwechselnd mit Wollziest, Gamander und Waldsteinie bepflanzt. Verteilt darin stehen in strenge Form geschnittene Eiben. Hinter hohen Hecken verbergen sich zwei begehbare Heckenlabyrinthe, das eine niedrige aus Buchs, das andere übermannshohe aus Thuja. Seitlich dieser zentralen Bereiche verlaufen Alleen mit Kirschbäumen, mit einer Wasserrinne in der Mitte und unterpflanzt mit Frauenmantel.

Die Außenanlagen von Schloss Salem mit ihren vielen Gebäuden und Plätzen sind zum größten Teil frei zugänglich. Wer die Klosterkirche und das Konventgebäude halb umrundet, gelangt zum Weinberg, in dem verschiedene Rebsorten aufgepflanzt sind. Eine schön gewachsene Zeder beschirmt die Rebstöcke. Der Gang zur Rückseite lohnt sich auch deshalb, weil man von hier den besten Blick auf die Südfassade des Prälatur- und Konventgebäudes hat.

Die frühere Reichsabtei Salem der Zisterzienser, gegründet 1134, war eine der bedeutendsten und wohlhabenden Abteien des Bodenseeraums. Der Name Salem geht übrigens auf den ursprünglichen Ortsnamen Salemanwilare zurück. Die naheliegende Kurzform »Salem« spielt auf die andere Bedeutung als das himmlische Jerusalem an.

Bei einem Brand Ende des 17. Jahrhundert wurde fast die gesamte Abtei zerstört, lediglich das hochgotische Münster blieb erhalten. Die Klostergebäude wurden in den Jahren 1697 bis 1706 neu errichtet. Bei der Säkularisation 1802 ging der Besitz in die Hände der Markgrafen von Baden über. Seither heißt die Anlage

KONTAKT:

Kloster und Schloss Salem, 88682 Salem
www.salem.de
Eintritt zu den Öffnungszeiten gegen Gebühr

Blick vom modern gestalteten Hofgarten zum Klosterareal

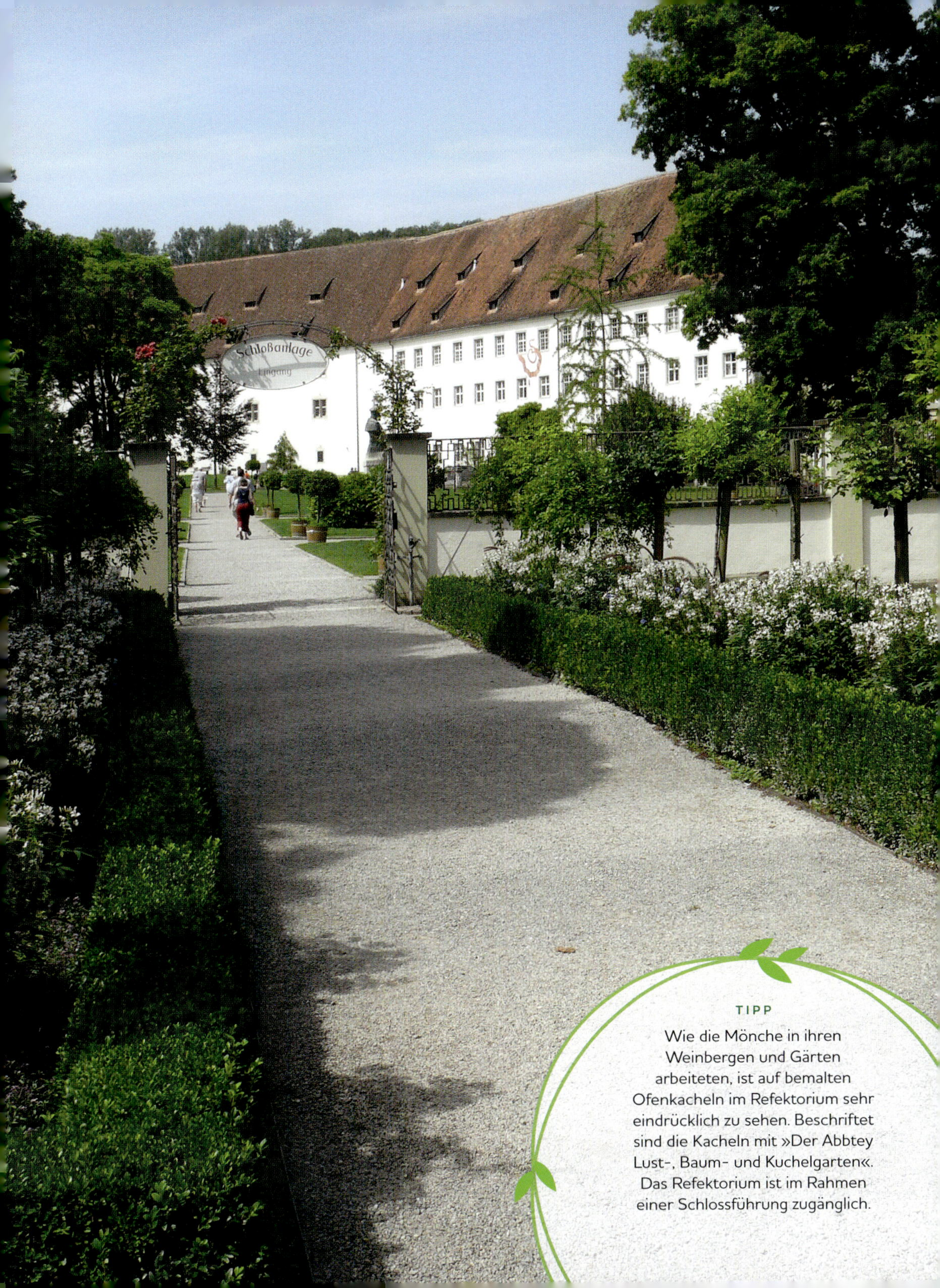

TIPP

Wie die Mönche in ihren Weinbergen und Gärten arbeiteten, ist auf bemalten Ofenkacheln im Refektorium sehr eindrücklich zu sehen. Beschriftet sind die Kacheln mit »Der Abbtey Lust-, Baum- und Kuchelgarten«. Das Refektorium ist im Rahmen einer Schlossführung zugänglich.

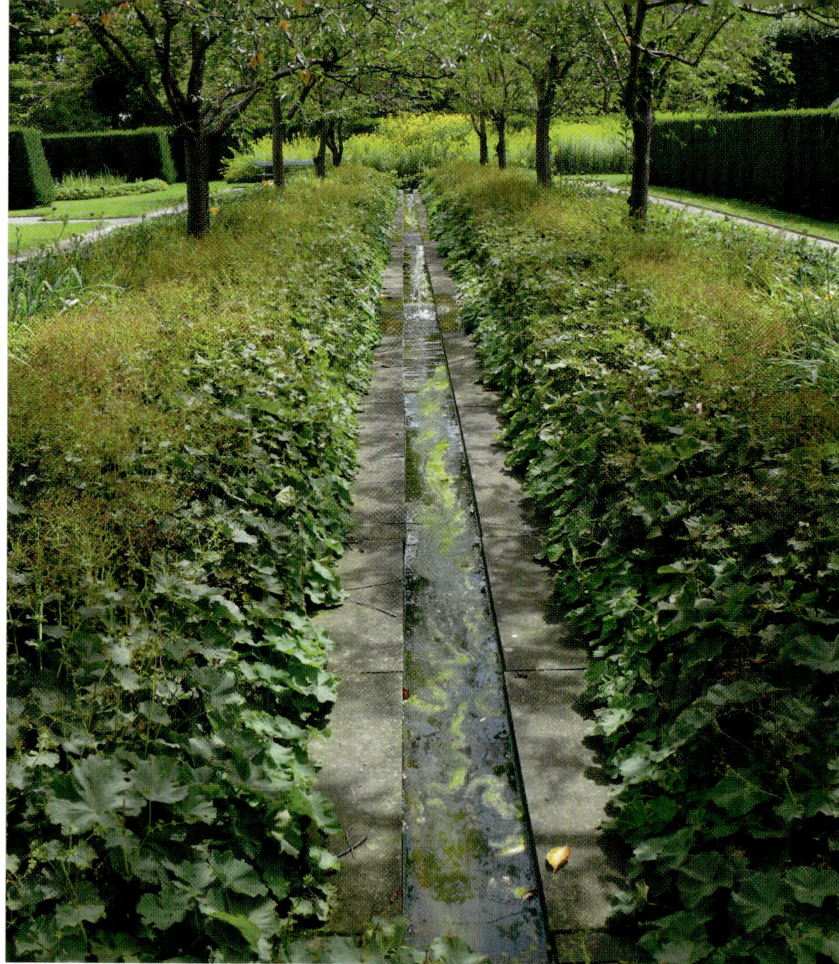

Kirschbaumallee im Hofgarten

Schloss Salem. Sie ist Wohnsitz der markgräflichen Familie. Seit 1920 ist in einigen Gebäuden zudem das renommierte Internat Schloss Salem untergebracht. Im Jahr 2009 wurde der größte Teil der Anlage an das Land Baden-Württemberg verkauft. Der landeseigene Teil der Anlage steht seither unter der Regie von Staatliche Schlösser und Gärten.

Das Klosterareal liegt auf ursprünglich sumpfigem Gelände entlang der Salemer Aach. Die Zisterzienser sahen es als ihre Aufgabe an, Land urbar zu machen und es zu bewirtschaften. Sie legten ihre Klöster immer an Wasserläufen an. Wasser brauchten sie für Mühlen, Fischteiche, Brunnen und zum Durchspülen der Latrinen. Die Mönche betrieben Obstbau und Weinbau. Sie kultivierten Gemüse und Kräuter. Im Jahr 1777 pflanzten sie, wie aus Dokumenten hervorgeht, tausend Obstbäume. Überschüsse verkauften die arbeitsamen Mönche auf den Märkten. Das Kloster sammelte so einst großes Vermögen an.

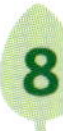

Sigmaringen
Gartenanlagen ums Hochschloss und Prinzengarten

Das Sigmaringer Hochschloss auf einem Kalksteinsockel am Rand des Donautals ist ein Postkartenmotiv. Zu Füßen des Schlosses und entlang der Donau erstrecken sich moderne Gartenanlagen aus Gartenschauzeiten. Der historische Prinzengarten liegt südöstlich des Schlosses.

Der etwa sieben Hektar große Prinzengarten entstand um 1845 im Anschluss an den Neuen Prinzenbau, der als Stadtschloss des damaligen Erbprinzen Karl Anton fungierte. Zuvor gab es auf diesem als »Langer Garten« bezeichneten Gelände Obst- und Krautgärten der fürstlichen Bediensteten.

Die ursprüngliche Planung des Hofgärtners Fidel Schnell war durchdacht und eröffnete Sichtachsen auf markante Punkte in der Umgebung. Ausgeführt wurde ein Entwurf von Gartendirektor Heinrich Grube von 1869 bis 1879 mit einer geometrischen Parterreanlage direkt am Prinzenbau und einer landschaftlichen Anlage im Süden. Vor einer Felspartie wurde ein künstlicher Weiher angelegt.

Im Laufe der Zeit gab es im Park mancherlei Veränderungen. Die ursprünglichen Anlagen verfielen bzw. wuchsen zu. In Randbereichen wurde auch in den Park hineingebaut. Das Parkareal verläuft parallel zur Bahnstrecke.

Seit 1974 ist der Park für die Öffentlichkeit zugänglich. 1992 bis 1994 ließ das Land Baden-Württemberg das obere Parterre direkt am Prinzenbau (heute als Staatsarchiv genutzt) angelehnt an historische Vorbilder umgestalten. Das Parterre schließt zur tiefer gelegenen Parkfläche mit einer Balustrade ab. In den Ecken der rosengesäumten Rasenflächen stehen Schneeballbäumchen. Wer die Perspektive wechselt und zum entgegengesetzten Teil des Prinzenparks geht, blickt über die lang gestreckte Rasenfläche zum Prinzenbau und zum dahinter liegenden Hochschloss. Diese »große Sichtachse« war bei der ursprünglichen

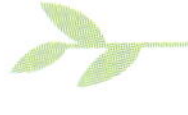

KONTAKT

Bahnhofstraße 6, 72488 Sigmaringen
www.sigmaringen.de
Frei zugänglich

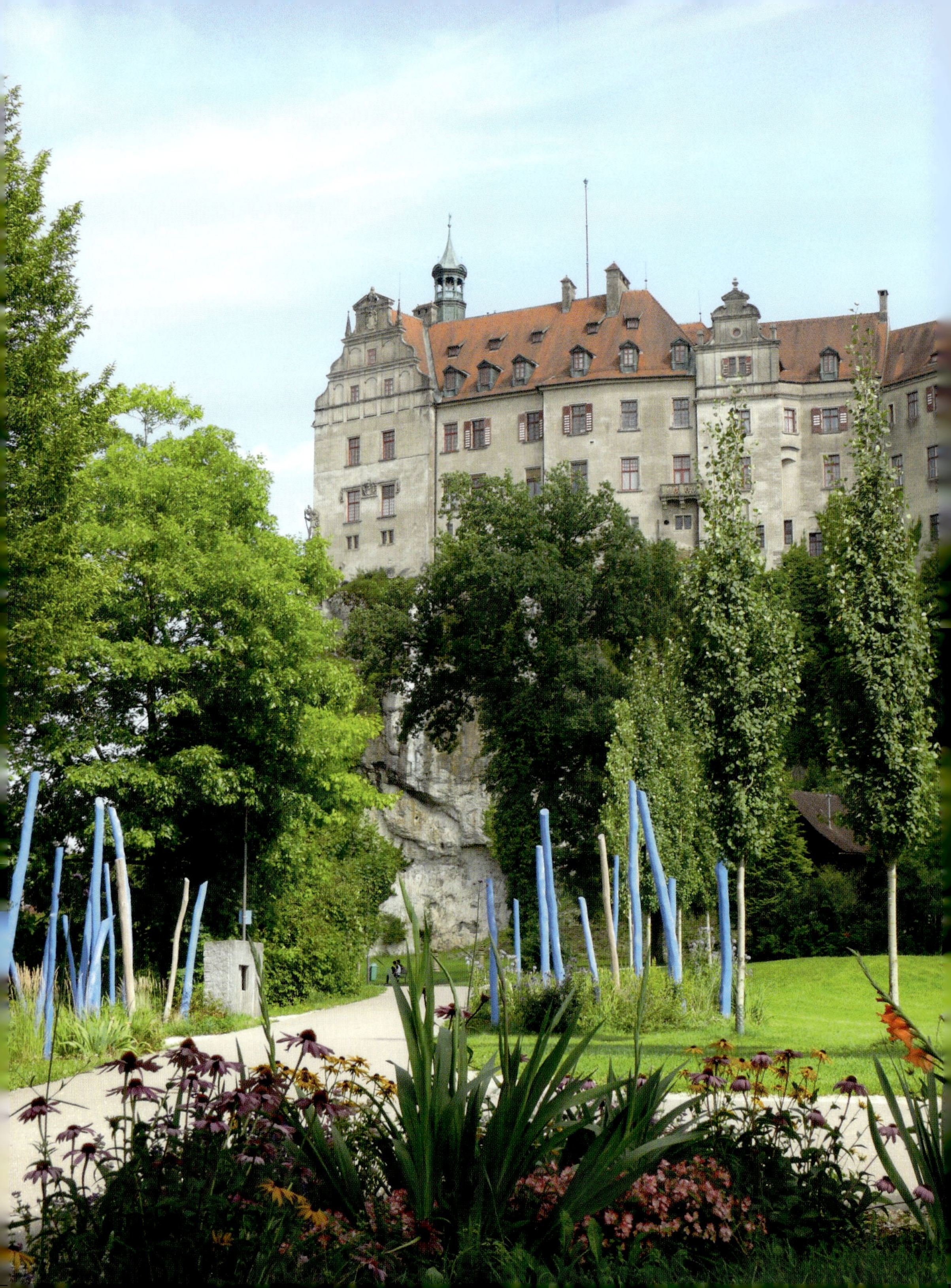

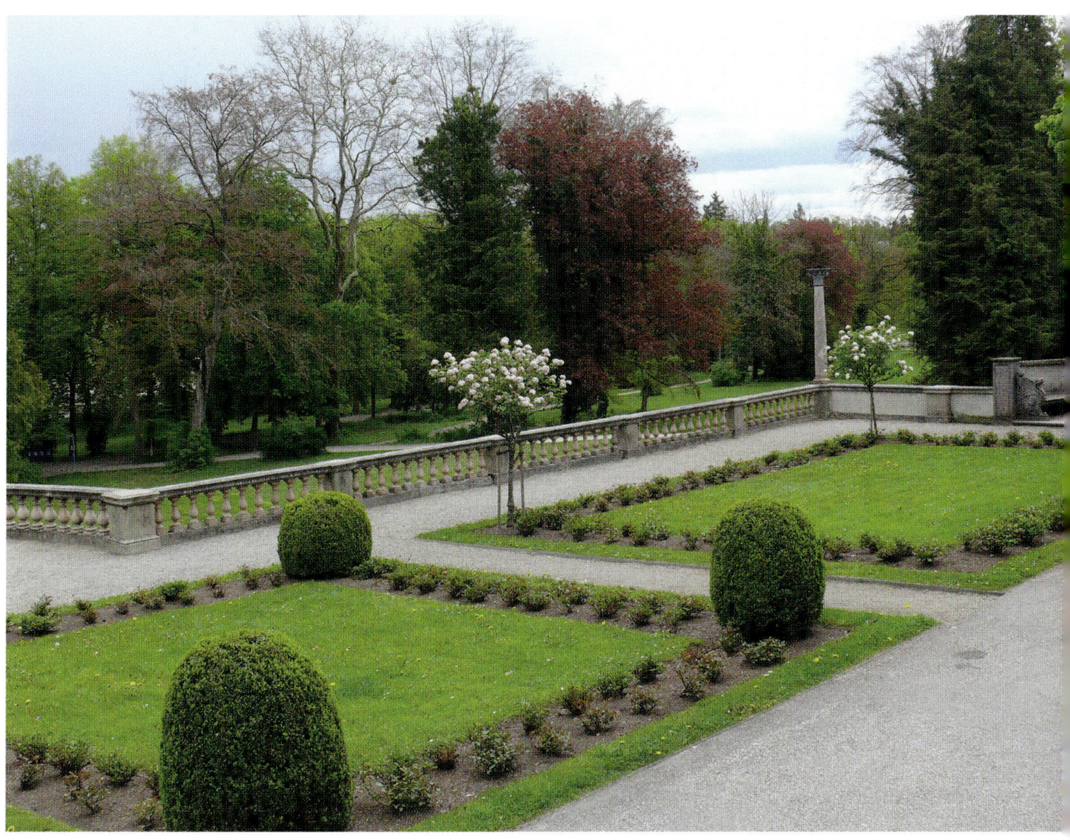

Parterre vor dem Neuen Prinzenbau mit Prinzengarten

Anlage des Prinzengartens so gewollt. Während der Kleinen Landesgartenschau 2013 diente der Park als große Bühne für Skulpturen.

Der Prinzengarten ist Teil des Systems fürstlicher Grünanlagen, die das Sigmaringer Hochschloss umgeben, und gleichzeitig Teil eines Gartenreichs, das die Fürsten von Hohenzollern-Sigmaringen um Ablach, Donau und Lauchert in der ersten Hälfte des 19. Jahrhunderts schaffen ließen (siehe auch Inzigkofen Seite 162 und Krauchenwies Seite 166).

Tübingen

Botanischer Garten der Universität Tübingen

Dieser abwechslungsreich gestaltete Botanische Garten, in dem man wie in einem Park spazieren gehen kann, bietet den Besuchern das ganze Jahr über Interessantes – im Freiland, in den Schaugewächshäusern und im Tropicarium.

Die Floristik hat an der Universität Tübingen eine jahrhundertealte Tradition. Der berühmte Mediziner und Botaniker Leonhard Fuchs (1501–1566), Namensgeber für die Fuchsie, gründete in Tübingen einen Botanischen Garten. Der jetzige, etwa zehn Hektar große Botanische Garten befindet sich im Norden Tübingens neben den Kliniken. Er ist vom Hauptbahnhof aus gut mit der Buslinie 5 zu erreichen.

Das 15 Meter hohe Tropicarium mit sechs bienenwabenartigen Gebäudeteilen prägt das Gelände. Es beherbergt die Pflanzen feucht-warmer tropischer Klimazonen. Von einer Baumkronen-Plattform blicken Besucher auf das Blätterdach. Besonderheiten sind Sammlungen tropischer Farne und tropischer Nutzpflanzen. Subtropische Pflanzen und Sukkulenten sind in eigenen Häusern mit ihnen entsprechenden Klimaverhältnissen ausgestellt. Im Freien zeigen Alpinenhaus, Fuchsienpavillon und Karnivorenvitrine Besonderheiten. Die Fuchsiensammlung, zu Ehren von Leonhard Fuchs gepflegt, verdient besondere Beachtung.

Im Freiland nehmen die Pflanzen der Schwäbischen Alb viel Raum ein. Die Tübinger Botaniker haben es sich zur Aufgabe gemacht, in der freien Natur gefährdete Arten zu erhalten.

Die Wege erschließen das Gelände mit Ökologischem und Geographischem Alpinum, führen vorbei an Seerosenteich und Japanteich ins Rhododendrontal mit asiatischer Flora. Dieses schattige, schluchtartige Rhododendrontal mit 175 Rhododendron-Wildarten ist besonders idyllisch. Malerische kleine Brücken

KONTAKT

Auf der Morgenstelle, 72076 Tübingen
www.botgarten.uni-tuebingen.de
Zu den Öffnungszeiten frei zugänglich

Eingangsbereich zu den Schaugewächshäusern

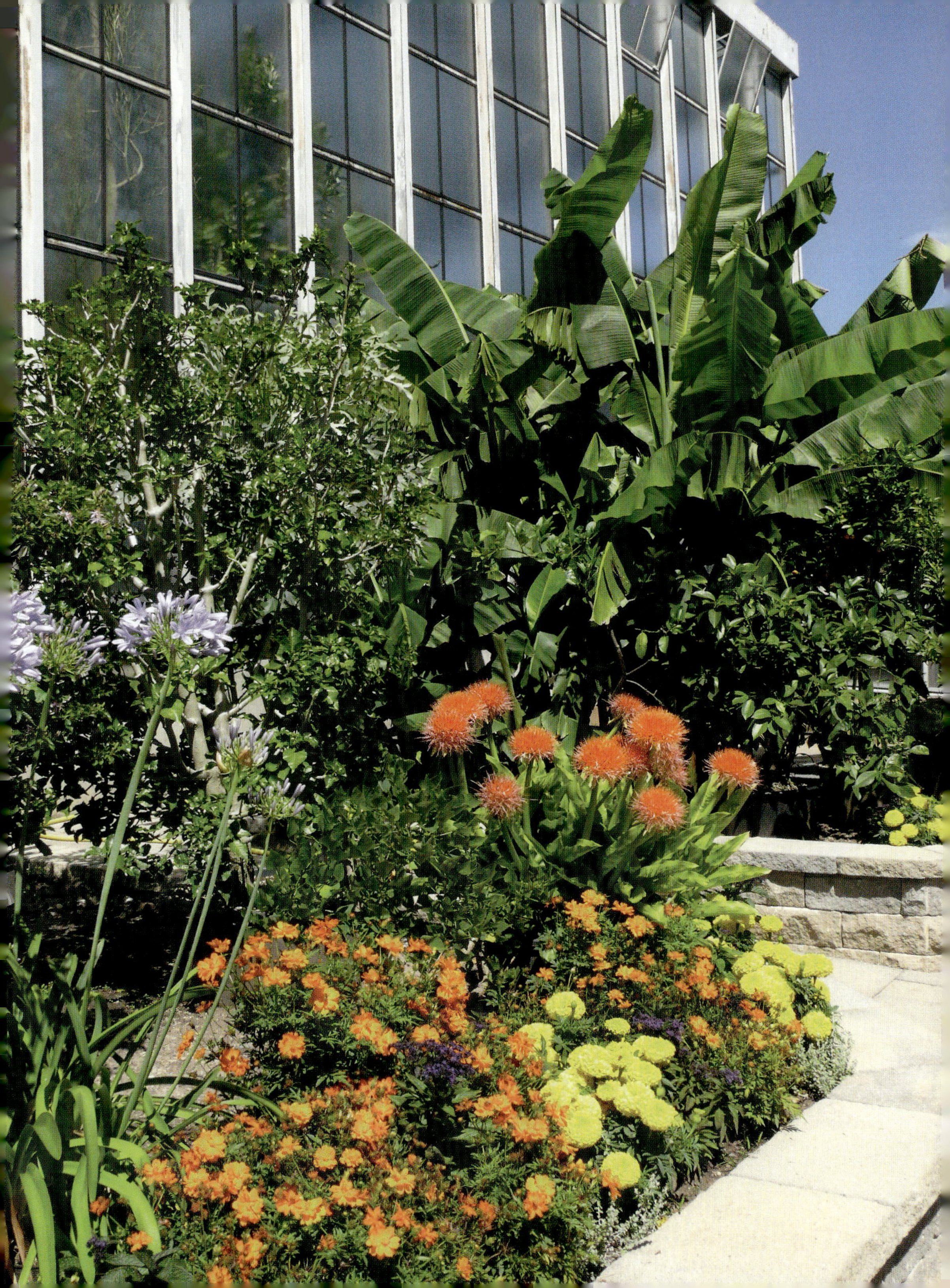

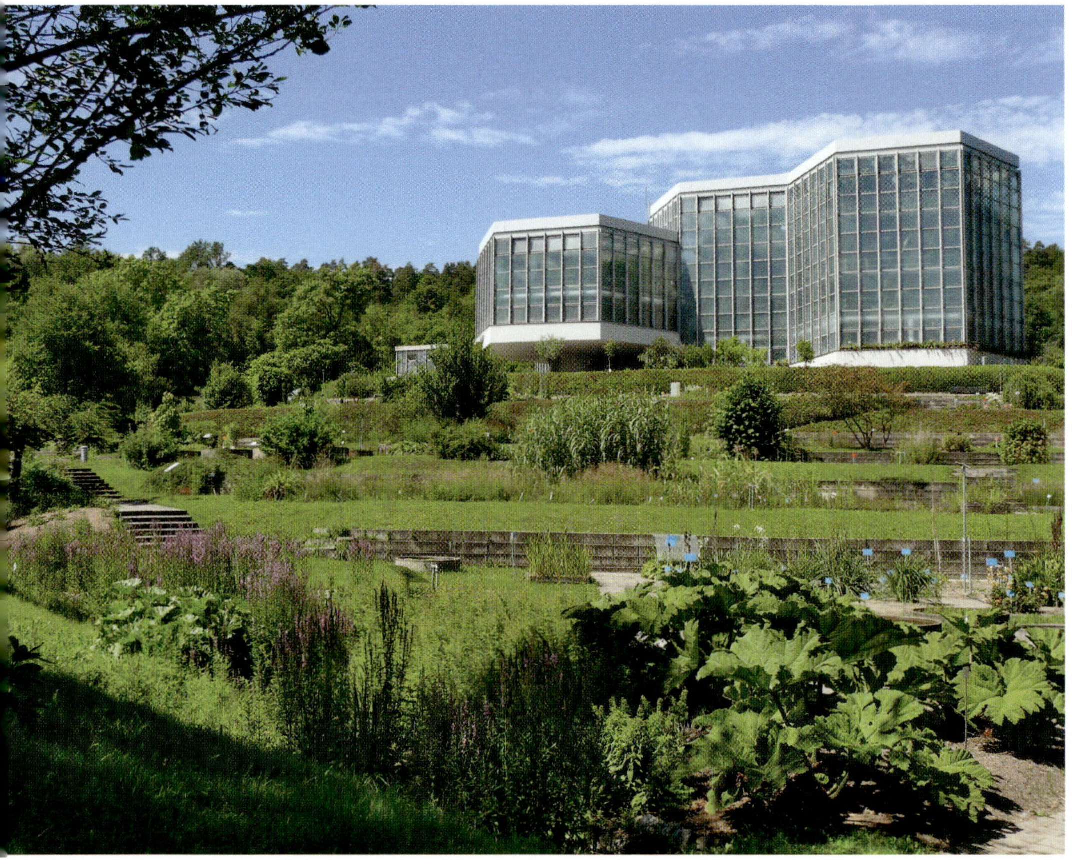

Botanischer Garten mit Pflanzenschauhaus

TIPP

In einem separaten, durch die Straße Nordring abgetrennten Geländeteil befindet sich das Arboretum. Hier sind mehr als 1000 Gehölzarten, darunter auch Rosen, systematisch aufgepflanzt. Etwas Besonderes ist die Sammlung seltener und einheimischer Obstsorten. Mir gefiel eine kleine Sammlung von Rosa-Moschata-Hybriden mit Sorten wie etwa ›Prosperity‹, ›Felicia‹ oder ›Cornelia‹. Vom Arboretum, das sich bis zur Hangkante ausdehnt, aus blickt man über Tübingen in Richtung auf die Schwäbische Alb.

mit Holzgeländer queren den natürlich vorhandenen Bachlauf, der sich ins Gelände einschneidet. In der feuchten Kühle der Schlucht gedeihen Primeln, Farne und Moose. Beim Rundgang schließt sich die Abteilung mit farbenprächtig blühenden Präriepflanzen Nordamerikas an.

Im Tübinger Botanischen Garten werden auch viele Nutzpflanzen gezeigt – beispielsweise im Apothekergarten, im Bauerngarten oder im Weinberg.

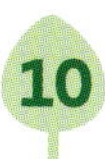

10

Überlingen
Stadtgarten und Gartenkulturpfad

Überlingen hat touristisch und gärtnerisch sehr viel zu bieten. Beim Flanieren über die baumbestandene Uferpromenade und durch den blumenreichen Stadtgarten fühlt man sich wie am Lago Maggiore.

Der Überlinger Stadtgarten ist ein besonderes Idyll. Er wirkt wie ein verkleinertes Pendant zur Mainau auf der anderen Seite dieses Bodenseefingers, des Überlinger Sees. Im Jahr 1875 wurde der Schlossgärtner vom nahegelegenen Schloss Heiligenberg beauftragt, auf diesem Reb- und Gemüseland einen Park anzulegen. Von der Insel Mainau, wo es schon ab 1855 einen großherzoglichen Park gab, kamen die ersten Pflanzen in den Überlinger Stadtgarten.

Der Stadtgarten liegt westlich der Altstadt, auf der Westseite durch die Teufelstreppe, auf der altstadtnahen Ostseite von der Stadtmauer begrenzt. Er erstreckt sich über zwei Ebenen, bedingt durch die natürliche Geländeformation, einen Steilabbruch der Molasse (Sandstein). Die beiden Teile heißen deshalb Unterer und Oberer Stadtgarten; sie sind durch steile Wege und Treppen miteinander verbunden. Seinen Reiz hat der Stadtgarten auch durch das Nebeneinander von Natürlichem und Angelegtem. In dem milden Klima gedeihen Wärme liebende Gehölze wie der Feigenbaum.

Im Zentrum des Unteren Stadtgartens befindet sich eine Brunnenanlage. Auf einem danebenliegenden Beet werden jährlich uralte Kakteen ausgepflanzt, teils über 100 Jahre alt und sechs Meter hoch. Auf in den Rasen eingelassenen Pflanzinseln stehen aufrecht wachsende Bananen- und Cannastauden. Breite, mit Blumen bepflanzte Rabatten begleiten die Wege.

KONTAKT

Auf dem Stein, 88662 Überlingen am Bodensee
www.ueberlingen-bodensee.de
Frei zugänglich

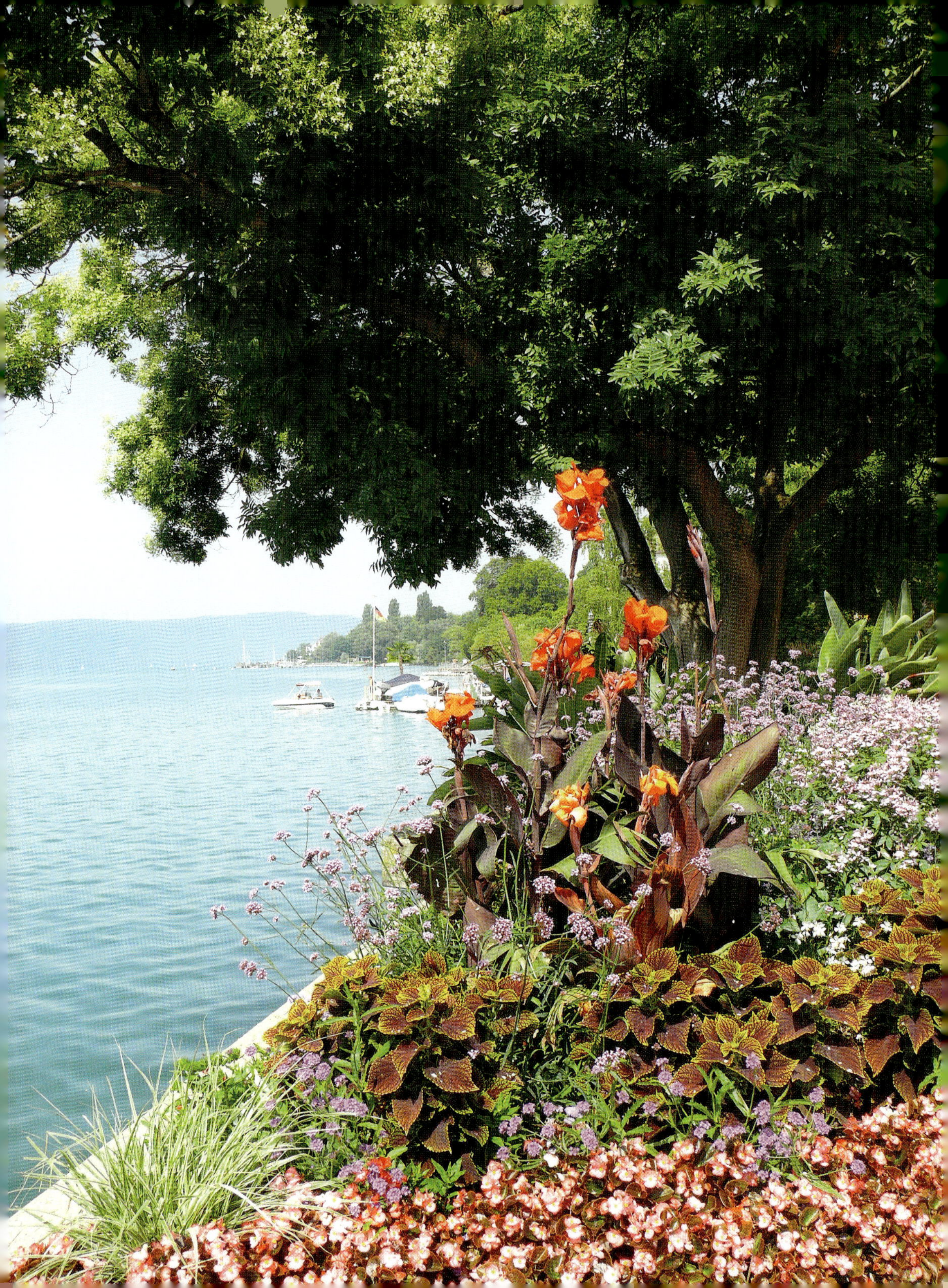

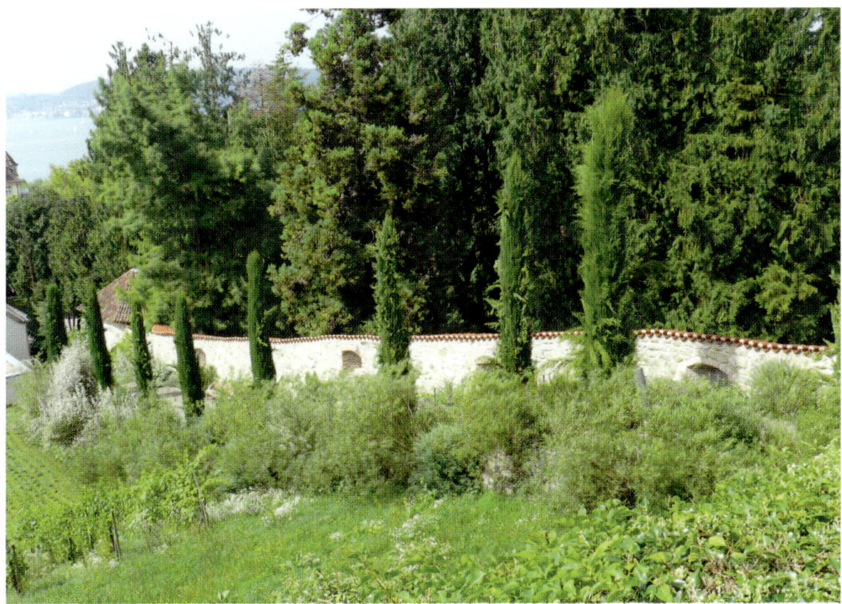

Mediterranes Flair mit Zypressen an der Stadtmauer

Im altstadtnahen Eingangsbereich hinterlassen die hoch gewachsenen immergrünen Scheinzypressen, Sumpfzypressen einen etwas düsteren Eindruck. Beschirmt von diesen Baumriesen gelangt man zum Tobel, einem tiefen Einschnitt im Molassegestein. Das ist eine Geländeformation, wie sie sich in Überlingen und in der Umgebung häufig zeigt.

Der Obere Stadtgarten wirkt mit seinen Kiefern, Rotbuchen und Lärchen wie ein lichter Wald. Geschlungene Pfade führen zu einem gusseisernen Pavillon, eine Aussichtskanzel, und zum Hexenhaus, einem kleinen russisch-slawisch anmutenden Gebäude.

Der Gartenkulturpfad schließt auch den Badgarten am Bad-Hotel ein. Im etwas erhöht über der Seepromenade gelegenen Garten stehen viele alte Bäume; diese bilden den Hintergrund für die phantasievoll angeordneten und gestalteten Blumenbeete.

Überlingen ist im Jahr 2021 Schauplatz der Landesgartenschau. Das Gartenschaugelände erstreckt sich westlich der Stadt entlang des Bodenseeufers.

Blumenschmuck mit Canna an der Uferpromenade

Ulm

Botanischer Garten der Universität Ulm

Der Botanische Garten in Ulm lohnt eine Extra-Anreise. Der 1981 gegründete, in die Landschaft eingebettete Garten zählt zu den größten Universitätsgärten in Deutschland.

Der Hauptzugang liegt hinter dem Universitätsgelände auf dem Oberen Eselsberg. Vor dem Eingang zum Freigelände passiert man die Schaugewächshäuser, die zu bestimmten Zeiten zugänglich sind.

Den Auftakt auf dem eingezäunten, 28 Hektar großen Gelände bildet der Neue Apothekergarten (www.apothekergarten.de). Er kam durch eine Kooperation zwischen dem in Ulm ansässigen Arzneimittelhersteller Ratiopharm und der Universität zustande. In diesem sehr übersichtlichen Garten sind etwa 200 Heilpflanzenarten auf terrassenförmigen Beeten aufgepflanzt, so dass man sie gut von allen Seiten betrachten kann. Die Bereiche sind nach den Anwendungsgebieten gegliedert. Neben den bekannten Arten sind auch weniger bekannte wie Echtes Tausendgüldenkraut *(Centaurium erythraea)* oder Trauben-Silberkerze *(Cimicifuga racemosa)* zu sehen.

Durch ein sanft abfallendes Tal gelangt man in den unteren Teil mit dem Botanischen System und den Themengärten. Im Rosarium werden Pflanzkombinationen mit Stauden gezeigt, wobei im Frühsommer vor allem der Rittersporn auffällt. Kletterpflanzen inklusive Kletterrosen sind ein kleiner Schwerpunkt im Ulmer Garten. Im Garten werden auch landwirtschaftliche Kulturpflanzen gezeigt, samt Wildkrautbegleitflora und Begrünungsmischungen – alles informativ präsentiert für Profis und Privatleute.

Eine Einheit für sich bildet der als Bauerngarten angelegte umzäunte Nutzgarten. Formal entspricht er mit seinem kreuzförmigen Wegegrundriss und dem Staketenzaun der üblichen Vorstellung eines Bauerngartens. Er ist nach historischen und gärtnerisch-botanischen Gesichtspunkten in vier Bereiche gegliedert.

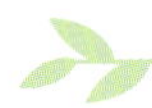

KONTAKT

Hans-Krebs-Weg, 89081 Ulm
www.uni-ulm.de
Zu den Öffnungszeiten frei zugänglich

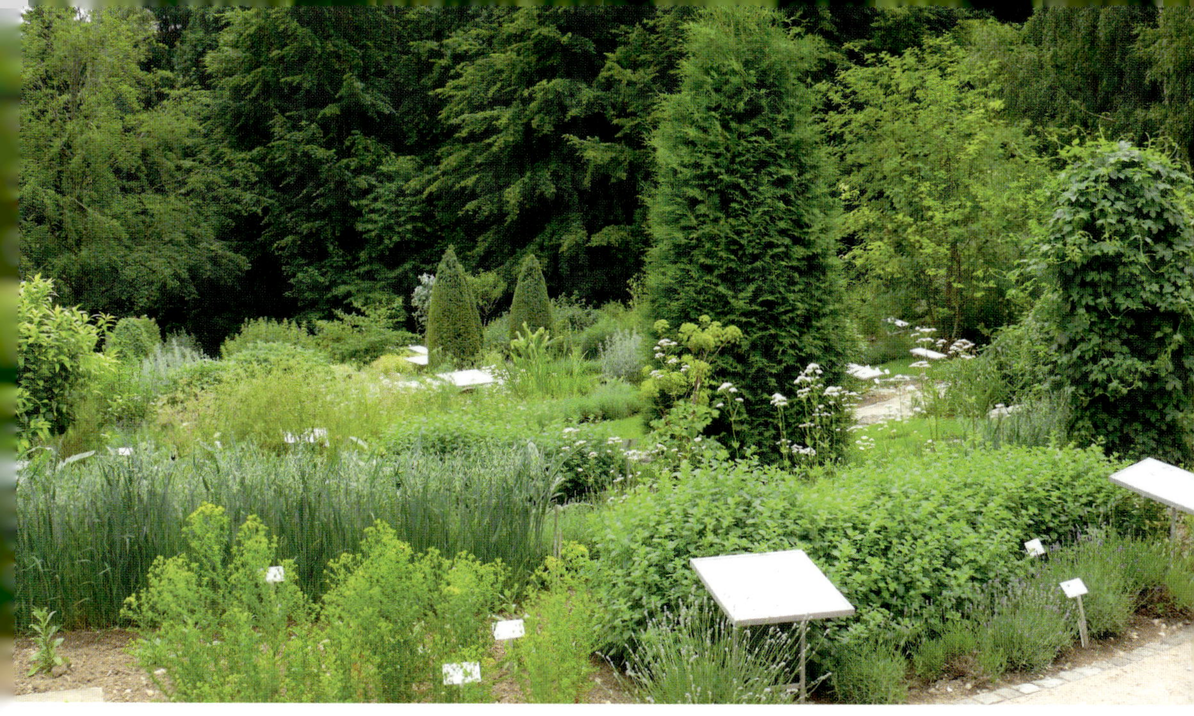

Neuer Apothekergarten auf dem Gelände des Botanischen Gartens

Im ersten Beet sind Nutzpflanzen der Germanen und Römer aufgepflanzt. Bei den Germanen noch sehr karg mit Kohlrüben, Pastinaken, Linsen, Erbsen, Puffbohnen (Saubohnen), Petersilie. Bei den Römern ging es vielfältiger zu: Sie brachten Kohl, Lauch, Rettich, Sellerie, Mangold, Endivien, Zwiebeln, Knoblauch, Dill, Schwarzkümmel, Garten-Salbei, Liebstöckel und Bockshornklee mit. Außerdem Madonnenlilie, Rose, Diptam, Mutterkraut, Eibisch und Muskateller-Salbei.

Im zweiten Beet sind Pflanzen des frühen Mittelalters zur Zeit Hildegard von Bingens zu sehen: Akelei, Alant, Meerrettich, Melisse, Pfingstrose, Ringelblume, Veilchen, Borretsch, Herzgespann, Goldlack.

Im dritten Beet stehen Pflanzen des späten Mittelalters, die aus dem Orient gekommen sind: Tulpe, Kaiserkrone, Narzisse, Brennende Liebe, Stockrose, Vexiernelke, Taglilie, Löwenmäulchen, Bartnelke.

Im vierten Beet stehen Pflanzen aus Amerika, Asien und anderen Ländern, die zu »typischen Bauerngartenblumen« avanciert sind: Dahlie, Phlox, Sonnenblume, Indianernessel, Kapuzinerkresse, Herbstaster, Zinnie, Schmuckkörbchen, Sonnenhut, Strohblume, Gladiole, Sommeraster, Tränendes Herz, Gilbweiderich, Gartenmargerite, Gämswurz, Hohe Schafgarbe, Bechermalve, dazu die neuen Gemüsearten Wildtomate, Kartoffel, Gartenbohne, Gemüse-Paprika.

TIPP

Der Botanische Garten Ulm ist gleichzeitig ein Arboretum, das mit 700 Gehölzarten und -sorten sehr vielfältig ist. In den Quartieren sind eine Vielzahl an Gehölzen systematisch aufgepflanzt. Dazu zählt eine Streuobstwiese mit alten Apfelsorten.

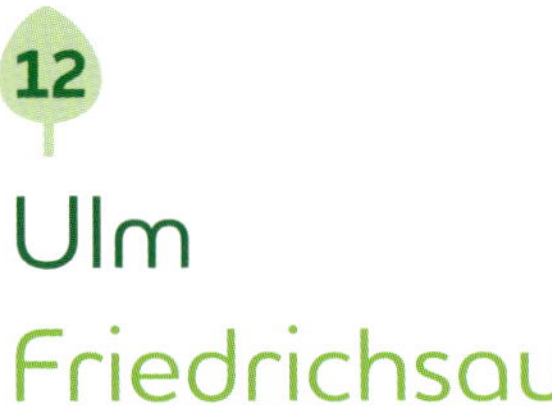

Ulm
Friedrichsau

Ulms bekannteste Parkanlage Friedrichsau liegt donauabwärts vor den Toren der Altstadt. Sie wurde 1811 auf Anordnung des damals neuen Landesherren, König Friedrich I. von Württemberg, angelegt und trägt deshalb seinen Namen.

Hier feiern die Ulmer Bürger Volksfeste. Hier gibt es ähnlich wie im Wiener Prater Gartenwirtschaften, die altertümliche Namen tragen wie Liederkranz, Hundskomödie oder Teutonia. Spielplätze und einen Tierpark gehören auch dazu. Anlässlich der ersten baden-württembergischen Landesgartenschau 1980 wurde das 30 Hektar große Areal neu gestaltet.

Der Park ist von der Innenstadt aus gut zu Fuß zu erreichen. Man braucht nur dem Lauf der Donau flussabwärts zu folgen. (Oder man macht eine Bootsfahrt auf der Donau und mietet dazu ein solarbetriebenes Boot, das auf der Höhe des Parks seine Anlegestelle hat.) 4300 Bäume machen die Friedrichsau von weitem betrachtet zum Wald. Ein landschaftlich angelegter Park mit Wasserflächen, Wiesen und Baumstücken. Staudenpflanzungen gibt es nur punktuell. Dies alles gruppiert sich um den Oberen und der Mittleren Ausee, die im 19. Jahrhundert durch Kiesabbau entstanden sind. Ein Kanal verbindet die beiden Seen miteinander.

Mir haben es in diesem Park besonders die Großskulpturen angetan, die eindrucksvoll platziert sind. Von der Installation »Digital-Analog Ulm 1« von Carlos Ruenca-Ramirez im Oberen Ausee war ich fasziniert und ebenso vom »Ulmer Knie« auf einer weiten Rasenfläche. Überhaupt ist darauf hinzuweisen, dass es in Ulm eine sehr rege Kunstszene gibt, die in den öffentlichen Raum ausstrahlt. Hunderte Skulpturen stehen im öffentlichen Raum, einige davon entlang des Donaurad- und -wanderweges, der zum Park führt.

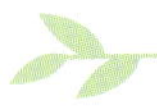

KONTAKT

Friedrichsaustraße, 89073 Ulm
www.friedrichsau-ulm.de
Frei zugänglich
Mit Gastronomie

Friedrichsau mit Edelstahlplastik von Erich Hauser

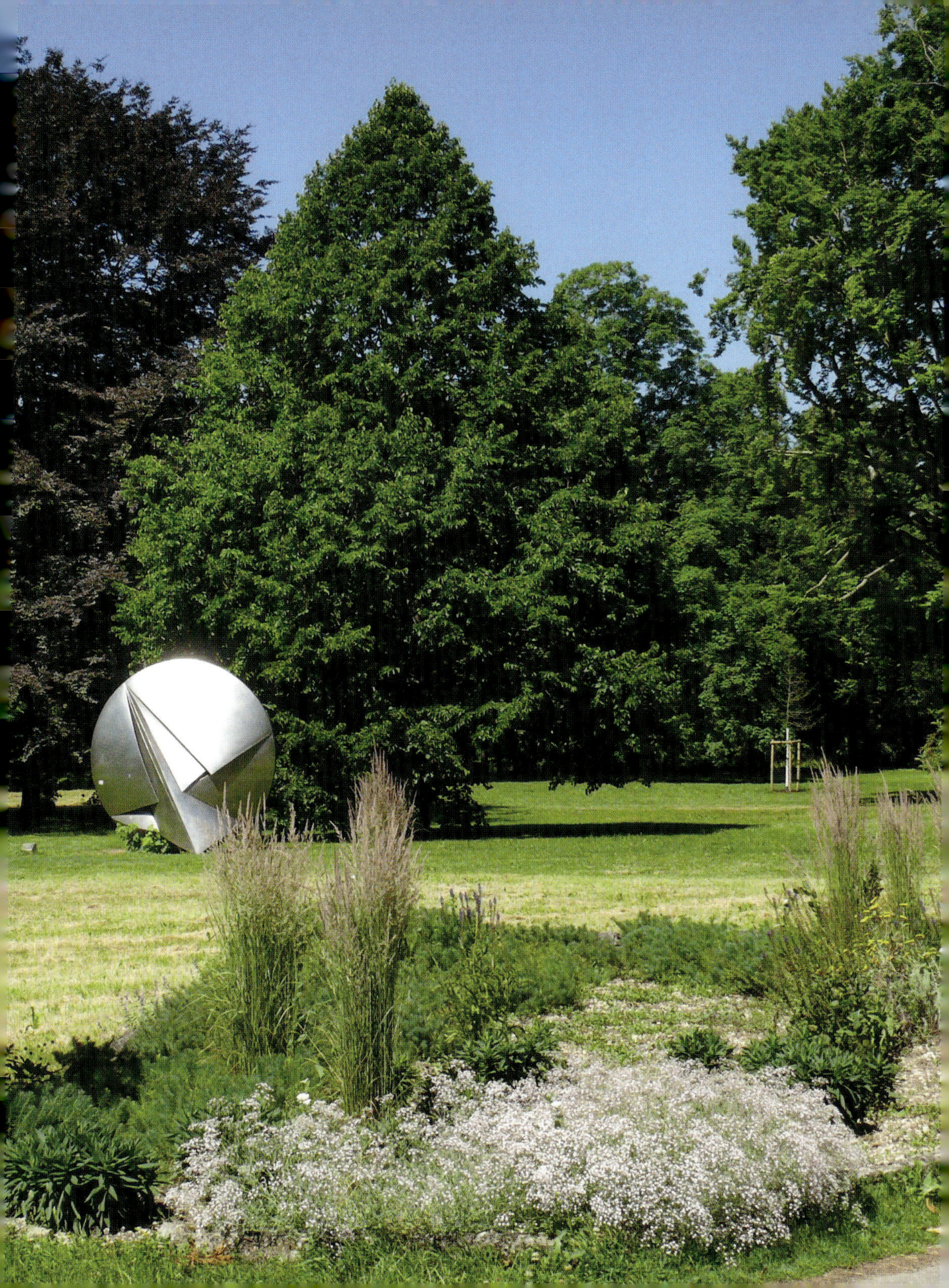

13

Ulm
Rosengarten

Der Besuch dieses Rosengartens in wirklich traumhafter Lage ist eine Reise in die ehemalige Freie Reichsstadt Ulm wert. Touristiker bezeichnen den auf einer Bastion der Stadtmauer vorgelagerten Garten als »Ulms blühende Seite«.

Der Rosengarten wurde auf dem Areal des früheren Elendsgartens 1962/63 geplant und 1964 der Öffentlichkeit zugänglich gemacht. Der Name hat nichts mit »Elend« zu tun, er rührt vielmehr von dem Begriff »Anländestelle« her, also der Anlandestelle für die Donauschiffe. Offensichtlich genießen die Besucher es, im Schatten unter den Bäumen zu sitzen. Im hinteren Teil spendet eine mehrstämmige Baumhasel Schatten.

Sein heutiges Aussehen verdankt der etwa 3000 Quadratmeter große Garten den beiden Landesgartenschauen in den Jahren 1980 und 2008. Bei der Neugestaltung wirkten auch die Rosenfreunde Ulm mit. Die Rosen sind vor der schützenden Wand der Stadtmauer wirkungsvoll präsentiert.

Unmittelbar vor der Mauer ranken Kletterrosen und Rambler an Pergolen und anderen Stützkonstruktionen. Die etwa 1200 Rosenstöcke – Beetrosen, Strauchrosen, Stämmchenrosen – sind nach einem Farbkonzept gepflanzt. Darunter auch die weiße Sophie-Scholl-Rose, die an die deutsche Widerstandskämpferin gegen den Nationalsozialismus erinnert. Sophie Scholl lebte ab 1932 mit ihren Eltern in Ulm.

Im hinteren, östlichen Teil des Gartens sind besondere Kletterrosen und Rambler gruppiert. Die Sorte ›Donau‹ rankt an der östlichen Begrenzungsmauer und weist dem Fluss seinen Weg. Die üppig wachsenden Sorten ›Felicité et Perpetué‹, ›Climbing Souvenir de la Malmaison‹ und ›Paul Noel‹ bekleiden die Klettergerüste. Die Stämmchenrose ›Super Dorothy‹ leuchtet davor. Dazu gesellt sich die karmesinrote englische Rose ›The Prince‹.

KONTAKT

An der Donau/Adlerbastei, 89073 Ulm
www.rosenfreunde-ulm.de
Frei zugänglich

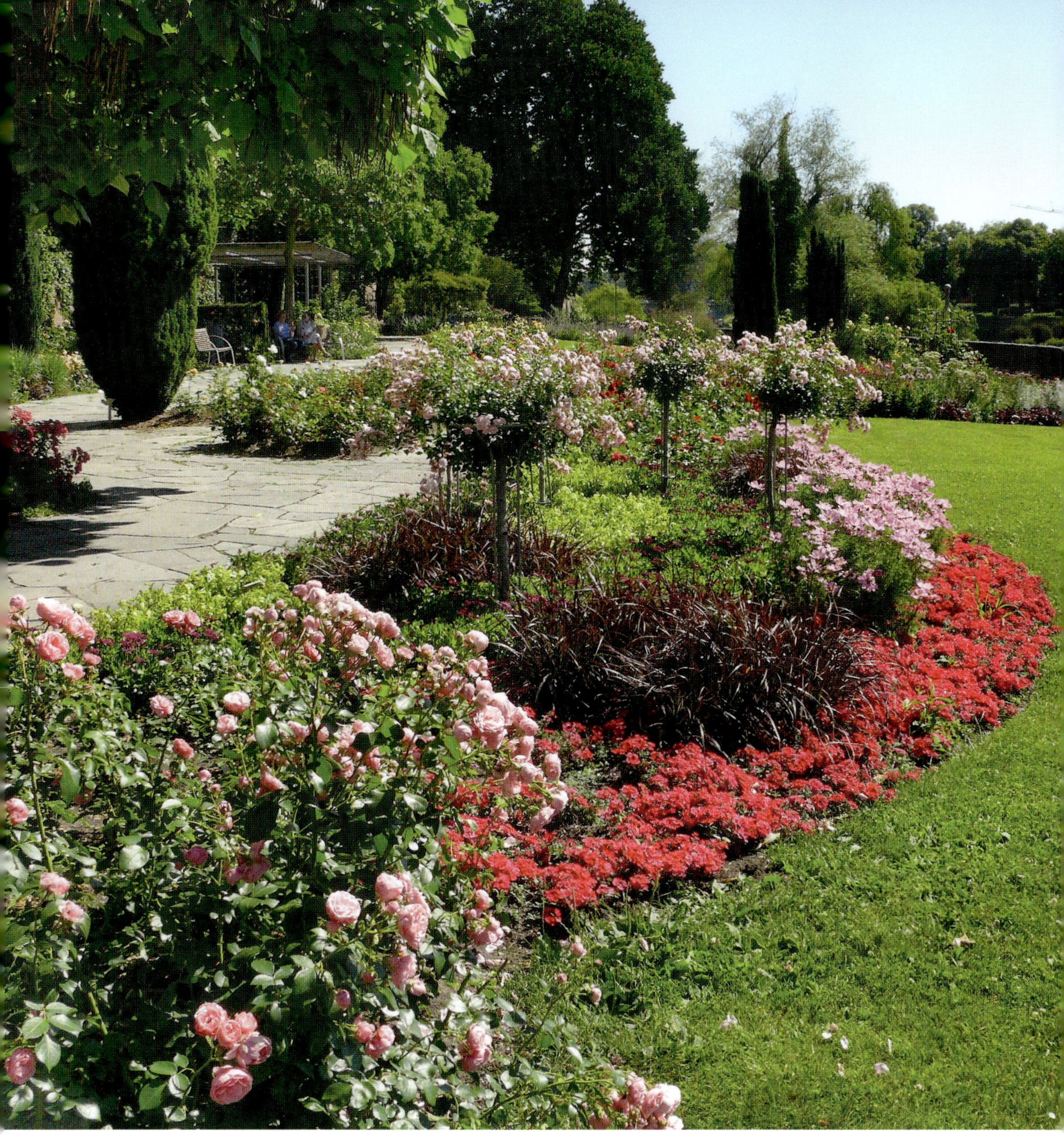

Rosengarten am Donauufer

Eine Besonderheit sind die Wasserfallrosen ›Niagara Falls‹ und ›Utigord Falls‹. Sie ergießen sich tatsächlich wie ein Wasserfall über die Brüstung der Stützmauer zur Donau. Vom unterhalb des Rosengartens vorbeiführenden Donauwander- und Radweg sind die Wasserfallrosen gut zu sehen.

Ulm-Mähringen
Mähringer Tagliliengarten

Gerd Oellermann hat sich der Taglilie oder Hemerocallis verschrieben. Er kultiviert und züchtet diese Staude in seinem privaten Schau- und Sichtungsgarten.

In seinem Hausgarten und in zwei kleinen Pachtgärten am Ortsrand von Mähringen hat der Taglilienspezialist über 1200 Arten und Sorten nebeneinander aufgepflanzt.

Die Sammelleidenschaft des Garten- und Landschaftsarchitekten fing vor etwa 20 Jahren mit Käufen in Staudengärtnereien klein an. Gerd Oellermann kaufte und kauft auch Sorten von Züchtern aus Florida, dem Hauptzüchterland. Und er widmet sich selbst der Züchtung. Im ehemaligen Gemüsegarten seines Hausgartens kultiviert er Sämlinge in Töpfen; diese gedeihen nach seiner Beobachtung bestens in Ökohum-Substrat.

Die blühenden Sämlinge begutachtet Oellermann genauestens und liest streng aus. Auslesekriterien sind verzweigter Aufbau, hohe Anzahl an Knospen und demzufolge lange Blütezeit. Gut bewertet er auch Sorten, deren Blütenstände hoch über dem Laub stehen, deren Blüten eine gute Öffnung und schöne Farbe haben. Eine Rolle spielt auch der Neuheitenwert. Er führt mir vor, wie sich die Blütenfarben bei Beschattung verändern – das ist wirklich verblüffend. Die Farbe wechselt auch im Tagesverlauf und hängt zudem von der Temperatur ab. Von Haifischzahnrand (der Blütenblätter) und von Spidern (Sorten mit spinnenförmig aufgebauten Blüten) ist beim Betrachten der Sorten viel die Rede. Solche Spider sind beispielsweise die Sorten ›Laughing Giraffe‹, ›Irresistible Charm‹ oder ›Träumerei‹. Es gibt auch noch UFOs (= Unusual Form), das sind Sorten mit ungewöhnlicher Blütenform.

Auf Pachtgelände nahe am Hausgarten hat Gerd Oellermann die Taglilien aufgepflanzt. (Der am Ortsrand von Mähringen gelegene Garten ist auch von außen

KONTAKT

Gerd Oellermann, Sonnenweg 41, 89081 Ulm-Mähringen
www.taglilie.net
Zugang nach Vereinbarung

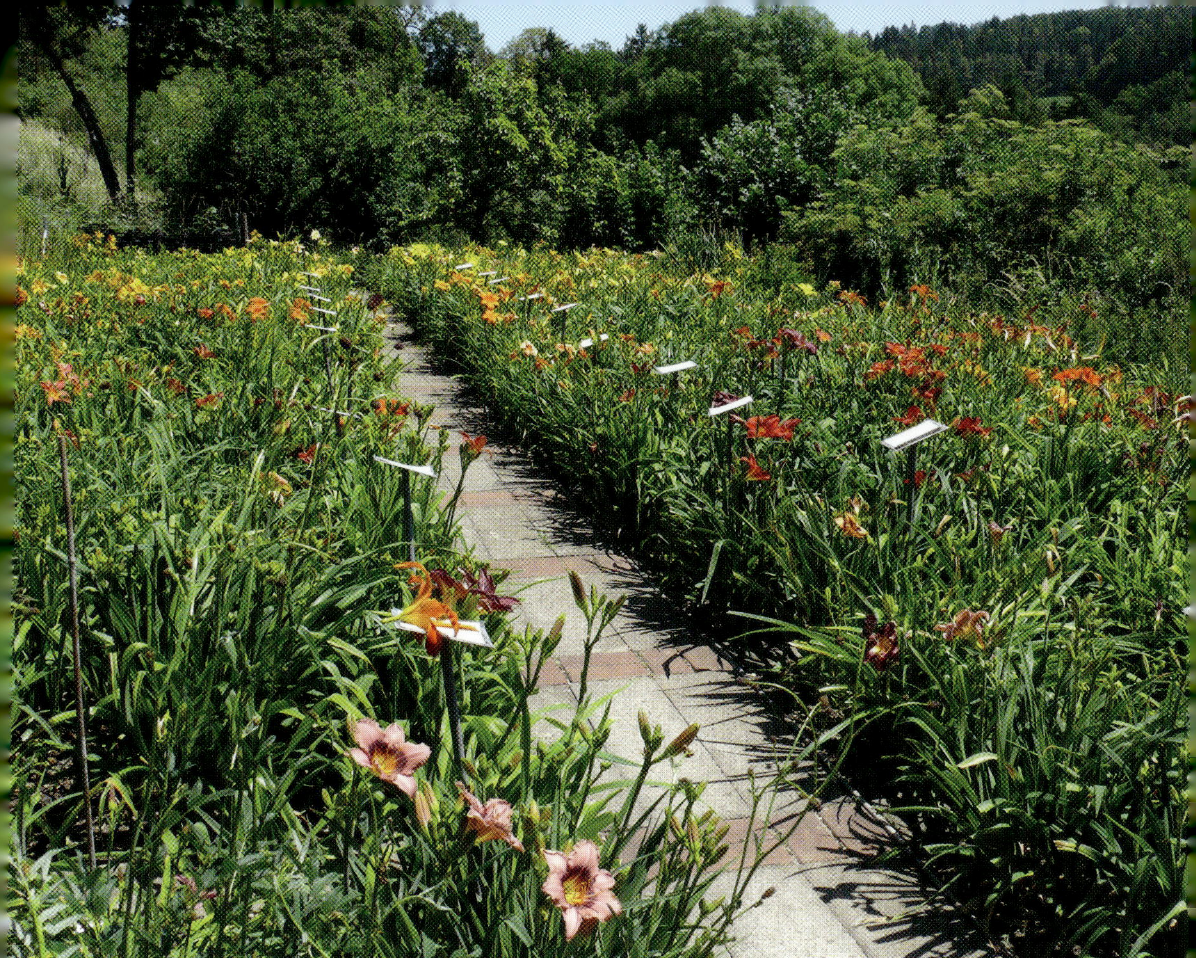

Tagliliengarten

einsehbar.) Der schwere Lehmboden kommt den Ansprüchen der Taglilien entgegen. Jeweils 12 Sorten stehen auf durch Zwischenwege getrennten 1 m breiten und 3 m langen Beeten. Dabei ist eine farbliche Abstufung von ganz hellen, fast weißen über hellgelbe, gelbe, intensiv gelbe, orangefarbene, roten über bläulich gefärbte Blüten bis hin zu dunkelvioletten zu erkennen. Zur Hauptblütezeit erscheint das wie ein Blütenmeer.

Gerd Oellermann präsentiert seine beeindruckende Sammlung jedes Jahr bei ›Tagen der Offenen Tür‹ zur Hauptblütezeit Anfang bis Mitte Juli. Auch Gruppenbesichtigungen sind möglich. Er will bei Gartenleuten Begeisterung für die besondere Staude wecken und sähe es gerne, wenn sie noch häufiger in Privatgärten und im öffentlichen Grün verwendet würde. Gerne zitiert er den Spruch des berühmten Staudengärtners Karl Foerster, dass Taglilien mit ihren lanzettlichen, überhängenden Blättern die besten Gräser sind.

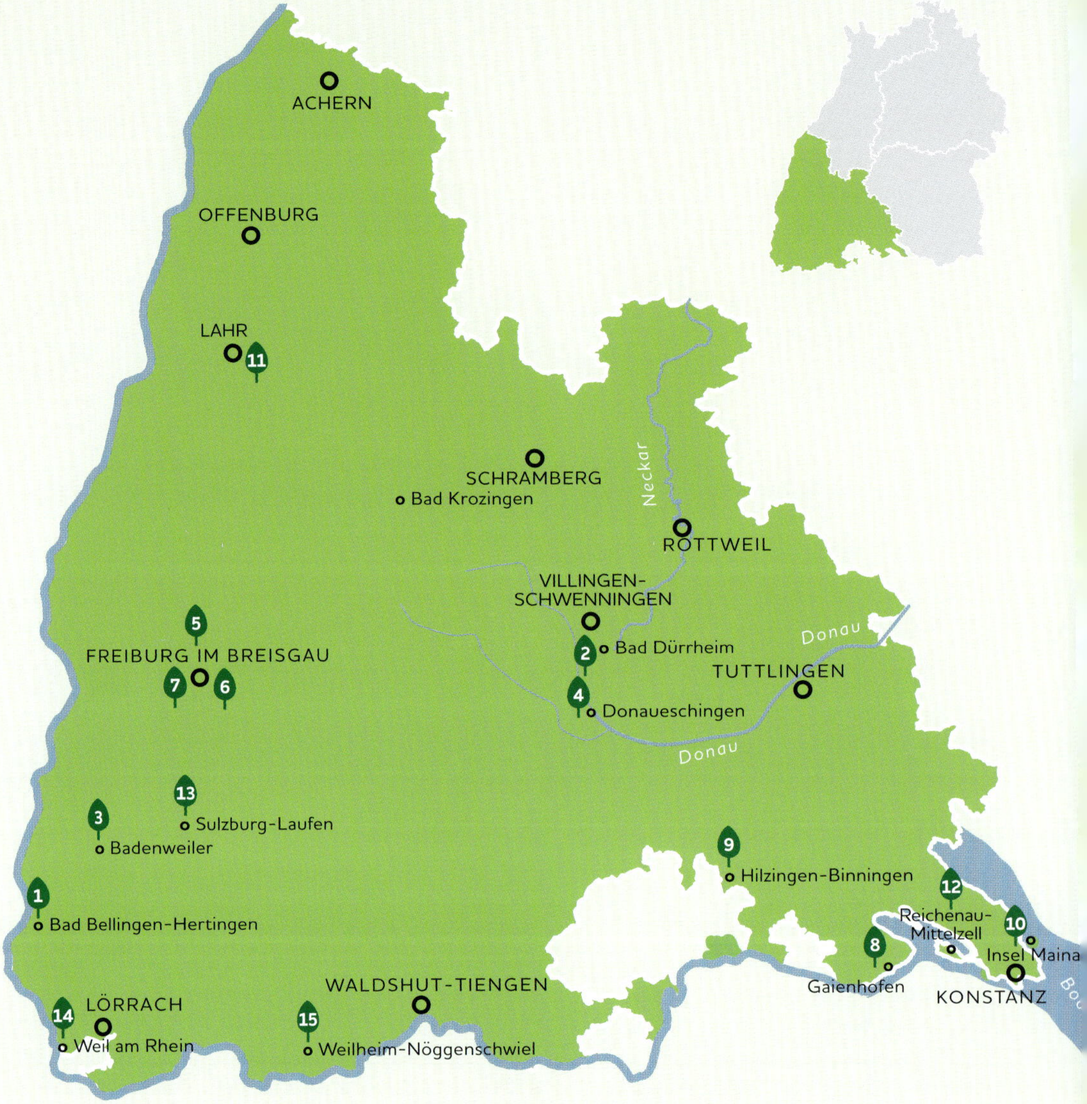

ACHERN
OFFENBURG
LAHR
SCHRAMBERG
Bad Krozingen
Neckar
ROTTWEIL
VILLINGEN-SCHWENNINGEN
Bad Dürrheim
Donau
TUTTLINGEN
FREIBURG IM BREISGAU
Donaueschingen
Donau
Sulzburg-Laufen
Badenweiler
Hilzingen-Binningen
Bad Bellingen-Hertingen
Reichenau-Mittelzell
Insel Maina
Gaienhofen
WALDSHUT-TIENGEN
KONSTANZ
LÖRRACH
Weil am Rhein
Weilheim-Nöggenschwiel

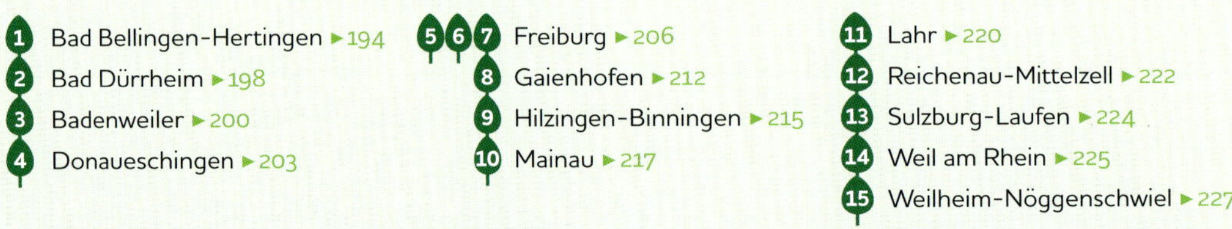

Regierungsbezirk Freiburg

Der Regierungsbezirk Freiburg im äußersten Südwesten Deutschlands, der landläufig als »Südbaden« bezeichnet wird, lockt mit vielfältiger Gartenkultur. Am Südlichen Oberrhein und im Schwarzwald gibt es anders als in Nordbaden aufgrund der historischen und topographischen Situation keine ausgedehnten Schlossgartenanlagen. Alles ist ein wenig kleiner strukturiert, differenzierter, privater.

Weite Teile Südbadens wirken mit den idyllischen Weinbauorten, mit ihren Weinbergen und Obstgärten wie eine Gartenlandschaft. Besonders deutlich zeigt sich das im Markgräflerland südlich von Freiburg und in der badischen Bodenseeregion bei Konstanz. Der Reiz der Gartenlandschaften hängt auch damit zusammen, dass im Rheintal und an den Schwarzwaldhängen ein mildes Klima herrscht, in dem auch exotische Pflanzen die Winter überstehen. Palmen stehen hier im Freien! Und der Rebstock ist als Gestaltungselement in Städten und Dörfern allgegenwärtig.

Doch auch in den Hochlagen des Schwarzwalds gibt es schöne Gartenanlagen. Dabei denke ich vor allem an die Bauerngärten mit ihrer bunten Blumenpracht, die sich vor den Höfen ausbreiten.

Eine weitere Spezialität am Südlichen Oberrhein sind die Thermal-Kurorte, die sich wie an einer Kette auffädeln, mit Badenweiler als dem bekanntesten. Bad Bellingen und Bad Krozingen bieten ihren Kurgästen in ihren jeweiligen Kurparks eine grüne Umgebung und schaffen Erlebnismöglichkeiten rund um das Element Wasser.

1

Bad Bellingen-Hertingen
Landhaus Ettenbühl

Das Landhaus Ettenbühl im Markgräflerland zwischen Freiburg und Basel ist zu jeder Jahreszeit eine Reise wert! Zu besichtigen ist ein privater Landschaftspark im englischen Stil.

Vor 40 Jahren noch wurde auf Hof Ettenbühl Ackerbau betrieben. Jetzt befindet sich hier ein englisches Gartenparadies mit diversen Gartenzimmern und angegliederter Rosengärtnerei. Zum Angebot gehört auch ein Bed & Breakfast-Betrieb mit im Laura-Ashley-Stil eingerichteten Zimmern.

Ich empfehle unbedingt, im Landhaus zu übernachten. Übernachtungsgäste sind privilegiert; sie dürfen es genießen, zu jeder Tages- und Nachtzeit in den Gärten zu wandeln und zu picknicken. So habe ich es gemacht und hatte an einem warmen Sommerabend und frühmorgens den Garten mit seinen vielen Gartenräumen ganz für mich alleine. Und das mit dem beruhigenden Gedanken, hier nicht mähen, schneiden oder anbinden zu müssen.

Die von hohen Hecken umfriedete, fünf Hektar große Parkanlage wirkt wie eine Oase inmitten der intensiv genutzten Agrarlandschaft der Umgebung mit Mais- und Spargeläckern. Auch Hof Ettenbühl war einst ein Landwirtschaftsbetrieb. Die ehemals landwirtschaftlich genutzten Hofgebäude wurden umfunktioniert, neue kamen hinzu. Man hat tatsächlich den Eindruck, in einem typisch englischen Garten zu sein. Das liegt an der Verwendung von typisch englischen Baumaterialien und Ausstattungsgegenständen und an der Beschilderung mit englischen Bezeichnungen.

Zum Garteneingang gelangt man über einen als »Grannys Walk« bezeichneten Weg, der von Kletterrosen und Beetrosen gesäumt ist. Der Hauptweg im Garten ist die breite »Yellow Brick Road«; der Weg führte einst vom Hof zu den Feldern. Heute teilt er den Garten in zwei Hälften, in den intimeren, feingliedrigen Bereich nahe des privaten Wohnhauses mit seinen Gartenräumen und in den

KONTAKT

Hof Ettenbühl, 79415 Bad Bellingen-Hertingen
www.landhaus-ettenbuehl.de
Eintritt gegen Gebühr, Führungen mit Voranmeldung
Mit Gastronomie

Formal angelegter Wassergarten mit Rosen und Sommerblumen

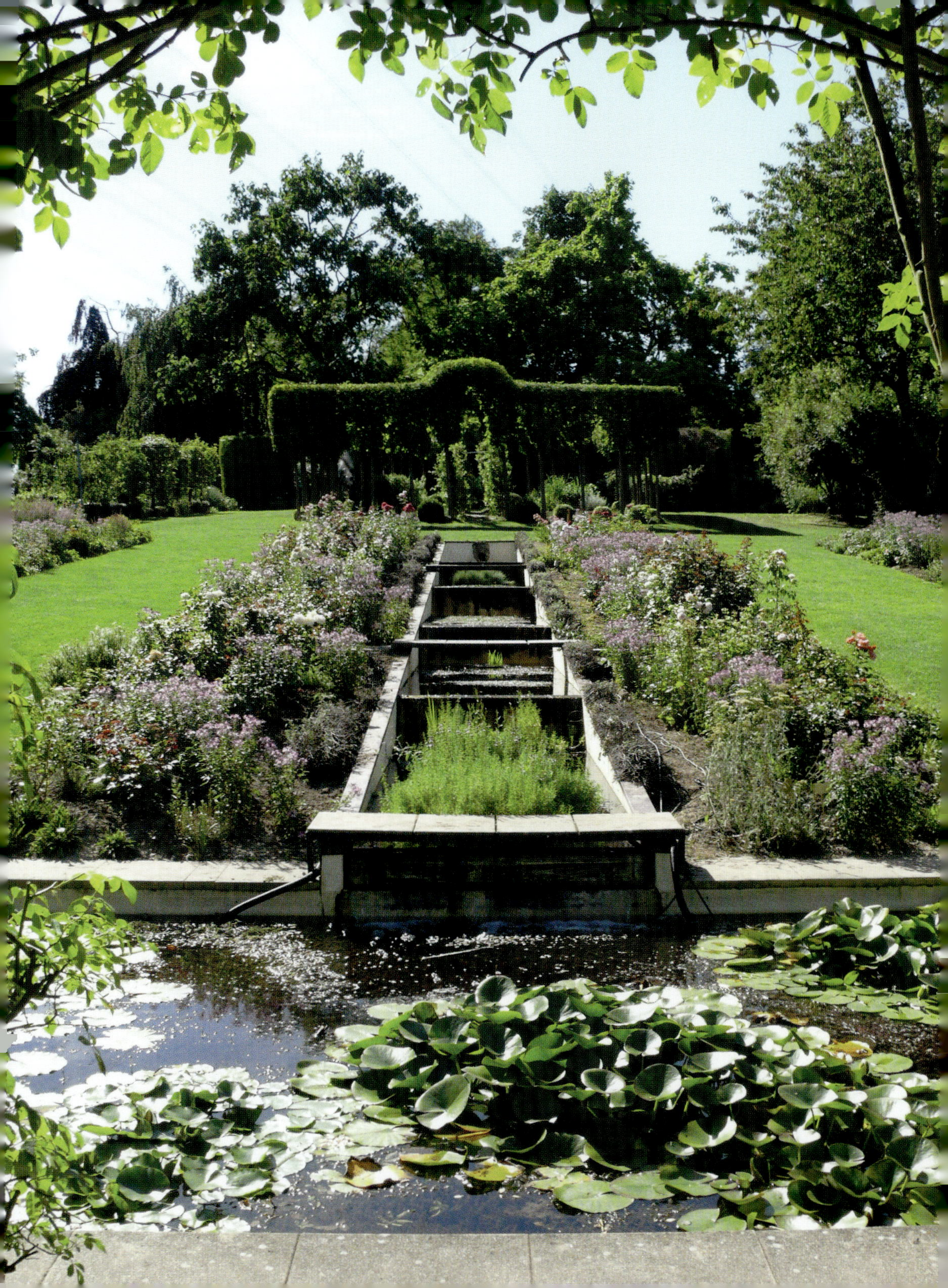

unteren, großzügig angelegten Bereich mit seinen Sortimentspflanzungen und experimentellen Pflanzungen.

Im oberen Bereich reihen sich die Gartenzimmer aneinander. Besucher beginnen den Rundgang am besten am hinteren Ende der »Yellow Brick Road« und zweigen rechts ab, gelangen zum »Sunken Garden« mit Strauchpäonien und einer Rosskastanie in der Mitte. Der Rundweg führt weiter zur von Wisterien (Blauregen) berankten Pergola, unterpflanzt mit Rosen und Stauden, darunter viel Geranium, welche eine Rasenfläche mit viereckigem Teichbecken umgibt. Bei meinem kurzen Aufenthalt im Landhaus Ettenbühl war dies mein Lieblingsplatz: am späten Abend auf dem Rasen liegend und zu den Sternen aufschauend ... So stellt man sich Sommervergnügen vor!

Der Rundweg führt weiter zum Ahornwäldchen mit vielen Funkien, entlang des neu angelegten Waldwegs mit seltenen Gehölzen, mit rindenschönen Birken und passenden Schattenstauden, an dem speziell an Gehölzen Interessierte ihre wahre Freude haben dürften.

Immer den »English Lawn« in der Gartenmitte umrundend wird der Blick von dem farbintensiven »Lavender Garden« angezogen. Bei meinem Besuch Mitte Juli sorgten Phloxe und Blutweideriche für eine überwältigende Farbenpracht. Da kam mir unwillkürlich Karl Foersters Spruch » Ein Garten ohne Phlox ist ein Irrtum« in den Sinn. Der Lavendel, auf den der Name des Gartenteils hindeutet, spielte in ihm zu meiner Besuchszeit eine Nebenrolle. Daran schließen sich weitere Themengärten an: der Alte Rosengarten, der Brunnengarten, der Barocke Buchsgarten, der Hochzeitsgarten mit Moschatarosen und weiß blühenden Stauden, der Frühlingsgarten, der beeindruckende Päonienweg mit Formschnittgehölzen, der Gelbe Garten mit einer Linde im Zentrum, die Märchenwiese mit »Rainbowborder« und der »Woodlandwalk«. Alles sehr erlebnisreich mit Rosen, Stauden, Ziergehölzen in harmonischen oder kontrastierenden Farbkombinationen gestaltet. Die vielen rotblättrigen Berberitzensträucher fielen mir auf. Überall sind hohe Bäume mit dabei.

Als die Familie Seidel Mitte der 1970er-Jahre das Anwesen kaufte, waren nur wenige Bäume da. Kaum zu glauben, wie sich innerhalb von 40 Jahren das Anwesen zu einem waldartigen Park entwickeln konnte. Dendrologisch Interessierte finden hier selten gepflanzte Arten und Sorten, alle gut bezeichnet.

Auf der anderen Seite der zentralen »Yellow Brick Road« geht das Gartenfeuerwerk weiter: Von hier aus senkt sich das Gelände zum Seerosenteich mit Rosenpavillon, gesäumt von Rosen und farblich harmonierendem Sommerflor. Alles begrenzt von Formschnittgehölzen und von Kugelbäumen. Im Hochsommer sind der Gemüsegarten, der »Potager«, mit seinen seltenen und alten Gemüsearten und -sorten und der Kräutergarten interessant.

Eine Geländestufe unterhalb beginnen landschaftliche Staudenpflanzungen, nicht mehr im englischen Gestaltungsstil, sondern großzügig angelegt, dem

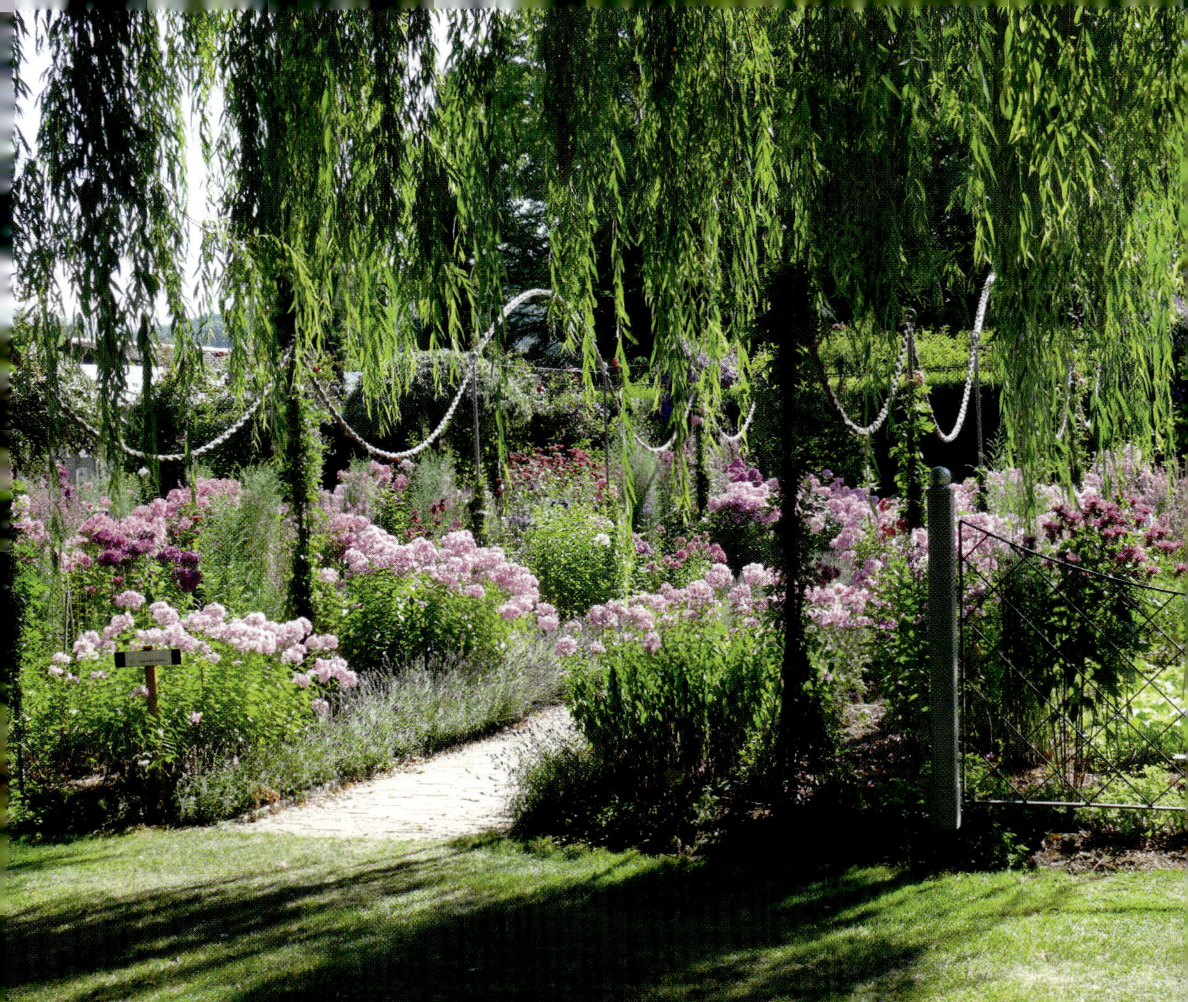

Lavendelgarten mit Phlox und Duftnesseln

Gelände angepasst. Hier sind Präriestauden aufgepflanzt, Sortimente an Astern, Duftnesseln (Monarden), Staudengräser. Die Allee aus Mammutbäumen dominiert diesen Gartenteil. Die wenige Jahrzehnte alten Mammutbäume sind bereits mächtig hoch. Im Frühling sorgen Narzissen der Sorte ›Ice Follies‹ für freundliche Stimmung unter den doch etwas düsteren Baumgestalten.

Noch weiter unten in der Bachaue des das Gelände begrenzenden Baches stößt man auf das Bambuswäldchen, auf den neu angelegten Magnolienhain und auf das Hainbuchen-Labyrinth. Das Vergnügen, das größte dieser Art in Europa zu begehen, sollte man sich nicht entgehen lassen.

In diesem unteren Bereich sind auch die Naturgarten-Bereiche angesiedelt, der langgestreckte Schmetterlingshügel und die Benjeshecken, die mit dem in großen Mengen anfallenden Astmaterial vom Gehölzschnitt aufgebaut werden.

Bad Dürrheim
Kurpark Luisengarten

Der Bad Dürrheimer Kurpark liegt auf historischem Grund. Hier gab es schon Ende des 19. Jahrhunderts Kureinrichtungen. Anlässlich der Landesgartenschau 1994 wurde der Park umgestaltet und auf 16 Hektar Fläche erweitert.

Bad Dürrheim liegt am Rande des Schwarzwalds in über 700 Meter Höhe. Hier beginnt der Frühling deutlich später als im milden Rheintal. Dafür herrscht hier ein reizmildes voralpines Höhenklima mit viel Sonnenschein, das dem Ort das Prädikat Heilklimatischer Kurort eingetragen hat. Gekurt wird in Bad Dürrheim seit 1883 wegen der Heil-Sole; der Ort ist das höchstgelegene Solebad Europas. Die badische Großherzogin Luise machte Dürrheim zum Kindersolbad. Zudem ist Bad Dürrheim seit 2013 Kneipp-Kurort. Kneipp-Becken und Arm-Brunnen befinden sich im Kurpark.

Der von dem Bach Stille Musel durchflossene Park erstreckt sich vom südlichen Ortsrand in die freie Landschaft der Baar bzw. bis zum Fastnachtsmuseum Narrenschopf. Eine breite Mittelachse und zwei Lindenalleen verbinden den ortsnahen und den landschaftlichen Teil.

Die Parkgestaltung selbst ist unspektakulär; sie besteht aus weiten Rasenflächen mit Baumbestand am Rand und Beetinseln. Die Blumenbeete sind im Frühjahr farbenfroh mit interessanten Sorten von Tulpen und Narzissen, mit Stiefmütterchen und Sommerblumen gestaltet.

Die Gestaltung nimmt Bezug auf die Kurmittel Wasser und Sole. Ein kreisrundes Becken mit Fontäne bildet das Zentrum des Kurparks. Drei Bildhauerarbeiten (aus norwegischem Labrador-Granit) des Freiburger Bildhauers Jürgen Grieger bilden die Sole-Allee, die als zentrale Achse den Kurpark gliedert.

Eine Besonderheit ist das sogenannte Gradierwerk, eine aufrechte Holzkonstruktion, vor der Besucher die salzgeschwängerte Luft einatmen können. Die Sole rieselt über gebündeltes Schwarzdornreisig und vernebelt dabei. (Eine ähnliche, größere Anlage existiert in Bad Rappenau, siehe Seite 83.) Schon allein wegen des Gradierwerks ist der öffentlich zugängliche Kurpark einen Besuch wert.

KONTAKT

Luisenstraße, 78073 Bad Dürrheim, www.badduerrheim.de
Frei zugänglich, Mit Gastronomie

Einladender Blumenschmuck im Kurpark

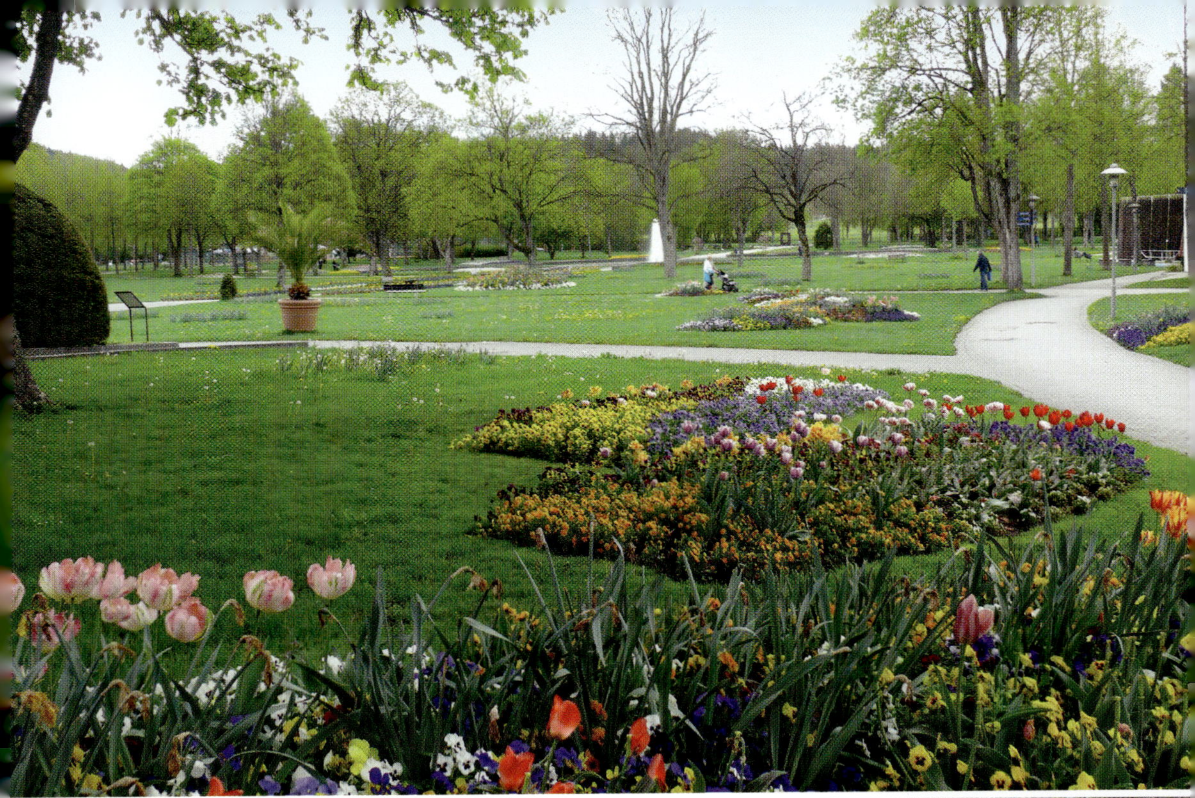

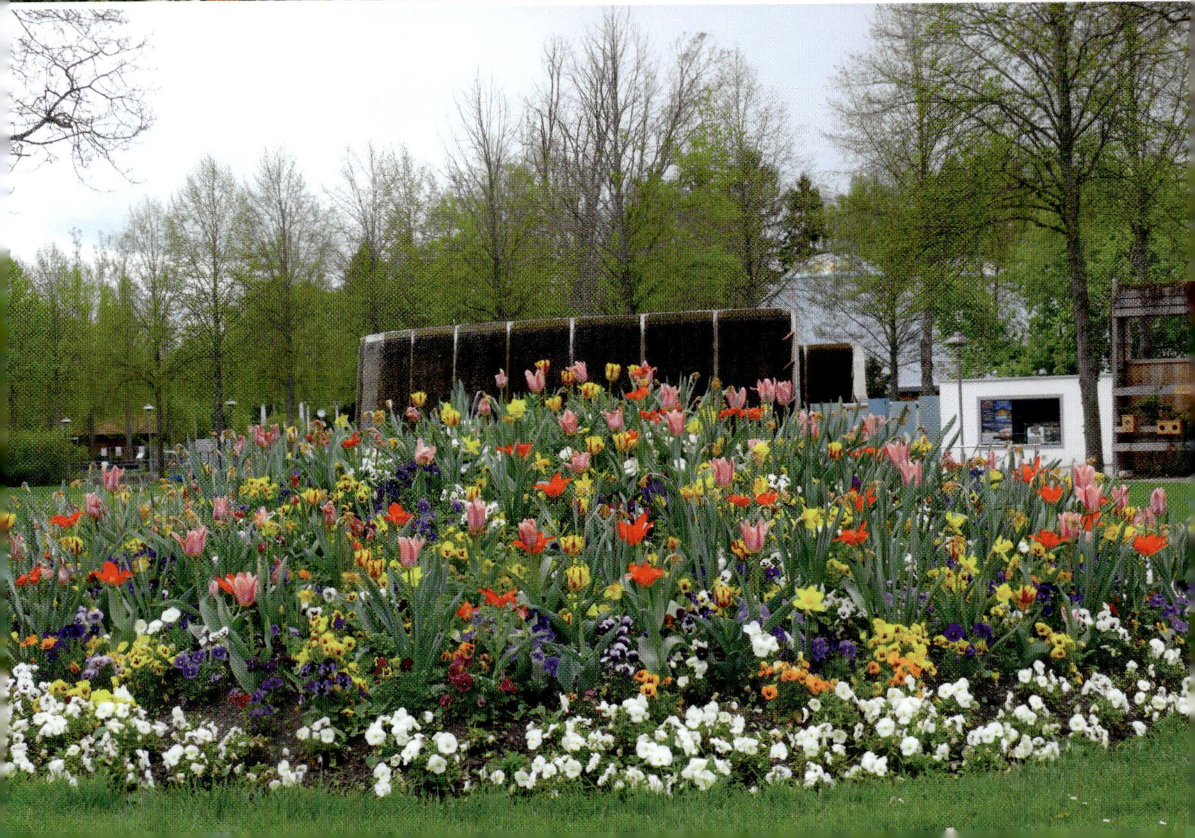

Badenweiler
Kurpark und Schlosspark

Der 22 Hektar große Kurpark umschmiegt den Hang der Burgruine Baden. Von verschiedenen Punkten aus hat man einen hervorragenden Weitblick übers Rheintal bis zu den Vogesen.

Die um 1080 von den Herzögen von Zähringen erbaute Burg wurde im Holländischen Krieg 1678 zerstört. Vom Burghügel und vom begehbaren Bergfried schweift der Blick ins Markgräflerland und in die Rheinebene. Auch von den Aussichtspunkten Vogesenblick und von der Wandelhalle im Norden des Parks aus geht der Blick in die Ferne.

Zum Kuren kommt man nach Badenweiler hauptsächlich der Thermalquellen wegen. Dass es hier heilkräftige Quellen gibt, wussten schon die Römer. Die von einem Glasgebäude geschützte römische Badruine liegt im Kurparkgelände. Direkt daneben befindet sich die moderne Therme, die Cassiopeia Therme.

Im Parkareal sind einige moderne und historische Bauwerke zu entdecken: das klassizistische Lustschlösschen Belvedere und ein Rest der gusseisernen Wandelhalle, die einst an anderer Stelle das Promenieren auch bei schlechtem Wetter ermöglichte. Das vieleckige und vielstöckige Kurhaus zu Füßen der Burganlage empfinde ich dagegen eher als Fremdkörper. Die Pflanzen in den großen Betontrögen mildern die dominierende Betonarchitektur mit viel Dachfläche und viel Leerraum etwas ab.

Der heutige Kurpark begann mit einer Nussbaumallee. Die ließ Karl-Friedrich Markgraf von Baden im Jahr 1758 anlegen. In den Jahren 1824 bis 1828 war der damalige Hofrat und Gartendirektor von Schwetzingen Johann Michael Zeyher (1770 bis 1843) hier tätig. Sein eigentliches Gepräge erhielt der Park durch den großherzoglichen Parkdirektor Ernst Krautinger (1824 bis 1889), der ihn ab 1860 erweiterte.

Im Park befindet sich ein Denkmal von Anton Tschechow, der im Jahr 1904 in Badenweiler starb. In dem Kurort wird das Andenken an den russischen Schrift-

KONTAKT

Schlossplatz, 79410 Badenweiler
www.badenweiler.de, www.kurpark-badenweiler.de
Frei zugänglich
Mit Gastronomie

Kurhaus mit der Burgruine Baden

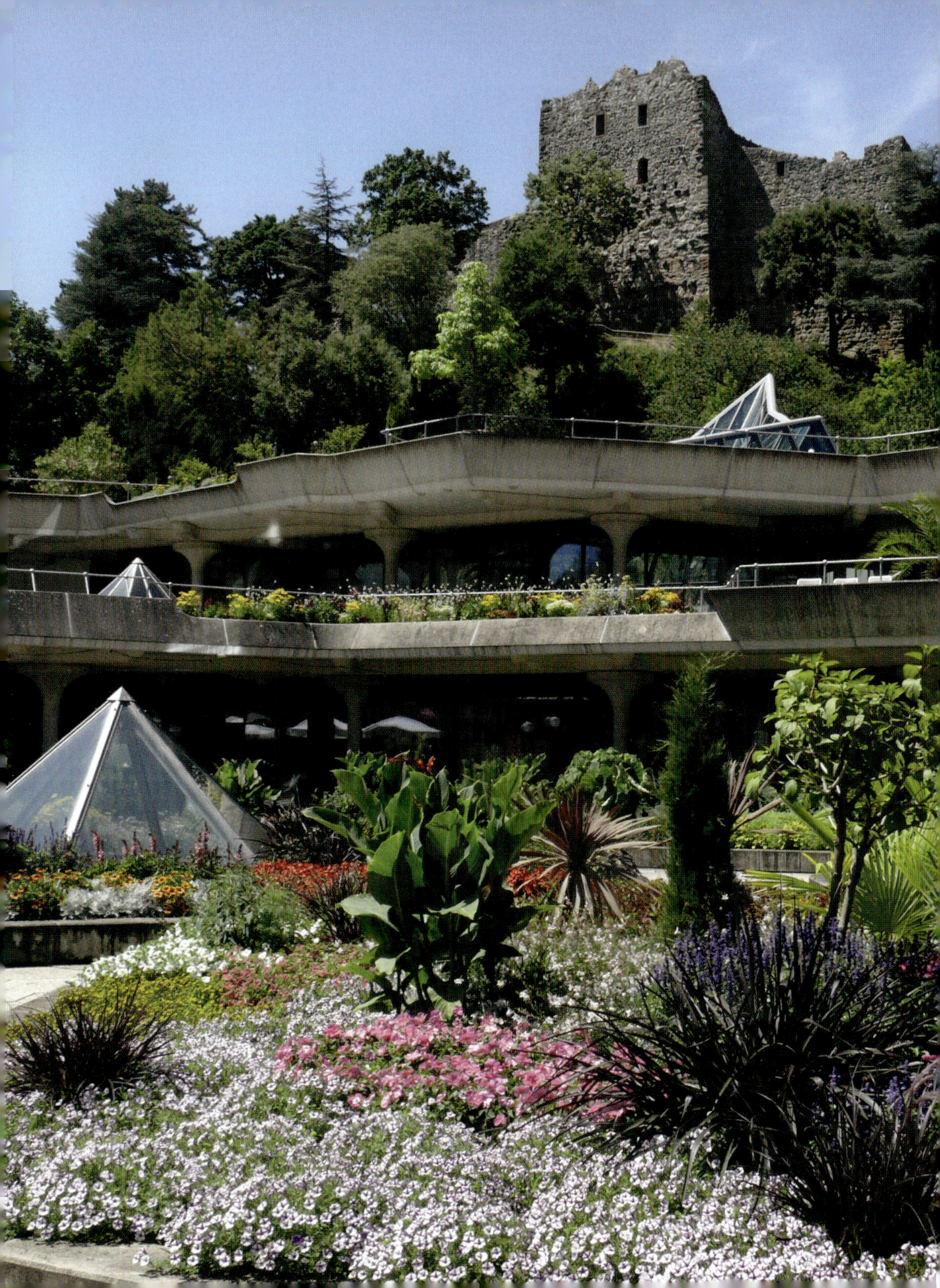

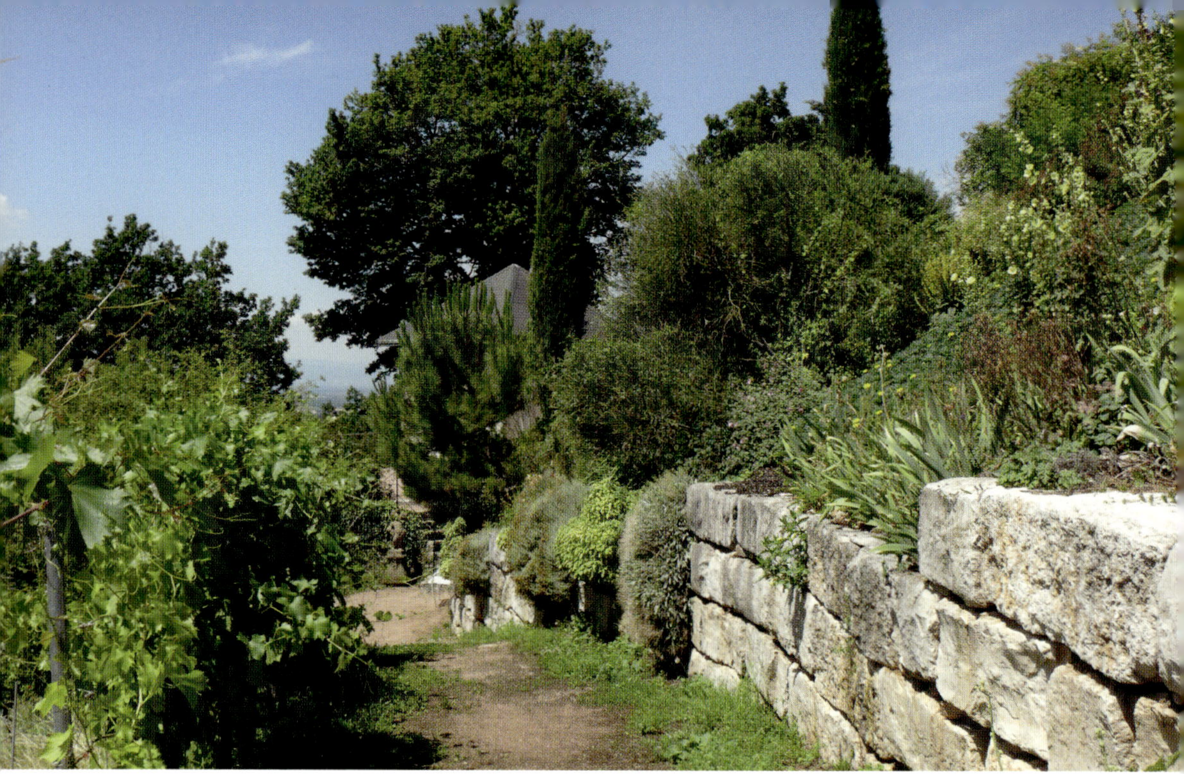

Gutedelgarten mit Weinberghäuschen im Hintergrund

steller gepflegt; es gibt eigens ein Literarisches Museum mit dem Tschechow-Salon.

Der Park gilt als einer der schönsten Kurparks Deutschlands. In dem milden Klima gedeihen viele Wärme liebende Pflanzen. Bemerkenswert ist der alte und vielfältige Baumbestand. Der gedruckt vorliegende Botanische Wegweiser durch den Park verzeichnet hundert beschilderte Exemplare an ihren Standorten. Der Blaue Mammutbaum am Schwanenweiher fiel mir auf. Auch entdeckte ich in der Nähe des Schwanenweihers die Schlitzblättrige Rot-Buche, auf der ich bei meinen Gartenexkursionen vor allem im Rheintal begegnete.

In einem Kurpark darf ein Heilpflanzengarten nicht fehlen. Er heißt hier Hildegard-von-Bingen-Garten und bietet reichlich Anschauungsmaterial. Eine Besonderheit ist der Gutedelgarten, ein kleiner Weinberg samt Weinberghäuschen, in dem 68 Sorten der Gutedelrebe aufgepflanzt sind. Durch einen Laubengang aus Weinreben steigt man von ihm aus bergan.

Vom Schlosspark, der sich hinter dem Großherzoglichen Palais erstreckt, hat man ebenfalls einen weiten Blick über die Rheinebene. Auch hier sind die Bäume und Sträucher bezeichnet und ihr Standort ist auf einem gedruckt vorliegenden Plan eingezeichnet. Am Schlossplatz beginnt der Skulpturenweg mit Skulpturen von Gerhard Helmers.

Donaueschingen

Fürstlich Fürstenbergische Parkanlage mit Donauquelle

Für Musikbegeisterte ist Donaueschingen wegen der »Donaueschinger Musiktage« eine feste Größe in der Jahresplanung. In Donaueschingen muss man noch aus einem anderen Grund mindestens einmal im Leben gewesen sein, zumindest wenn man sich für Geographie interessiert: wegen der Donauquelle.

Denn mitten im Ort, zwischen Stadtkirche und Schloss, entspringt die Donau. Das ist zumindest die Version der Geschichtsschreibung, seitdem der römische Feldherr und spätere Kaiser Tiberius im Jahr 15 vor Christus die Quellen der Donau fand. So ganz eindeutig ist es nämlich nicht, wo die Donau entspringt. Hier in Donaueschingen befindet sich eine der sogenannten Karstaufstoßquellen, bei der versickertes Wasser aus dem Schwarzwald zu Tage tritt. Aber in alten Chroniken und kartographischen Werken wird dieser Quelltopf in Donaueschingen als Ursprung der Donau genannt. Die geographisch korrekte Donauquelle ist allerdings die Quelle der Breg im Schwarzwald. Sie liegt in 1078 Meter Höhe.

Etwas östlich des Schlossparks fließen die beiden Quellflüsse Brigach und Breg zusammen und werden zur Donau. Der Ursprung der Donau hat also auf jeden Fall etwas mit Donaueschingen zu tun. Die Donau ist mit einer Länge von 2.857 Kilometer der zweitlängste Fluss Europas nach der Wolga. Von der Donauquelle in Donaueschingen aus berechnet sind es dagegen nur 2.810 Kilometer bis zum Mündungsdelta am Schwarzen Meer.

Man darf sich unter der Donauquelle keinen idyllischen Naturflecken vorstellen. Sie ist vielmehr architektonisch gefasst; ein Bauwerk mit rundem, gemauertem Quellbecken und gusseiserner Balustrade. Fürst Karl Egon III. zu Fürstenberg ließ dieses Bauwerk 1875 errichten. Eine Skulpturengruppe von Adolf

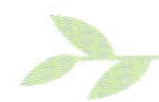

KONTAKT

Schloss Donaueschingen, Fürstenbergstraße 2,
78166 Donaueschingen www.donaueschingen.de
Park frei zugänglich, Donauquelle zu den Öffnungszeiten frei zugänglich

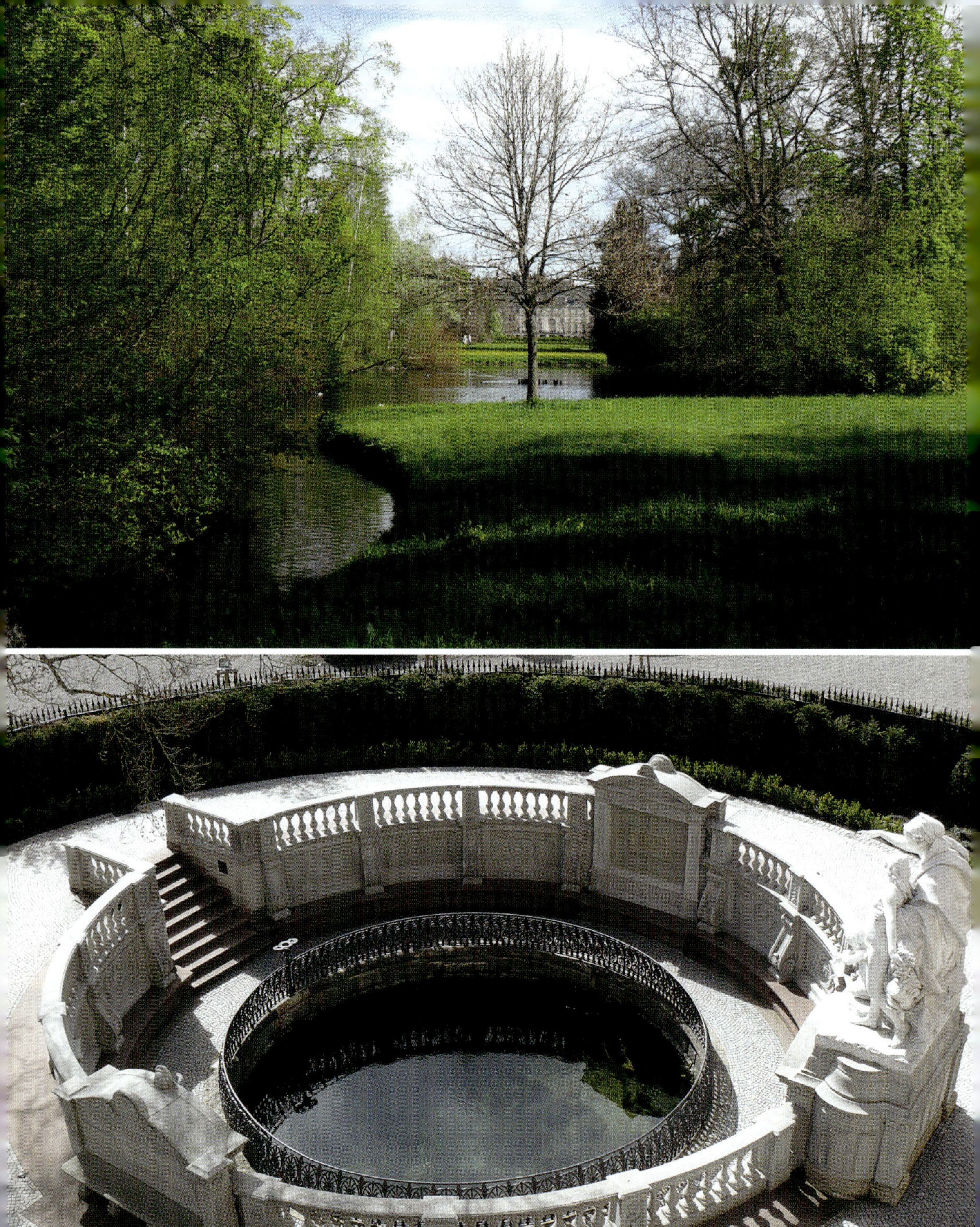

Herr mit dem Titel »Die Baar deutet ihrer jungen Tochter, der Donau, den Weg in die Ferne«, kam 1896 dazu. Die Anlage wurde erst kürzlich restauriert. Der Zugang ist nur von der oberhalb gelegenen Fürstenbergstraße aus über eine Treppe oder über einen Fahrstuhl möglich, nicht vom Schlosspark aus. Dem besonderen Reiz des Wassers im gefassten Quellbecken kann man sich kaum entziehen, wenn Luftperlen im klaren Wasser aus karstigen Unterwelten aufsteigen. Da kommt leicht die Vorstellung auf, von einer Nixe in unterirdische Märchenwelten hineingezogen zu werden.

Der Schlosspark, der exakt »Fürstlich Fürstenbergische Parkanlage« heißt, wurde um 1820 im französischen und englischen Stil angelegt. Der Teil direkt am Schloss ist nicht für die Öffentlichkeit zugänglich. Der größere Teil südlich der Brigach, die den Park durchfließt, hat etliche Zugänge und ist durch ein Wegenetz gut erschlossen. Auch der viel befahrene Donau-Radweg führt mitten hindurch. Der stadtnahe Zugang befindet sich am Museum Art.Plus.

Die Parkanlage ist geprägt durch alten Baumbestand, durch Baum- und Gebüschgruppen, abwechselnd mit weiten Wiesenflächen, Wasserläufen und Teichen – mit allen Elementen, die einen Landschaftspark ausmachen. Sichtachsen leiten den Blick zum Schloss. Alte Denkmäler, moderne Kunstwerke und Brücken setzen Akzente. Und noch etwas: Im Park lebt viel Entenvolk. Kein Wunder, denn hier geht es dem Wassergeflügel dank eigener Behausungen und spezieller Futterplätze am Ufer gut. Von den Hunden, die im Park spazieren geführt werden, lassen sie sich nicht beeindrucken.

Der Park geht fast unmerklich in die freie Landschaft mit Baumgruppen und Wassergräben der Donauebene über. Die Gelegenheit, sich den Zusammenfluss von Brigach und Breg etwas östlich des Parkgeländes anzuschauen und ein Erinnerungsfoto zu machen, sollte man sich nicht entgehen lassen.

Bei meinem Besuch Mitte Mai war deutlich zu sehen, dass hier in der Höhenlage der Baar in knapp 700 Meter über dem Meer die Bäume um Wochen später ausschlagen als in tiefer gelegenen Landesteilen.

Sichtachse zum Schloss und der als »Donauquelle« bezeichnete Quelltopf

Freiburg
Botanischer Garten

Dieser relativ kleine botanische Garten liegt inmitten der Bebauung. Er ist eine universitäre Einrichtung, bietet aber allen Besuchern gut aufbereitete, erlebbare Fachinformationen und Erholungsflächen.

An der Albert-Ludwigs-Universität Freiburg gibt es schon seit 1620 einen Botanischen Garten. Dieser musste mehrfach umziehen und befindet sich jetzt im Stadtteil Herdern nördlich des Stadtzentrums direkt neben den Universitätskliniken.

Im Eingangsbereich stehen die vier Schaugewächshauser mit ihrer auffallenden Pultdacharchitektur. In ihnen gedeihen Tropenpflanzen, Farne, Sukkulenten und Kalthauspflanzen. Vom Eingangsbereich aus öffnet sich ein organisch aufgebautes Wegenetz. Es gibt Schautafeln, auf denen Organisationsprinzipien in der Natur (Bionik) erklärt werden. Im zentralen Bereich um eine Rasenfläche sind Rundbeete in Form von Betonringen eingelassen. Die Anordnung veranschaulicht das System der Blütenpflanzen. Im Sommer sind die runden Becken mit Wasserpflanzen besonders interessant – wegen der Pflanzen, aber mehr noch wegen der Libellen, die die Wasserflächen umschwirren.

Das Freilandareal ist in die Abteilungen Alpine Vegetation, Dünen, Heide, Sumpf, Moore, Wasser, Weinberg gegliedert. Im Alpinum fielen mir seltene Arten auf: beispielsweise Herrlicher Losbaum (*Clerodendron bungei*), Klebrige Scheinulme (*Eucryphia glutinosa*), Kalifornischer Strauchmohn (*Romneya coulteri*).

KONTAKT

Schänzlestraße 1, 79104 Freiburg
www.botanischer-garten.uni-freiburg.de
Freiland tagsüber frei zugänglich
Gewächshäuser mit Öffnungszeiten

Seerosenteich

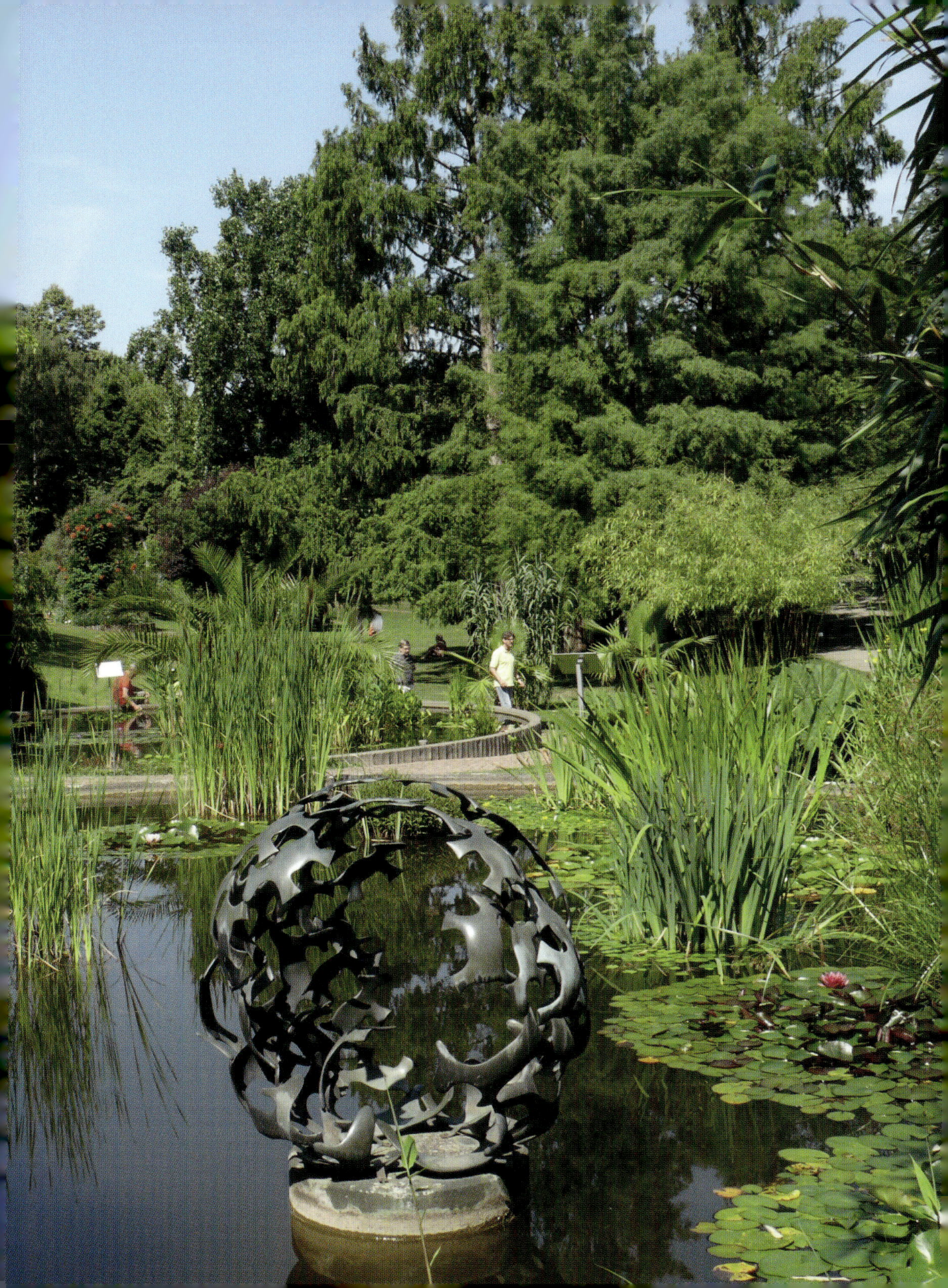

Freiburg
Innerstädtische Parks: Colombipark, Stadtgarten und Alter Friedhof

In Freiburgs Stadtzentrum gibt es keinen großen Park, stattdessen einige kleinere Grünanlagen. Trotzdem fühlt man sich in Freiburg mit dem Schwarzwald im Rücken immer im Grünen.

Die Reben sind in Freiburg allgegenwärtig. Im Colombipark vor dem Colombi-Schlösschen ist eigens ein rebenbotanischer Schaugarten angelegt. Ein Laubengang aus Weinreben führt den Abhang zum Schlösschen hinauf. Die erhöhte Lage des gut einen Hektar großen Parkgeländes rührt daher, dass es auf den Trümmern der alten Befestigungsanlage Freiburgs angelegt worden ist.

Der ursprünglich 1888 angelegte Stadtgarten wurde nach der Zerstörung im Zweiten Weltkrieg 1952 wiederhergestellt. Er ist über einen breiten Fußgängersteg an die Altstadt angebunden. Als innerstädtischer Park mit 2,6 Hektar Fläche und Musikpavillon wird er viel genutzt. Blumenfreunden dürften der Rosengarten und etliche Stauden- und Gehölzpflanzungen gefallen. Vom Stadtgarten aus fährt die Schlossbergbahn, ein vollautomatischer Schrägaufzug, zum Schlossbergrestaurant Dattler.

Vom Stadtgarten aus ist es nicht weit zum Alten Friedhof im Stadtteil Herdern, auf dem von 1683 bis 1872 Freiburger Bürger beigesetzt wurden. Er wurde zum Park umgewidmet und ist mit seinen vielen Bäumen, den Wiesenflächen und Hunderten Grabdenkmalen Natur- und Kulturdenkmal zugleich. Er gilt als einer der ältesten in seiner Gesamtheit erhaltenen Friedhöfe Deutschlands. Blau blühende Hortensien sorgen an manchen Stellen für Farbtupfer.

KONTAKT

Colombipark: Rotteckring;
Stadtgarten: Jacob-Burckhardt-Straße;
Alter Friedhof: Johanniterstraße 13, Freiburg
www.freiburg.de
Frei zugänglich

Colombipark und Stadtgarten mit Schloßberg

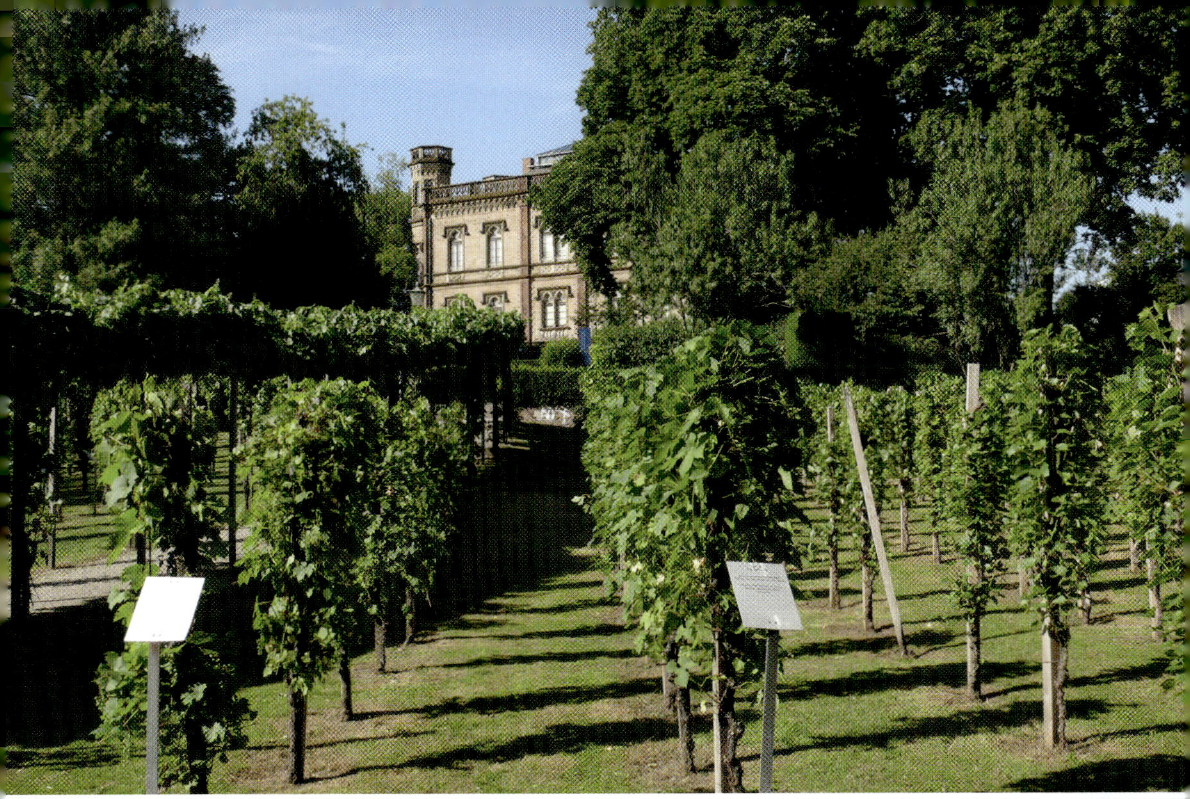

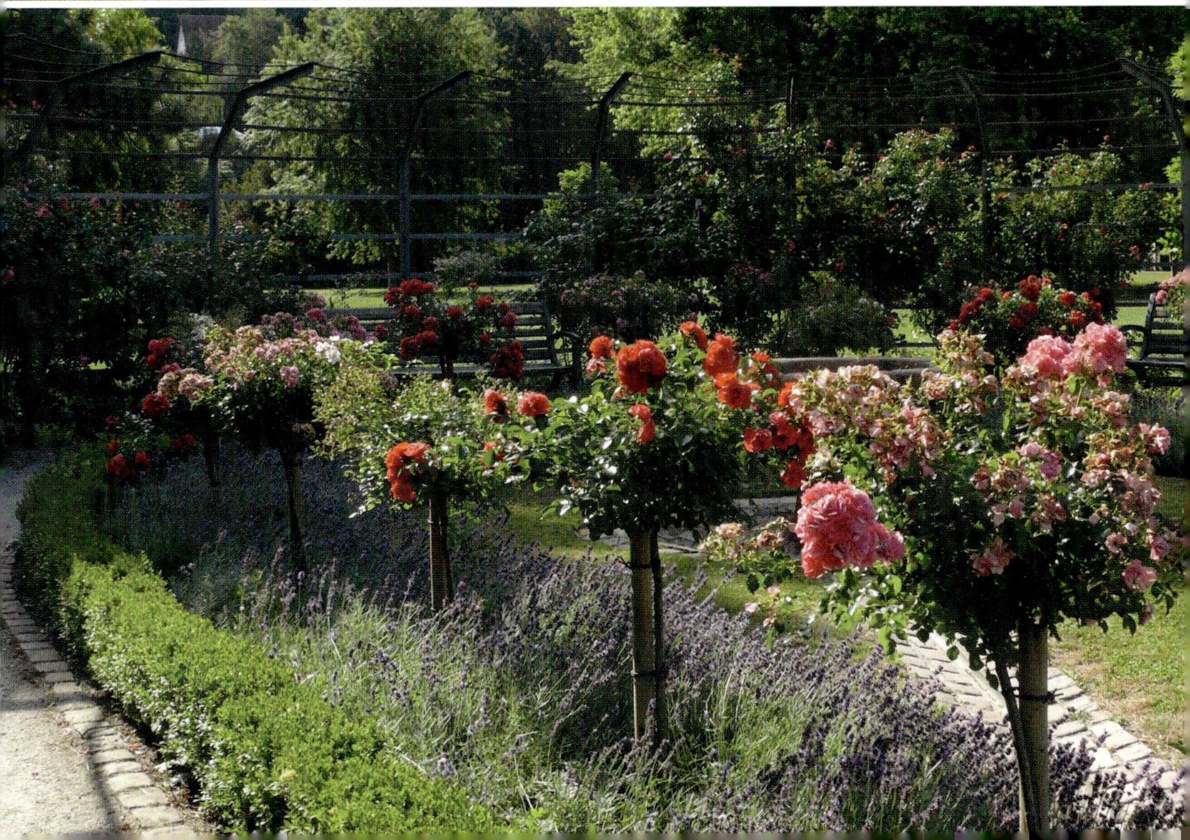

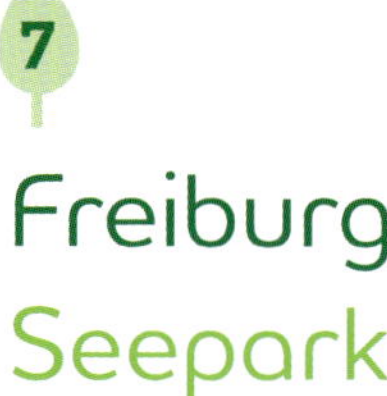

Freiburg
Seepark

Dieser 35 Hektar große Volkspark wurde zur Landesgartenschau 1986 angelegt. Im Zentrum befindet sich der 10 Hektar große künstliche Flückigersee. Er entstand aus einer Kiesabbaufläche.

Im Sommer scheint sich halb Freiburg rund um den See, im See und auf der Pontonbrücke zu tummeln. Das Wasser hat eine große Anziehungskraft. Es sind jedoch auch die angrenzenden, zurückhaltend landschaftsgärtnerisch gestalteten Bereiche, die den Park interessant machen. Sie sind aus dem Gartenschaujahr erhalten.

Von der Freiburger Landesgartenschau ging seinerzeit eine Art ökologische Erweckungsbewegung aus. Aus dem Gartenschaujahr habe ich noch das Ökozentrum und den Ökogarten als beispielgebend in Erinnerung. (Die Freiburger Landesgartenschau war übrigens mit zwei Millionen Besuchern eine der am besten besuchten im Bundesland Baden-Württemberg.) Der Ökogarten wird nach wie vor kompetent betreut. Hier wird praktisches Biogärtnern gezeigt, also wie man Beete anlegt, wie man kompostiert usw. Es gibt eine Vielzahl an Blütenpflanzen, die Insekten und Schmetterlinge anlocken. Nicht weit entfernt davon führt ein Weinlaubengang vom Aussichtsturm hinunter zum See.

Sehenswert ist auch der 3500 Quadratmeter große Japangarten mit Wasserfall und Bachlauf ganz im Westen des Seeparks. Die großen Felssteine stammen vom Schauinsland, dem Hausberg von Freiburg, die Kieselsteine aus dem Rhein. Nur die Steinlaternen sind Originale aus Japan.

Auf der gegenüberliegenden Seite im Osten des Parks ist ein Rosengarten angelegt, von dem aus eine in Stein gefasste Rinne zum See führt. Auch in diesem Bereich wird das Wasserthema gestalterisch in kleineren Dimensionen interpretiert.

KONTAKT

Sundgauallee, 79110 Freiburg
Frei zugänglich
Mit Gastronomie

Ökogarten mit Turm und Eingangsbereich von Osten

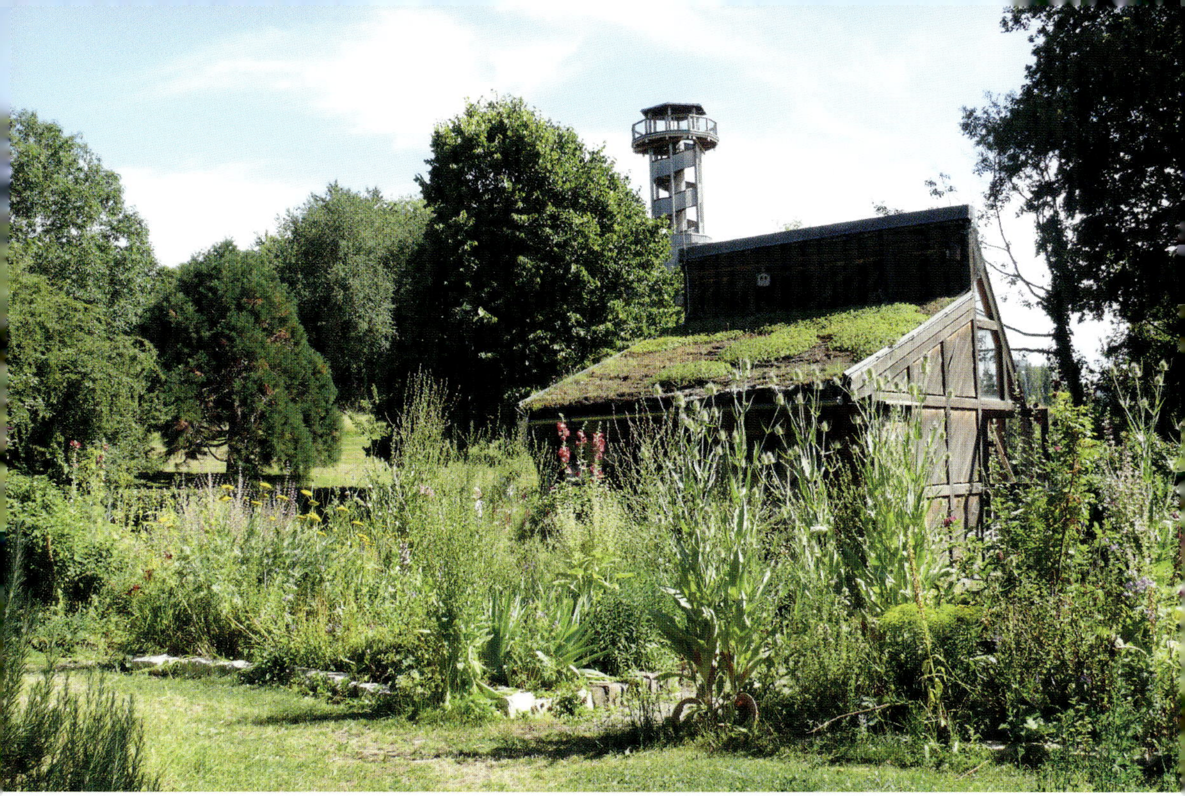

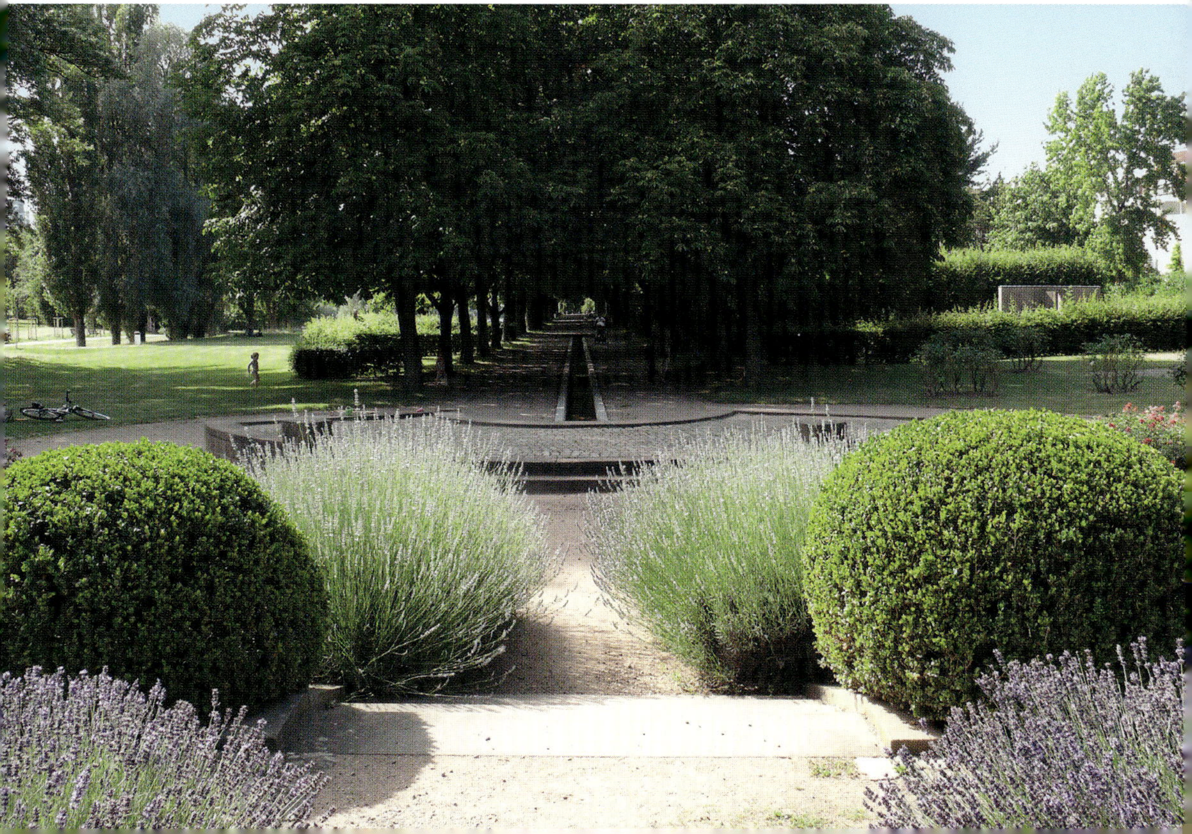

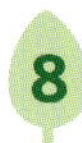

Gaienhofen
Mia- und Hermann-Hesse-Haus und Garten

Das Bodenseebuch mit Texten von Hermann Hesse und vielen Bilddokumenten befindet sich schon seit Jahrzehnten in meiner Bibliothek. Den Wunsch, mir dieses Haus auf meiner Hermann-Hesse-Spurensuche anzuschauen, hegte ich schon lange. Die Gelegenheit bot sich, weil das Anwesen jetzt im Rahmen von Führungen besichtigt werden kann.

Hermann Hesse hat dieses Haus am Bodensee selbst bauen lassen. Er lebte hier von 1907 bis 1912 mit seiner Familie, mit seiner Frau Mia und den drei Söhnen. Die Familie zog danach nach Bern und verkaufte den Besitz. Der Garten war Hesse ein besonderes Anliegen. In seinen Texten aus dem Zeitraum ist viel über Gartenplanung, über praktische Arbeiten, über Stimmungen zu lesen. Und es existiert sogar eine Originalskizze des Grundstücks mit den Gartenteilen und der Baumbepflanzung. Der jetzigen Besitzerin des Anwesens, der Diplom-Biologin Eva Eberwein, fiel dieses Blatt Papier bei ihren Recherchen in die Hände. Es gab ihr wichtige Hinweise für die Restaurierung des Gartengeländes im Hesseschen Sinne.

Es ist, man kann es nicht anders sagen, ein zauberhaftes Anwesen mit dem schmucken, anheimelnden, mit blaugrün gestrichenen Schindeln verkleideten Haus darin. Mit hohen Bäumen, Hecken, Spalierobst, Stauden- und Gemüsebeeten und vielen Topfpflanzen. Ein bewohnter, intensiv genutzter Hausgarten mit einladenden, schattigen Plätzen unter Lauben oder im Schatten von Bäumen. Die Besucher, die an heißen Sommertagen zur Besichtigung des Gartens kommen, wissen dies zu schätzen. Ein alter Birnbaum, der schon vor dem Bau des Hauses

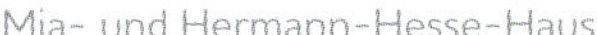

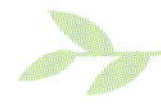

KONTAKT

Hermann-Hesse-Weg 2, 78343 Gaienhofen
www.mia-und-Hermann-Hesse-Haus.de
Besichtigung nach Voranmeldung ausschließlich im Rahmen einer Führung

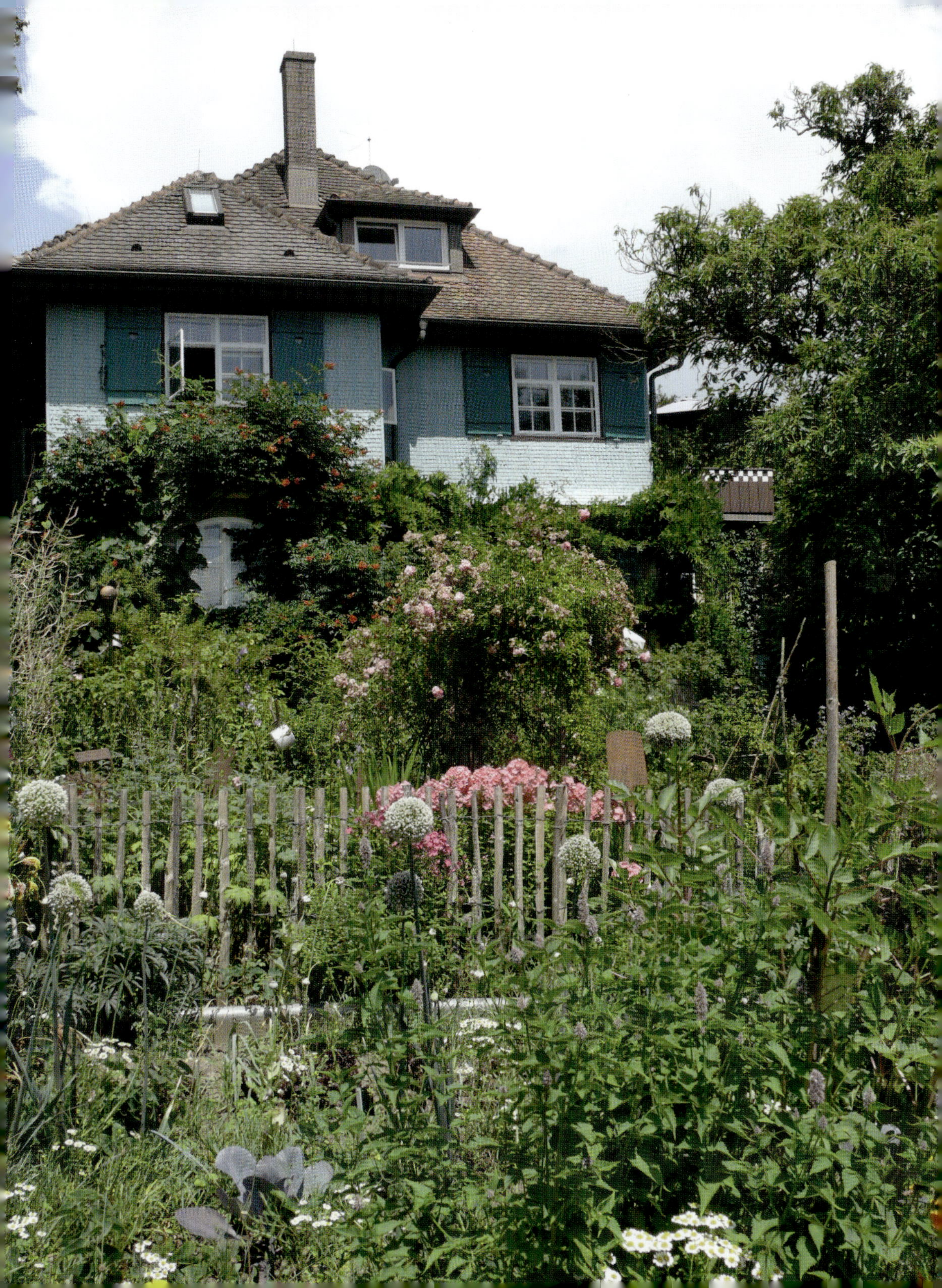

hier stand, bewacht den Eingang. Die Einheimischen sagen »Süüli-Bierre« dazu. Linker Hand, auf der Nordseite des Hauses, befindet sich ein gekiester Platz, über dem Kastanien ihre Schirme ausbreiten. Ein breiter, von Molassesteinen gefasster Weg führt zu einem Holzschuppen. Hesse baute in diesem Teil Gemüse an. Heute ist es hier durch hoch gewachsene Bäume für Gemüseanbau zu schattig. Das Areal hat mit seinen schmalen, durch Trittwege gegliederten Beeten noch ein wenig den Charakter eines Gemüsegartens, nur mit dem Unterschied, dass hier dem Standort angepasste Wildpflanzen stehen – Glockenblumen, Waldmeister, Seidelbast, Weißwurz und Co.

Auf der Ostseite führt ein schmaler, von Funkien in Töpfen gesäumter Weg zum Südgarten. Hier empfängt eine Esskastanie die Besucher. Rosenstöcke umgeben einen lauschigen Sitzplatz vor der Hausfassade, an der eine Klettertrompete rankt. Auf einer Terrassenebene darunter befinden sich der Nutzgarten mit bäuerlichem Gemüsegarten, der von Spalierobst eingerahmt ist, und der Kräutergarten. Der Garten beherbergt eine Fülle von Nutz- und Zierpflanzen, nicht alle in Reih und Glied stehend. Hier darf manche Pflanze wie das Mutterkraut ihr Eigenleben führen. Bei meinem Besuch im Hochsommer setzte Staudenphlox Farbtupfer.

Der Garten, so wie er sich heute präsentiert, ist nicht der originale Hesse-Garten. Das kann er auch gar nicht sein, denn Pflanzenbestände sind immer dynamisch, vor allem weil sich die Belichtungsverhältnisse schnell ändern. Die heutige Besitzerfamilie hat sich bei der Restaurierung an den Quellen orientiert und im Sinne von Hermann Hesse gestaltet.

Zu Hermann Hesses Zeit stand das Haus alleine, nur von Wiesen und Obstwiesen umgeben. Hesse hatte vom Garten und von seinem Arbeitszimmer aus einen weiten Blick über den Untersee auf die Schweizer Uferseite und in Richtung Konstanz. Heute blinkt nur noch ein Zipfel Blau des Untersees zwischen dichter Bebauung herauf. Schade, dass der Raumeindruck, die Blickbeziehungen zum See durch diese die historische Bedeutung des Ortes ignorierende Bebauung zerstört wurde. So bleibt der Blick eher aufs Garteninnere gerichtet, das durch hohe Hainbuchenhecken vor Einblicken geschützt ist.

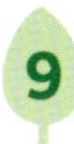

Hilzingen-Binningen
Syringa-Schaugarten für Duftpflanzen und Kräuter

Auf dem Weg in die Schweiz Richtung Zürich sollte man unbedingt in dieser speziellen Gärtnerei vorbeischauen. Sie liegt landschaftlich sehr reizvoll im Hegau zu Füßen der Vulkanberge.

Die Kräutergärtnerei Syringa und den Besitzer kenne ich schon lange. Der Biologe Bernd Dittrich hat sie aufgebaut. Es ist eine der führenden Kräutergärtnereien Deutschlands mit einem sehr umfangreichen Sortiment. Hier bekommt man ausgefallene Arten und Sorten.

In einem 6.000 Quadratmeter großen Schaugarten sind die Duftpflanzen und Kräuter ansprechend und thematisch geordnet präsentiert, so dass Besucher hier viele Anregungen für den eigenen Garten bekommen. Beim Wandeln über Duftrasen und Duftpfade mit Thymian und Römischer Kamille wird der häufig vernachlässigte Duftsinn angesprochen.

Mir hat es besonders der Artemisien-Garten angetan. Die vielen graulaubigen Arten dieser Pflanzengattung lassen sich gut für Gartengestaltungen verwenden, einzeln für sich oder zur Flächenbegrünung. Allen voran der Halbstrauch Eberraute *(Artemisia abrotanum)* mit seinen fein gefiederten Blättern. Die verwandten *Artemisia*-Arten Estragon und Wermut sind wichtige Heil- und Würzpflanzen; sie duften bei Verreiben alle intensiv.

Eine Spezialität der Gärtnerei sind die nachtduftenden Pflanzen mit so schönen Namen wie Nachtviole, Mondviole, Seifenkraut, Duft-Nachtkerze und anderen. Ganz andere Riech-Eindrücke vermittelt die Stinkpflanzen-Ecke mit Asphalt-Klee, Stink-Strohblume und anderen.

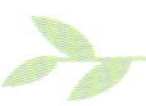

KONTAKT

Untere Gräben 1, 78247 Hilzingen-Binningen
www.syringa-pflanzen.de
Zu den Öffnungszeiten der Gärtnerei frei zugänglich

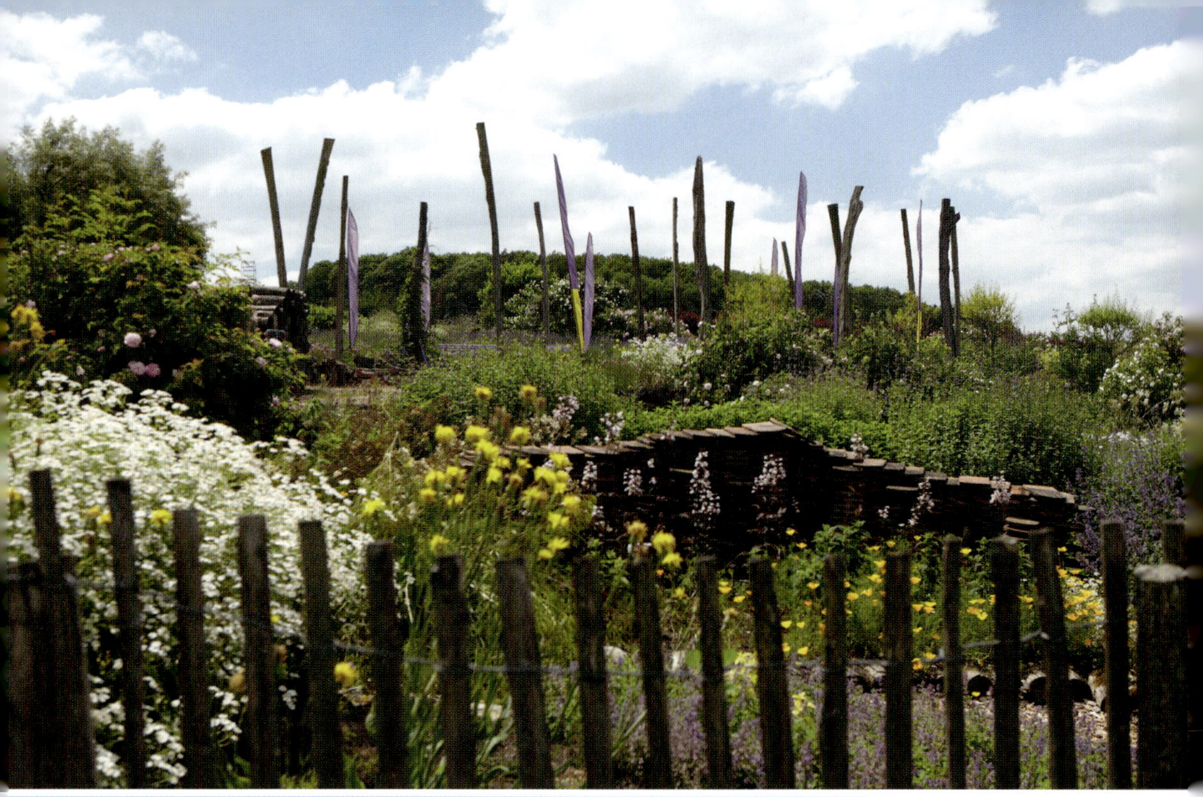

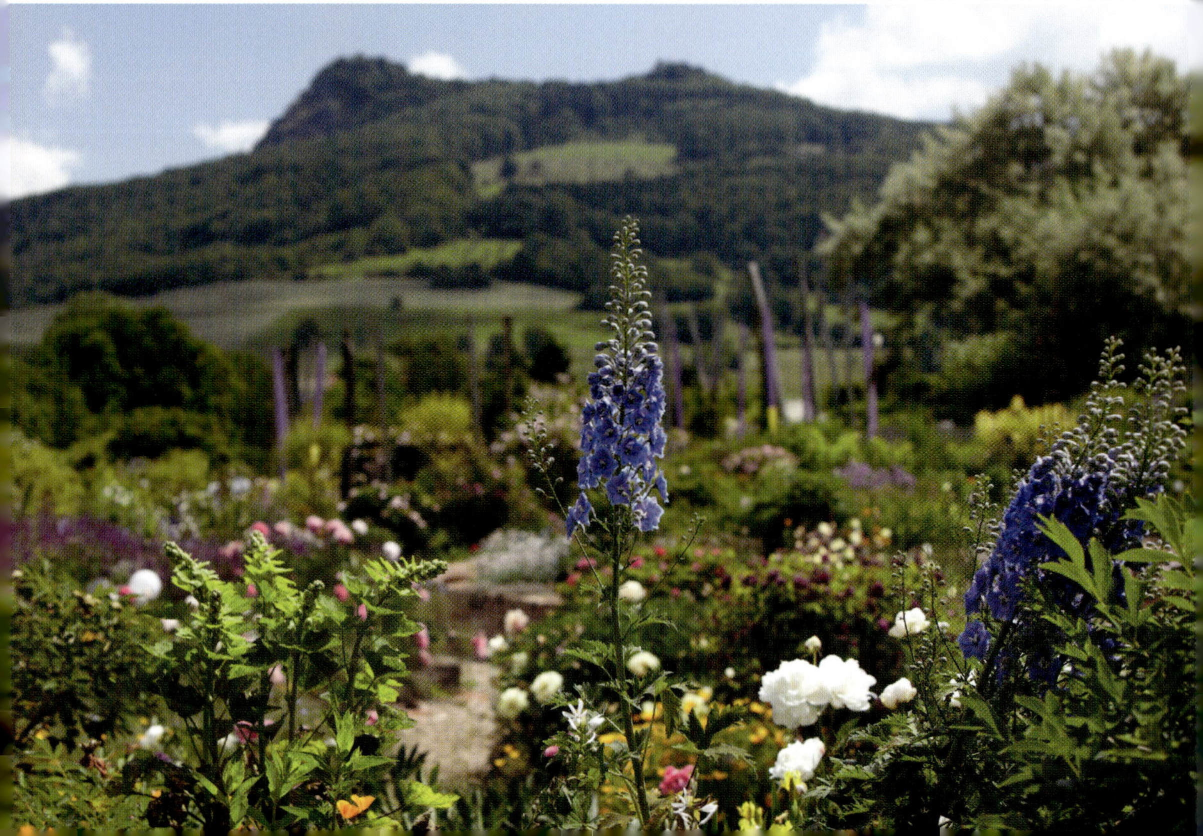

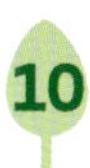

Insel Mainau
Blumeninsel

Die Insel Mainau ist ein Zusammenspiel von botanischem Garten, historischem Schlosspark und Ort der internationalen Begegnung. Sie gehört der Lennart-Bernadotte-Stiftung.

Es ist auch die Lage, die die Mainau zu etwas Besonderem macht: eine winzige Insel im nordwestlichen Bodensee mit einem Schloss obenauf. Hier herrscht ein günstiges, fast schon mediterranes Klima, in dem Palmen und Feigen gedeihen.

Ein Damm führt vom Eingangsbereich hinüber zur Insel. Schon der Spaziergang dorthin ist ein Erlebnis, so dicht am Ufer entlang zu gehen, mit plätscherndem Wasser als Begleitung. Und dann folgt ein Highlight nach dem anderen: üppig bepflanzte Blumenbeete, Tierfiguren, Promenade der Wild- und Strauchrosen, Staudengarten, Dahliengarten. Der Dahliengarten ist im Hochsommer und Herbst die Attraktion; da dürfen Besucher unter 250 Sorten ihre Dahlienkönigin küren.

Der Rundweg führt zur Italienischen Blumen-Wassertreppe. Wer daran entlang aufsteigt, gelangt zu den Mediterranen Terrassen. Man kann auch am Fuß des Schlossbergs weitergehen, vorbei am Rhododendronhang, zum Ufergarten mit der Blumenuhr. Von hier aus geht es auf verschiedenen Wegen hinauf zum Schloss mit seinen gastronomischen Bereichen. Vom weit ausschwingenden Hortensienweg aus hat man einen guten Blick auf den Bodensee mit seinen Segelbooten.

Auf dem Schlossplateau ist alles sehenswert: der Italienische Rosengarten, das überdachte Palmenhaus, die Kübelpflanzen vor dem Gärtnerturm, darunter Bougainvilleen, Lantanen, Fuchsien, die Zitruspflanzen vor dem Schloss, nicht zu vergessen das Schmetterlingshaus. Der geometrisch angelegte Rosengarten mit Pergolen, Skulpturen und Brunnen beherbergt etwa 500 Rosensorten. Insgesamt befinden sich auf der Insel noch weit mehr Rosensorten. Das ab 1853 angelegte Arboretum mit 500 Gehölzarten nimmt einen Teil der Hochfläche ein. Riesen-Mammutbäume, Urweltmammutbäume, Zedern, Tulpenbäume prägen die Anlage. Der nördliche Teil der Insel ist Betriebsgelände. Zum Erkunden der 45 Hektar großen Insel braucht man also Zeit.

KONTAKT

78465 Insel Mainau
www.mainau.de
Zugang gegen Gebühr

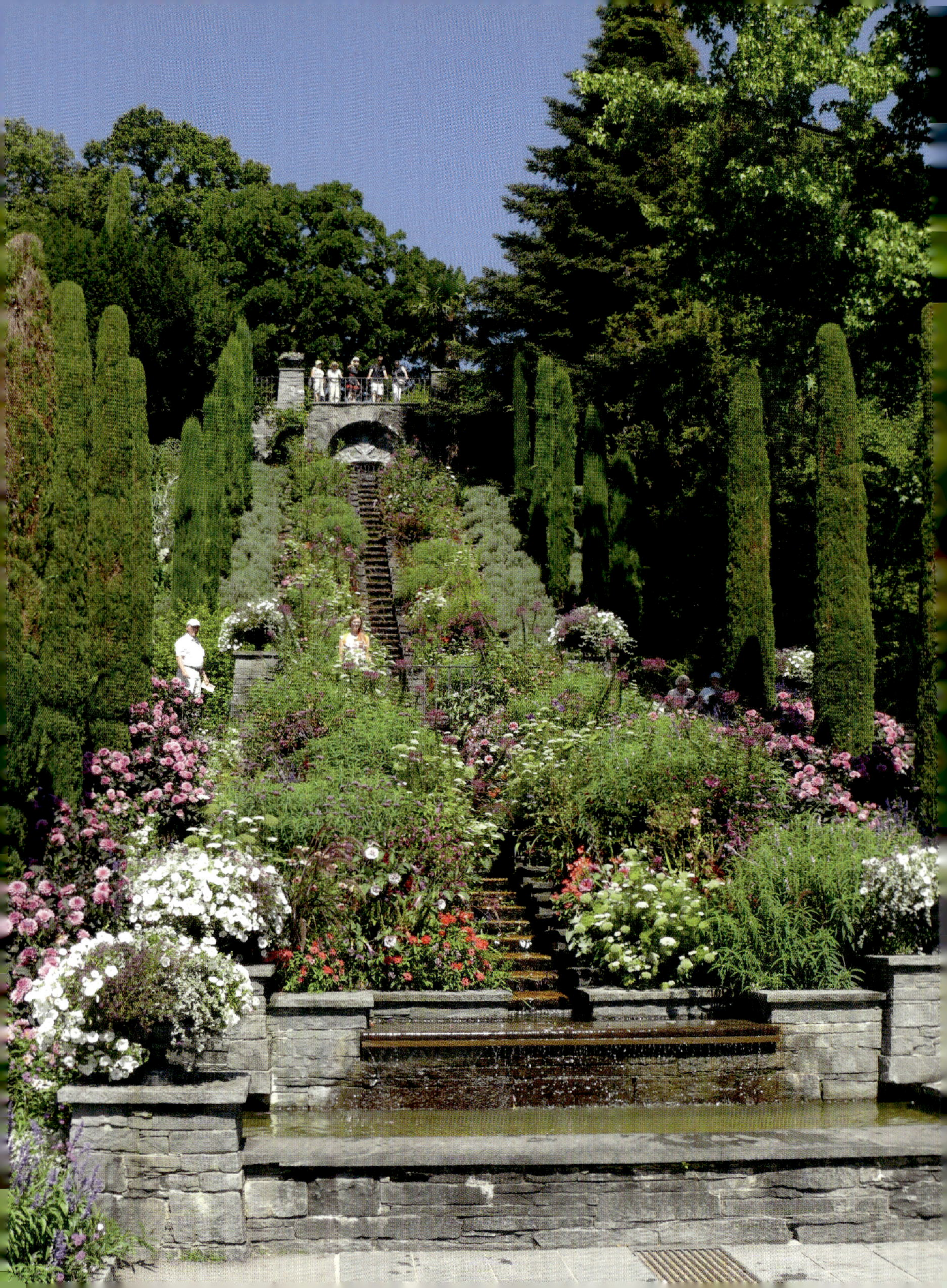

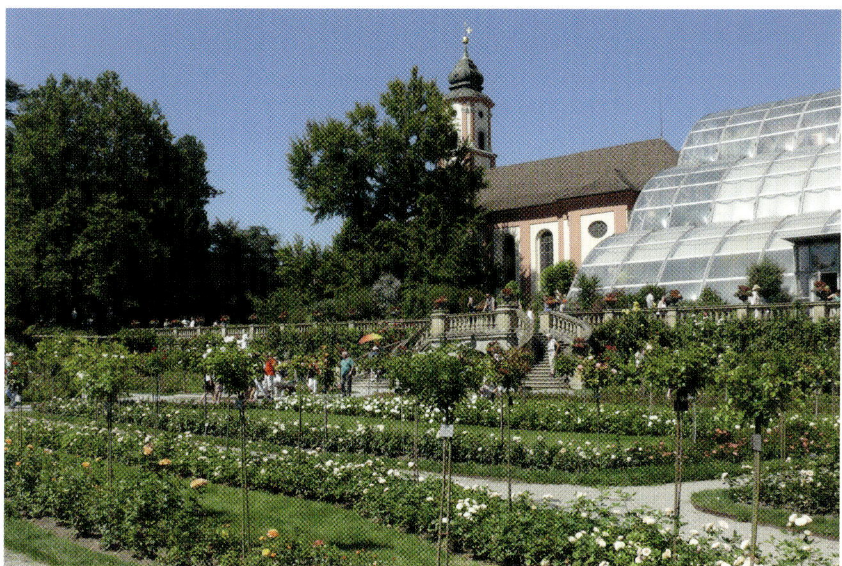

Rosengarten mit Kirche St. Marien und Palmenhaus

Bis zur Säkularisation war die Insel Mainau im Besitz des Deutschen Ordens, dann wechselten die Besitzverhältnisse, bis schließlich Großherzog Friedrich I. von Baden (1826–1907), der mit Luise von Preußen verheiratet war, die Insel 1853 als Sommersitz erwarb. (Seine Residenz war in Karlsruhe.) Er richtete hier eine Großherzoglich badische Hofgärtnerei ein. Friedrich I. ließ das Arboretum und ein neues Wegesystem anlegen. Das heutige Aussehen der Insel geht auf Friedrichs Ideen zurück. 1928 gelangte die Insel durch Erbschaft von dem kinderlosen Großherzog Friedrich II. in den Besitz des schwedischen Königshauses. Im Jahr 1932 übernahm Prinz Lennart Bernadotte (1909–2004) die Verwaltung der Insel und baute sie nach und nach zur Blumeninsel aus. Später wirkte seine Frau Sonja Bernadotte mit und übernahm ab 1981 die Geschäftsführung. Kurz vor Gräfin Sonjas Tod im Jahr 2008 übernahm Tochter Gräfin Bettina Bernadotte die Geschäfte.

Das von 1739 bis 1746 erbaute Barockschloss ist Wohnsitz der gräflichen Familie Bernadotte. Weitere historische Gebäude auf der Mainau sind u. a. die Kirche St. Marien und der so genannte Gärtnerturm.

Die Mainau ist auch mit dem Schiff zu erreichen. Im Sommer gibt es einen regelmäßigen Schiffsverkehr von und nach Konstanz, nach Meersburg, nach Überlingen und zu anderen Zielen. Eine Schifffahrt, die Annäherung per Schiff zur Insel ist ein besonderes Erlebnis.

Italienische Blumen-Wassertreppe

11

Lahr
Stadtpark

Der Lahrer Stadtpark hat mit seinen vielfältigen Gartenteilen fast den Charakter einer kleinen Gartenschau. Zu jeder Jahreszeit blüht etwas.

Der Lahrer Stadtpark geht auf den vermögenden Lahrer Bürger Christian Wilhelm Jamm zurück, der in Kuba zu Reichtum gekommen war. Er ließ sich 1859 bis 1861 eine schlossähnliche Villa bauen, dazu einen großbürgerlichen Garten im englischen Stil. Villa und Park sowie einiges Vermögen fielen nach seinem Tod der Bürgergemeinde Lahr als Erbe zu. Die Stadt erweiterte die Anlage und legte ab den 1930er-Jahren einen kleinen Tierpark an. Ein Musikpavillon wurde gebaut.

Besonderes Highlight ist der Rosengarten, in dem über 1.500 Rosenstöcke in 250 Sorten aufgepflanzt sind. Der seinerzeitige Leiter des Stadtparks, Eckard Riedel, ließ ihn 1985 anlegen. Auf fünf Terrassenebenen befinden sich Rasenbeete mit Rosen. Mit rotem Sand und Sandstein bedeckte Wege und Treppen gliedern ihn. Klettergerüste überspannen die Wege.

Der Garten bekommt seinen Charakter vor allem durch den alten Baumbestand aus der Entstehungszeit des Parks Mitte des 19. Jahrhunderts. Viel Raum nimmt die hundertjährige Libanonzeder ein. Weitere Bäume im Park sind Urweltmammutbaum (1962 gepflanzt), Tulpenbaum, Ginkgo, Schwarznuss, Geweihbaum und Amberbaum sowie Magnolien. Als Besonderheiten fielen mir die Schlitzblättrige Rot-Buche (*Fagus sylvatica* ›Laciniata‹) auf, sowie die Haselnusssorte *Corylus avellana* ›Heterophylla‹ und die Wintergrüne Eiche *Quercus turneri* ›Pseudoturneri‹.

Im Frühjahr lockt ein Meer von Tulpen und anderen Zwiebelblumen. Eine Rhododendron-Sammlung, Hortensien-Pflanzungen, Dahlienbeete, die Mittelmeerterrasse, der Seerosenteich, Teppichbeete und Kakteen-Arena sind weitere Attraktionen für Blumenfreunde. Die können sich in diesem Park viele Anregungen fürs Gestalten des eigenen Gartens holen. Eine Besonderheit ist der Knotengarten vor der Villa Jamm. Die langgestreckten Beete sind leuchtkräftig mit Fleißigen Lieschen bepflanzt.

KONTAKT

Kaiserstraße, 77933 Lahr
www.lahr.de, www.stadtparklahr.de
Zugang gegen Gebühr
Mit Gastronomie

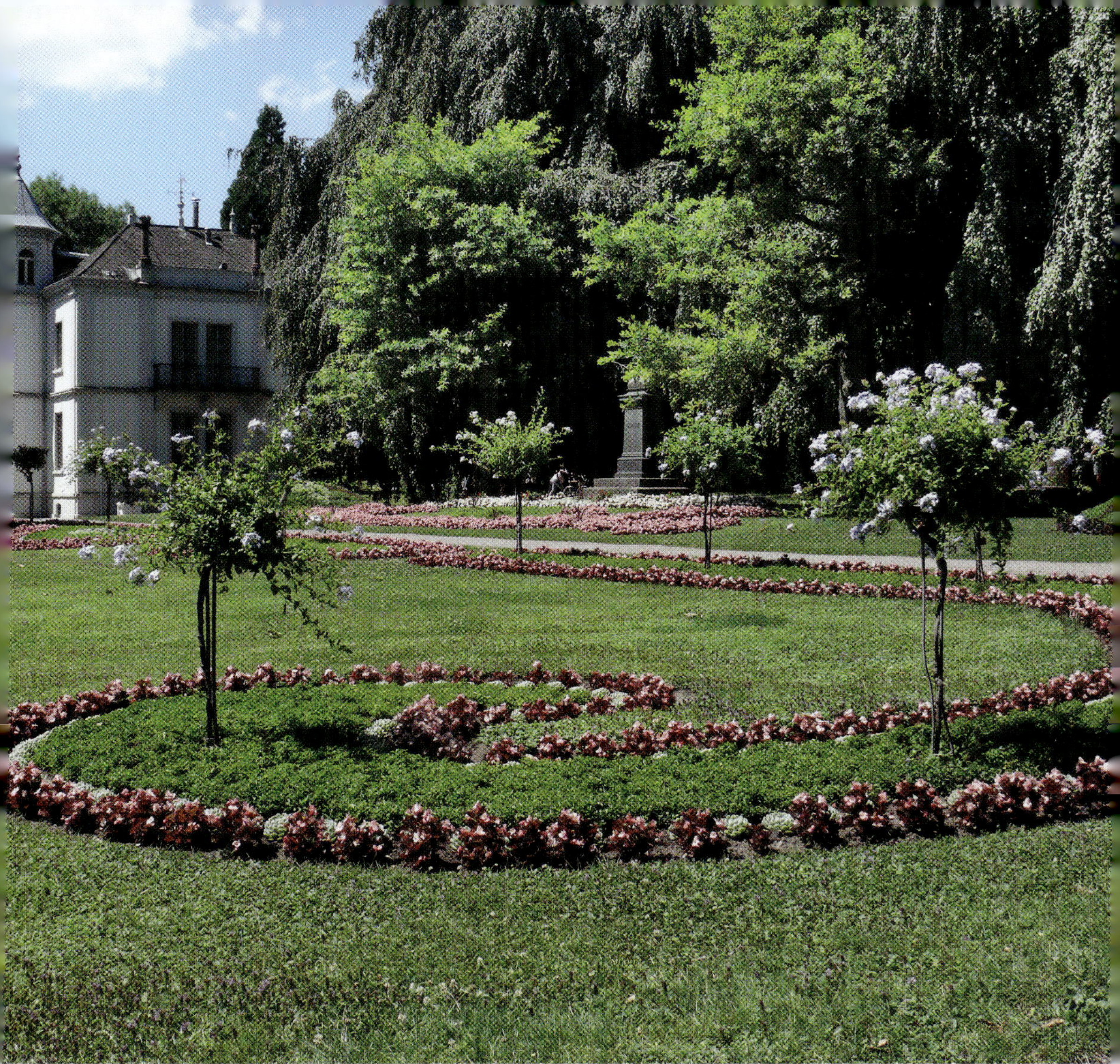

Knotengarten vor der Villa Jamm

Die Stadt wartet noch mit einer weiteren Besonderheit auf: mit der Schau Chrysanthema (www.chrysanthema.de). Dieses Blüten- und Kulturspektakel wird seit zwei Jahrzehnten immer im Oktober veranstaltet, inklusive Krönung einer Chrysanthemenkönigin. Die Chrysanthemen (*Chrysanthemum × hortorum*) schmücken Straßen und Gebäude, sie hängen in langen Schleppen an Fassaden und vom Storchenturm.

TIPP

Zu alledem war Lahr im Jahr 2018 Schauplatz der baden-württembergischen Landesgartenschau.

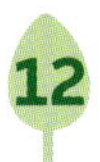

Reichenau-Mittelzell
Strabos Kräutergarten

Die ganze Insel Reichenau ist Garten. Hier wird im Freiland und in Gewächshäusern intensiv Gemüsebau betrieben. Viel besuchte Attraktion ist Strabos Kräutergarten am Kloster Marienmünster in Mittelzell.

In diesem Kloster lebte und wirkte einst der Abt Walahfrid Strabo, der das berühmte Lehrgedicht »Hortulus« verfasst hat. Dieser Ort strahlt also die über tausendjährige Geschichte des Gartenbaus an Klöstern aus. Zur Erinnerung an den Abt und sein Lehrgedicht wurde 1991 ein Kräutergärtchen neu angelegt. Strabos Kräutergarten befindet sich auf Klostergelände, jedoch nicht am ursprünglichen Ort, denn der ist nicht bekannt.

Die Anordnung der Beete entspricht der des Herbularius, des Heilkräutergartens im St. Galler Klosterplan. Acht langgestreckte Innenbeete sind von Randbeeten umgeben, die in 16 Kompartimente unterteilt sind (im St. Galler Plan sind es nur acht). Die langgestreckten Beete sind mit Holzdielen eingefasst. Die Bepflanzung entspricht dem im Hortulus-Gedicht von Walahfrid Strabo aufgezeigten Plan. Von den im Hortulus ausführlich beschriebenen 24 Arten fehlt der Schlafmohn, weil dessen Anbau heute verboten ist. Zu sehen sind Garten-Salbei, Weinraute, Eberraute, Flaschenkürbis, Melone, Wermut, Andorn, Gewürz-Fenchel, Schwertlilie, Liebstöckl, Kerbel, Weiße Lilie, Muskatellersalbei, Minze, Polei-Minze, Sellerie, Heilziest, Odermennig, Schafgarbe, Katzenminze, Rettich und Essig-Rose.

Auf dem von einer Mauer umgebenen Klostergelände gibt es weitere Gartenteile – Wiesenflächen, Nutzgarten, Blumenwiese und in unmittelbarer Nachbarschaft der Kirche eine moderne Gartenanlage.

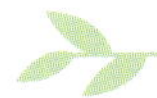

KONTAKT

Münster St. Maria und Markus, Münsterplatz 4, 78479 Reichenau
(direkter Zugang über Hermannus-Contractus-Straße)
www.welterbe-reichenau.de, www.reichenau.de
Frei zugänglich

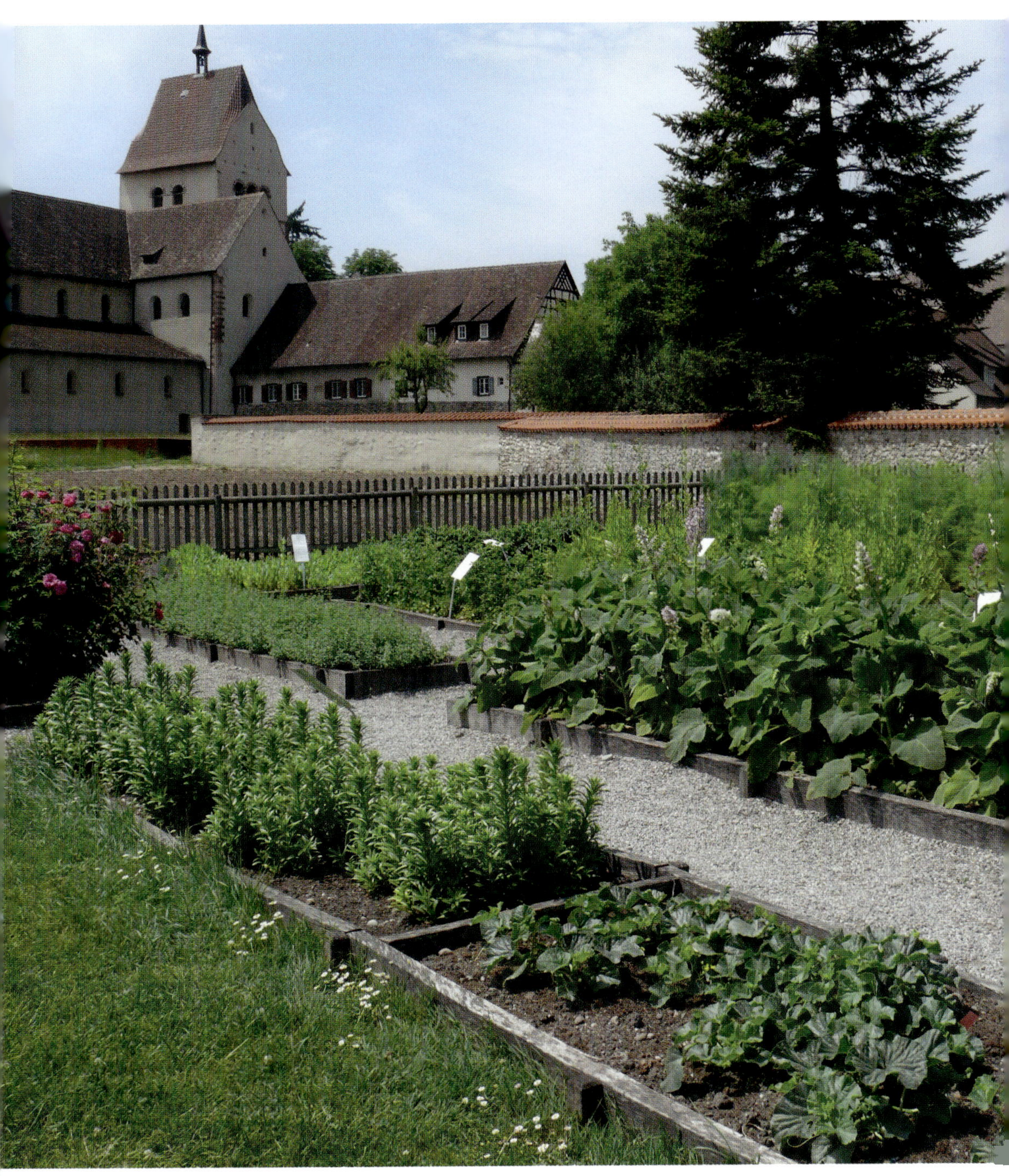

13

Sulzburg-Laufen

Staudengärtnerei Gräfin von Zeppelin

Alle Gartenmenschen, die sich mit Stauden befassen, kennen diese renommierte Gärtnerei. Mit ihren Iriszüchtungen erlangte die »Iris-Gräfin« Helene von Stein-Zeppelin einst Weltruhm.

Auch heute noch sind Iris oder Schwertlilien eine Spezialität der Gärtnerei, ebenso Pfingstrosen, Türken-Mohn und Taglilien. Jeweils zur Hauptblütezeit der Stauden lädt die Gärtnerei zu Gartenfesten ein.

Die Gärtnerei befindet sich in idyllischer Landschaft des Markgräflerlandes direkt neben der Kirche auf leicht nach Süden geneigtem Gelände. Außer den gärtnereitypischen Verkaufsanlagen gibt es entlang des Schaugarten-Rundwegs gestaltete Musterbeete mit Stauden, Gräsern, Gehölzen und Rosen.

Der ganze Ort mit seinen Winzerhöfen und Innenhöfen ist sehenswert, wie auch der wenige Kilometer entfernt liegende Hauptort Sulzburg. Wer hier wandert, wandert eigentlich durch einen großen Garten und kann sich fast wie im Paradies vorkommen.

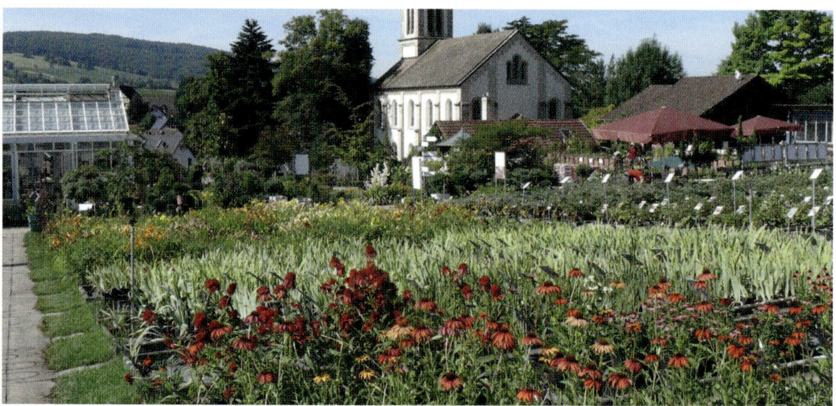

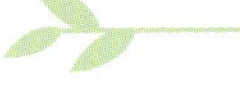

KONTAKT

Weinstraße 2, 79295 Sulzburg-Laufen
www.graefin-von-zeppelin.de
Für Kunden frei zugänglich, mit Gastronomie

14

Weil am Rhein
DreiLänderGarten

Das ehemalige Gartenschaugelände Grün 99 ist heute wichtiger Naherholungsraum für die Bevölkerung im dicht besiedelten Dreiländereck bei Basel. Gärtnerische Anlagen sind nur punktuell erhalten. Eine Blümchenschau darf man hier nicht erwarten. Blümchen erscheinen eher in Form von Graffiti.

Wie bei anderen Landesgartenschau-Gärten war es für mich auch in Weil am Rhein spannend zu schauen, was von der Grün 1999 übrig geblieben ist. »Kies und Kunst im Dreiländergarten« titelte ich im Gartenschaujahr. Ich hatte damals für das Landwirtschaftliche Wochenblatt über die Schau im südwestlichsten Zipfel Deutschlands, im Grenzbereich zur Schweiz und zu Frankreich, berichtet. Der große Aufreger der Schau war ein futuristisches Betonbauwerk, die Landscape Formation One, ein kühner Entwurf der Architektin Zaha Hadid. Es handelt sich dabei um ein 140 Meter langes skulpturartiges Gebäude aus Sichtbeton. Ich empfand das Bauwerk damals als sehr kühl und abweisend, als unwirtlichen Ort, den man flieht. Für mich war das Gebäude »provozierende Betonarchitektur«, mit der ich gar nichts anfangen konnte. An dieser Einschätzung hat sich nichts geändert, wohl wissend um den Stararchitektinnen-Status von Zaha Hadid (1950–2016). Das Bauwerk existiert noch. In ihm hat das Trinationale Umweltzentrum TRUZ seine Räume.

Neben »Landscape Formation One« existiert seit Gartenschauzeiten der »Kunstraum Kieswerk« mit viel Freiraum zum Experimentieren mit Fundstücken und Vegetation. Im Umfeld ist zu sehen, wie die Sukzession am Extremstandort Kiesgeröll verläuft. Sommerflieder und Birken besiedeln in Weil am Rhein die Flächen ziemlich schnell, was ganz reizvoll aussieht.

KONTAKT

Basler Straße, 79576 Weil am Rhein
www.weil-am-rhein.de
Frei zugänglich

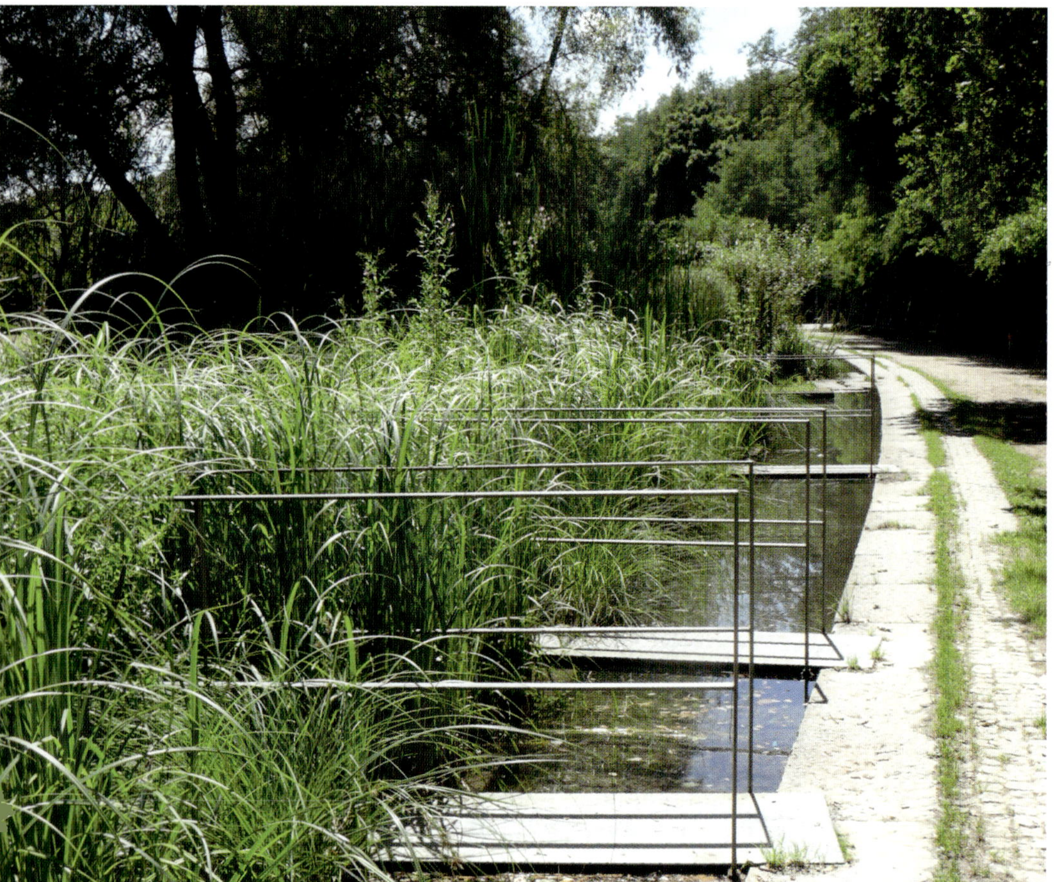

Die begehbaren Wassergärten zeigen Grün in allen Schattierungen

In Weil am Rhein dürfen Besucher kein gepflegtes Gartenschaugelände erwarten. Einrichtungen und Gestaltungen aus Gartenschauzeiten sind nur punktuell und andeutungsweise erhalten, beispielsweise der Rosengarten und einige Staudenanlagen.

Von meinem Besuch im Gartenschaujahr waren mir die leicht geschwungen angelegten Wassergärten im Eingangsbereich in Erinnerung geblieben. Diesen Bereich mit formenreichen Blattschmuckstauden und Kletterpflanzen in vielen Grünschattierungen mit ihrer beruhigenden Ausstrahlung finde ich auch heute noch gelungen. Kleine Brücken, Stege, Trittsteine laden dazu ein, dem Element Wasser ganz nahe zu kommen, auch mit bloßen Füßen.

15

Weilheim-Nöggenschwiel
Rosendorf

Das Rosendorf Nöggenschwiel im Naturpark Südschwarzwald ist ein lohnendes Ziel für alle Rosenfreunde. In dem 720 Meter hoch gelegenen Dorf grüßen aus allen Gärten Rosen die Besucher. Dazu gibt es im Ortszentrum zwei Schaugärten.

Rosen gibt es in Nöggenschwiel schon lange. Die Nöggenschwieler Rosentage haben eine schon ein halbes Jahrhundert andauernde Tradition. Die Rosenbegeisterung steigerte sich noch, als Josef Raff, von 1946 bis 1984 Gartendirektor der Insel Mainau und zu Lebzeiten Ehrenpräsident der Gesellschaft der Rosenfreunde, die Idee hatte, noch mehr Rosen in Nöggenschwiel einzubringen und übersichtlich zu präsentieren.

Im Jahr 2008 wurde der Schwarzwald-Rosen-Sortimentsgarten eröffnet. 2000 Rosenstöcke in 187 Sorten sind hier zu bewundern. Im Jahr 2013 folgte die Eröffnung des Rosen-Duft-Gartens neben der Pfarrkirche St. Stephan. Hier stehen 443 Duftrosenstöcke in 140 Sorten. Alle aufgepflanzten Rosen dienen auch einem wissenschaftlichen Zweck: Sie werden in dieser Höhenlage auf Frosthärte getestet.

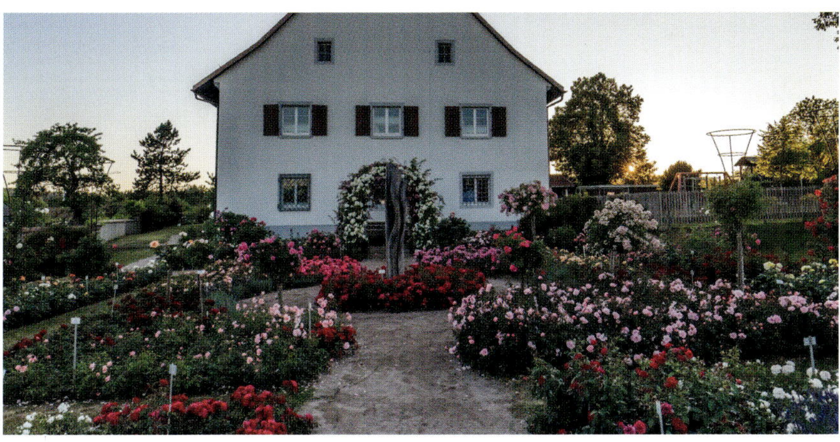

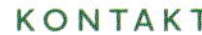

KONTAKT

Rosensortimentsgarten: Rosenweg 8;
Rosenduftgarten: Kirchweg 3, 79809 Weilheim-Nöggenschwiel, www.rosendorf.de
Frei zugänglich

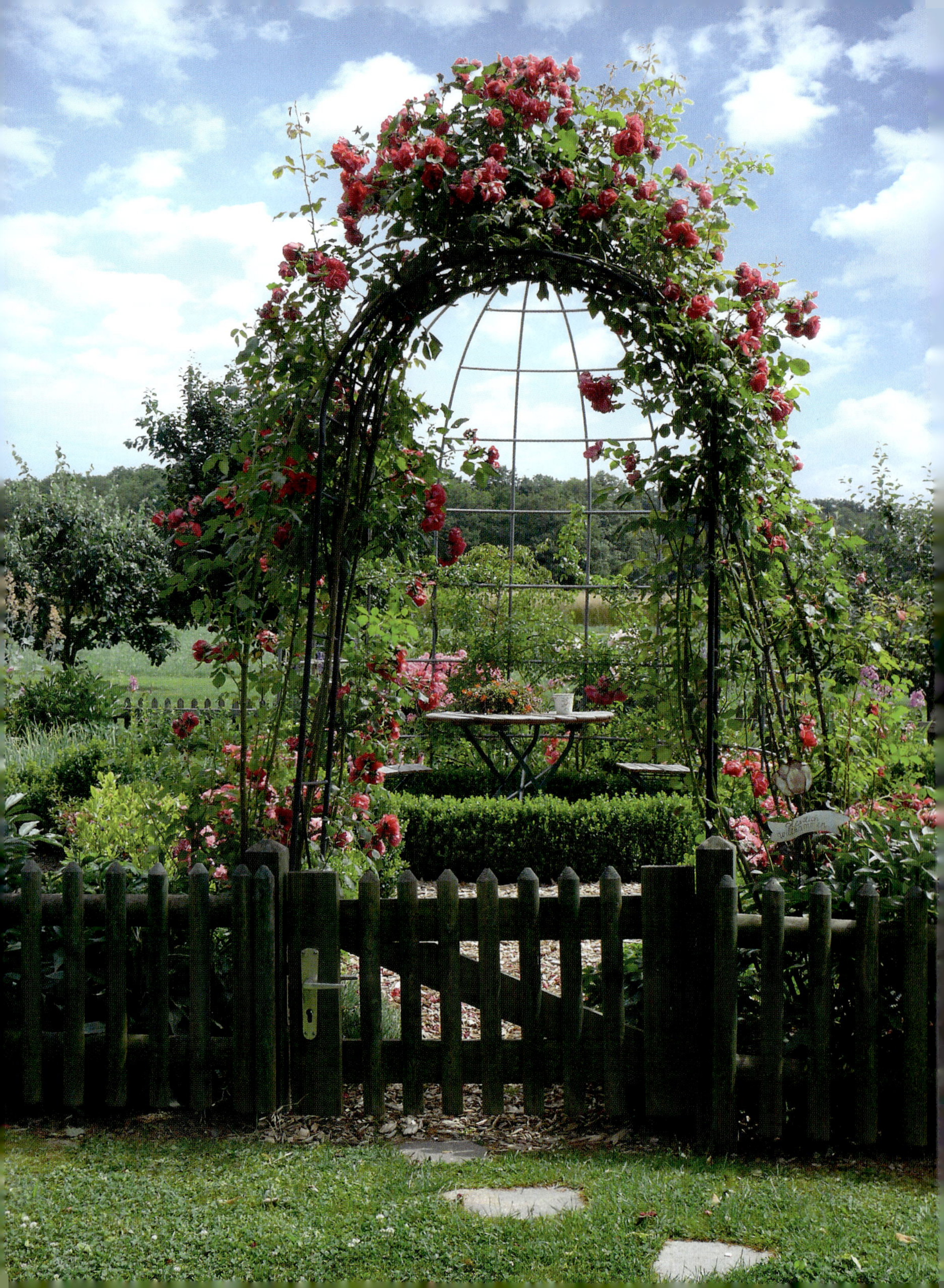

Anhang

Literatur

Brunhilde Bross-Burkhardt: Gärten an Kocher, Jagst und Tauber. Ein Reiseführer ins Grüne. Silberburg-Verlag, Tübingen, 2016

Brunhilde Bross-Burkhardt/Bärbel Schlegel: Bauerngärten in Baden-Württemberg. Silberburg-Verlag, Tübingen, 2002 (nur noch antiquarisch erhältlich)

Brunhilde Bross-Burkhardt: 50 sagenhafte Naturdenkmale in Baden-Württemberg. Steffen Verlag, Berlin 2020

Volkmar Eidloth: Grüne Kulturdenkmale. Andeutungen über Gartendenkmalpflege. In: Nachrichtenblatt für Denkmalpflege in Baden-Württemberg 1/2007, S. 3–15

Franz-Severin Gäßler: Arkadien im Wandel. Die Gärten und Parkanlagen der Fürsten von Hohenzollern. Franz S. Gäßler Verlag, München, 2013

gartenlust.lustgarten. Die schönsten historischen Gärten in Deutschland. Schnell & Steiner, Regensburg, 1. Auflage 2003

Agnes Pahler, Dagmar Schmidt: Gärten und Parks in Stuttgart und Umgebung. Jan Thorbecke Verlag, Ostfildern 2014

Stefan Schweizer, Sascha Winter (Hrsg.): Gartenkunst in Deutschland. Von der Frühen Neuzeit bis zur Gegenwart. Geschichte – Themen – Perspektiven. Regensburg 2012

Elisabeth Szymczyk-Eggert; Hans Luz; Karlhein Rücker (Hrsg.): Gärten und Parks in Stuttgart. Verlag Eugen Ulmer, Stuttgart, 1993

Allgemeine und weiterführende Informationen

Förderungsgesellschaft der Baden-Württembergischen Landesgartenschauen mbH, *http://bwgruen.de*

Staatliche Schlösser und Gärten Baden-Württemberg, Schlossraum 22a, 76646 Bruchsal, *www.schloesser-und-gaerten.de*

www.baumkunde.de/baumregister

www.monumentaltrees.com

Privatgarten mit vielen Rosen
und Bauerngartenelementen

Adressen von Privatgärten

Baden-Württemberg hat eine außerordentlich reiche Gartenkultur. Außer den in diesem Reiseführer vorgestellten öffentlich zugänglichen Gärten gibt es sehr viele sehenswerte Privatgärten. Der Landesverband für Obstbau, Gartenbau und Landschaft Baden-Württemberg e. V. (*www.logl-bw.de*) lädt im Rahmen der landesweiten Aktion »Tag der Offenen Gartentür« in schöne Privatgärten ein. Weitere Adressen sind über Gartenliebhabervereinigungen zu bekommen, beispielsweise über die Gesellschaft der Staudenfreunde *www.gds-staudenfreunde.de* und über die Gesellschaft Deutscher Rosenfreunde *www.rosenfreunde.de*.

Die Gartenakademie Baden-Württemberg e. V. mit Sitz in Heidelberg betreut das Gartennetzwerk, das unter *www.gartenakademie.info* aufgerufen werden kann.

Bildnachweis

Der Verlag bedankt sich für die freundliche Genehmigung zur Reproduktion ihrer Abbildungen bei:

Heilbronn Marketing GmbH/Jürgen Häffner (S. 91),
Gemeinde Weilheim (S. 229),
Syringa Kräutergärtnerei (S. 218)

Umschlag-Vorderseite: Gönner-Anlage in Baden-Baden
Umschlag-Rückseite im Uhrzeigersinn: Katz'scher Garten in Gernsbach, Blühendes Barock in Ludwigsburg, Klostergarten in Schöntal, Hochschloss in Sigmaringen, Landhaus Ettenbühl in Bad Bellingen

Der Verlag hat sich bemüht, alle Rechteinhaber ausfindig zu machen. Eventuelle Abweichungen wird der Verlag bei entsprechendem Hinweis gern in einer folgenden Auflage korrigieren.

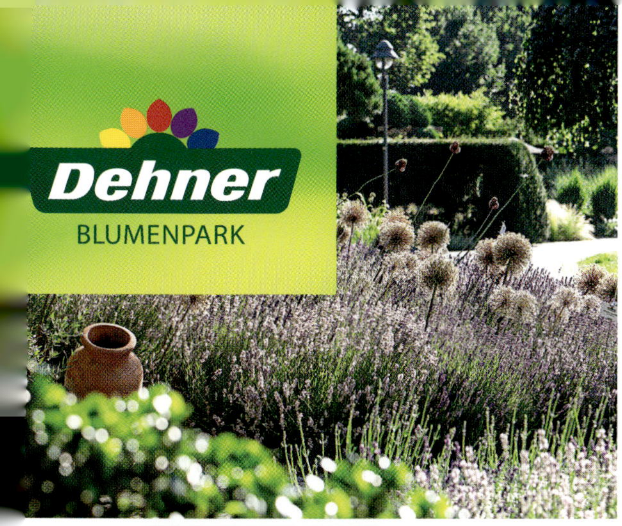

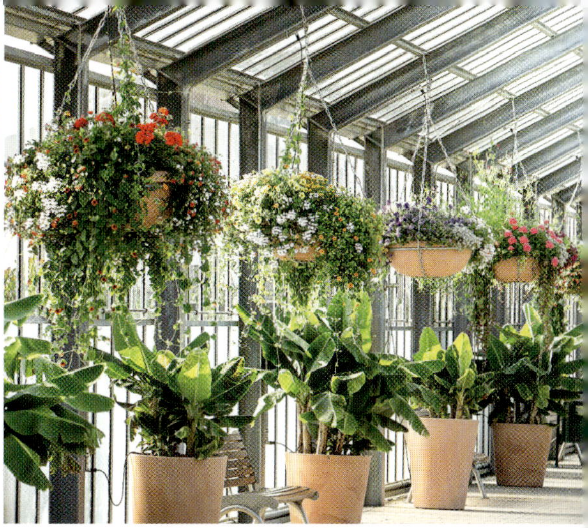

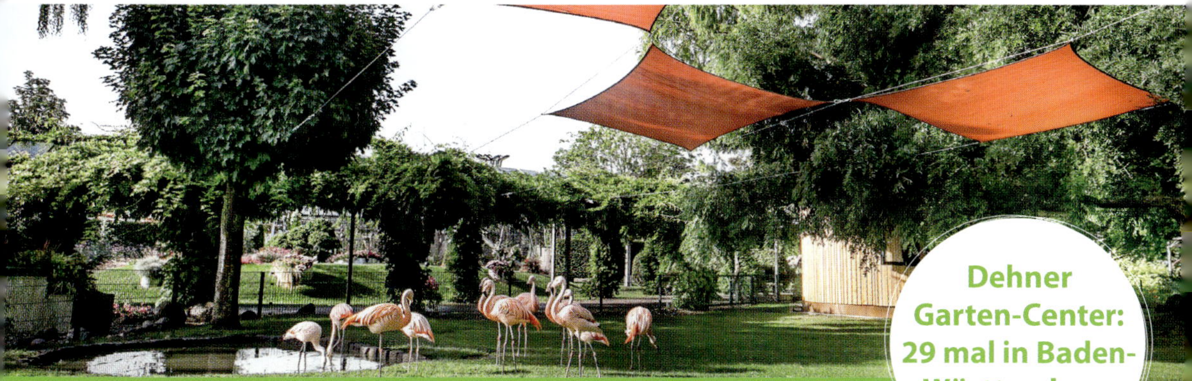

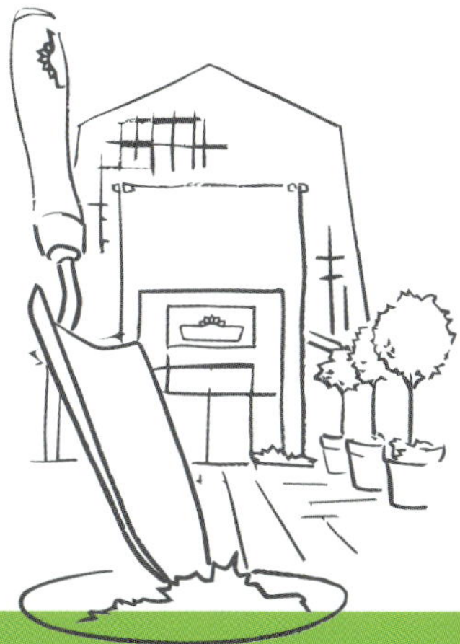

Autorin: Dr. Brunhilde Bross-Burkhardt
Lektorat: Thies Schröder, L&H Verlag
Herstellung und Gestaltung: Mareike Hutsky, L&H Verlag
Satz: typegerecht berlin
Printed in the EU

Bibliografische Information der Deutschen Bibliothek
Die Deutsche Bibliothek verzeichnet diese Publikation in der Deutschen Nationalbibliografie. Detaillierte bibliografische Daten sind im Internet über http://dnb.ddb.de abrufbar.

ISBN 978-3-939629-51-1

Erste Auflage 2020